杨致恒 著

西南财经大学马克思主义经济学研究院
西南财经大学经济学院

编

杨致恒文集

西南财经大学出版社

图书在版编目(CIP)数据

杨致恒文集/杨致恒著;西南财经大学马克思主义经济学研究院,西南财经大学经济学院编.—成都:西南财经大学出版社,2012.10
ISBN 978 - 7 - 5504 - 0858 - 6

Ⅰ.①杨…　Ⅱ.①杨…②西…③西…　Ⅲ.①经济学—文集　Ⅳ.①F0 - 53
中国版本图书馆 CIP 数据核字(2012)第 233736 号

杨致恒文集

杨致恒　著

西南财经大学马克思主义经济学研究院
西南财经大学经济学院　　　　　　　　编

责任编辑:方英仁
封面设计:杨红鹰
责任印制:封俊川

出版发行	西南财经大学出版社(四川省成都市光华村街55号)
网　　址	http://www.bookcj.com
电子邮件	bookcj@foxmail.com
邮政编码	610074
电　　话	028 - 87353785　87352368
照　　排	四川胜翔数码印务设计有限公司
印　　刷	郫县犀浦印刷厂
成品尺寸	165mm × 235mm
印　　张	28.75
插　　页	12
字　　数	350 千字
版　　次	2012 年 10 月第 1 版
印　　次	2012 年 10 月第 1 次印刷
书　　号	ISBN 978 - 7 - 5504 - 0858 - 6
定　　价	68.00 元

2008年11月9日，80大寿留影。

随军入川，1950年5
月摄于重庆。

1986年，成都会议上与宋涛（左四）、卫兴
华（左五）等合影。

1989年11月19日，在广州华南师大与马健行
（前左一）、杨国昌（前左二）、王辅民（后左
一）、王成稼（后左二）等合影。

1990年5月，在成都会议时与李宗正（前排中）、高荣贵（前排左三）等合影。

1991年5月，教研室同事合影。

　　1991年10月，在扬州瘦西湖与顾海良（左一）、汪水波（左三）、刘永佶（右一）合影。

　　1992年，在长春会议上与孟氧（中）、杨志（左）合影。

1994年5月，与二弟辅廷（前排右一）等合影。

1995年11月，在张家界与吴易风合影。

1997年11月，宋涛老师在我家。

1997年10月19日，在金堂绿岛度假村与老领导郑子祥（左四）等合影。

2004年5月，在上海市委党校与周成启（左一）、方崇桂（左二）、颜鹏飞（中）、杨国昌（左四）合影。

2004年10月，与宋涛老师（中）合影。

2004年10月，在校内货币展馆与胡代光（右）、谭崇台（中）合影。

　　2005年5月，与胡代光老师（前排中）、王永锡教授（左二）合影。

2005年10月，和夫人吴紫楠在温江花博园。

　　2008年11月，在深圳与程恩富（左一）、吴易风（左二）、余文烈（左四）等合影。

1991年10月，在南京夫子庙与代宏久（右二）老师合影。

2004年6月全家合影留念

序　言

　　西南财经大学是国内马克思主义政治经济学研究的重要阵地。在西南财经大学"211"三期工程项目建设中，成立了马克思主义经济学研究院。在研究马克思主义经济学在当代创新的同时，也使我们得以开始着手系统梳理自陈豹隐、彭迪先、刘洪康以来，中经刘诗白、何高著承前启后，马克思主义经济学在西南财经大学的百年传承。收集、整理、编辑、出版《杨致恒文集》无疑是这个宏大工程中的重要组成部分之一。

　　1978 年在其政治问题得以改正并重返教学岗位，在政治经济学系长期担任经济学说史教研室主任，开设经济学说史、马克思主义经济思想史、马克思主义经济学说专题、人口理论、中国人口思想史等课程，1992 年晋升教授。

　　杨致恒教授长期坚守马克思主义经济学阵地，在从事资料研究工作期间，有着丰厚的学术积累。自 1978 年以来，他与柴咏教授、李善明教授、吴忠观教授等合作，在马克思主义经济学基础理论研究、人口基础理论研究方面厚积薄发、著述丰厚，并颇有见树。在西南财经大学马克思主义经济学的百年传承中，起到了重要的历史作用。作为西南财经大学马克思主义经济学研究院的院长、副院长，我们有幸代表 1978 级政治经济学系毕业留校任教的姜凌、陈维达、张炜、胡小平、王国清、穆良平、杨成刚、申晓梅等诸位同学为《杨致恒文集》作序。期望杨致恒教授的学术风范能成为我们共同守望的精神、文化、学术家园，在西南财经大学薪火传承，发扬光大。

刘灿　李萍　刘方健

2012 年 4 月于光华园

杨致恒生平简介

　　杨致恒，男，汉族，1929年11月出生，河北省邯郸市临漳县人，1996年从西南财经大学教授岗位上离休。

　　幼年时慈母去世，家庭贫困，承外祖母养育，得以入私塾求学数年。1947年随同乡友人去西安谋生，被染整厂招为工人。1949年5月西安市解放后参加工作，随即经工厂军代表推介，考入西北军政大学财经学院七队学习，任学员、班长、学生会主席。1950年4月随军南下四川省重庆市，任西南军政委员会财政部西南财政学校12队及三部教育干事，后调任该校政治课教研组组长，一面工作一面学习。1952年夏，随西南财校合并入西南人民革命大学，任该校三处政治课教研组辅导员兼组长。1953年院校调整，随西南人民革命大学三处所有师生员工合并到成都四川财经学院，并任该院政治课教研室政治经济学教研组助教，兼任副组长。1954年调任四川财经学院附设工农速成中学、任该校政治课教员兼班主任，一年后调回学校，仍任政治课教研室政治经济学教研组助教。1956年1月奉派考入北京中国人民大学经济学说史研究生班，后又转入该校马列主义研究班政治经济学分班读研究生。1958年3月在北京中国人民大学马列主义研究班被错划为右派分子，随即调回四川财经学院。1959年被派到四川省大邑县与下放干部一起下放劳动锻炼，一年后回校。1961—

1966 年在学院政治经济学系资料室当资料员。1970 年被派到四川省仁寿县军垦农场劳动锻炼，一年后返校。1971 年借调到中共四川省委党校做资料工作，主要是编写经典著作的教材注释以及印书等。七年后即 1978 年 7 月四川财经学院获明令恢复，并于当年招生。1979年 1 月被错划为右派分子的错案得到中国人民大学党委通知，给予改正。因而在复校后得以重返教学岗位，在经济系（即现"经济学院"前身）担任经济学说史、马克思主义经济思想史、马克思经济学说专题、人口理论、中国人口思想史等课程的教学，给本科生、硕士研究生、博士研究生上课，并作为硕士研究生导师，指导了多位硕士研究生的学位论文。

在教学工作中认真负责，教学效果良好，曾获得优秀教学奖。在科研方面也能刻苦钻研。在教材、专著方面，主编、参编教材、专著、辞书等 10 余本，发表论文 60 余篇，共百余万字。论著获得四川省哲学社会科学科研成果奖项及西南财经大学科研成果奖、刘诗白科研成果奖一、二、三等，共 15 项。

1979 年评为讲师，1986 年评升副教授，1992 年评升为教授，并长期担任经济系经济学说史教研室主任。此外，还兼任四川省财贸干部学院、中共四川省委党校兼职教授。

在社会学术团体方面，曾任中国《资本论》研究会理事，全国马列主义经济学说史学会常务理事、顾问，中华外国经济学说研究会理事、顾问，四川省外国经济学说史研究会会长兼秘书长、顾问，还担任过成都市大型国有企业高级职称评审委员会委员。

目录

坚持按劳分配，反对平均主义 /1

试论恩格斯《政治经济学批判大纲》中的价值理论 /5

《政治经济学批判大纲》研究 /20

也评梅林的《马克思传》中的错误 /45

外国经济学说研究的新认识 /54

马克思关于《国民困难的原因及其解决办法》的评论 /59

匈牙利经济体制改革经验总结——评马·蒂玛尔《匈牙利的经济改革》 /75

马克思的利息和信用理论形成的重要里程碑 /107

马克思《1861—1863 年经济学手稿》中的利润理论 /142

社会主义国家经济职能理论在中国的发展 /185

政治经济学史、经济思想史、经济学说史的区分 /224

关于发展经济学的几个问题 /231

按劳动力价值分配是实现按劳分配的适当形式 /239

国有资产是怎样流失的 /248

马克思的流通理论与我国的流通体制改革 /256

经济自由主义和国家干预主义的历史演变及其
现实意义 /270

坚持马克思主义与发展马克思主义的辩证关系——兼论
马克思主义经济学说面临的挑战 /298

可持续发展的战略选择及其重大意义 /310

学习邓小平理论，推动西部大开发 /324

必须坚持和发展马克思的劳动价值学说 /332

《〈剩余价值理论〉概说》评介 /343

中国私有经济的历史命运 /348

试论人类自身生产是历史发展中的决定因素之一 /357

中国人口思想史的对象和方法——兼及南亮三郎的《人
口思想史》 /371

李大钊的人口思想 /380

马克思、恩格斯以前的人口思想 /388

马尔萨斯人口论批判 /406

世界人口 /435

后记 /451

坚持按劳分配，反对平均主义

　　华国锋同志在五届人大政府工作报告中指出："在整个社会主义历史阶段，必须坚持不劳动者不得食，各尽所能，按劳分配的原则。……在分配上，既要避免高低悬殊，也要反对平均主义。"当前，在贯彻按劳分配原则中，遇到的主要问题，是平均主义倾向。那么，平均主义是一种什么思潮，为什么坚持按劳分配要反对这种思潮？这在理论和实践上都是值得探讨的一个重要问题。

　　平均主义作为一种社会思潮，它是手工业和小农经济的产物。中国历史上农民起义往往就以"均贫富、等贵贱"相号召。在太平天国的《天朝田亩制度》中，就曾提出"有田同耕，有饭同吃，有衣同穿，有钱同使"的"无处不均匀"的原则。在无产阶级登上历史舞台之前，作为农民小生产者反封建的口号，在一定历史条件下，有它的进步意义。随着社会历史的发展，特别是在无产阶级革命运动兴起后，它就越来越成为反动的了。马克思、恩格斯在谈到早期平等派空想的平均共产主义著作时说：就其内容来说必然是反动的。这种文献倡导普遍的禁欲主义和粗陋的平均主义。毛主席也多次批判过这种思潮，指出：绝对平均主义……只是农民小资产者的一种幻想；就是在社会主义时期，物质的分配也要按照"各尽所能，按劳取酬"的原则和工作的需要，决无所谓绝对的平均。毛主席在 1948 年还针对当时在农村中流行的平均主义倾向，明确指出：谁要是提倡绝对的平均主义，那就是错误的。……它的性质是反动的、落后的、倒退的。我们必须批判这种思想。在新中国成立前中国是个半封建、半殖民地的社会，小农经济占绝对优势。我们的社会主义不是从天上掉下来的，而是从小生产的汪洋大海中脱胎而来的。它不能不带有这种旧社会的浓重的痕迹。因此，平均主义渗进人们脑海，从而影响和干扰我们社会主义革命和建设的进程，是毫不奇怪的。

我们建设社会主义，必须按经济规律办事，实行按劳分配的分配原则，这是无产阶级革命导师早已阐明了的。实行这一原则，"就在于以同一的尺度——劳动——来计量"等量劳动，等量报酬，多劳多得，少劳少得，不劳动者不得食。它本身就是建立在承认差别的基础之上的。由于劳动者的健康状况、文化技术水平、劳动熟练程度和劳动态度等具有各种差别，因而他们所提供的劳动，他们对社会的贡献，也是不同的。按照按劳分配原则的要求，他们所得的劳动报酬，不是应该相等，而正是应该不相等的。这种情况在社会主义社会是必要的，不可避免的。实行这个原则，可以鼓励人们努力向上，调动人们的劳动积极性，而新的比资本主义高得多的劳动生产率，归根到底是保证社会主义彻底战胜资本主义的最重要和最主要的东西。如果不管劳动者提供劳动的多少，不管劳动者对社会贡献的大小，搞什么"平等"、"公平"的平均分配，就是对按劳分配的破坏和否定，就会鼓励落后，就会挫伤人们的劳动积极性。其结果必然导致社会生产力的停滞和倒退，社会主义经济制度也会遭到破坏和瓦解。我国社会主义革命和建设的实践证明，违反按劳分配原则，搞平均主义的分配，是不能不受惩罚的。1959—1961 年我国三年经济困难时期，使我们吃够了苦头。政治骗子陈伯达那套"一平二调"的共产风，吃"大锅饭"，取消按劳分配、推行平均主义的倒行逆施，就是造成这种灾难的一个重要原因。在过去几年中，林彪、"四人帮"出于其篡党夺权、复辟资本主义的需要，千方百计反对按经济规律办事，反对按劳分配，把按劳分配诬蔑为"产生资本主义和资产阶级的经济基础和条件"，谁要是贯彻按劳分配原则，就给谁扣上"搞资本主义"的大帽子。为推行平均主义，取消按劳分配，他们祭起早已被马克思主义批臭了的"理论"，通过他们控制的舆论工具，宣扬平均工分就是共产主义；平均主义多一点，共产主义因素就多一点等谬论。我们知道，共产主义高级阶段的因素，只能在生产高度发展、产品极大丰富的基础上产生。在我国生产力水平还很低的情况下，林彪、"四人帮"把平均主义冒充共产主义因素，其罪恶目的就在于搞乱理论，搞乱思想，搞乱社会主义经济管理，破坏社会主义经济。流毒所及，在许多经济单位，造成了"干与不干一个样，干多干少一个样，干轻干重一个样，干好干坏一个样"的混乱状态，给国民经济造成了不可估量的损失。

粉碎了"四人帮"，为贯彻按劳分配扫除了最大的障碍，但林彪、"四人帮"的流毒和影响还远未肃清，平均主义倾向还在各方面继续存在。例如，评定工资级别，一些单位很少考虑技术水平、劳动贡献，主要凭工龄长短（当然工龄也是应考虑的因素之一），到一定工龄一律升级，不到一定工龄的一律不升；奖金本来是按劳分配的一种补充形式，有的单位应该搞而不敢搞，对行之有效的单项奖，也心有余悸，不敢推行；即使发放奖金，也级差甚微，甚至不考虑贡献大小、劳动好坏，平均分配奖金；有的班、组拿到奖金，全体人员上饭馆大吃一顿，名曰"大家乐"。平均主义倾向，前几年在农村尤为突出。在"四人帮"挥舞"工分挂帅"、"物质刺激"棍子的压力下，不少地区的生产队放弃了体现按劳分配的定额管理、评工记分制度，实行按天计工，劳动没定额，记的是"大概式工分"，级差又很小，有的生产队一级强劳力干一天活只比五级弱劳力多挣二分五厘钱。这样使劳力强、劳力弱，劳动好、劳动差的人，在报酬上相差极少，多劳不能多得，少劳并不少得。大量事实证明，这些平均主义的做法，挫伤了群众劳动积极性，阻碍了社会生产力的提高，拖了四个现代化的后腿，对完成新时期的总任务，是十分不利的。不克服平均主义，就不能真正按经济规律办事，实行按劳分配原则，就不能充分发挥社会主义制度的优越性，加快四个现代化的步伐。因此，克服平均主义倾向，不是无关紧要的小事，而是我们在新的长征路上亟需解决的一个重大问题。

平均主义既然有着深厚的社会历史根源，又经陈伯达、林彪、"四人帮"的宣扬和推行，其流毒是很深很广的。人们在这些流毒的影响下，对平均主义的搞法，已有些习以为常，见惯不惊了。要彻底清除这种倾向，不是轻而易举的，还需要用很大气力。

在华主席为首的党中央领导下，两年多来，抓纲治国，拨乱反正，已经澄清了在按劳分配问题上大量的糊涂认识，按劳分配原则在实际工作中，也正在通过各种形式认真贯彻执行，社会主义经济建设走上了欣欣向荣、蓬勃发展的道路，形势一片大好。只要我们认真总结历史经验，正本清源，肃清流毒，树立按经济规律办事的思想，使我们的思想适应四个现代化的要求，在分配上坚持社会主义的按劳分配原则，克服平均主义倾向，我们就一定能加快四个现代化的步伐。

此文载于：成都日报，1979—01—09.

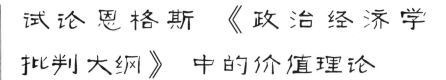

试论恩格斯《政治经济学批判大纲》中的价值理论

恩格斯的《政治经济学批判大纲》（以下简称《大纲》）是马克思主义创始人第一部专门研究政治经济学的著作，它是恩格斯为创立无产阶级政治经济学所作的最初尝试。《大纲》在马克思主义政治经济学的发展史上，具有重要地位和巨大的科学价值。《大纲》以崭新的战斗姿态，揭露和批判了资产阶级经济学的阶级本质，指出这种经济学的自私、伪善、矛盾和辩护性，坚定地站在无产阶级立场，宣告了要为消灭资本主义私有制而斗争，这就使它远远高于任何资产阶级经济学，开创了无产阶级政治经济学的新篇章。价值理论是《大纲》中的重要内容，为何理解和评价这一理论，是一个需要深入研究的重要课题，本文拟对此谈谈个人的一些看法，以就正于学术界的同志们。

一、《大纲》中的价值理论及其形成的原因

首先，恩格斯指出，价值是因商业而形成的第一个经济范畴，这个范畴在新旧两派经济学家之间是没有什么争论的。因为旧经济学家——重商主义者那里还没有时间来研究各种范畴。所有这类问题的争论都是从最新的经济学家开始的。最新经济学家英国人麦克库洛赫和李嘉图同法国人萨伊就什么是实际价值的本质进行了长期的争论。前

者认为生产费用表示实际价值，后者靠物品的效用来测定实际价值。二者各执一词，什么问题也解决不了。为什么这两派经济学家解决不了这个问题？原因是这两派都有片面性，都是只看到一个方面而忽视了另一个方面，都排除了竞争的作用。如果去掉了竞争，没有生产费用和效用的结合，实际价值是不能成立的。

恩格斯批判了英国人麦克库洛赫和李嘉图的"物品的抽象价值是由生产费用决定"① 的论断。他写道："如果把竞争放在一边，那谁也不会把物品卖得比它的生产费用还低。……一种没有竞争的商业，这就等于有人而没有身体，有思想而没有产生思想的脑子。"② 一谈到"出卖"，当然就意味着有商业，而商业的主要的东西就是竞争，"一旦竞争被放在一边，也就没有任何保证使生产者恰恰按照他的生产费用来出卖商品"③。

其次，恩格斯还认为，商品的价值离不开效用："假定某人花了大量的劳动和费用制造了一种谁也不要的毫无用处的东西，难道这个东西的价值也要按照生产费用来计算吗？"④ 这样，便"立刻不仅碰到了萨伊的臭名远扬的效用论，而且还碰到了随着'购买'而来的竞争"。于是，经济学家们"所竭力避开的竞争，而且连他所攻击的效用论也都时时刻刻地扰乱着他的清思"而无法避开了。恩格斯由此得出结论说："抽象价值以及抽象价值是生产费用来决定的说法，都只

---

① 马克思恩格斯全集：第 1 卷 ［M］. 北京：人民出版社，1972：603.
② 马克思恩格斯全集：第 1 卷 ［M］. 北京：人民出版社，1972：604.
③ 马克思恩格斯全集：第 1 卷 ［M］. 北京：人民出版社，1972：604.
④ 马克思恩格斯全集：第 1 卷 ［M］. 北京：人民出版社，1972：604.

不过是一些抽象的不实际的东西。"①

恩格斯还进一步指出，生产费用决定价值之所以不能成立，还因为生产费用本身也离不开竞争。如果不把竞争考虑在内，又怎样能确定生产费用呢？生产某种物品花费的工资和原材料等等的支出多少，是和竞争分不开的。所以我们研究一下生产费用，就可以看出，这个范畴也是建立在竞争的基础上的。在这里又一次暴露了经济学家无法贯彻他的主张。

恩格斯在批判了麦克库洛赫、李嘉图等的生产费用决定价值的观点之后，又来批判萨伊效用价值论。恩格斯正确地指出："物品的效用是一种纯主观的根本不能绝对确定的东西"，如果这种观点能够成立，"生活必需品较之奢侈品应该具有更大的价值"②。而事实上绝不是这样的。在私有制统治下，竞争是唯一能比较客观地决定效用的办法。因为物品本身所固有的实际效用和由竞争决定的效用是不一致的，把竞争搁在一边，就谈不上物品效用的大小，因而就无法用效用确实价值。"但是，只要承认了竞争关系，生产费用的问题也就随之而生，因为谁也不会把他的产品卖得比它的生产成本还低。因此，不管愿意与否，在这里对立的一面就要转化为对立的另一面。"③ 即转化为不能单用效用或生产费用来决定价值。只说效用或只说生产费用决定价值，都是片面的，不能成立的。"物品的价值包含两个要素，争论的双方都硬要把这两个要素分开，但是正如我们所看到的，双方

---

① 马克思恩格斯全集：第1卷［M］．北京：人民出版社，1972：604．
② 马克思恩格斯全集：第1卷［M］．北京：人民出版社，1972：604．
③ 马克思恩格斯全集：第1卷［M］．北京：人民出版社，1972：605．

都毫无结果。"①

恩格斯在批判了李嘉图、萨伊之后，提出了自己的价值定义："价值是生产费用对效用的关系。"② 他解释这个定义说："价值首先是用来解决某种物品是否应该生产的问题，即这种物品的效用是否能抵偿生产费用的问题。只有在这个问题解决了之后才说得上运用价值来进行交换的问题，如果两种物品的生产费用相等，那末效用就是确定它们的比较价值的决定性因素。"所以，生产费用"这个基础是交换的唯一正确的基础"③。只有把这个基础作为出发点，才能使效用作为比较价值的决定性因素。

恩格斯进一步论述这个效用问题，指出，在资本主义私有制下，效用必须通过交换才能实现，因此效用大小不取决于当事人，不为当事人所知悉，不是根据物品的固有实际效用，只能在竞争中自发地决定。"不消灭私有制，就不可能消灭物品本身所固有的实际效用和它这种效用的决定之间的对立，以及效用的决定和交换者的自由之间的对立；而在私有制消灭之后，就无须再谈现在这样的交换了。到那个时候，价值这个概念实际上就会愈来愈只用于解决生产的问题，而这也是它真正的活动范围。"④ 经济学家争论双方，都把自己的片面性概念说成是"这一概念的整体"，所以都是站不住脚的。"要帮助这两个跛脚的定义站住脚，在两种情况下都必须把竞争考虑在内"，⑤ 而

---

① 马克思恩格斯全集：第 1 卷 ［M］. 北京：人民出版社，1972：606.
② 马克思恩格斯全集：第 1 卷 ［M］. 北京：人民出版社，1972：605.
③ 马克思恩格斯全集：第 1 卷 ［M］. 北京：人民出版社，1972：605.
④ 马克思恩格斯全集：第 1 卷 ［M］. 北京：人民出版社，1972：605.
⑤ 马克思恩格斯全集：第 1 卷 ［M］. 北京：人民出版社，1972：606.

一把竞争引进来，效用和生产费用就不是它的本来面目，就在竞争中变了形。"它带来的效用要取决于时机、时尚和富人的癖好，它带来的生产费用则随着供和求的偶然的对比关系而上下波动。"①

在《大纲》中，恩格斯虽然在实际价值和交换价值的名义下，看到了价值和价格的区别，但他认为，实际价值或抽象价值，不过是一些抽象的不实际的东西，是并不存在的。他只承认交换价值、等价物、商品价值的实际存在，也就是只承认价格的实际存在。他说："实际价值和交换价值间的差别就在于物品的价值不等于人们在买卖中给予它的那个所谓等价物，就是说，这个等价物并不是等价物。这个所谓等价物就是物品的价格。如果经济学家是诚实的，他也许就会把等价物一词当做'商业价值'来使用。"但是，经济学家为了掩饰商业的不道德，"为了使商业的不道德不至于太刺眼"，"总得要保留一点价格和价值有些联系的样子"。② 恩格斯在对经济学家作了如上分析批判之后，便把前面说的"价值是生产费用对效用的关系"改为价格是生产费用和竞争的关系。他说："说价格是由生产费用和竞争的相互作用来决定，这是完全正确的，并且是私有制的一个主要的规律。"③ 恩格斯认为生产费用和竞争的相互作用决定的本来是价格，是竞争关系均衡、供求平衡时的一种价格的规定性，但是"经济学家的第一个发现就是这个纯经验的规律；他发现这个规律后，就把他的实际价值抽象化了，就是说，把在竞争关系均衡、供求平衡的时候所确定的价格抽象了。这样一来，剩下的自然只有生产费用，经济学家

---

① 马克思恩格斯全集：第 1 卷 [M]. 北京：人民出版社，1972：606.
② 马克思恩格斯全集：第 1 卷 [M]. 北京：人民出版社，1965：606.
③ 马克思恩格斯全集：第 1 卷 [M]. 北京：人民出版社，1965：605.

就把它叫做实际价值，其实我们这里涉及的只是价格的一种规定性而已"①。这里，恩格斯既然认为被决定的是价格而不是价值，因而便认为李嘉图等人所说的价格由价值决定的说法"本末倒置了：作为基本的东西和价格源泉的价值倒要从属于它自己的产物——价格了。……正是这种颠倒黑白构成了抽象的本质"②。

恩格斯把古典学派李嘉图的价值理论和庸俗经济学萨伊的效用论等量齐观，一概加以否定，实际就是否定了李嘉图的劳动价值论。③我们知道，马克思主义政治经济学是对资产阶级古典经济学批判继承，特别是对它的劳动价值论的批判继承基础上建立起来的。撇开李嘉图在论证价值中的缺陷，如在生产费用上理解价值，李嘉图毕竟对"交换价值决定于劳动时间这一规定作了最透彻的表述和发挥"④。

恩格斯当时给价值下的定义，也和马克思、恩格斯后来建立的科学的价值理论不同。按照马克思在《资本论》中的定义，价值是凝结在商品中的一般无差别的人类劳动或抽象的人类劳动。"作为交换价值，商品只能有量的差别，因而不包含任何一个使用价值的原子。"⑤这里讲的无差别的人类劳动是构成价值的唯一要素。恩格斯在《大纲》中说的"价值是生产费用对效用的关系……如果两种物品的生产费用相等，那么效用就是确定它们的比较价值的决定性因素"，"物品

---

① 马克思恩格斯全集：第 1 卷［M］. 北京：人民出版社，1972：605.

② 马克思恩格斯全集：第 1 卷［M］. 北京：人民出版社，1972：606.

③ 这里不谈效用，是因为他认为"竞争是唯一能比较客观地，似乎一般能决定物品效用大小的办法"。见：马克思恩格斯全集：第 1 卷［M］. 北京：人民出版社，1972：605.

④ 马克思恩格斯全集：第 13 卷［M］. 北京：人民出版社，1972：51.

⑤ 马克思恩格斯全集：第 23 卷［M］. 北京：人民出版社，1972：50.

的价值包含两个要素"。能不能理解为恩格斯说的效用（或使用价值）是价值的物质担当者、是价值的前提呢？显然不能。因为恩格斯不是在使用价值是物质担当者这个意义上说的，而是明确地在价值决定意义上说的。

恩格斯在《大纲》中实际上只承认价格或商业价值，不承认存在价值这个经济范畴。他是从强调竞争的作用得出这个结论的。所以，他认为，在私有制统治下，即使竞争关系均衡、供求平衡时所确定的也不过是价格的抽象化，"经济学家就把它叫做实际价值，其实我们这里涉及的只是价格的一种规定性而已。"①

既然恩格斯这时还只承认市场价格，就必然否定以价值为基础的等价交换原则。他认为人们在物品买卖中给予的那个所谓等价物并不是等价物，这个等价物就是物品的价格，是不等价交换。这是因为在竞争条件下，"由竞争关系所造成的价格永远摇摆不定的状况，使商业丧失了道德的最后一点痕迹。至于价值就更不用说了。……通过竞争破坏着物品所固有的一切内在的价值，并且在每时每刻改变着物品与物品之间的价值关系"②。因此，等价交换是不可能的。存在的是不等价交换，是商业中的欺诈，"就是说，都企图不劳而获，损人利己，乘人之危，趁机发财"③。

那么，恩格斯当时对价值理论问题的观点是怎样产生的呢？这一方面是由于恩格斯是从共产主义者的立场来批判资本主义私有制及其经济学说。针对它们的种种矛盾，论证这种社会形成的历史过渡性和

---

① 马克思恩格斯全集：第 1 卷 [M]. 北京：人民出版社，1972：614.
② 马克思恩格斯全集：第 1 卷 [M]. 北京：人民出版社，1972：614—615.
③ 马克思恩格斯全集：第 1 卷 [M]. 北京：人民出版社，1972：615.

其经济学的辩护本质，要给予彻底否定；另一方面，也由于恩格斯刚刚开始研究政治经济学，还受着理论水平的限制，不可能一下子就对资产阶级各派经济学说进行正确无误的鉴别。恩格斯正确地看到了庸俗经济学的错误，也看到了古典经济学的矛盾，但他还不能理解古典经济学在阶级斗争处于潜伏状态时还能够是科学，因而不能批判地吸取其科学内核，把它和庸俗经济学家的辩护士的坏心恶意加以区别。

恩格斯看到了在资本主义私有制条件下，由于竞争的作用，市场价格不同于商品的内在价值，他看到这个矛盾，并对这个矛盾的产生作了有根据的论证。但他还不能理解价值只能通过价格来实现自己，价格和价值的背离只是表面现象，无论价格如何涨跌，它总是以价值为中心而上下波动，不可能长期高于价值或低于价值。从长期看，从全社会看，商品的价格总额同商品的价值总量是一致的，这才是价值及其运动的规律，是价值和价格的内部联系。所以，价格不能脱离价值，商品是等价交换，商品价格对商品价值的背离，是商品价值存在的条件，只有这样，劳动决定价值才能成为现实的存在。正如恩格斯自己后来在 1884 年《马克思〈哲学的贫困〉一书德文版第一版序言》中所说："商品价格对商品价值的不断背离是一个必要的条件，只有在这个条件下并由这个条件，商品的价值才能存在。只有通过竞争的波动从而通过价格的波动，商品生产的价值规律才能得到贯彻，社会必要劳动时间决定商品价值这一点才能成为现实。"① 由于恩格斯在当时还不能科学地阐明价值及其运动规律，还不理解价格和价值的内在联系，只看到李嘉图价值论的矛盾现象，看不到它的合理的科学因

---

① 马克思恩格斯全集：第 21 卷［M］. 北京：人民出版社，1972：215.

素，从而否定了价值的现实存在，否定了商品买卖中的交换是等价交换。这在马克思主义政治经济学尚未形成，还处在探讨经济学的最初阶段的背景下，是难以避免的。列宁指出："判断历史的功绩，不是根据历史活动家没有提出供现代所要求的东西，而是根据他们比他们的前辈提供了新的东西。"[①]《大纲》批判了资产阶级经济学，指出了他们的矛盾，他虽然还没能科学地解决这些问题，但他提出了解决这些问题的任务，而且在价值理论中还有一些十分宝贵的思想，对后来马克思主义经济学的形成和发展，开辟了新的道路，这就是他比前人新的贡献。

二、 如何评价 "价值是生产费用对效用的关系"

如上所述，《大纲》关于"价值是生产费用对效用的关系"这个价值定义，作为分析资本主义的经济范畴，是和马克思主义的价值理论不相符合的。但这个定义并非一无是处，它在探讨社会主义、共产主义经济问题方面，有其丰富的思想内容，这从马克思和恩格斯在其后成熟的著作中一再引用这句话，可以得到证明。关于这个问题，经济学界进行了长期的争论，争论的焦点，是对后来马克思、恩格斯有关论述的不同理解。因此，要了解恩格斯在《大纲》中的这个定义的含义及其适用范围，就要看看恩格斯的原意和后来马克思、恩格斯的有关论述究竟是指的什么。

恩格斯在《大纲》中的这段话是："价值是生产费用对效用的关

---

① 列宁全集：第 2 卷［M］. 北京：人民出版社，1959：150.

系。价值首先是用来解决某种物品是否应该生产的问题，即这种物品的效用是否能抵偿生产费用的问题。只有在这个问题解决之后才谈得上运用价值来进行交换的问题。如果两种物品的生产费用相等，那么效用就是确定它们的比较价值的决定性因素。"① 这里一定要看到一个前提，即恩格斯是站在共产主义者立场，对李嘉图、萨伊的价值论进行批判时提出来的。恩格斯提出这个价值定义，但并不认为它适用于资本主义。这就是说，恩格斯认为在私有制和竞争的条件下，不存在价值，只存在价格。我们在前面所说的恩格斯在《大纲》中的价值理论，也主要是指这方面说的。

那么，恩格斯认为这个价值定义的适用范围是什么呢？他在紧接着的一段中说，只有在私有制消灭以后，"价值这个概念实际上就会愈来愈只用于解决生产的问题，而这也是它真正的活动范围"。恩格斯在《大纲》中的有关论述，可以说明他在这里是认为，在消灭了私有制和竞争的社会里，生产无政府状态将被有计划生产所代替。社会为了取得某种使用价值或效用，可以有计划地投入生产费用（劳动），而不会受竞争的盲目支配。在这样的社会里，生产费用和效用不会因竞争而变形。因为竞争的性质变了，它不再是破坏物品所固有的一切内在价值，不再是投机倒把等种种不道德产生的条件。他说："竞争的实质就是消费力对生产力的关系。在一个和人类本性相称的社会制度下，除此之外，就不会有另外的竞争。社会那时就应当考虑，靠它所掌握的资料能够生产些什么，并根据这种生产力和广大消费者之间的关系来确定，应该把生产提高多少减缩减多少，应该允许生产或限

---

① 马克思恩格斯全集：第 1 卷 [M]. 北京：人民出版社，1972：614.

制生产多少奢侈品。"① 私有制条件下的竞争，"就会归结为……只有傅立叶一人作过一些说明的竞赛，这种竞赛将随着对立的利害关系的消灭而被限制在它所特有的合理的范围内。"② 可见，恩格斯认为，只有在消灭了私有制的社会里，才能有计划地安排社会需要和社会劳动的合理分配。所以，这里就直接反映着"生产费用对效用的关系"。这样的价值概念，"实际上就会愈来愈只用于解决生产的问题，而这也是它真正的活动范围"③。这样的价值概念，虽然超越了资产阶级经济学的价值定义，也不同于马克思主义后来创立的科学的价值理论，但对社会主义、共产主义社会有计划地安排社会生产和劳动分配具有启发性。这个价值定义不可否认的科学价值也就在这里，马克思和恩格斯后来一再提到这个定义，也正是就此来说的。

恩格斯在《反杜林论》中写道："社会一旦占有生产资料并且以直接社会化的形式把它们应用于生产，每一个人的劳动，无论其特殊用途是如何的不同，从一开始就成为直接的社会劳动。……因此，在上述前提下，社会也无需给产品规定价值。……诚然，就在这种情况下，社会也必须知道，每一种消费品的生产需要多少劳动。它必须按照生产资料，其中特别是劳动力来安排生产计划。各种消费品的效用（它们被相互衡量并和制造它们所必需的劳动量相比较）最后决定这一计划。人们可以非常简单地处理这一切，而不需要著名的'价值'插手其间。"正是在这段论述后，恩格斯在小注中提到"在决定生产问题时，上述的对效用和劳动花费的衡量，正是政治经济学的价值概

① 马克思恩格斯全集：第1卷 [M]. 北京：人民出版社，1972：615.
② 马克思恩格斯全集：第1卷 [M]. 北京：人民出版社，1972：615.
③ 马克思恩格斯全集：第1卷 [M]. 北京：人民出版社，1972：615.

念在共产主义社会所能余留的全部东西，这一点我在 1844 年已经说过了（《德法年鉴》第 95 页）。但是，可以看到，这一见解的科学论证，只是由于马克思的《资本论》才成为可能。"① 作为成熟的马克思主义经济学说创造者之一，恩格斯当然不是指效用是价值的决定要素之一，而且在正文中先就指出在共产主义社会不存在价值："社会也无需给产品规定价值"，"不需要著名的'价值'插手其间"，所以无可争辩，这里既不是说的马克思主义的狭义政治经济学（资本主义政治经济学）上的价值，更不能理解为价值是个永恒的经济范畴。

那么，价值概念在共产主义社会所能余留的全部东西，马克思又是怎样在《资本论》中科学论证的呢？马克思在《资本论》第 1 卷中谈到鲁滨逊的故事作为例证时写道，鲁滨逊的"需要本身迫使他精确地分配自己执行各种职能的时间。……他的账本记载着他所有的各种使用物品，生产这些物品所必需的各种活动，最后还记载着他制造这种一定量的产品平均耗费的劳动时间……价值的一切本质的规定都包含在这里了"②。对个人来说的情况对社会来说也是一样。马克思写道："设想有一个自由人联合体，他们用公共的生产资料进行劳动，并且自觉地把他们许多个人劳动力当作一个社会劳动力来使用。在那里，鲁滨逊的劳动的一切规定又重演了，不过不是在个人身上，而是在社会范围内重演。……人们同他们的劳动和劳动产品的社会关系，无论在生产上还是在分配上，都是简单明了的。"③ 可见，马克思在这里说的价值的一切的本质的规定，是自觉地有计划地按比例分配社

① 马克思恩格斯全集：第 3 卷 [M]. 北京：人民出版社，1972：348－349.
② 马克思恩格斯全集：第 23 卷 [M]. 北京：人民出版社，1972：93－94.
③ 马克思恩格斯全集：第 23 卷 [M]. 北京：人民出版社，1972：95－96.

会总劳动于各个社会生产部门。这种劳动时间的有计划的分配，调节着各种劳动职能同各种需要的适当比例，是任何社会都存在的客观必然性，不过在私有制商品生产条件下，只能通过价值规律的自发调节，而在共产主义条件下，则不需要通过迂回曲折的价值规律的调节，而是简单明了地由社会直接安排而已。

在《资本论》第 3 卷中，马克思重申了这个思想。他说："在资本主义生产方式消灭以后，但社会生产依然存在的情况下，价值决定仍会在下述意义上起支配作用：劳动时间的调节和社会劳动在各类不同生产之间的分配，最后，与此有关的簿记，将比以前任何时候都更重要。"[①] 这里谈的和以上谈的都是一个意思，不过是就一般社会生产而言的。所说"价值决定仍会在下述意义上起支配作用"，当然也不是指资本主义形式上的价值概念，恰好相反，是指在资本主义生产方式消灭以后，根据社会需要分配社会劳动，也即恩格斯在《大纲》说的生产费用（劳动）对效用（满足社会需要的使用价值）的关系。因为在这种社会，社会劳动的分配不再是在价值规律支配下的竞争自发调节，所以"与此有关的簿记"就"更重要"。

马克思在 1868 年 2 月 8 日致恩格斯的信中又一次提到了《大纲》中的那个定义，他说："实际上，没有一种社会形态能够阻止社会所支配的劳动时间以这种或那种方式调整生产。但是，只要这种调整不是通过社会对自己的劳动时间所进行的直接的自觉的控制——这只有在公有制之下才有可能——来实现，而是通过商品价格的变动来实

---

① 马克思恩格斯全集：第 25 卷 [M]. 北京：人民出版社，1972：963.

现，那末事情就始终像你在《德法年鉴》中已经十分正确地说过的那样"①。这里指的"十分正确地说过的那样"是指什么呢？显然是指在私有制下由于价值规律的作用，竞争"这个规律永远起着调节的作用"②。而在公有制下才能自觉地直接地调整社会生产。这就告诉我们："这种按一定比例分配社会劳动的必要件，决不可能被社会生产的一定形式所取消，而可能改变的只是它的表现形式，"在私有制商品生产的条件下，"这种劳动按比例分配所借以实现的形式，正是这些产品的交换价值"③。这里的问题是，既然马克思、恩格斯一再申明价值概念是资本主义调整社会生产的实现形式，而在共产主义无需借助价值这个形式，而是直接地有计划地调整社会生产，那又为什么一再提到价值的规定性、价值所能余留的全部东西，等等——一句话，为什么又一再在谈到共产主义生产时谈到价值呢？显然这是指价值的实际内容，而不是指价值形式，只是指它虽没有了这个形式，但它的内容——按一定比例分配社会劳动的必要性是不能取消的。

总之，恩格斯关于"生产费用对效用的关系"的价值定义，同后来马克思、恩格斯成熟的价值理论，以及用这个理论分析资本主义的经济相比较，虽然还是不完善的，但对于社会主义、共产主义经济却有着巨大的指导意义。依据这一丰富的思想内容，就给我们提出了以最小的劳动耗费取得最大的经济效益的正确方向，给我们指出了正确处理社会劳动分配和劳动消耗同效用的关系的任务。这对于我们在社会主义经济建设中，贯彻以经济效用为中心，尽量避免无效劳动，克

---

①　马克思恩格斯《资本论》书信集［M］. 北京：人民出版社，1976：250.

②　马克思恩格斯全集：第1卷［M］. 北京：人民出版社，1972：613.

③　马克思恩格斯《资本论》书信集［M］. 北京：人民出版社，1976：282.

服对物质资料和劳动的浪费，力求充分发挥人力、物力的最大效用，更好地满足人民不断增长的物质和文化需要，无疑是极为重要的。

此文载于：财经科学，1984（6）.

《政治经济学批判大纲》研究

一、 《政治经济学批判大纲》 写作的历史背景

恩格斯的《政治经济学批判大纲》（以下简称《大纲》），是马克思主义创始人第一部专门研究政治经济学的著作，它在马克思主义政治经济学的发展史上，具有重要地位和科学价值。

《大纲》写于 1843 年底至 1844 年初。我们知道，恩格斯从1838—1841 年在德国北方大商港不来梅开始进行哲学研究，进行反对封建专制的斗争。1841 年秋，恩格斯服兵役到了柏林。在柏林度过的一年，对恩格斯的一生起了重大作用。他在大学里作为旁听生，结识了许多激进派青年的代表人物，发表了一些哲学论文，批判了力图把宗教和科学、信仰和知识调和起来的谢林的反动哲学。在此期间，恩格斯从路德维希·费尔巴哈的《基督教的本质》一书中，得到了新的鼓舞，从这本书中发现了对宗教的唯物主义批判。他的引起轰动的小册子——《谢林和启示》，已经有了明显的唯物主义倾向。

1842 年恩格斯兵役期满后，到英国纺织工业中心曼彻斯特他父亲入股的"欧门—恩格斯公司"一个棉纺厂学习经商。在英国，他比在任何地方都更清楚地看到无产阶级和资产阶级的阶级矛盾。加之对工人困苦生活和工人为反抗资产阶级的斗争的观察，使恩格斯不仅认识到这种社会所面临的已经不是宗教和无神论问题，而是社会革命和共产主义，同时也使恩格斯认识到实现这一社会革命的力量就是无产阶级。这一时期恩格斯通过对资本主义经济关系的观察、对德国古典哲学的批判继承以及和各派社会主义者的接触，使自己的世界观得到升华，逐步完成了由唯心主义到唯物主义、由革命民主主义到共产主义的转变。他清楚地认识到在为数众多的社会主义思潮和派别中的杰出人物，虽然同情无产阶级的不幸，尖锐地揭露了资本主义制度的罪恶，对未来社会的设想也提出了许多积极的主张，但他们看不到无产阶级的力量，不懂得社会发展的规律，他们只是凭着良好的愿望，拟订各自的社会改革方案，所以，这种社会主义没有坚实的基础，终究不免是空想。要使社会主义有一个"事实的基础"，给社会主义提供一个科学依据，必须研究"现代大工业所造成的社会状况"[①]。恩格斯后来回忆说："我在曼彻斯特时异常清晰地观察到，迄今为止在历史著作中根本不起作用或者只起极小作用的经济事实，至少在现代世界中是一个决定性的历史力量；这些经济事实形成了现代阶级对立所由此产生的基础；这些阶级对立，在它们因大工业而得到充分发展的国家里，因而特别是在英国，又是政党形成的基础，党派斗争的基础，因而也是全部政治历史的基础。"[②] 而研究这个"经济事实"，则是政治经济学的任务。因此，在曼彻斯特期间，恩格斯花费了很大精力，研究了资产阶级政治经济学。从对亚当·斯密、詹姆斯·斯图亚

---

① 马克思恩格斯全集：第 18 卷［M］. 北京：人民出版社，1972：319.
② 马克思恩格斯选集：第 4 卷［M］. 北京：人民出版社，1972：192.

特、大卫·李嘉图、詹·穆勒、托·罗·马尔萨斯、让·巴·萨伊等人的著作的研究中，恩格斯发现，尽管他们在反映经济事实的理论观上，有着这样那样的分歧，但他们都是站在资产阶级立场，以资本主义私有制为出发点的。作为共产主义者的恩格斯理所当然地就站在无产阶级立场，对他们进行分析批判，为建立与之相对立的无产阶级政治经济学，为从经济学方面论证消灭资本主义私有制的必要性而斗争。《大纲》的发表，就是为完成这个任务而进行的最初的卓有成效的尝试。

恩格斯于 1844 年 1 月将手稿从英国的曼彻斯特寄给在巴黎的马克思。1844 年 2 月发表在由马克思担任编辑的《德法年鉴》第 1～2 期合刊号上。

二、 《大纲》 揭露了资产阶级经济学的阶级本质和根本缺陷， 为建立马克思主义经济学奠定了始基

（一）资产阶级经济学是 "私经济学"

《大纲》没有关于资产阶级古典经济学和庸俗经济学的区分，这对马克思主义政治经济学创立过程的起点来说，是可以理解的。《大纲》还只是把资产阶级经济学区分为重商主义学说和自由主义经济学，但这并不影响恩格斯从共产主义立场出发揭露资产阶级经济学的阶级本质。这是因为，资产阶级经济学的各个派别，虽然有着差异，但他们论证的政治经济学的一切范畴，却都是建立在资本主义私有制的基础之上的，而且在反对工人阶级、维护资产阶级利益方面，也是

完全一致的。这就是它们共同的阶级本质。恩格斯用"私经济学"概括了这种本质。他指出:"'国民财富'一词是由于自由主义经济学家的竭力概括才初次出现的。只要私有制存在一天,这个用语便没有任何意义。英国人的'国民财富'很多,但是他们却是世界上最穷的民族。……国民经济学、政治经济学和公经济学等用语也是一样。在目前的情况下应该把这种科学称为私经济学,因在这种科学看来社会关系只是为了私有制而存在。"① 恩格斯关于"私经济学"的论断,揭穿了资产阶级经济学冒充代表全体国民利益、公正无私的假象,还它为资本主义私有制服务的本来面目。这也就解决了资产阶级经济学的根本性质问题,为创立与资产阶级经济学相对立的无产阶级经济学,奠定了思想前提。

恩格斯从发展的观点,考察了资产阶级"私经济学"的演变历程,揭示了它在各个发展阶段上的特点,论述了政治经济学作为"一门完整的发财致富的科学",是怎样"代替那简陋的非科学的生意经"② 的。恩格斯指出,重商主义在其早期货币主义的形态上,"额角上就打着最丑恶的自私自利的烙印",他们以为金银就是财富,禁止贵金属出口,"各国彼此对立着,就像守财奴一样,双手抱住他心爱的钱袋,用妒嫉和猜疑的目光打量着自己的邻居。他们不择手段地骗取那些和本国通商的民族的现钱,并把侥幸得来的金钱牢牢地保持在关税线以内"③。恩格斯形象化的生动表述,深刻地刻画出早期重商主义守财奴般的贪婪相。

---

① 马克思恩格斯全集:第 1 卷 [M]. 北京:人民出版社,1972:596.
② 马克思恩格斯全集:第 1 卷 [M]. 北京:人民出版社,1972:596.
③ 马克思恩格斯全集:第 1 卷 [M]. 北京:人民出版社,1972:597.

资本主义的发展，要求超越这个粗俗的幼稚的原则，不然就会"葬送商业"，于是重商主义的真正原则——贸易差额论取而代之。这种重商主义原则，使商业的贪婪性虽已多少被掩盖起来，用"缔结友好通商条约"，"互献殷勤、彼此效劳"来代替那赤裸裸的欺诈和掠夺，"但实质上还是同从前一样，贪财和自私"①。

随着资本主义的确立，"18 世纪这个革命的世纪使政治经济学也发生了革命"。② 由重商主义发展到自由主义政治经济学是一个进步。但是这种革命和进步是片面的，它未能克服对立，它"没有想到提出私有制的合理性的问题"③。它"唯一的肯定的进步就是探讨了私有制的各种规律"④。随着资本主义的发展，各种矛盾暴露得越来越尖锐，因而，恩格斯就认为"距离我们时代越近的经济学家越不老实。时代每前进一步，要把政治经济学保持在时代的水平上，诡辩术也必须提高一步。所以李嘉图的罪过就比亚当·斯密大，而麦克库洛赫和穆勒的罪过又比李嘉图大"⑤。

恩格斯关于"距离我们时代越近的经济学家越不老实"的论断，从资产阶级政治经济学总的演变过程来看，是合理的和反映实际的。因为随着资本主义的发展，无产阶级和资产阶级的矛盾和斗争，在实践方面和理论方面采取了日益鲜明的和带有威胁性的形式，资产阶级政治经济学必然越来越走向庸俗化，其辩护性质也越来越明显。但是

---

① 马克思恩格斯全集：第 1 卷 [M]．北京：人民出版社，1972：597.
② 马克思恩格斯全集：第 1 卷 [M]．北京：人民出版社，1972：597.
③ 马克思恩格斯全集：第 1 卷 [M]．北京：人民出版社，1972：597.
④ 马克思恩格斯全集：第 1 卷 [M]．北京：人民出版社，1972：599.
⑤ 马克思恩格斯全集：第 1 卷 [M]．北京：人民出版社，1972：599.

另一方面，由于恩格斯还没有对资产阶级政治经济学的古典学派和庸俗学派加以区分，也还没有对斯密和李嘉图作出正确的分析，不了解李嘉图高出斯密的地方，因而认为"李嘉图的罪过就比亚当·斯密大"，并把麦克库洛赫和穆勒同李嘉图相提并论，这无疑是不符合马克思和恩格斯自己后来的成熟的观点的。这在恩格斯刚刚开始研究政治经济学，还把资产阶级政治经济学作为一个整体进行批判时，是不足为奇的。

总之，《大纲》作为马克思主义创始人第一部经济学著作，一开始就以崭新的战斗姿态，揭露和批判了资产阶级经济学的阶级本质，指出这种经济学自私、伪善、矛盾和辩护性，以坚定的无产阶级立场，宣告了要为消灭资本主义私有制而斗争，这就远远高于也根本不同于任何资产阶级经济学，开始了无产阶级政治经济学的新篇章。

（二）《大纲》运用唯物辩证法从经济学方面分析了资本主义私有制的历史过渡性

列宁指出："用唯物辩证法从根本上来改造全部政治经济学，把唯物辩证法应用于历史、自然科学、哲学以及工人阶级的政策和策略——这就是马克思恩格斯最为注意的事情，这就是他们在革命思想史上英明地迈进的一步。"[①] 可以说，《大纲》就是恩格斯最早运用唯物辩证法从根本上改造政治经济学的尝试。

---

① 列宁全集：第 19 卷［M］. 北京：人民出版社，1975：558.

　　资产阶级经济学家,包括他们的最优秀的代表,由于其阶级局限性和方法论的片面性,都毫无例外地把资本主义生产方式看作是自然的、永恒的生产方式,从而就把资本主义的经济规律看作是自然的、永恒的自然规律。

　　恩格斯与此不同,他从经济学方面分析了资本主义生产方式是一个历史过渡形态。资本主义存在的种种矛盾和罪恶——垄断、竞争、经济危机,以及无产阶级贫困、灾难的总根源,在于资本主义私有制。这种私有制造成的后果,必然导致社会革命。只有消灭这种私有制,全面改革社会关系,才能使劳动者全面发展。因此,必须批判私有制的政治经济学,超越私有制政治经济学的范围,提出与此相对立的无产阶级政治经济学的任务。

　　恩格斯在《大纲》中,并不是单纯地否定以亚当·斯密等人为代表的自由主义经济学。和重商主义相比,承认它"当然是进步,并且是一个必要的进步"①,但是这种进步,"这种贸易自由的全部理论和实践都是微不足道的"②。因为它同样是建立在私有制的基础之上的,它不过是使重商主义的"地方的和民族的小小的打算退居次要地位","从而使问题涉及到全人类的范围","使这种不道德达到极点"③。一旦达到了这一步,私有制的真实后果——矛盾和对立就能够更明显、更单纯地显露出来,这时,就会提出新的任务。所以,恩格斯说:"我们乐于承认,仅仅由于论证并实现了贸易自由,我们才有可能超

---

①　列宁全集:第 19 卷[M].北京:人民出版社,1975:558.
②　列宁全集:第 19 卷[M].北京:人民出版社,1975:558.
③　列宁全集:第 19 卷[M].北京:人民出版社,1975:558.

出私有制的政治经济学的范围"。^①在私有制的政治经济学的范围内，无论是"旧时的重商主义者"，还是"最新的政治经济学"，都是片面的。在这个范围内，它们尽管有对立，但都不能摆脱自私、虚伪和野蛮的本质。这两派中任何一派都不可能只责备对方而自己不会受到同样的责备，因为它们都是以私有制为前提的。所以，"只有超出这两种学说的对立，批判这两种学说的共同前提，并从纯粹人类的一般基础出发来看问题，才能够给这两种学说指出它们的真正的地位"^②。

恩格斯没有停留在一般地批判资产阶级经济学的共同前提上，他还具体地分析了私有制下的一些主要经济范畴。

第一，关于地租。他指出：如果撇开私有制不谈，那末地租就可以恢复它的本来面目，可以回到实质上是地租的基础的合理的观点上去。就是说，地租不再与私有制发生联系，而只和花费等量劳动在面积相同土地上获得不同收益的土地的生产力相关，实际上是指消灭了绝对地租，只可能有级差地租，这个级差地租通过竞争成为产品价值的一部分。当然，对地租理论这里没有进一步的论证，而且论述也是不充分的。但他指出，消灭了私有制，地租应该有一个完全不同的合理的表现，这对以后马克思主义的地租理论的创立是有启发的。

第二，关于利润。恩格斯指出，如果我们撇开私有制资本和劳动的分离以及人类之分为资本家和工人的观察，利息和利润就会消失："资本如果没有劳动，没有运动，就什么也不是。利润将起资本用来衡量生产费用的砝码的作用，它将成为资本所固有的部分，正如资本

---

① 马克思恩格斯全集：第1卷 [M]. 北京：人民出版社，1972：598.
② 马克思恩格斯全集：第1卷 [M]. 北京：人民出版社，1972：599.

本身将还原为它和劳动的最初的统一一样。"① 可以看出，恩格斯这时对资本、利润的概念的使用，虽还不是固定的确切的，还没有像马克思后来那样科学的分析，但至少已经有了这样的思想内容：在没有私有制下的利润将作为劳动者的劳动的统一体，被劳动者所占有，而不再从劳动者手中分离出去成为资本家的资本的猎获物。这种利润将只能起衡量生产费用、效益大小的砝码作用，不再体现剥削关系。

第三，关于工资。恩格斯指出，在资本主义私有制下，正如资本和劳动分离一样，劳动也跟着分裂了，劳动的产物以工资的形式和劳动对立起来。"只要我们消灭了私有制，这种反常的分裂状态就会消失；劳动就会成为它自己的报酬，而以前转让出去的工资的真正意义，即劳动对于确定物品的生产费用的意义也就会清清楚楚地显示出来。"② 恩格斯的这些思想，具有巨大的科学意义，对于马克思对经济学的研究，无疑有着直接的影响。

第四，关于竞争。恩格斯说："只要私有制存在一天，一切终究都会归结为竞争。"而在私有制消灭以后，竞争就会归结为竞赛，"这种竞赛将随着对立的利害关系的消灭而被限制在它所特有的合理的范围内"③。

第五，在资本主义私有制条件下，竞争引起危机，危机导致革命。恩格斯指出，在资本主义私有制条件下，竞争"是一个孕育着革

①　马克思恩格斯全集：第 1 卷［M］. 北京：人民出版社，1972：611.
②　马克思恩格斯全集：第 1 卷［M］. 北京：人民出版社，1972：611.
③　马克思恩格斯全集：第 1 卷［M］. 北京：人民出版社，1972：615.

命的规律"①。竞争使"商业危机象过去的大瘟疫一样按期来临"②。我们应该怎样理解这个只有周期性的革命才能给它开辟道路的规律呢？这是一个以当事人的盲目活动为基础的自然规律。"如果生产者自己知道消费者需要多少，如果他们把生产组织起来，并且彼此都分担一部分，那就不会有竞争的波动和竞争引起的危机的倾向了。"③但这在资本主义制度下是不可能的。在资本主义私有制下，"竞争的规律是：供和求始终力图互相适应，但是正因为如此，就从来不会互相适应。供应总是紧跟需求，然而从来没有刚好满足过需求；供应不是太多，就是太少，它和需求是永远不相适应的，因为在人类这种不自觉的状态下，谁也不知道需求和供应究竟有多大。如果求过于供，价格就会上涨，因而就会刺激供应，只要市场上供应一增加，价格又会下跌，而如果供过于求，价格就会急剧下降，因而需求又增加。情况总是这样；从未有过健全的状态，总是兴奋和消沉相更迭；……永无止境地摇摆不定。"④ 这种情况必然会引导到经济危机，而不是和资产阶级经济学家所说的"生产绝不会太多"。只要还是资本主义的竞争和无政府状态，"那末商业危机就会继续下去；而且一定是一次比一次更普遍，因而也一次比一次更严重；这样就必然会使更多的小资本家破产，使专靠劳动为生的阶级人数剧增，因而也必然使急待就业的人数显著地增加……最后，所有这一切势必引起一次社会革命，

---

① 马克思恩格斯全集：第 1 卷 [M]. 北京：人民出版社，1972：614.
② 马克思恩格斯全集：第 1 卷 [M]. 北京：人民出版社，1972：614.
③ 马克思恩格斯全集：第 1 卷 [M]. 北京：人民出版社，1972：614.
④ 马克思恩格斯全集：第 1 卷 [M]. 北京：人民出版社，1972：613.

这一革命经济学家凭他的书本知识是做梦也想不到的。"① 恩格斯这里关于竞争和生产无政府状态和市场的自发性，关于周期性经济危机的描述和分析，关于这一切必然引起社会革命的论断，是多么生动、多么深刻！这些是《大纲》最成熟的理论内容。马克思在《资本论》第一卷曾引用过这个论点。②

恩格斯在《大纲》中关于地租、利润、工资、竞争、经济危机等经济范畴的论述，和后来成熟的马克思主义经济学相比，当然还不完善。但他是站在无产阶级立场上，用唯物辩证法进行分析，揭示了这些经济范畴的经济根源，把它们看作仅仅是资本主义私有制产生的必然后果，而一旦废除了私有制，就会具有与私有制下完全不同的内容。他认识到经济范畴不过是一定的生产关系的特殊表现。这和资产阶级经济学家把资本主义视为永恒的自然的社会制度，把资本主义的经济范畴视为永恒的自然的经济范畴，是根本不同的。《大纲》的这些思想，是无产阶级政治经济学的崭新的理论出发点。

三、 《大纲》 的价值理论

价值理论是《大纲》的主要内容之一，也是马克思主义创始人对这个范畴的第一次探讨。恩格斯的《大纲》共分作十五个小节，自第四个小节提出这个经济范畴，在其后的十二个小节中，都涉及价值范畴。可见，价值理论及其相关问题，在《大纲》中占有突出的地位。

---

① 马克思恩格斯全集：第 1 卷［M］. 北京：人民出版社，1972：614.
② 马克思恩格斯全集：第 23 卷［M］. 北京：人民出版社，1972：928.

对《大纲》的价值理论如何理解和评价，是一个值得深入研究的课题。这里，我们先介绍《大纲》第四节恩格斯对价值理论直接、集中的论述，然后试谈一些认识。

（一）《大纲》中对价值理论的论述

恩格斯首先指出，价值是因商业而形成的第一个经济范畴，这个范畴在新旧两派经济学家之间是没有什么争论的。因为旧经济学家——重商主义者那里还没有时间来研究各种范畴。所有这类问题的争论都是从最新的经济学家开始的。最新经济学家英国人麦克库洛赫、李嘉图和法国人萨伊就什么是实际价值的本质进行了长期的争论。前者认为生产费用表示实际价值，后者靠物品的效用来测定实际价值。二者各执一词，什么问题也解决不了。为什么这两派经济学家解决不了这个问题？原因是这两派都有片面性，都是只看到一个方面而忽视了另一个方面，都排除了竞争的作用。如果去掉了竞争，没有生产费用和效用的结合，实际价值是不能成立的。

恩格斯批判了英国人麦克库洛赫和李嘉图的"物品的抽象价值是由生产费用决定"① 的论断。他写道："如果把竞争放在一边，那谁也不会把物品卖得比它的生产费用还低。……一种没有竞争的商业，这就等于有人而没有身体，有思想而没有产生思想的脑子。"② 一谈到"出卖"，当然就意味着有商业，而商业的主要的东西就是竞争，"一旦竞争被放在一边，也就没有任何保证使生产者恰恰按照他的生产费用来出卖商品"③。

---

① 马克思恩格斯全集：第1卷 [M]. 北京：人民出版社，1972：603.
② 马克思恩格斯全集：第1卷 [M]. 北京：人民出版社，1972：604.
③ 马克思恩格斯全集：第1卷 [M]. 北京：人民出版社，1972：604.

其次，恩格斯还认为，商品的价值离不开效用："假定某人花了大量的劳动和费用制造了一种谁也不要的毫无用处的东西，难道这个东西的价值也要按照生产费用来计算吗？"① 这样，便"立刻不仅碰到了萨伊的臭名远扬的效用论，而且还碰到了随着'购买'而来的竞争"。于是，经济学家们"所竭力避开的竞争，而且连他所攻击的效用论也都时时刻刻地扰乱着他的情思"而无法避开了。恩格斯由此得出结论说："抽象价值以及抽象价值是生产费用来决定的说法，都只不过是一些抽象的不实际的东西"②。

恩格斯还进一步指出，生产费用决定价值之所以不能成立，还因为生产费用本身也离不开竞争。如果不把竞争考虑在内，又怎样能确定生产费用呢？生产某种物品花费的工资和原材料等等的支出多少，是和竞争分不开的。所以，"我们研究一下生产费用，就可以看出，这个范畴也是建立在竞争的基础上的。在这里又一次暴露了经济学家无法贯彻他的主张"。③

恩格斯在批判了麦克库洛赫、李嘉图等的生产费用决定价值的观点之后，又来批判萨伊的效用价值论。恩格斯正确地指出："物品的效用是一种纯主观的根本不能绝对确定的东西"，如果这种观点能够成立，"生活必需品较之奢侈品应该具有更大的价值"④。而事实上绝不是这样的。在私有制统治下，竞争是唯一能比较客观地决定效用的办法。因为物品本身所固有的实际效用和由竞争决定的效用是不一致

---

① 马克思恩格斯全集：第 1 卷 [M]．北京：人民出版社，1972：604．
② 马克思恩格斯全集：第 1 卷 [M]．北京：人民出版社，1972：604．
③ 马克思恩格斯全集：第 1 卷 [M]．北京：人民出版社，1972：604．
④ 马克思恩格斯全集：第 1 卷 [M]．北京：人民出版社，1972：604．

的，把竞争搁在一边，就谈不上物品效用的大小，因而就无法用效用确定价值。"但是，只要承认了竞争关系，生产费用的问题也就随之而生，因为谁也不会把他的产品卖得比它的生产成本还低。因此，不管愿意与否，在这里对立的一面就要转化为对立的另一面。"① 即转化为不能单用效用或生产费用来决定价值。只说效用或只说生产费用决定价值，都是片面的，不能成立的。"物品的价值包含两个要素，争论的双方都硬要把这两个要素分开，但是正如我们所看到的，双方都毫无结果。"②

恩格斯在批判了李嘉图、萨伊之后，提出了自己的价值定义："价值是生产费用对效用的关系。"③ 他解释这个定义说："价值首先是用来解决某种物品是否应该生产的问题，即这种物品的效用是否能抵偿生产费用的问题。只有在这个问题解决了之后才能谈得上运用价值来进行交换的问题，如果两种物品的生产费用相等，那来效用就是确定它们的比较价值的决定性因素。"所以，生产费用"这个基础是交换的唯一正确的基础"④。只有把这个基础作为出发点，才能使效用作为比较价值的决定性因素。

恩格斯进一步论述三个效用问题，指出，在资本主义私有制下，效用必须通过交换才能实现，因此效用大小不取决于当事人，不为当事人所知悉，也不是根据物品的固有实际效用，只能在竞争中自发地决定。"不消灭私有制，就不可能消灭物品本身所固有的实际效用和

① 马克思恩格斯全集：第1卷［M］. 北京：人民出版社，1972：605.
② 马克思恩格斯全集：第1卷［M］. 北京：人民出版社，1972：605.
③ 马克思恩格斯全集：第1卷［M］. 北京：人民出版社，1972：605.
④ 马克思恩格斯全集：第1卷［M］. 北京：人民出版社，1972：605.

这种效用的决定之间的对立，以及效用的决定和交换者的自由之间的对立；而在私有制消灭之后，就无须再谈现在这样的交换了。到那个时候，价值这个概念实际上就会愈来愈只用于解决生产的问题，而这也是它真正的活动范围。"① 经济学家争论双方，都把自己的片面性概念说成是"这一概念的整体"，所以都是站不住脚的。"要帮助这两个跛脚的定义站住脚，在两种情况下都必须把竞争考虑在内"②，而一把竞争引进来，效用和生产费用就不是它的本来面目，就在竞争中变了形。"它带来的效用要取决于时机，时尚和富人的癖好，它带来的生产费用则随着供和求的偶然的对比关系而上下波动。"③

在《大纲》中，恩格斯虽然在实际价值和交换价值的名义下，看到了价值和价格的区别，但他认为，实际价值或抽象价值，不过是一些抽象的不实际的东西，是并不存在的。他只承认交换价值、等价物、商品价值的实际存在，也就是只承认价格的实际存在。他说："实际价值和交换价值间的差别就在于物品的价值不等于人们在买卖中给予它的那个所谓等价物。就是说，这个等价物并不是等价物。这个所谓等价物就是物品的价格。如果经济学家是诚实的，他也许就会把等价物一词当做'商业价值'来使用。"但是，经济学家为了掩饰商业的不道德，"为了使商业的不道德不至于太刺眼，总得要保留一点价格和价值有些联系的样子"④。恩格斯在对经济学家作了如上分析批判之后，便把前面说的"价值是生产费用对效用的关系"改为价

---

① 马克思恩格斯全集：第 1 卷 [M]．北京：人民出版社，1972：605．
② 马克思恩格斯全集：第 1 卷 [M]．北京：人民出版社，1972：606．
③ 马克思恩格斯全集：第 1 卷 [M]．北京：人民出版社，1972：606．
④ 马克思恩格斯全集：第 1 卷 [M]．北京：人民出版社，1972：606．

格是生产费用和竞争的关系。他说："说价格是由生产费用和竞争的相互作用来决定，这是完全正确的，并且是私有制的一个主要的规律。"① 恩格斯认为生产费用和竞争的相互作用决定的本来是价格，是竞争关系均衡，是供求平衡时的一种价格的规定性，但是"经济学家的第一个发现就是这个纯经验的规律；他发现这个规律后，就把他的实际价值抽象化了，就是说，把在竞争关系的均衡、供求平衡的时候所确定的价格抽象化了。这样一来，剩下的自然只有生产费用，经济学家就把它叫做实际价值，其实我们这里涉及的只是价格的一种规定性而已。"② 这里，恩格斯既然认为被决定的是价格而不是价值，因而便认为李嘉图等人所说的价格由价值决定的说法是："本末倒置了：作为基本的东西和价格泉源的价值倒要从属于它自己的产物——价格了。……正是这种颠倒黑白构成了抽象的本质"。③

上面的论述说明，当时恩格斯把古典学派李嘉图的价值理论和庸俗经济学家萨伊的效用论等量齐观，一概加以否定，实际否定了李嘉图的劳动价值论，这是不正确的。恩格斯给价值下的定义也和马克思、恩格斯后来建立的科学的价值论不同。按马克思在《资本论》中的定义，价值是凝结在商品中的一般的无差别的人类劳动或抽象的人类劳动。"作为交换价值，商品只能有量的差别，因而不包含任何一个使用价值的原子。"④ 这里讲的无差别的人类劳动是构成价值的唯一要素。而恩格斯在《大纲》中实际上不承认存在价值这个经济范

---

① 马克思恩格斯全集：第1卷 [M]. 北京：人民出版社，1972：606.
② 马克思恩格斯全集：第1卷 [M]. 北京：人民出版社，1972：606.
③ 马克思恩格斯全集：第1卷 [M]. 北京：人民出版社，1972：606.
④ 马克思恩格斯全集：第23卷 [M]. 北京：人民出版社，1972：650.

畴，只承认价格或商业价值。由此，恩格斯就必然否定以价值为基础的等价交换原则，认为等价交换是不可能的。存在的是不等价交换，是商业中的欺诈，"就是说，都企图不劳而获，损人利己，乘人之危，趁机发财"①。

从上述可以看出，恩格斯看到了在资本主义私有制条件下，由于竞争的作用，市场价格不同于商品的内在价值。他看到这个矛盾，并对这个矛盾的产生作了有根据的论证。但他还不能理解价值只能通过价格来表现自己，价格和价值的背离只是暂时现象。从长期看，从全社会看，商品的价格总额同商品的价值总量是一致的，这才是价值及其运动的规律，是价值和价格的内部联系。

由于恩格斯当时还不能科学地阐明价值及其运动规律，还不理解价格和价值的内在联系，只看到李嘉图价值论的矛盾现象，看不到它的合理的科学因素，从而否定了价值的现实存在，否定了商品买卖中的交换是等价交换。这在马克思主义政治经济学尚未形成，还处在探讨经济学的最初阶段，是难以避免的。但必须指出，恩格斯在《大纲》中关于价值理论的论述，包含着一些十分宝贵的思想，对后来马克思主义经济学的形成和发展有着重要的意义。

（二）对 "价值是生产费用对效用的关系" 适用范围的认识

如上所述，《大纲》关于"价值是生产费用对效用的关系"这个价值定义，作为分析资本主义的经济范畴，是和马克思主义的价值理

---

① 马克思恩格斯全集：第 1 卷［M］. 北京：人民出版社，1972：615. 这里不谈效用，是因为他认为 "竞争是唯一能比较客观的，似乎一般能决定物品效用大小的办法"。见马克思恩格斯全集：第 1 卷［M］. 北京：人民出版社，1972：645.

论不相符合的。但这个定义在探讨社会主义、共产主义经济问题方面，却有其丰富的思想内容，这从马克思和恩格斯在其后成熟的著作中一再引用这句话，可以得到证明。关于这个问题，经济学界进行了长期的争论，争论的焦点，是对后来马克思、恩格斯有关论述的不同理解。因此，要了解恩格斯在《大纲》中这个定义的含义及其适用范围，就要看看恩格斯的原意和后来马克思、恩格斯的有关论述究竟是指的什么。

恩格斯在《大纲》中的这段话是：价值是生产费用对效用的关系。价值首先是用来解决某种物品是否应该生产的问题，即这种物品的效用是否能抵偿生产费用的问题。只有在这个问题解决之后才能谈得上运用价值来进行交换的问题。如果两种物品的生产费用相等，那么效用就是确定它们的比较价值的决定性因素。这里一定要看到一个前提，即恩格斯是站在共产主义者立场，对李嘉图、萨伊的价值论进行批判时提出来的。恩格斯提出这个价值定义，但并不认为它适用于资本主义。这就是说，恩格斯认为在私有制和竞争的条件下，不存在价值，只存在价格。

那么，恩格斯认为这个价值定义的适用范围是什么呢？他在紧接着的一段中说，只有在私有制消灭以后，价值这个概念实际上就会愈来愈只用于解决生产的问题，而这也是它真正的活动范围。从恩格斯在《大纲》中的有关论述，可以说明他这里是认为，在消灭了私有制和竞争的社会里，生产无政府状态将被有计划的生产所代替，社会为了取得某种使用价值或效用，可以有计划地投入生产费用（劳动），而不会受竞争的盲目支配。在同样的社会里，生产费用和效用不会因竞争而变形。因为竞争的性质变了，它不再是破坏物品所固有的一切内在价值，不再是投机倒把等种种不道德产生的条件。私有制条件下的竞争，"就会归结为……只有傅立叶一人作过一些说明的竞赛，这种竞赛将随着对立的利害关系的消灭而被限制在它所特有的合理的范围内。"① 可见，恩格斯认为，只有在消灭了私有制的社会里，才能有计划地根据社会需要对社会劳动进行合理的分配。所以，这里就直接反映着"生产费用对效用的关系"。这样的价值概念，虽然超越了资产阶级经济学的价值定义，也不同于马克思主义后来创立的科学的价值理论，但对社会主义、共产主义社会有计划地安排社会生产和劳动分配具有启发性意义。这个价值定义不可否认的科学价值也就在这里，马克思和恩格斯后来一再提到这个定义，也正是就此来说的。

恩格斯在《反杜林论》中写道："社会一旦占有生产资料并且以直接社会化的形式把它们应用于生产，每一个人的劳动，无论其特殊用途是如何的不同，从一开始就成为直接的社会劳动。……因此，在上述前提下，社会也无需给产品规定价值。……诚然，就在这种情况下，社会也必须知道，每一种消费品的生产需要多少劳动。它必须按照生产资料，其中特别是劳动力来安排生产计划。各种消费品的效用（它们被相互衡量并和制造它们所必需的劳动量相比较）最后决定这一计划。人们可以非常简单地处理这一切，而不需要著名的'价值'插手其间。"② 正是在这段论述后，恩格斯在小注中提到"在决定生产问题时，上述的对效用和劳动花费的衡量，正是政治经济学的价值概念在共产主义社会所能余留的全部东西，这一点我在 1844 年已经

① 马克思恩格斯全集：第 1 卷 [M]. 北京：人民出版社，1972：615.
② 马克思恩格斯选集：第 3 卷 [M]. 北京：人民出版社，1972：348.

说过了（《德法年鉴》第 95 页）。但是，可以看到，这一见解的科学论证，只是由于马克思的《资本论》才成为可能。"① 作为成熟的马克思主义经济学说创造者之一，恩格斯当然不是指效用是价值的决定要素之一，而且在正文中先就指出在共产主义社会不存在价值："社会也无需给产品规定价值"，"不需要著名的'价值'插手其间"，所以无可争辩，这里既不是说的马克思主义狭义政治经济学（资本主义政治经济学）上的价值，更不能理解为价值是个永恒的经济范畴。

总之，恩格斯关于"生产费用对效用的关系"的价值定义虽然不够完善，但对于研究社会主义经济建设很有启发。这个思想，给我们提出了以最小的劳动耗费取得最大的经济效益的任务。正确处理社会劳动分配和劳动消耗同效用的关系，对于我们在经济建设中贯彻以经济效益为中心，更好地满足人民不断增长的物质和文化需要，无疑是有着重大的现实意义的。

四、《大纲》对马尔萨斯《人口论》的批判

托·罗·马尔萨斯（1766—1834）的《人口论》（原名《人口原理》）的第一版，发表于 1798 年，以后又再版了五次，但其基本观点未变。这个时期正是英国社会阶级矛盾尖锐化的年代。农村中剥夺农民的"圈地运动"接近完成，工业革命进入高潮。工业革命为资本主义生产方式奠定了技术基础，然而机器的使用，却造成了众多的小生

---

① 马克思恩格斯选集：第 3 卷 [M]. 北京：人民出版社，1972：348—349.

产者和工人失业，给劳动人民带来沉重的灾难。这当然引起了工农群众的反抗，使阶级斗争激化。与此同时，法国 1789 年的资产阶级革命，对英国发生了广泛的影响。1793 年威廉·葛德文的《政治正义论》第五版和 1794 年法国的孔多塞的《人类理性发展的历史观察概论》，都论证了消灭私有制和贫富对立，使人类回到自然的平等状态的必要性。这些著作在英国的传播，使英国贵族地主和资产阶级极为恐慌，迫切需要一种为他们的反动统治辩护的思想武器，来对抗进步思想，麻痹劳动群众的斗志。马尔萨斯适应反动统治阶级的需要，发表了拼凑起来的《人口论》，当然受到了统治阶级的赞扬和捧场。一时间吹捧这本小册子的声浪，甚嚣尘上。马克思在谈到《人口论》及其大出风头的原因时指出："'人口原理'是在 18 世纪逐渐编造出来的，接着在一次巨大的社会危机中被大吹大擂地宣扬为对付孔多塞等人学说的万无一失的解毒剂，英国寡头政府认为它可以最有效地扑灭一切追求人类进步的热情，因而报以热情的喝采。"①

马尔萨斯《人口论》出笼以后不久，曾经受到阿·艾利生等人的反驳。但正如恩格斯指出的：艾利生动摇了马尔萨斯的理论，"可是艾利生没有深入事物的本质，……他未能驳倒马尔萨斯据以得出他的原理的事实"②。恩格斯在《大纲》中最早揭露了马尔萨斯《人口论》的荒谬及其反动本质。他指出，人口过剩的根源在于资本主义的私有制，只有消灭资本主义私有制，才能"结束这种人类堕落的现象"③。

---

① 马克思恩格斯全集：第 23 卷 [M]. 北京：人民出版社，1972：676.

② 马克思恩格斯全集：第 1 卷 [M]. 北京：人民出版社，1972：618－619.

③ 马克思恩格斯全集：第 1 卷 [M]. 北京：人民出版社，1972：621.

恩格斯指出：马尔萨斯不能理解资本主义发展过程中，为什么"人们恰恰因为过剩而饿死"。"他为了解释这种现象，就编造了一套人口论，这种理论和贫富并存的矛盾同样荒谬，甚至比它更荒谬。"①

恩格斯批判了马尔萨斯把人口过剩归之于自然，说"人口生来就有一种超过它所支配的生活资料的倾向"并把这种倾向说成是"一切贫穷和罪恶的原因"② 的谬论。恩格斯指出，"马尔萨斯的整个学说是建立在……人口是按几何级数 1＋2＋4＋8＋16＋32……增加，而土地的生产力则是按算术级数 1＋2＋3＋4＋5＋6 增加"③ 这种计算上的。这种计算是没有根据的。因为它忽视了科学的发展，而科学这个要素，"它的进步和人口的增长一样，是永无止境的，至少也是和人口的增长一样快。仅仅一门化学，甚至仅仅亨弗利·戴维爵士和尤斯图斯·李比希二人，就使本世纪的农业获得了怎样的成就？""在最普通的情况下，科学也是按几何级数发展的"。④

与马尔萨斯的荒谬理论伴随而来的，是他的荒谬的所谓解决人口过剩的办法。按照马尔萨斯的主张，"在人太多的地方，就应当用某种方法把他们消灭掉：或者用暴力将他们杀死，或者让他们饿死"⑤。马尔萨斯还认为，赈济穷人是罪过，因为这样会加剧过剩人口的增长，他认为："把济贫所变为惩治所（……）都算是极其有益的事情。"⑥ 恩格斯愤慨地痛斥马尔萨斯这种学说是"卑鄙下流的学说"，

① 马克思恩格斯全集：第 1 卷 [M]．北京：人民出版社，1972：616.
② 马克思恩格斯全集：第 1 卷 [M]．北京。人民出版社，1972：617.
③ 马克思恩格斯全集：第 1 卷 [M]．北京：人民出版社，1972：621.
④ 马克思恩格斯全集：第 1 卷 [M]．北京：人民出版社，1972：621.
⑤ 马克思恩格斯全集：第 1 卷 [M]．北京：人民出版社，1972：617.
⑥ 马克思恩格斯全集：第 1 卷 [M]．北京：人民出版社，1972：618.

是"对自然和人类的恶毒的诬蔑",说明"经济学家的不道德已经登峰造极"。①

在《大纲》中恩格斯阐明了这样的思想:资本主义制度下的人口过剩,是资本主义私有制的产物,它从属于资本主义的经济运动。因为生产力"是在对立的情况下起作用的"。② 从各方面看,都是这样:"一部分土地在实行精耕细作,而另一部分——大不列颠和爱尔兰的3000 万亩好地——却荒芜着。一部分资本在以难以置信的速度周转,而另一部分却死死地躺在箱子里。一部分工人每天得工作 14 小时至16 小时,而另一部分却无事可干,无工可做,活活饿死。……今天生意很好,需求很大,到处是一片忙碌景象,资本以惊人的速度周转着,农业欣欣向荣,工人干得筋疲力尽;而明天停滞到来了,农业得不偿失,大片土地荒芜了,资本在运动得最紧张的时候突然停顿下来,工人无事可做,整个国家都因财富过多、人口过剩而备尝痛苦。"③ 所以,"人口过剩或劳动力过剩是始终同财富过剩,资本过剩和地产过剩联系着的"④。工人失业得不到生活资料,并不是财富生产不足,工人没有就业机会也不是就业手段不足。工人失业、贫困、成为过剩人口并不是像马尔萨斯所认为的,是人口生产比物质资料增长得快,不是由于马尔萨斯捏造的所谓"自然规律",而是由于资本主义经济制度造成的。因此,只有消灭资本主义私有制,才能解决人口过剩的问题。

---

① 马克思恩格斯全集:第 1 卷 [M]. 北京:人民出版社,1972:618.
② 马克思恩格斯全集:第 1 卷 [M]. 北京:人民出版社,1972:617.
③ 马克思恩格斯全集:第 1 卷 [M]. 北京:人民出版社,1972:617.
④ 马克思恩格斯全集:第 1 卷 [M]. 北京:人民出版社,1972:619.

《大纲》还表明，恩格斯并不是一般地反对控制人口，并且认为，要控制人口，也必须立刻进行社会改革，消灭资本主义私有制。"原因是只有这种改革，只有通过这种改革来教育群众，才能够从道德上限制生殖的本能。"①

恩格斯《大纲》的这一部分，一般说来，是成熟的经典性的，后来马克思、恩格斯在谈到人口问题，特别是谈到马尔萨斯反动的人口论时，和《大纲》的观点是一致的。马克思在《资本论》中关于资本主义积累一般规律那一章中，谈到与此有关的问题时，在注释中让读者"参看弗·恩格斯《政治经济学批判大纲》第 107 页及以下各页"②。所以恩格斯对马尔萨斯《人口论》的最初批判，是对马克思主义人口理论的一个重大贡献。

恩格斯的《政治经济学批判大纲》，在马克思主义政治经济学发展史上，具有不可忽视的科学价值，马克思对它有很高的评价。在《〈政治经济学批判〉序言》中，马克思称之为"批判经济学范畴的天才大纲"③。

《大纲》是马克思主义创始人的第一部关于政治经济学方面的著作。这部著作极大地促进了马克思研究经济学，并对马克思当时的理论观点发生了很大影响，列宁写道：马克思同恩格斯的交往，显然促使了马克思下决心去研究政治经济学，即马克思的著作在其中造成了整整一个革命的那门科学。当然，在这本著作写作时，还处于马克思

---

① 马克思恩格斯全集：第 1 卷 [M]. 北京：人民出版社，1972：620－621.

② 马克思恩格斯全集：第 23 卷 [M]. 北京：人民出版社，1972：696.

③ 马克思恩格斯全集：第 2 卷 [M]. 北京：人民出版社，1972：83.

主义经济学说的萌芽阶段，存在一些不完善的地方，是可以理解的。恩格斯在后来谈到《大纲》时，认为这本著作有很多不确切的地方，拒绝了威廉·李卜克内西关于重印《大纲》的建议[①]，说《大纲》"现在只具有历史价值，因而已经不适用于实际宣传"[②]。当旅居伦敦的俄国女侨民叶甫盖尼娅·帕普利茨 1884 年表示希望翻译《大纲》时，恩格斯回答说："虽然我至今对自己的这第一本社会科学方面的著作还有点自豪，但是我清楚地知道，它现在已经完全陈旧了，不仅缺点很多，而且错误也很多，我担心，它引起的误解会比带来的好处多。"[③]

《大纲》虽然如恩格斯自己所说的还不是一部成熟的马克思主义经济学著作，但它却为从共产主义立场来批判资产阶级政治经济学奠定了始基，闪耀着天才的光芒，其丰富的思想内容，在马克思主义经济学说史中有着巨大的科学价值，对我们的社会主义建设，也有着重要的现实意义。

此文载于：马克思恩格斯经济学论著概论.
成都：西南财经大学出版社，2000.

---

①　马克思恩格斯全集：第 33 卷［M］. 北京：人民出版社，1972：209.
②　马克思恩格斯《资本论》书信集［M］. 北京：人民出版社，1975：315.
③　马克思恩格斯全集：第 36 卷［M］. 北京：人民出版社，1972：172.

也评梅林的《马克思传》中的错误

一

梅林的《马克思传》是一部有影响的著作。60年代许多人曾经把它当成关于马克思生平、著作的"权威性"传记。我们过去不止一次地阅读它，虽然也发现了其中存在不少问题，大多与拉萨尔、巴枯宁有关，也还发现了一些理论上的谬误，但由于传统观念的束缚，从未想过要写一篇书评去评论它。

最近读了孟氧同志的《评梅林的〈马克思传〉》（孟氧：《评梅林的〈马克思传〉》，《马克思主义研究丛刊》1984年第3期。以下简称《书评》）有助于我们进一步认识到，《马克思传》不是一本有价值的好书，而是一本错误百出、大量歪曲马克思生平和著作的传记。此书的基本格调，正如《书评》作者所说："自始至终采取同一态度，空洞地说一两句'赞美'的话，然后又使用被歪曲了的具体材料把'赞美'全部勾销。"一些最基本的马克思主义原理，被弄得面目全非；尤其不能容忍的是，对马克思所进行的那些艰苦卓绝的斗争肆意污蔑。这决不像某些文章所说的那样，仅仅把它理解为对"马克思的过错的评述不很准确，也不很公正"，而是恶意的曲解与中伤，是为了吹捧拉萨尔与巴枯宁。有人居然把蓄意贬低马克思，当作梅林的"难能可贵的特点"，把诽谤马克思当作"对国际共产主义运动的杰出贡献"，这是很难令人同意的。

孟氧的《书评》以翔实的文献材料、严密的逻辑，批驳了梅林的错误，维护了马克思的光辉形象和马克思主义的纯洁性，辨明了是非真伪。在我们看来，这是梅林此书在国内出版几十年后的第一篇出色的书评。《书评》不仅提出了对《马克思传》的重新评价问题，而且它本身就是一篇马克思主义的精彩论文。《书评》对马克思主义的阐发，对如何运用马克思主义揭露各种错误观点，在斗争中学习马克思主义，具有很大启示。

二

梅林的《马克思传》绝不是什么"阐述马克思主义理论活动较少"，而是像《书评》所指出的："几乎全部重要著作梅林都涉及了，什么也没有'删去'。"他说的删掉了"著作"，"只不过是给任意割裂、歪曲评论马克思和恩格斯著作制造一个借口罢了"。

马克思恩格斯合作的第一部著作《神圣家族》，是标志着他们从民主主义转向共产主义的里程碑，它"奠定了革命唯物主义的社会主义的基础"。① 此书的重大意义，作为"马克思主义者"的梅林，应该是知道的。在传记中如果不评论这本书，倒也罢了。但梅林却在一些空洞的赞语之后，进行了轻蔑的评价："在《神圣家族》中，……也可以遇到一些荒芜的不毛之地。"其中的"两章对读者的耐性简直是一个严重的考验。……应该把它看成一部即兴之作"②。梅林还引用别人的评论来诽谤它说："反对者立刻就嘲笑作者，说他们是在打落水狗。""此书词句上的吹毛求疵、无谓的争论，甚至思路的骇人的

① 列宁全集：第2卷［M］．北京：人民出版社，1975：7.
② 梅林．马克思传［M］．樊集，译．北京：人民出版社，1972：139.

迂回曲折"，只是在这"一切缺点之后"，才"包含着某些最辉煌的天才的流露"。梅林还说："这些章节，以形式的精巧和语言的洗炼来说，是属于马克思的最优秀的著作之列的。"① 在梅林看来，这部马克思主义创始阶段的著作，优秀的仅是"形式"和"语言"！尤有甚者，梅林竟然把《神圣家族》看作不是独立的著作，只"不过是一些独立的著作的先声"②。

对《德意志意识形态》，梅林评论说："甚至比《神圣家族》中最枯燥的部分都更加冗赘烦琐的'超争论'。""比起《神圣家族》来"更少"绿洲"，更多的是"沙漠"。"而当辩证法的锋芒在个别地方显现的时候，它也很快就被琐碎的挑剔和咬文嚼字的争论所代替了。"梅林一方面虚伪地称颂马克思、恩格斯"精辟锋利的批判的辉煌才能"，"绝少冗长烦琐"；另一方面又攻击马克思、恩格斯"从论敌那里断章取义地摘出一段文字，然后像对付野兽一样加以穷追猛打。用望文生义或随意曲解论敌的思想的办法，极力使这个思想具有尽可能愚蠢的含义"③。

《共产党宣言》，列宁的评价是："这部著作以天才的透彻鲜明的笔调叙述了新的世界观，即包括社会生活在内的彻底的唯物主义、最全面最深刻的发展学说辩证法以及关于阶级斗争，关于共产主义新社会的创造者无产阶级所负的世界历史革命使命的理论。"④ 对这部伟大著作，梅林在正确地批驳了"某些蠢人""想据以证明《共产党宣

---

① 梅林. 马克思传 [M]. 樊集，译. 北京：人民出版社，1972：133.
② 梅林. 马克思传 [M]. 樊集，译. 北京：人民出版社，1972：140.
③ 梅林. 马克思传 [M]. 樊集，译. 北京：人民出版社，1972：148.
④ 列宁选集：第2卷，[M]. 北京：人民出版社，1972：578.

言》的作者们剽窃了卡莱尔、吉本、西斯蒙第或其他人的著作"是"不折不扣的招摇撞骗"之后，他自己也犯了这些"蠢人"同样的毛病。他一方面说马克思、恩格斯从一开始就反对"马尔萨斯的人口论企图美化'贫困化理论'"，另一方面又说："《宣言》……还没有完全摆脱资产阶级的'贫困化理论'的观点。《宣言》仍归从李嘉图根据马尔萨斯人口论所发展了的工资规律出发，因而过分轻视了工人争取提高工资的斗争和工会组织。"[①] 他指责：《宣言》"还不承认工厂法和工会组织是无产阶级争取解放的斗争的一些级段；这一斗争必然要把资本主义社会改造成为社会主义社会"。[②] 指责《宣言》"过于片面地、只是从政治革命的观点来考察无产阶级对资产阶级生产方式产生贫困一事的反应。"[③]

从梅林的上述议论，我们至少可以看出：第一，梅林把马克思恩格斯历来反对的、从马尔萨斯的人口论引申出来的李嘉图的工资规律，无中生有地强加于《宣言》，其动机是为了替拉萨尔兜售的"工资铁则"作辩解，好像马克思、恩格斯也犯过类似的错误。果然，他说："拉萨尔的确是从《共产党宣言》中借用了他所谓的工资铁律。"[④] 他巧妙地把"工资铁律"强加给《宣言》。第二，《宣言》使资产阶级"用法律形式承认工人的个别利益"的作用，丝毫也说不上"过于片面地"只强调政治革命，不承认工会组织进行的斗争。第三，梅林提出的利用工厂法和工会组织进行斗争，就能"必然要把资本主义社会改造成为社会主义社会"，倒是未必是正确的。

---

① 梅林. 马克思传 [M]. 樊集，译. 北京：人民出版社，1972：198.
② 梅林. 马克思传 [M]. 樊集，译. 北京：人民出版社，1972：198—199.
③ 梅林. 马克思传 [M]. 樊集，译. 北京：人民出版社，1972：199。
④ 梅林. 马克思传 [M]. 樊集，译. 北京：人民出版社，1972：648.

在对《政治经济学批判》的论述中，梅林概括马克思的"一个'决定点'"就是"认识了资本主义社会劳动的二重性"，接着就把商品生产劳动的二重性和资本主义社会劳动的二重性混为一谈[1]。他对马克思的社会必要劳动时间决定商品价值量的原理抛开不谈，奢谈什么"物化在使用价值中的劳动时间"[2]，从而歪曲了马克思的商品价值理论。

在论述《资本论》时，梅林理论上的谬误也是随处可见的。谈到劳动力和剩余价值时，梅林说："以工资形式支付的这个价值，大大小于劳动力的购买者能够从劳动力榨取的那个价值。"就是说劳动力的价值——工资，小于剩余价值，"是剩余价值和不断增长的资本积累的泉源"[3]。实际上，应该是 $v<v+m$，而不是 $v<m$，才是资本积累的泉源。这是马克思经济学说中最起码的常识，竟然被梅林弄得颠三倒四，不知所云。往下，梅林写道："实际上资本积累全靠工人的被迫'节欲'，全靠把工资强制压低到劳动力价值以下，从而把工人的必要消费基金转化为资本积累基金。"[4] 按梅林的说法，只有"全靠"把工资压低到劳动力价值以下，才会产生剩余价值，才有资本积累。这只能说这个《马克思传》的作者，要么，他懂得这一理论，故意歪曲；要么，就是对马克思这个理论一窍不通。马克思恰恰是假定在资本家按劳动力价值支付工资的条件下，说明剩余价值的产生的。又是在假定按劳动力的价值支付工资的条件下阐明资本积累的。资本

---

① 梅林. 马克思传 [M]. 樊集，译. 北京：人民出版社，1972：341.
② 梅林. 马克思传 [M]. 樊集，译. 北京：人民出版社，1972：342.
③ 梅林. 马克思传 [M]. 樊集，译. 北京：人民出版社，1972：471.
④ 梅林. 马克思传 [M]. 樊集，译. 北京：人民出版社，1972：478.

积累是剩余价值资本化，而不是克扣工资的结果。由于篇幅所限，以上仅仅是少数几个例子，但也足以说明梅林对马克思的著作的评价和理论的阐述，有着大量的歪曲和错误。揭露和批判他的歪曲和错误，决非小题大做，求全责备。

三

梅林的《马克思传》有一个奇特之处，就是打着为马克思立传的招牌，实际上为拉萨尔歌功颂德，不遗余力地推崇拉萨尔，维护巴枯宁，处心积虑地诽谤和贬低马克思。这种恶劣的行径，仅仅归之于"主要是由于梅林思想认识的局限性所致"，就未免轻描淡写了。

马克思主义的创始人马克思和恩格斯，比起机会主义者的首领拉萨尔，有着本质的不同与天壤之别，不可同日而语。而梅林却硬要把拉萨尔拔高到和马克思平起平坐。他写道：在马克思的"拥护者当中还没有一个人成熟到同他们处于相同的思想水平，例外的只有一个人（指拉萨尔），可是他们对这个人又始终不能完全信任"[①]。"拉萨尔的名字虽然在德国社会民主党的历史上将永远同马克思与恩格斯的名字并列，但马克思仍然始终未能完全克服自己对拉萨尔的偏见，甚至死亡的和解力量都不曾长期缓和马克思对拉萨尔的态度。"[②] 他颂扬"拉萨尔的真正的博学"，说马克思批评拉萨尔"炫耀博学""是不公平的"。[③] 在有的地方又说："如果说拉萨尔作为经济学家远远不如马克思，那末，作为革命者，他却同马克思并列而无愧。"[④] 甚至公然

---

① 梅林. 马克思传 [M]. 樊集，译. 北京：人民出版社，1972：325.

② 梅林. 马克思传 [M]. 樊集，译. 北京：人民出版社，1972：411.

③ 梅林. 马克思传 [M]. 樊集，译. 北京：人民出版社，1972：334.

④ 梅林. 马克思传 [M]. 樊集，译. 北京：人民出版社，1972：408.

把拉萨尔说成比马克思、恩格斯更高明："拉萨尔实质上较之恩格斯和马克思更正确地估计了'实际的前提'。"① "拉萨尔把普遍选举权看成无产阶级斗争的杠杆，他们的这种看法较之马克思和恩格斯的看法要正确得多，至少在当时是如此。"② 为了抬高拉萨尔，梅林简直对马克思肆意污蔑了：说马克思、恩格斯对拉萨尔有"偏见"，"抱有难以克服的不信任态度"，过错全在马克思、恩格斯。尽管拉萨尔实质上"在执行着他（马克思）的政策"，③ "尽管拉萨尔对他采取了开诚相见的态度，马克思却仍然一直认为必须对拉萨尔使用外交手段和采取'明智领导'的办法以便使拉萨尔就范"。④ 把马克思说成是不以诚待人，心胸狭隘，玩弄政客手腕的人。梅林如此美化拉萨尔，攻击马克思，难道能说这是梅林"在实际行动中以十倍的努力补偿前半生的错误"的表现么？

对于巴枯宁这个无政府主义者、阴谋家，梅林也是不遗余力地为他辩护。1870 年 3 月马克思写的《机密通知》中揭露了巴枯宁，并且其中主要地阐述了马克思主义的重要基本原理。这个《机密通知》在理论和实践上都起了巨大作用。马克思说"通告信引起了强烈的反应"。⑤ 梅林却说："这个通知中所包含有关巴枯宁的许多不确实的材料……马克思对巴枯宁的谴责越是严重，这种谴责也就越是缺乏根据。"⑥ 他对强盗集团的鼓吹者巴枯宁大加赞扬，说他"是个彻头彻

① 梅林. 马克思传 [M]. 樊集，译. 北京：人民出版社，1972：361.
② 梅林. 马克思传 [M]. 樊集，译. 北京：人民出版社，1972：409.
③ 梅林. 马克思传 [M]. 樊集，译. 北京：人民出版社，1972：406.
④ 梅林. 马克思传 [M]. 樊集，译. 北京：人民出版社，1972：362.
⑤ 马克思恩格斯全集：第 32 卷 [M]. 北京：人民出版社，1972：434.
⑥ 梅林. 马克思传 [M]. 樊集，译. 北京：人民出版社，1972：551-552.

尾的革命家，他像马克思和拉萨尔一样具有使人倾听自己意见的天才……能够在欧洲的一些国家……奠定国际工人运动的初步基础，这应该说是一个真正的功绩。"① 即使是巴枯宁大搞阴谋诡计，一心想篡夺共产国际领导权的罪恶勾当，梅林也站出来为其辩解，说什么"即使巴枯宁确是仅仅为了自己的目的而企图把国际攫为己有，这也只能证明他作为一个革命家，只把希望寄托在群众身上"②。在梅林的笔下，强盗是革命家，阴谋家也是革命家，而且居然说成"他像马克思和拉萨尔一样"。这样就既美化了巴枯宁和拉萨尔，又贬低了马克思。梅林不加批判地引述了巴枯宁攻击马克思、恩格斯的话："错误的权威理论、独裁的作风、暗箭伤人的手法、卑鄙的阴谋、浅薄的人身攻击、肮脏的侮辱和下流的诽谤。"③ 接着又把对恩格斯的污蔑作了某种肯定："荣克则把马克思对他的疏远归罪于恩格斯，归罪于恩格斯的专横作风。这或许有一部分道理。"④ 真不知这位《马克思传》的作者，想把马克思和恩格斯的形象歪曲成什么样子。

在对拉萨尔派、巴枯宁派的评价问题上，梅林也是维护拉萨尔、巴枯宁，指责马克思的："马克思把巴枯宁派，特别是拉萨尔派跟蒲鲁东派和欧文派混为一谈，那就错了。"⑤ 谈到策略问题上巴枯宁和马克思的分歧，梅林写道："不管巴枯宁在这个问题上犯了多大错误，他的观点毕竟和玩弄宗派把戏毫无共同之点。"⑥ 搞阴谋的能手，宗

---

① 梅林. 马克思传 [M]. 樊集，译. 北京：人民出版社，1972：523.
② 梅林. 马克思传 [M]. 樊集，译. 北京：人民出版社，1972：614.
③ 梅林. 马克思传 [M]. 樊集，译. 北京：人民出版社，1972：610.
④ 梅林. 马克思传 [M]. 樊集，译. 北京：人民出版社，1972：620.
⑤ 梅林. 马克思传 [M]. 樊集，译. 北京：人民出版社，1972：613.
⑥ 梅林. 马克思传 [M]. 樊集，译. 北京：人民出版社，1972：614.

派活动的首领，居然"和玩弄宗派把戏毫无共同之点"！

梅林作为一个有影响的历史学家、政治家，是有成就的。他对于建立德国工人政党也有过一定贡献。恩格斯后来也曾认为他是"同一个阵营"里的人。但是这并不是说对他的错误就不应揭露和批判，也决不能在"人无完人"的盾牌下，对他的《马克思传》中的重大原则谬误不予清算。李卜克内西作为马克思的学生、无产阶级革命家，为了无产阶级革命事业，英勇奋斗，不惜牺牲生命。对他的错误，马克思、恩格斯照样给予尖锐的批判，在原则问题上毫不留情。并没有因为他属于"同一个阵营"而予曲宥。梅林在《马克思传》中的错误，是远比李卜克内西更为严重的。我们对他的错误进行严肃的批判，清除其恶劣影响，是维护马克思的光辉形象、维护马克思主义纯洁性所义不容辞的任务。

《马克思传》"译者注释"中强调指出，梅林这本书犯有"比较严重的错误"，马克思的著作及其"伟大的意义""决不容曲解和低估"①，这是说得很好的。但是，要澄清它的"曲解和低估"，批判它的"比较严重的错误"，必须花大力气，有说服力地进行深入细致的分析。孟氧同志的《书评》旁征博引，有理有据，正具备了这个可贵的特点。《马克思主义研究丛刊》发表这篇《书评》，是很有意义的，作为它的读者，我们谨致以衷心的敬意。

此文载于：财经科学，1986（5）.

---

① 梅林. 马克思传［M］. 樊集，译. 北京：人民出版社，1972：729-730.

外国经济学说研究的新认识

参加四川省外国经济学说研究会 1987 年年会暨学术讨论会的学者们认为，对外国经济学说的研究不能囿于旧说，要本着实事求是的精神对其进行新的研究。

一、 外国经济学说的教研必须进行改革

大家一致认为，外国经济学说的教学、教材的改革势在必行，学术研究也必须深入。过去鲁友章、李宗正所编写的《经济学说史》起了有益的历史作用，不能否定。但一般说来，外国经济学说这门学科，往往偏重于理论，忽视对实际的结合，很不适应当前改革开放的形势。现在要破除一些陈旧观念，破除过去对马克思主义教条式的理解。

与会同志认为，过去在教学和科研中，出发点往往偏重于批判，形成为批判而批判的偏向，而改革、开放要求我国要学习西方有用的东西。因此，应该转变为立足于吸收，再谈批判。西方资本主义国家虽然和我们是不同的社会制度，但在搞社会经济这一点上，都是共同的，西方经济学说是适应新的经济提出来的，我们应该好好研究，作为借鉴。

我们应该从改革和建设的需要出发，对现实中提出的问题，进行认真研究，力求作出理论上的正确解释。要改变过去偏重于抽象原则的研究的倾向。按照党的十三大精神的要求，要把发展经济、发展生产力放在中心地位，研究宏观调节、市场机制，研究苏联、东欧等国的改革思想。总之，和本学科有关的课题，都要尽可能结合我国社会主义初级阶段的实际。

二、 经济学说的评价标准问题

一种观点认为，应该坚持实践是检验真理的唯一标准，不能以意识形态作为评价经济学说的标准。即使是马克思主义，也是第二性的，意识形态的。有些原理已被证明是不适应的，必须修改和发展，例如马、恩认为社会主义制度下没有商品经济的观点。所以，对马克思的论述，也不能搞"凡是"论，需要根据实践进行检验和发展。有的认为，实践是检验真理的唯一标准，它本身就是马克思主义的原理，所以说以马克思主义作为评价标准，同以实践作为检验真理的唯一标准，二者是一致的，并不矛盾。有的认为，还是应提以马克思主义的立场、观点、方法为指导思想，作为判断是非的标准较为妥当。

三、 经济学说史教材的主线问题

一种观点认为，过去基本上是以马克思的《剩余价值理论》和《资本论》为依据。《剩余价值理论》基本上论述的是剩余价值学说史，不能概括经济学说史，所以过去以价值论和剩余价值论为主线是过于狭窄了。现在应该打破以"两论"为主线这个框框，不要以"两论"来剪裁别人的观点，而要实事求是地反映出事实的本来面目。还有这"两论"之外的许多东西，如方法论问题、均衡问题。各个经济学家的著作内容不同，观点各异，应有什么研究什么。

一种观点认为，价值论和剩余价值论当然是重要的，但除此而外，还有别的，如边际效用学派、均衡理论等等。不过总的说来，应以经济发展，即发展生产力作为主线。因为不管何种学说，都是和经济发展相联系的。

一种观点认为，经济发展固然是主要方面，但不必提是个主线，因为它再重要也只是一个方面，以一方面的内容作为整个经济学说史的主线，就不免以偏概全，束缚人们的思想，忽视作家们其他方面的思想。所以，最好不提主线问题，以免僵化和局限。

四、关于"古典"和"庸俗"的划分问题

一部分同志认为，马克思关于古典和庸俗经济学的划分不妥，应重新考虑划分问题。理由是：

（1）当代西方经济学不能划为古典，也没有理由划为庸俗。既然后面（指当代部分）不应划为这二者，前面也没有必要保持这种划分，否则就前后不一致了。而且，当时萨伊、马尔萨斯等的庸俗被后人继承发展了，前人是庸俗派，后人为何反不庸俗了？所以，前后均不做这种划分为好。

（2）马克思提出这个问题有个前提，即认为资本主义外壳即将爆炸，无产阶级革命即将全面到来，所以，这时的经济学变为庸俗的

了。但这一百多年的事实有了很大变化，马克思、列宁、毛泽东对社会主义的进程估计得快了一些。现在党的十三大提出社会主义初级阶段也是个长期的历史阶段，就是说前提发生了变化。既然前提变了，那么，以此为前提的这种划分，也就没有必要了。

（3）马克思说的庸俗性即辩护性，其中有一条叫做不违背警章。这个问题要具体分析。马克思说萨伊是庸俗派，但萨伊就违背过拿破仑的警章所以，把是否违背警章，作为划分是否庸俗的标准是不妥的。

（4）马克思有时把辩护性和庸俗看成是一回事，但有时又看成不是一回事。如说詹·穆勒是庸俗的，但又说不应把他和辩护士们混为一谈。至于说到辩护，为资产阶级利益辩护得最好的莫过于李嘉图，但他被称为古典派。所以，庸俗的含义不很确定，不好理解。

（5）用本质和现象来区分古典和庸俗也值得怀疑。现象固然不能代替本质，但研究现象也很必要。价格、市场、供求等等，很多是现象的东西、表象的东西，但它们也有科学道理，研究它们同样可以作出贡献，有益社会。只重本质的研究，忽视表象的研究，也是一种偏向。其实，被称为古典派重要人物的斯密，对现象问题的描述并不少见，就因为说他是古典派，就褒大于贬。有的庸俗学派也有科学因素，但因为说他是庸俗派就贬大于褒。

总的意见是，抛开古典和庸俗之分，只有一个是与非、深与浅的区分，不拘泥于古典、庸俗，以免受此概念的束缚而趋于僵化。

有的同志不同意这种说法，认为古典和庸俗这种分析，有其特定含义，不能抹杀掉或取消掉。这是马克思在许多著作中提到的，涉及许多重要观点。至于庸俗经济学家也有科学因素，这是另一个问题，不能以此作为取消这种区分的理由。

还有一种观点认为，应该一视同仁地、实事求是地反映经济学家的经济观点、经济理论。对资产阶级经济学家应该如此，对马克思也应如此。既然古典和庸俗的划分是马克思经济思想的一个部分，一个内容，就不能不讲这个内容。在教材中、教学中还是应按马克思的原意讲，不能取消。但在马克思没有讲到这种区分时，就不要沿用马克思的分法，给人扣上庸俗的帽子。

五、 经济学说史教材的范围问题

一种意见认为，马克思主义经济学说史，应该另外开课。现在一般教材中，马恩部分篇幅过多，形成一个突出的"大肚子"，这势必和其他课程重复，如和《资本论》、《政治经济学原理》课重复。

一种意见认为，"大肚子"不行，甩出去也不行。因为马克思主义经济学说是最重要的经济学说，经济学说史中没有马克思的经济学说是不行的。但篇幅过大就会发生和其他课程重复的问题。为解决这个问题，可以概括为指导思想来编写教材。马恩部分篇幅缩小，但保持其完整的结构，只写历史发展，不要写范畴史。

在经济学说史教材的结构和比重问题上，可以分为三个大时期：①奴隶制和封建制时期；②资本主义时期；③社会主义时期。在社会主义时期，应把各社会主义国家的最新改革理论和实践反映进去。在比重上，当代应占一半比重，凯恩斯以前（不含凯恩斯）占一半。这样就需要压缩以前的部分。以后设想设立三门课：外国经济学说史，马克思恩格斯经济思想史，当代西方经济学。

此文载于：四川社科联通讯，1988（1）.

马克思关于《国民困难的原因及其解决办法》的评论

　　19世纪20～40年代，英国出现了一批建立在李嘉图理论基础上的反对政治经济学的无产阶级反对派。其主要人物有莱文斯顿、汤普逊、格雷、布雷、霍吉斯金等人。有一本匿名小册子即《国民困难的原因及其解决办法》也是这个派别的重要著作之一。马克思在《资本论》中，多处涉及这本小册子的观点，在《剩余价值理论》第21章，作了专门的分析和评论。不仅是对李嘉图学派社会主义者经济理论的分析和批判，而且进一步阐述了自己的观点，因此在经济学说思想史上具有重要意义。其中某些观点，对我国社会主义建设也有现实意义。

　　李嘉图学派的社会主义者以资产阶级经济理论为武器，同资产阶级进行斗争，这是李嘉图学说创建者所无法预料的，难怪以后的经济学家千方百计地要否定李嘉图理论的基础——价值论了。这种情况也就赋予了李嘉图学派社会主义者经济理论在经济思想史上的特殊的历史地位。马克思评论说："李嘉图和其他政治经济学家的兴趣仅仅在于理解资本主义生产关系，并把它说成是生产的绝对形式，而我们所考察的这本小册子以及要在这里考察的其他这一类著作，则是要掌握李嘉图和其他政治经济学家所揭露的资本主义生产的秘密，以便从工业无产阶级的立场出发来反对资本主义生产。"①

马克思在分析他们的著作时，一方面指出，在二三十年代，当无产阶级还没有自己的科学的理论武器时，他们的理论和口号还"曾经有一些意思"②。要肯定他们在揭露资本主义矛盾，反对资本主义剥削，启发工人阶级觉悟方面的积极作用，以及在一些理论观点上胜过古典经济学的成就。另一方面，也批判了他们理论上的谬误和小资产阶级倾向，指出他们以主观唯心主义历史观看待世界，用社会正义之类的道德伦理思想来反对资本主义的空想性质。

一、 "小册子" 作者把剩余价值归结为剩余劳动，并指出剩余劳动有一定限度

恩格斯指出："在 20 年代，在为无产阶级的利益而利用李嘉图的价值理论和剩余值价理论来反对资本主义生产，以及用资产阶级自己的武器来和资产阶级进行斗争的全部文献中，我们说到的这本小册子，不过是站在最前面的前哨。"③ 恩格斯所说的"这本小册子"就是指于 1821 年在伦敦匿名发表的《根据政治经济学基本原理得出的国民困难的原因及其解决办法——致约翰·罗素勋爵的一封信》。

这本小册子中有一些超过古典经济学的地方，这是它对政治经济学上的贡献，但它在理论上的缺陷，使它不可避免地存在着混乱。

---

① 马克思恩格斯全集：第 26 卷Ⅲ［M］. 北京：人民出版社，1972：261.
② 马克思恩格斯全集：第 19 卷［M］. 北京：人民出版社，1972：23.
③ 马克思恩格斯全集：第 24 卷［M］. 北京：人民出版社，1972：18.

第一，这本小册子"包含一个超过李嘉图的本质上的进步"①，这就是它把剩余价值的一般形式和它的特殊形式即地租、借贷利息和企业利润区别开来了。这是李嘉图"从来没有从绝对的形式把它说出来并确定下来"②的。小册子作者把工人除了补偿他的劳动能力价值的劳动量，即生产他的工资的等价物的劳动量以外而从事的劳动，看作剩余劳动，即工人无偿地从事的劳动。马克思对此给予很高评价，认为是剩余价值理论方面的一个突破，其重大意义可以和劳动价值论相提并论。马克思指出："把体现在剩余产品中的剩余价值归结为剩余劳动，同把价值归结为劳动是一样重要的。"③

小册子作者还把资本归结为剩余劳动。他指出："假定……没有剩余劳动，因而也就没有什么东西可以作为资本积累起来。"④这也是古典经济学家没有明确提出的。马克思肯定了这个观点，说："资本家是剩余劳动或剩余产品的所有者。剩余产品就是资本。"⑤

第二，小册子作者认为，资本家能够从工人身上榨取的剩余劳动量，都只能是相对的量。随着资本主义的发展，利润率会下降。

小册子作者说："资本增加的自然和必然的结果是资本价值的减少。"⑥他不同李嘉图的说法，即由于人口增加比资本积累快、对农

---

① 马克思恩格斯全集：第 26 卷Ⅲ［M］. 北京：人民出版社，1972：260—261.

② 马克思恩格斯全集：第 26 卷Ⅲ［M］. 北京人民出版，1972：261.

③ 马克思恩格斯全集：第 26 卷Ⅲ［M］. 北京：人民出版社：1972：261.

④ 马克思恩格斯全集：第 26 卷Ⅲ［M］. 北京：人民出版社：1972：262.

⑤ 马克思恩格斯全集：第 26 卷Ⅲ［M］. 北京：人民出版社：1972：262.

⑥ 转引自：马克思恩格斯全集：第 26 卷Ⅲ［M］. 北京：人民出版社：1972：262.

产品需求增加，对农业投资的收益递减，从而因农业生产率降低而使工资的价值上涨，引起"资本的价值"即利润率下降。他认为工资会越来越低，直至降到可能的最低限度，但不是全部工人的劳动，都为资本家占有。他说："如果资本继续积累，在利息率保持不变的情况下，为使用资本而支付的劳动必然越来越增多，直到社会上全体工人的全部劳动都被资本家吸收为止。但这是不可能发生的；因为无论资本家得到的份额有多大，他总是只能占有工人的剩余劳动因为工人必须生活。"① 马克思对此评价说："如果资本价值即'资本利润'……不随资本量的增加而减少，那么复利就会按几何级数增长，……如果把这个级数归结为它的真正要素，即归结为劳动，它就不仅会把剩余劳动，而且会把必要劳动作为资本'得到的份额'一齐吸收。"② 小册子作者认为资本利息和利润只能来自剩余劳动，而工人必须生活，所以剩余劳动是有一定限度的，占有工人的全部劳动产品是不可能的。能占有的只能是一个相对的量。这里表明小册子作者还没能科学地用资本有机构成随着资本积累提高而提高，可变资本相对减少来说明利润率下降的趋势。所以马克思说，资本的价值怎样减少，小册子的作者是不理解的。但是"不管怎样，匿名作者把利息按几何级数增长这句毫无意义的话还原为它的真正意义，即还原为毫无意义，这是他的功绩"。③

---

① 转引自：马克思恩格斯全集：第 26 卷 Ⅲ ［M］. 北京：人民出版社：1972：263.

② 马克思恩格斯全集：［M］. 北京：人民出版社：1972：263.

③ 马克思恩格斯全集：第 26 卷 Ⅲ ［M］. 北京：人民出版社：1972：263－264.

为了理解上述问题，需要说明马克思一再提到的"关于普莱斯的幻想"①。

马克思对普莱斯的幻想的分析批判，是在《资本论》第3卷第24章中展开的。理查·普莱斯（1723—1791年，英国政论家，经济学家、资产阶级激进主义者）在1772年出版的《关于国债问题告公众书》中提出了一种荒唐的谬说，即任何一笔资本按复利贷放出去，所孳生的利息将按几何级数增大："生复利的钱，起初增长得很慢，以后就不断加快，过了一段时期之后，其速度就超出任何想象。一个便士，在耶稣降生那一年以5％的复利放出，到现在会增长成一个比15000万个纯金地球还要大的数目。"② 对此，马克思评论说："关于资本是一种会自行再生产、会在再生产中自行增殖的价值，它由于天生的属性——也就是经院哲学家所说的隐藏的质——是一种永远保持、永远增长的价值，这种观念，曾经使普莱斯博士生出许多荒诞无稽的幻想。它们已经远远超过炼金术士的幻想。"③ "普莱斯简直为几何级数的庞大数字所迷惑。因为他完全不顾再生产和劳动的条件，把资本看做自行运动的自动机，看作一种纯粹的、自行增长的数字。"④ 可见，小册子作者的论证，直接批驳了这种幻想，虽然没有从理论上科学地说清楚，但他把利润率的下降用剩余劳动有一定限度来说明，也还是有一定意义的。

---

① 马克思恩格斯全集：第26卷Ⅲ［M］．北京：人民出版社：1972：263.

② 马克思恩格斯全集：第25卷［M］．北京：人民出版社：1972：444.

③ 马克思恩格斯全集：第25卷［M］．北京：人民出版社：1972：444.

④ 马克思恩格斯全集：第25卷［M］．北京：人民出版社：1972：445.

二、 马克思对 "小册子" 作者有两种办法
可以阻止工资提高的观点的评论

第一种办法是把剩余产品转化为固定资本，就可以阻止"劳动基金"即工资总额的增长。

第二种办法是通过对外贸易去交换外国的奢侈品，完全把它消费掉，这样就不会把它积累起来，用以雇用工人，从而也就不会以工资的形式，流回到工人手中。

马克思指出："第一种办法只是定期发生作用，而随后又失去作用（至少在固定资本由加入必需品生产的机器等等构成的情况下是这样），它以剩余产品转化为资本为条件。"①

这就是说，把剩余产品转化为固定资本，仅从这一点来看，资本不把剩余产品用于消费，从而也无需增加消费品生产，引起对劳动力的需求增大和工资上涨。但是一当剩余产品转化为固定资本后，它就仍然需要相应地增加对劳动力的需求，引起工资上涨和劳动基金的增长，所以它只能是暂时的，随着固定资本投入生产而失去作用。

接着，马克思指出："第二种办法则以资本家消费剩余产品的部分越来越大，资本家的消费不断增加为条件，而不以剩余产品再转化为资本为条件。如果这种剩余产品以它直接存在的形式保留下来，那末其中就会有很大一部分必须作为可变资本同工人相交换，其结果就

---

① 马克思恩格斯全集：第 26 卷Ⅲ ［M］. 北京：人民出版社：1972：264.

会提高工资和降低绝对或相对剩余价值。"①

　　这就是说，如果资本家通过对外贸易把剩余产品全部用于奢侈品的消费，那么，(1) 它就只能保证简单再生产，而无法进行扩大再生产从而也就不可能使资本家消费剩余产品的部分和资本家的消费不断增加，而这正是资本主义生产的前提条件。(2) 第一部类的剩余产品是以生产资料的形式存在的，第二部类的剩余产品才是以消费品的形式存在的。如果"这种剩余产品以它直接存在的形式保留下来"，那么第一部类的剩余产品是生产资料，只能用于生产，它就必须有很大一部分作为可变资本去和工人的劳动力相交换，否则它就不能为资本家增加剩余价值的生产。但是这样一来，就必然要增加对劳动力的需求从而引起工资上涨和"劳动基金"增大。

　　此外，马克思还特别指出：如果剩余产品很多，资本家又打算把其中很大一部分用作资本，那末对劳动的需求一定会增长，因而剩余产品中作为工资来交换的部分也必然会增长。资本化的欲望会迫使人们把剩余产品的很大一部用作可变资本，因而随着资本的积累，也会引起工资增长的情况。马克思指出：匿名作者的观点，毕竟可以表明巴顿、李嘉图等人关于工资取决于社会产品总量中工人生活必需品数量的观点是错误的。"工资不是由产品总量中可能作为可变资本被消费，或者说，可能转化为可变资本的那一部分决定，而是由产品总量中实际转化为可变资本的部分决定。这些产品中有一部分甚至可能以实物形式被各种食客吃掉，另外一部分则可能通过对外贸易等等作

---

① 马克思恩格斯全集：第 26 卷 Ⅲ [M]．北京：人民出版社，1972：264．

为奢侈品消费掉。"①

马克思还指出，小册子作者所说的"必需品通过对外贸易变成奢侈品，本身是很重要的"。"因为这种情况结束了这样一种谬论：似乎工资取决于所生产的必需品的量，似乎这些必需品必然以这种形式由它们的生产者或者甚至由从事生产的全体民众所消费，也就是说，必然再转化为可变资本，或者说，像巴顿和李嘉图所说的那样，再转化为流动资本"②。

关于资本积累、人口增长与工资的关系问题，马克思指出：随着剩余劳动的增加，加速了资本积累，而资本积累的加速就可能引起劳动需求的增加，从而引起工资的提高。但"这种有利的转变会同时消灭有利转变的条件，所以它只是暂时的，它一定会再转化为它自己的对立面。"③

应该指出的是，马克思在阐述自己的观点时提出了如下的原理："如果剩余劳动中直接表现为奢侈品形式的部分过大，那末，很明显，它一定会妨碍积累和扩大再生产，因为剩余产品中再转化为资本的部分太小。如果剩余劳动中表现为奢侈品形式的部分过小，那末，资本（即剩余产品中能够以实物形式再用作资本的部分）的积累将快于人口增加，利润率将会下降，除非有必需品的国外市场存在。"④ 马克思这个思想，虽然说的是资本主义经济，但对于我国社会主义的积累

---

① 马克思恩格斯全集：第26卷Ⅲ [M]．北京：人民出版社：1972：265.

② 马克思思格格全集：第26卷Ⅲ [M]．北京：人民出版社：1972：265—266.

③ 马克思恩格斯全集：第26卷Ⅲ [M]．北京：人民出版社：1972：268.

④ 马克思恩格斯全集：第26卷Ⅲ [M]．北京：人民出版社：1972：269.

和消费，以及消费结构的构成，也是有指导意义的。如果我们不考虑我国经济发展的实际水平，盲目追求高级消费，大量进口和生产高级奢侈品，也会妨碍我国的积累和扩大再生产，从而延缓生产力的发展和实现四化的进程。至于第二种情况即奢侈品形式的部分过小，资本积累将快于人口的增加，在我国当前的条件下，倒是不必担心的。这就告诉我们，适当限制高级奢侈品的消费，对于发展我国社会生产力是十分有益的。

三、 马克思论简单再生产和资本积累条件下资本和收入、 积累的过去劳动和新加劳动在产品价值中的构成

马克思在这里论述了简单再生产条件和资本积累条件下资本和收入的交换问题。他说："在这里，一种形式的收入同另一种形式的收入交换，这种交换一经完成，资本家 A 的收入就转化为资本家 B 的不变资本，而资本家 B 的收入就转化为资本家 A 的可变资本。"① 这里谈的是由生活资料必需品构成的剩余产品就只能转化为追加的可变资本；由生产资料构成的剩余产品就只能转化为追加的不变资本；而全部奢侈品则只能用于资本家的个人消费。为便于考察资本的这种流通和生产以及相互补偿方式等等，马克思假定了两个条件：首先必须把对外贸易撇开不谈；其次必须区别简单再生产和扩大再生产。

马克思把简单再生产条件下的社会总产品分为（A）个人消费品

---

① 马克思恩格斯全集：第 26 卷Ⅲ［M］. 北京：人民出版社：1972：270.

和（B）生产消费品（生产资料）两大类，并分别分析了每一类年产品的构成，指出，个人消费品分为三部分：

第一，资本家的收入等于一年内加进的剩余劳动。

第二，工资，即可变资本，等于工人用以再生产自己的工资的新加劳动，以上两项即 m 和 v 是新加劳动。

最后第三部分是原料、机器等等，这是不变资本，即产品价值中只被保存而不被生产的部分，因此，这不是一年内的新加劳动。

关于生产消费品的构成，也是如此，Pb 只由新加劳动构成，它分解为利润和工资，分解为必要劳动的等价物和剩余劳动的等价物。"因此，全部产品 Pa，不论是它的剩余产品，还是它的可变资本和它的不变资本，都由一年内新加劳动的产品组成。"①

相反，全部产品 Pb 可以这样看：它不代表新加劳动的任何部分，而只代表被保存的过去劳动。以上这些是为了说明："年产品中所有作为可变资本构成工人收入，作为剩余产品构成资本家的消费基金的部分都归结为新加劳动，而产品中其余所有代表不变资本的部分只归结为被保存的过去劳动，仅仅补偿不变资本。"② 在作了如上分析之后，马克思得出结论说："因此，那种把年产品中所有作为收入，作为工资和利润（包括利润的分支——地租和利息等，也包括非生产劳动者的工资）消费的部分都归结为新加劳动的看法是正确的，而把全部年产品都归结为收入，归结为工资和利润，即只归结为新加劳动中某些部分和总和的看法却是错误的。"并且说明："年产品中有一部

① 马克思恩格斯全集：第 26 卷Ⅲ [M]. 北京：人民出版社：1972：273.
② 马克思恩格斯全集：第 26 卷Ⅲ [M]. 北京：人民出版社：1972：273.

分归结为不变资本，它按价值来说不代表新加劳动，而作为使用价值，既不加入工资，也不加入利润。这部分产品，按其价值来说，代表真正意义上的积累劳动，按其使用价值来说，代表这种积累的过去劳动的消费。"[①] 马克思的分析把年产品价值构成中新加劳动和积累的过去的劳动，清楚地作了划分，明确了不变资本部分不能归结为收入，而必须保存，即补偿。这就从根本上驳倒了"斯密教条"，为科学的再生产理论奠定了牢固的基础。

由于社会一年内提供的劳动，除了物质生产领域生产劳动之外，还有提供各种服务的非生产劳动。生产物质领域的工人和资本家需要用他们的收入去交换这种服务，因而这部分服务劳动也是在一年内提供的劳动，应该算入社会总劳动之中。不过这种服务劳动和生产产品的劳动不同。"这种服务，这种劳动，是人们在消费产品的过程中使用的，它们不加入产品的直接生产。"[②] 马克思的这个思想，对于如何看待服务性劳动无疑是有启示的。

四、 马克思论资本来自工人的剩余劳动

马克思进一步分析了资本积累和扩大再生产的问题。他指出："关于积累，关于收入转化为资本，关于扩大规模的再生产（……）情况就不同了。"在简单再生产条件下，新加劳动只构成收入，即工资和利润，而在积累和扩大再生产条件下，新加劳动还要构成新资

---

① 马克思恩格斯全集：第 26 卷 Ⅲ ［M］. 北京：人民出版社：1972：274.
② 马克思恩格斯全集：第 26 卷 Ⅲ ［M］. 北京：人民出版社：1972：274.

本。"在这里，全部新资本是由新加劳动构成的，而且是由利润等形式的剩余劳动构成的。"马克思首先批判了这样一种错误观点，即"认为剩余劳动转化为资本时只归结为可变资本或工资"①。他用租地农场主同机器厂主交换剩余产品为例证，说明剩余劳动转化为资本时并不只归结为可变资本的道理。并且指出不仅"新生产的全部要素都是由新加劳动——工人的剩余劳动的一部分——构成和产生"②。而且在资本积累时，"所有的一切，不论是收入还是可变资本和不变资本，都是被占有的别人劳动，不论是工人赖以工作的劳动条件是否工人用自己的劳动换得的等价物，都是资本家不付等价物而得到的工人劳动"。"甚至在原始积累的条件下也是这样"。③

马克思还指出，在考察剩余价值本身时，剩余产品的实物形式无关紧要。在考察实际再生产过程时，它却有重要意义，这是因为"一方面是为了理解产品形式本身，另一方面是为了弄清楚奢侈品等等的生产对再生产过程的影响。这里我们又有了一个说明使用价值本身具有经济意义的例子"。④ 马克思的这个思想，对我们社会主义经济建设，尤为重要。即不仅重视价值，而且更要重视使用价值的作用，奢侈品过多，则会影响到再生产的扩大和运行。

① 马克思恩格斯全集：第 26 卷Ⅲ［M］. 北京：人民出版社：1972：274.
② 马克思恩格斯全集：第 26 卷Ⅲ［M］. 北京：人民出版社：1972：274.
③ 马克思恩格斯全集：第 26 卷Ⅲ［M］. 北京：人民出版社，1972：275.
④ 马克思恩格斯全集：第 26 卷Ⅲ［M］. 北京：人民出版社，1972：276.

五、 马克思论 "小册子" 作者的功绩和混乱

马克思从三个方面论述了"小册子"作者的功绩和混乱：

1. 马克思再次肯定了"小册子"作者超过李嘉图和斯密的同时，指出，"这位作者为既有的经济范畴所束缚。就象李嘉图由于把剩余价值同利润混淆起来而陷入令人不快的矛盾一样，他也由于把剩余价值命名为资本利息而陷入同样的矛盾。"① "他还是把这些特殊形式之一的名称——利息，当作一般形式的名称。这就足以使他重新陷入经济学的费解的行话中。"②

2. 关于对外贸易理论。"小册子"作者说：对外贸易"决不可能为我国的财富增加一先令或一文钱"，进口商品要以出口商品来交换。"每有一包丝绸，一箱茶叶、一桶酒进口，就有价值相等的某种东西出口，甚至我们的商人从他们的对外贸易中取得的利润，也由这里用出口换得的进口商品的消费者支付。"③ 他认为进口商品如酒和丝绸等等，不过是本国呢绒和棉针织品交换来的。而呢绒和棉针织品，"代表我们本国人的剩余劳动；通过这种办法资本家的破坏力无限度地增大了：由于对外贸易，……突破自然对他们的剥削要求和剥削愿望设置的成千的自然限制"④。这就是说，通过国际贸易，使得一国

---

① 马克思恩格斯全集：第 26 卷Ⅲ [M]. 北京：人民出版社，1972：278－279。

② 马克思恩格斯全集：第 26 卷Ⅲ [M]. 北京：人民出版社，1972：279.

③ 转引自：马克思恩格斯全集：第 26 卷Ⅲ [M]. 北京：人民出版社，1972：277。

④ 转引自：马克思恩格斯全集：第 26 卷Ⅲ [M]. 北京：人民出版社，1972：277.

的剩余劳动创造的价值借以表现的使用价值，突破了一国狭隘范围的限制，使产品更加多样化，从而使资本家对财富的贪欲，从而占有他人劳动的贪欲，成为无止境和永远无法满足的。马克思指出，小册子接受李嘉图的对外贸易学说，但他和李嘉图不同。李嘉图的对外贸易学说只是用来证明他的价值理论和这一学说并不矛盾。而小册子作者主要是论证剩余价值理论，他"着重指出，体现在对外贸易结果上的不仅是国民的劳动，而且是国民的剩余劳动"①。

在这里，马克思论述了对外贸易和世界市场对财富、价值、货币的意义，指出"只有对外贸易，只有市场发展为世界市场，才使货币发展为世界货币，抽象劳动发展为社会劳动。抽象财富、价值、货币从而抽象劳动的发展程度，要看具体劳动发展为包括世界市场的各种不同劳动方式的总体的程度怎样"②。就是说，对外贸易和世界市场，才使抽象财富、价值和货币不受一国的狭隘范围的局限，而成为更广阔的世界范围的社会劳动。

3. 关于"自由时间"是真正的财富问题

"小册子"作者认为全部问题，在于提高工资。因为提高了工资就减少了利息，从而剩余劳动也就减少了。"小册子"作者站在工人阶级立场上，要求减少剩余劳动，使工人从他自己的产品中得到的比以前多些。这是他和资产阶级经济学家相对立的观点。但作者自己对这个问题是没有说清楚的。

他的前提是，"资本不提供利息"，而这种说法就等于说没有任何

---

① 马克思恩格斯全集：第 26 卷Ⅲ［M］. 北京：人民出版社，1972：277.
② 马克思恩格斯全集：第 26 卷Ⅲ［M］. 北京：人民出版社，1972：278.

资本存在。他认为在既没有剩余产品，也没有剩余劳动的条件下，"一个国家只有在劳动 6 小时而不是劳动 12 小时的时候，才是真正富裕的"。"财富就是可以自由支配的时间，如此而已。"① 这是什么意思呢？马克思说，这一点有两种意思的可能：一是除了工人的再生产所需要的产品和劳动以外，既没有产品，也没有劳动。二是工人自己占有这个余额，无论是产品的余额，还是劳动的余额。马克思认为，从作者的说法来看，他所指的不只是后面一点。这可能是这样的意思：阶级对立消灭了，所有的人都必须劳动，占有别人剩余劳动的权利不存在了。在这种条件下，如果把生产力的发展考虑在内，6 小时生产的产品将比现在 12 小时生产的还要丰富。这样所有的人都将不必劳动 12 小时，只要劳动 6 小时就可以满足需要；所有的人都会有 6 小时可以自由支配的时间，也就是有真正的财富。这种时间不被直接生产劳动所吸收，而是用于娱乐和休息，从而为自由活动和发展开辟广阔天地。这是作者可能有的一种意思。

也可能有这样的意思：资本不再存在，工人将只劳动 6 小时，有闲者也必须劳动同样多的时间。这样，所有的人的物质财富都将降到工人的水平。但是所有的人都将有自由时间，都将有可供自己发展的时间。但是马克思指出，这样的意思，"大概不会是小册子作者的观点"②。

这两种意思都可以从作者的语句中推导出来，马克思一方面指出："小册子的作者对这一点是不清楚的"，同时也肯定他的只劳动 6

---

① 马克思恩格斯全集：第 26 卷Ⅲ［M］. 北京：人民出版社，1972；280.

② 马克思恩格斯全集：第 26 卷Ⅲ［M］. 北京：人民出版社，1972；280.

小时才是真正富裕和财富就是可以自由支配的观点，"仍不失为一个精彩的命题"①。这个命题的意义就在于，他批驳了李嘉图在阶级对立基础上的财富观，从完全不同的立场提出了即使资本不再存在，交换价值消灭了，劳动时间也始终是财富的创造实体和所需要的费用的尺度。在这种条件下，可以自由支配的时间，就是财富本身。"这种自由活动不像劳动那样是在必须实现的外在目的的压力下决定的。"②

其次，劳动时间将限制在正常长度之内，而且这种劳动不再用于别人而是用于我自己，这将作为真正的社会劳动。

最后，"作者拥有自由时间的人的劳动时间，必将比役畜的劳动时间具有高得多的质量"③。

此文载于：《资本论》第 4 卷研究.

成都：四川省社会科学院出版社，1988.

---

①　马克思恩格斯全集：第 26 卷Ⅲ [M]. 北京：人民出版社，1972：281.
②　马克思恩格斯全集：第 26 卷Ⅲ [M]. 北京：人民出版社，1972：281.
③　马克思恩格斯全集：第 26 卷Ⅲ [M]. 北京：人民出版社，1972：282.

匈牙利经济体制改革经验总结
——评马·蒂玛尔《匈牙利的经济改革》

一、 历史背景

《匈牙利的经济改革》是匈牙利经济学博士马蒂雅斯·蒂玛尔全面论述匈牙利经济管理体制改革的一本主要著作。

1945 年匈牙利人民共和国成立后,花了一年半的时间,实现了经济稳定。1947—1949 年第一个三年计划和 1950—1954 年第一个五年计划期间取得了显著的成绩,发展了工业,恢复了农业。第二个五年计划（1956—1960 年）由于匈牙利事件,未能完全执行。从 1958 年到 1960 年执行了另一个三年计划。以后又执行了第二个五年计划（1961—1965 年）和第三个五年计划（1966—1970 年）,并从 1968 年全面推行经济体制改革。本书正是以 1968 年的经济体制改革为中心展开的。但正如作者所说,对经济体制改革,应有"对历史和现状的分析","应当在发展过程中去观察"[①]。因而,该书所涉及的内容,包括了匈牙利解放后 20 多年的经济发展的主要特征。

[①] 马·蒂玛尔. 匈牙利的经济改革 [M]. 北京:生活·读书·新知三联书店,1980:4.

匈牙利解放后经过经济恢复进入经济建设的 50 年代中期，基本上照搬了苏联的模式。蒂玛尔就匈牙利 1950 年结束第一个三年计划以后的情况说："从政治上讲，这几年的特征是专横的作风、个人权力发展到顶峰并开始衰落，虽然在工业化和形成社会主义农业方面取得相当大的成绩，但经济却表现出了下述特征：工业的强制性发展，在形成工业结构时没有充分考虑到国内的条件，某种自给自足倾向，严重官僚主义的管理体制，农业政策偏离了列宁的原则，军费支出超过了国家的负担能力，生活水平停滞不前有时甚至下降。所有这些都导致了严重的经济紧张，并且加剧了斯大林死后已很明显的那些政治问题。总之，正是这些政治经济问题先是导致右倾的，后来又导致左倾的政策，加剧了混乱并最终引起了 1956 年的反革命事变。"①

匈牙利事件后，新的党和政府的领导人认识到，要巩固政权必须加快经济发展，努力提高人民生活水平。为要做到这一点，就要改变旧的中央集权的管理体制，克服官僚主义，注意物质利益的作用，发挥各级领导和劳动者的主动性和创造性。在中央的决策下，初步改变了原来的经济结构，放弃了片面发展重工业的方针，采取加快农业发展的措施。这些新的方针和措施，促进了生产力的发展，使国家经济情况有所好转。1960 年第二个三年计划结束时，已从"事件"的破坏中得到恢复，为进一步发展创造了条件。

1961—1965 年的五年计划期间，取得了新的成绩，但也出现了新的问题和困难。表现在劳动者和企业的积极性没有很好发挥起来，

---

① 马·蒂玛尔. 匈牙利的经济改革［M］. 北京：生活·读书·新知三联书店，1980：5.

社会经济的发展仍然缓慢。其原因是：不合理的经济体制并未根本改变，高度集中的指令性计划仍然占支配地位，忽视劳动者和企业的自主权的倾向未能认真克服，物质利益原则未能很好贯彻。在农业方面，社会主义改造速度太快，从 1959 年起几年之内绝大多数农户都纳入了合作社组织之中。但农业投资不足，农业合作社无力进行扩大再生产，农业增长缓慢。由于这些问题日益突出，使人们普遍感觉到："为了保证更好地执行经济政策，为了在计划经济的大框框里扩大商品货币关系的范围，为了保证经济单位有更大的自主权，能自由地发挥创造性，必须彻底改革经济管理体制。"①

马·蒂玛尔既是经济学家，又是匈牙利部长会议副主席、国家银行行长，是 1968 年匈牙利经济改革的主要推动者之一。这里介绍的《匈牙利的经济改革》，是蒂玛尔继 1968 年出版的《匈牙利的经济发展和管理方法》之后，又一本论述匈牙利经济政策和经济体制改革的主要著作。该书于 1975 年由布达佩斯政治经济和法律书籍出版社出版，随即有英译本出版。1980 年 9 月生活·读书·新知三联书店据英译本翻译出版了中文本。

本书作者身兼经济学家和国家领导者，因而具有一般理论工作者所没有的便利条件。正是作者自己所说："我处于有利的地位，因为我能利用大量的原始记录和调查报告，以及这些年来经过多次详细讨论的、为作出决定而提出的建议。"② 本书的特点和优点是，资料丰

---

① 马·蒂玛尔. 匈牙利的经济改革 ［M］. 北京：生活·读书·新知三联书店，1980：1。

② 马·蒂玛尔. 匈牙利的经济改革 ［M］. 北京：生活·读书·新知三联书店，1980：1.

富翔实,分析深入全面,且能较准确地反映匈牙科领导层对经济发展和经济改革的观点。对于匈牙利经济体制改革的过程,改革中的胜利和挫折,优点和缺点,成就和问题,以及如何开拓前进,都有较为详尽的评估论证,是研究匈牙利经济模式的一本有代表性的著作,对于我国以及其他社会主义国家搞经济改革具有重要的参考价值。

本书的基本内容包括两个部分。前两章概述了匈牙利 1968 年经济发展状况和经济体制改革的必要性和改革过程,以及改革的经验和问题;后四章,主要探讨匈牙利 70 年代以后的社会经济发展目标和各项经济政策以及进一步发展中的问题。

二、 围绕如何进行经济体制改革展开的讨论

1. 1968 年经济体制改革的必要性

在 1960—1965 年第二个五年计划期间,工业虽然有了大的发展,大型合作农场和合作社农业,也得到了巩固和加强,但经济效率低的问题并未得到改善,国民收入只增长了 25%,和计划目标 36% 相比,远未完成。国民经济失调状况颇为严重,同资本主义国家的贸易出现赤字,同社会主义国家的贸易起伏不定。各经济部门存在着各种矛盾和困难,急待解决。

由于结构不合理和效率低下,国家需要对国内生产和出口进行大量补贴。1965 年对工业的补贴(包括出口的补贴)超过了 100 亿福林(匈牙利货币单位)。每年的积累额中,新增物资库存比重很大,并且逐年增长。1960 年物资库存量价值 370 亿福林,而到 1965 年竟达价值 500 亿福林。一方面库存增加,另一方面又面临缺乏物资的困

难。生活水平提高了，但因农业人口大量进入城市，使商品需求量增长更快，于是出现了主要消费品（如肉类、牛奶以及耐用消费品、建筑材料等）供不应求的现象。

针对上述情况，虽然也采取了一些加强节约、降低成本、提高劳动生产率和经济效能的措施，但这毕竟是临时措施，不能彻底解决问题。这些情况使人们认识到："要使问题和紧张得到缓和，必须依靠更广泛的创造和努力，更深刻地改革我们的经济管理体制"。"为此，中央委员会于 1964 年 12 月提出了修改整个经济管理体制的目标。"①

2. 关于如何进行改革的辩论

要进行彻底的经济体制改革，首先必须在改革的思想、方法方面取得一致，因而思想理论上的辩论是必然会发生的。

1957 年经济委员会提出了全面改革的论点，虽然由于政治上的需要，改革建议未被完全采纳，但许多重要建议还是付诸实施了。这就是在农业方面废除了产品义务交售制，采取了新的采购价格制度（即所谓"混合价格机制"），采用固定价格以及在官定限额和自由市场价格之间上下浮动的价格，允许"农业合作社可以自行决定劳动报酬的标准和程度"。

工业方面减少了强制的计划指标。除了产量指标外，价值指标更多地受到重视，把利润和主要成本的增减作为对企业领导人评价的主要内容。企业取得了在最高和最低限额内决定工资的权力。实行平均

---

① 马·蒂玛尔. 匈牙利的经济改革［M］. 北京：生活·读书·新知三联书店，1980：22.

工资调节制和利润分红制。① 这种工资制度的改革虽然在开始也起了某些积极作用，但毕竟很有限，到了 60 年代中期已经显示出其消极特征，成为更有成效地工作和改进劳动力管理的障碍。

在面对如何进一步改革的问题上，首先是同投资效果计算、效果标准有联系的价格体系引起了广泛的辩论。

当时的"基本物资和中间产品的价格经常是亏损的"，"最终产品的价格大多数低于实际的社会投入"。通过辩论一致认为物价制度应该改革。1959 年对生产价格普遍改革的目的，是"使工业生产价格保证社会必需投入的利润，以及价格制度应当刺激技术发展和新产品的生产和使用"。② 这种改革虽然使生产资料价格和消费品价格比较接近，比较符合实际的生产价格关系，但仍然是官方的固定价格制度。价格不能表现价值关系不断变化的过程，不能反映技术发展变化的需要。进出口价格和国内价格彼此脱节，其关税为外贸价格划一的制度所补偿。在官定固定价格为基础的条件下，价格变动需要很长时间，很难合理和及时。1964 年起采取了一个重要步骤，就是根据工业利润征收资产税，但这也是修修补补，对经济管理效率的提高影响很大，充其量也只是具有核算的作用。因为从体制上看它仍然是旧体制的延续：实行中央调拨给用户产品、投资资金由预算免费拨付，没有偿还的义务。企业没有自主权，也没有刺激企业发展生产、提高效

---

① 平均工资调节制和利润分红制，是基本工资仍然取决于完成国家计划指标的状况但企业有权在国家规定的最高和最低额内决定工资水平，同时平均工资增长同利润挂钩，年终按利润分红.

② 马·蒂玛尔. 匈牙利的经济改革［M］. 北京：生活·读书·新知三联书店，1980：24.

率的机制。

在投资制度的辩论中，明确了增加企业基金用于简单再生产的投资；对贷款要发挥选择作用；中央应对发展国民经济有决定性的投资项目提供资金。

在对外经济关系的辩论中，一致同意，把出口补贴直接给予生产者而不是外贸公司。

当时实行的分摊计划（即把国家计划直接分为各企业的计划指标）的消极作用已经暴露出来。给企业下达的生产指标，主要指的是产品数量。这种计划体系的弊病是：计划指标规定的产品的数量和质量不完全符合用户的实际需要，造成生产和需求的脱节，这是造成库存积压增加和商品缺货的主要原因，于是计划不得不经常修改。生产效果落实在数量计划指标上，而这些指标完成的效率又不能靠实物指标表现或计算出来，所以"把评价企业好坏同完成中央通过的计划指标联系起来的做法"，不能刺激企业发挥潜力、提高效率，"反而怂恿企业主要去完成那些比较易于完成的和费力不大的计划任务"，而不去考虑合理开发资源节约活劳动和物化劳动的问题。这就提出了一个体制上的问题，即订货、投资、交货的大部分由国家下达计划指令是否需要？在辩论中得出的结论是：下达指令的计划分摊是不必要、不正确的。而依靠主要用户的订货及适当的调节，由国家实行指导性的计划是可行的。

这里得出的一个重要结论是，"为了对主要的弊端进行改革，保持一个强有力的行政管理体制是不再必要了"①。这就要求改变中央权力过分集中、地方机构事无巨细必须请示中央的体制。因为在这种体制下，中央机构并不能洞察上报的成堆事务的优劣，而又必须对几乎所有事情作出决定，这就不可避免地导致主观主义的判断。放弃中央集权的管理体制，可以发挥企业的充分自主性、积极性，同时也使国家各管理经济的部能把主要精力集中在最重要的原则问题研究和处理上。

在这些问题的讨论中，出现过两种不同意见：一种是担心改革会侵害计划经济，担心计划指标的完成得不到保证；一种反对意见是强调组织全国范围的电子计算机网来实现有计划、按比例的经济发展。这两种反对意见是不正确的。前者已为实践所否定：因为集中管理的20年期间，计划与实际数字严重脱节的事实，证明不进行改革，计划指标也不能得到保证完成；后者的办法虽然可取，但这种方法不能刺激企业独立性的动力。在新的管理体制下运用先进的计算机技术，可以发挥更好的效果。

"辩论的实质是在弄清在哪种程度上计划经济可以与同时维护市场成分并行不悖，市场成分会不会取得优势，我们会不会把我国经济引向自发和无政府趋势。"② 作者认为，经济改革可能会使市场成分比过去扩大一些，但仍然能够用中央制定的工具以一种更为灵活的方式把它们保持在计划的框框之内，而各经济单位就会有更多的机会发

---

① 马·蒂玛尔. 匈牙利的经济改革 [M]. 北京：生活·读书·新知三联书店，1980：27.

② 马·蒂玛尔. 匈牙利的经济改革 [M]. 北京：生活·读书·新知三联书店，1980：29.

挥主动性和外延性。"市场完全可以用来为经济效率服务。国家能够用许多直接和间接的手段来调节市场。"①

作者还引证列宁关于新经济政策的思想，关于在计划经济条件下可以发展市场和价值关系的思想，关于国营企业在相当程度上实行商业原则，从而使每个企业不亏损而且能够赢利的思想，关于个人物质利益同企业经济效益相结合的思想等等，论证了匈牙利经济改革的重要性。作者还指出苏联从1953年以后所采取的一些新的做法，力图摆脱斯大林强行实施的严格的经济管理中央集权制，强调回到列宁思想的必要性。

作者认为，经互会作为一个国际经济集团组织，对其成员国的经济改革，具有很大影响，因此考察经互会及其成员国经济改革的状况，十分必要。在60年代初期，经互会各成员国的经济体制几乎都发生了变化。虽然在改革的表现形式和程度上，在改革的概念上有所不同。但在一些基本改革思想方面，他们一致认识到：

——从经济理论抽象推导出来的纯粹模式不能有效发挥作用；

——物质刺激和价值规律同社会主义所有制关系下的经济管理体制，并不矛盾；

——行政的和经济的管理工具是不可缺少的，虽然应用程度不同，行政手段和经济方法如何联系的形式也有差别；

——应当缩小实物性质指令的应用范围，扩大经济方法的领域；

——应当强调物质利益原则，实行经济核算；

---

① 马·蒂玛尔. 匈牙利的经济改革［M］. 北京：生活·读书·新知三联书店，1980：30.

——使中央的管理同劳动集体的创造性、主动性结合起来，使改革得到全社会的合作。①

几乎在每一个国家，计划工作制度都已作了修订。在发展目标、方向、增长速度和比例关系、生产力数量、国际合作以及完成计划任务的最重要的直接和间接手段方面都作出了改变。

同管理体制的改变有关，各国进行了生产价格的改革，使生产价格制度适应新的管理体制。"在许多国家，中央决定价格的范围缩小了，虽然这种价格形式仍处于优势。"②

对经济活动的决策权，多数国家形成了一种三级体系，给予基层单位以更大的决策权力。国家部一级的主管单位逐步变为企业联合会、联合公司等相对独立的经济单位，力图把中央计划和指令制度同商品货币关系结合起来。强调利润的作用，使利润成为体现对国家的义务、企业的基金来源和物质刺激的作用。在所有社会主义国家，利润刺激着对资产进行更有效率的管理。③

经互会各成员国相互贸易最初都具有一个特点，即逐项地用实物数量规定强制性的定额、价值范畴（例如价格）只能对贸易的模式和数量起有限影响。供应者对改进自己的产品并无足够兴趣，因为使用价值提高也不能获得更有利的价格。专业化和生产协作落后于需要，消费商品贸易原料和基本物资不能满足需要。因此，各成员国之间的

---

① 马·蒂玛尔. 匈牙利的经济改革 ［M］. 北京：生活·读书·新知三联书店，1980：33.

② 马·蒂玛尔. 匈牙利的经济改革 ［M］. 北京：生活·读书·新知三联书店，1980：35.

③ 马·蒂玛尔. 匈牙利的经济改革 ［M］. 北京：生活·读书·新知三联书店，1980：36—37.

商品和货币关系应当扩大，还应解决价格问题、制定外贸合同制度、多边结算办法以及有关货币，金融与信贷关系的任务。根据这些任务所制定的经互会综合合作纲领的执行，取得了重要成效。

3. 经济改革的准备工作和遇到的几个普遍性问题

匈牙利经济改革的准备工作是由关于许多重要问题的辩论以及辩论后所做出的决定构成的。这个准备过程也是为改革制定规划的过程。

改革涉及的问题，与其他社会主义改革相类似。总的说来是减少中央对经济活动的过分集中，减少中间层次，加强基层单位的决策权，造成经营方式的灵活多样的局面；贯彻物质利益原则，调动企业和劳动者的积极性、主动性；改变过多的指令性计划，发挥市场的作用，因而价格体制占有重要地位。

关于国营企业的物质利益，应该通过总收入为实现基础，还是以利润为基础的问题。在辩论中批驳了非难利润功能，认为只有提高总收入也就是创造出国民收入才是目的而各企业利益应当同它联系起来的论点。强调利润的重要意义在于利润的增减综合地表现了经济活动的各个方面。利润对降低成本、提高生产率、加速产品流通有巨大的积极作用，它和增加国民收入以取得利益是相符合的，而不是矛盾的。以利润作为调节收入的基础，目的是使企业通过利润对市场动向作出反应，完善和改进经营管理。当然，也可能发生用不正当手段追求高额利润的情况，但这可以借助国家财政制度和行政规范手段予以调节和制约。

关于国家和企业对实现的收入如何分成的问题，经过辩论确定，对于个人收入的一部分利润征收累进税，对于用于发展方面的利润即不管收入增长的程度如何征收单一税。

关于怎样建立提高个人收入基金和企业发展基金的问题，经过辩论确定，采用事先把用于增加个人收入的利润部分同用于发展企业生产的利润部分分离开来，分别建立基金。

关于工资问题，一致认为应使工资成为刺激工人劳动积极性的手段，同时也要防止工资过高会产生过多的购买力。要使社会、企业集体和个人这三者的利益结合起来。在过渡时期，从政治上考虑，必须保证充分就业，防止大量解雇，因而采取了"平均工资调节制"①。这一制度限制了对优质作业付给高级工资，但可以增加就业人数。

关于价格的中心或基础的依据问题。有的主张"价值中心论"，有的主张"生产价格论"。经过辩论决定采用生产价格的形态。

有的提出国内价格应以世界市场为中心的建议。这个问题比较复杂，但一致承认，国内价格的涨落应当不仅接受国内的影响，而且接受世界市场价格鉴定的影响。在讨论中，排除了两个极端的意见，即主张官方固定价格制度和听任市场机制随意发展的自由价格制度，形成了一个折衷的意见，即官价应在最重要产品的范围内保持下去，并应随时修订，其余价格应该放开。1968 年以后，消费品中有自由价格、有高低额限制的价格和官定重要商品的固定价格大约各占三分之一。总之，价格改革的目的在于利用市场促进生产，推动对外贸易，并相应地减少对亏损企业的补贴，使之在竞争环境中发展自己，而不

---

① 平均工资调节制是平均工资等于工资总额被职工人数去除。此后，每增加一个工人可增加一份工资，反之亦然。当企业人数固定后，工资总额从而平均工资的增加取决于净产值的增加，人均净产值每增长 1%，工资总额可增加 0.25%。

是在国家财政的保护下生存①

关于生产资料由中央分配的制度，一致认为，应该让位于生产资料贸易。用商业方法进行交易，可以加速生产资料的周转，因为"生产资料的社会主义所有制本身并不包含着买者和卖者应当由中央来划定"②。

辩论中明确了计划是经济目标，计划不仅必须指出方向，而且要指出实现目标的手段。由中央下达计划指令是经济管理的一种方法，而不是唯一的方法。计划指令的使用，只有在相互关系唯独中央才能评价的情况下才是正确的。

关于投资的权限问题，排除了由中央决定和企业决策两种极端意见，决定大约介于两者之间，即确定留给企业 60％的折旧费和 40％的利润，用于发展。还提出动力工业、铁道、运输和电讯应当基本上由政府投资，而较小的投资则应来自企业资金的积累。免费投资被取消了，预算分配不再是发展的唯一的资金来源。这使企业变得关心利润的增长，并开始关注影响其增长的所有因素。

在中央和地方的分权方面，加强了地方议会的自主权和责任心。地方议会可以考虑未来五年的财政前景，征收收入。确定这些收入在国家税款中所占份额。这就促进了议会关心地方的建设，如新住宅区的发展等等，使议会更加关心收入及其适当使用。

在改革准备过程中遇到了几个普遍性问题。第一，是关于发展速

---

① 马·蒂玛尔. 匈牙利的经济改革 ［M］. 北京：生活·读书·新知三联书店，1980：48.

② 马·蒂玛尔. 匈牙利的经济改革 ［M］. 北京：生活·读书·新知三联书店，1980：52.

度同经济平衡的关系问题。在经济学家中分为两派意见，一派强调增长速度，一派强调平衡发展。正确的应该是经济增长和平衡同时并进，这是一个带有根本性的大事。在实际上，增长过快势必引起经济内部结构趋于紧张，打破平衡。对速度和平衡的关系应当区别情况加以判断，从长期来看，局部的不平衡会在发展过程中取得均衡，但从个别时期来看，因为集中发展某部门或产品会使另一些部门，例如基础设施的发展速度放慢，这是允许的妥协措施。第二，在促进经济增长速度的同时，不应忽视政治上的安定。"改革不应带来生产停滞或下降"，结构改革要逐步实施，以防止造成大量失业，引起社会震动。要保持物价稳定，保持货币的购买力，避免发生通货膨胀的危险。第三，"国家补贴不能一下子锐减"，为价格稳定也必须提供大量国家补贴。在价格问题上，由于世界市场的通货膨胀和国内的紧张状况，广泛地放开价格。但过多地实行自由价格，将会引起物价上涨。因此，需要作出妥协，官价限制比原来所设想的要多。第四，改革的原则是把利润当作企业的动力，强调竞争作用。但实际上，由于企业的发展、技术设备等等的差别，会使相当一部分企业处境不利。不仅影响它们的利润和收入，甚至可能无法生产。为了使这些企业能够生存下去，或提高工资水平，中央要对其广泛地使用免税和优惠。但这会使高效率和无效率的企业之间在利润上的差别统统给抹煞了。第五，在投资方面，如果允许企业除企业本身资源再允许用信贷补充，则会造成加投资的紧张。

总之，在实际执行改革计划时，尽管力图运用设想的改革原则，但"几乎在所有领域中还是采用了各种刹车和临时解决的办法"。这就造成了恢复"原来的原则的可能性"[①]，有走回头路的危险。作者认为，改革不能脱离它发源的土壤，不可避免地要作出某些妥协，这是改革过程中必然要遇到的问题。作者认为，为了避免误解，需要强调改革的几个基本特征：要努力把计划同社会主义市场结合起来，发展方向和比例关系应由计划决定，强调计划是建立目标、领导和发展经济的最重要手段；扩大企业的自主权；重要投资项目和扩建直接由政府作出决定；外贸由国家垄断，信贷由银行垄断，间接调节要照顾国家利益、私人利益、企业利益的结合；基本的经济调节手段辅之以必要的直接的管理手段。

三、 五年改革的成就与主要经验

匈牙利 1968—1972 年实行的经济体制改革，取得了很大的成效。由于扩大了企业的自主权，充分利用价格、税收、信贷等经济调节手段，使经济更加灵活有效，初步实现了在社会主义条件下把计划管理和市场机制结合起来，使经济增长速度和人民生活都有了明显的发展和改善。在 1968—1972 年这五年间，国民收入年平均增长 5.9%，居民实际收入水平年平均增长 5.5%。

1972 年大多数限制价格实际上都已变成最高价格。价格上升的原因除了因增加工资使成本提高，因加速技术发展需要巨额投资以及长期比例失调、有的商品供不应求等因素外，有的企业靠提价来掩饰

---

① 马·蒂玛尔. 匈牙利的经济改革［M］. 北京：生活·读书·新知三联书店，1980：63.

其经营管理不善，也是一个重要原因。消费品价格提高，对知识分子和领年金的家庭影响更大。尽管总的说来生活水平还是有提高，物价上涨的幅度小于货币收入的增加，但由于新闻报道和舆论工作的不善，没能使人们认识到实行自由价格从经济上说是有利的，所以这时人们提出了禁止涨价的意见。但是用直接行政管制的办法禁止涨价是不会有效的，持久的物价冻结最终将对经济发展产生消极影响。从消费品供应来说，关键在于变卖方市场（生产者市场）为买方市场（消费者市场）。影响居民生活的是实行自由价格的货物，对它的关切是可以理解的。使消费价格上涨幅度限制在每年2%左右，是一项重要任务。但这个上涨幅度被突破了。

作者认为，上述成就和经验说明新经济体制是成功的，但也出现了一些问题。

第一，价格制度的改革推行缓慢，有时价格掩盖了生产与投资的错误，或相反地使有效率的生产或投资没有获得足够利润。价格制度的缺陷也对某些机制因素产生了不利影响。生产固定价格产品的企业所获得的额外收入小于生产自由价格的商品的企业，这使得前者采购价格经常上涨，而自己的销售价格不能提高，给这些企业造成困难。

第二，一些企业的利润高于计划，使分红基金和发展基金增加过快，造成了购买力的提高。企业自筹资金由于用各种名义借进的货款的增加，造成了投资市场上的紧张局面。分红利润的增加，产生了不适当地过多增加工资，又使购买力增加，这又加剧了市场供应紧张。增加职工的办法，不利于提高劳动生产率，因而普遍提出了在企业中辞退多余劳动力的设想。但辞退多余劳动力又会引起严重的失业。

第三，为了解决平均工资制所引起的弊端，减轻增加职工和提高工资所造成的负担，1970—1971 年对调节工资的手段做了改变，采用了工资总额调节制度。[①] 这种工资制先在国营农业部门推行，1970—1971 年才在工业部门推行。1971 年工资总额调节法又和其他工资调节法结合起来。

第四，在流通领域，减少了流通环节，有些商品供需趋于平衡。但限制仍然较多。因此减少对流通方面的行政干预，成为进一步改革的任务。

第五，在全部对外贸易中，和社会主义国家的贸易占三分之二，和资本主义国家的贸易占三分之一。如何使国内价格与国际市场相适应，是否允许国际市场价格影响国内价格，影响程度如何，是个十分重要的问题。由于一些资本主义国家的通货膨胀，使国际市场物价猛涨。如果提高出口商品价格，则销路不广，如果降价出售，则会增加国家补贴。这就必须根据情况拟定对付国外价格变动的最适当的办法。

第六，关于农业中的价格改革，不能让农产品价格上涨到使国家补贴成为不必要的程度。提高收购价格取消国家对农产品的补贴，将会失去对农业生产的有效控制；而且农产品价格的提高，虽然可以大大减少国家补贴，但将会增加对城市工人的巨大的工资补贴。因此，适当维持对农业的有效补贴是必要的。不过，补贴的形式和范围应有一定变动。1968—1971 年，补贴范围和数额都缩小了。

---

① 工资总额调节制的计算办法是：国家为企业规定工资总额，工资人数变化，工资总额不变。企业净产值增长 1%，工资总额可增长 0.4%，每下降 1%，工资总额减少 0.3%。工资总额的增加，如超过 6%，交 100%～300% 的累进税.

四、 发展目标和发展政策

作者认为，社会经济发展的主要目标是建立一种社会环境，发挥社会和个人的积极性，使社会主义日益发展。经济增长和经济平衡仅是达到主要目标的手段。经济政策是为了满足人民在更高水平上的日益增长的需要。

经济因素在实现这些目标上起着重要作用。这些经济因素是：充分就业，收入的公平分配，日益充分地保证住房供应、营养、衣着和保健供应，使人们获得更多的余暇时间，创造更优美的文化、运动和旅游的可能性。此外，还要充分维护社会主义民主，让工人群众能积极参与社会共同事务的管理，改善生活环境。因此，主要任务是：提高生产率，采用先进工艺，加强经济共同体的协调和社会主义社会经济关系，加速社会经济的发展。

这些问题的解决，首先取决于有没有一个适当的经济政策观念。作者认为，保持旧的体制的持续性原则是不能接受的；同样，立即撤销对不同经济部门的支持，实行彻底改革的间断性原则，全面改变价格制度和经济结构，也是不可取的。"不止一个外国的经验证明，与此俱来的会是对经济的严重冲击，导致负债、失业以及通货膨胀的趋势。"作者认为，必须实行折衷的政策，具体要求应该是："某一结构和某些趋势所产生的不利之处必须尽可能地减少，符合新要求的变化与发展必须尽快地采用。当然我们不能说所有这些能够用最好的方法来付诸实施。"① 因为旧的持续性的惰性力量相当顽强。所以，要审慎行事，对"某些已从事的但不再被认为完全正确的发展项目必须继续下去。而同时其他最符合我国天赋条件的项目也必须开始。然而这两种观点之间的协调都会带来一定的利益"②。但这样一来，经济的可能增长率会有所缓慢。作者认为，不能让这种代表放慢发展速度的持续性观点占优势。

作者特别重视科学研究工作，认为应使从事科学工作和从事研究设备现代化工作的人们获得更高的报酬。

匈牙利在 25 年间，经济模式和经济结构经历了根本变化，农业比重下降，工业、建筑业和第三级部门比重上升了，生产模式变得更加现代化了。但是生产模式的变革也使矛盾伴随而来。首先是活劳动的生产率水平低，大大落后于国际标准和经济进展的要求。产生这种情况的原因是技术水平和生产组织管理水平都低于发达国家。因此必须从实际出发，制定发展政策。作者分别对能源工业、机械工业、冶金工业、轻工业、农业等部门的发展政策作了具体分析。

未来的发展政策所作出的选择主要是：

第一，增加国民经济的大部分部门的资金密度，使第三级部门内的资金密度不致继续下降，而是缓慢上升。适应居民日益增长的需要，增加在住房、服务业、食品和衣着供应方面的投资。

第二，增长率要和提高工艺标准、生产效率相协调。避免因投资

---

① 马·蒂玛尔. 匈牙利的经济改革［M］. 北京：生活·读书·新知三联书店，1980：147.

② 马·蒂玛尔. 匈牙利的经济改革［M］. 北京：生活·读书·新知三联书店，1980：147。

增长过猛导致愈来愈大的赤字。

第三，选择的工业发展政策是预期获得最高经济效率的生产指标，也包括资源的有计划的和不断的重新组合。限制一切不能在竞争中有高效率的生产活动。

第四，选择在销售上有利的产品，特别是有利的有智力传统的发展项目。

第五，要选择经济部门的发展和基础设施的需求程度相适应的项目，以免许多经济效益由于缺乏适当的基础设施而在实现中化为乌有。

上述选择标准的优先次序，可以因条件限制而变化。[①]

五、 个人收入分配政策

1. 收入分配原则

作者认为，在收入分配方面，按劳分配是基础，收入是按照所完成的工作来分配的。但这种收入还必须包括有工作的劳动者"维持家庭的非劳动成员（儿童、老人、残疾者）的生活"。为了"促进各个人的文化发展和保护社会的健康，还要由社会的净收入来负担"的部分，属于"按照需要来分配的部分（用社会配给的形式）"。[②]

居民收入构成比例：个人劳动收入占75％，25％的收入来源于社会收益，而且从社会收益的收入的增长速度高于从工作收入的增长

① 马·蒂玛尔. 匈牙利的经济改革［M］. 北京：生活·读书·新知三联书店，1980：183.

② 马·蒂玛尔. 匈牙利的经济改革［M］. 北京：生活·读书·新知三联书店，1980：188.

速度。1960—1972 年从工作得到的个人收入增加 57％，社会收益增长 121％。由于社会收益的增长占的比例较大，所以只能逐渐增加。但保健劳务和教育，应该免费供应，"这是我国收入分配制度的一个重要原则"。"文化方面的以及类似的劳务应该以极优惠的价格供人利用"，以减少对居民供应的差别。①

为了避免因子女多少而引起生活水平上的过大差异，对子女多的家庭，给予的补贴金额约占得到最高额补助费的家庭（有三个和三个以上孩子的家庭）养育儿童的费用的三分之一。就是说，收入分配更多地强调社会政策因素。由于匈牙利人口增长率较低，劳动力不足，他们除了通过补贴多子女家庭、鼓励增加人口外，还规定了鼓励超过退休年龄后继续工作的补充办法。

退休人员的生活水平遇到一个"使人恼火"的问题，就是领取 40 年代后期和 50 年代初期的"旧养老金"很低，一直没有调整，这部分退休人员的生活水平普遍下降，必须改善他们的境况。

2. 就业政策

匈牙利自解放以来就实行充分就业的政策，并把充分就业看成是经济管理改革的一个重要先决条件。采取平均工资调节制，即平均工资的增长同利润的增长挂钩的办法，虽然有助于维持充分就业，但不利于生产率的增长。工资收入过分的平均化趋向，使非熟练工人的收入比半熟练和熟练工人收入增长要快的做法，会挫伤熟练工人和从事复杂劳动工作者的积极性。

---

① 马·蒂玛尔. 匈牙利的经济改革［M］. 北京：生活·读书·新知三联书店，1980：189.

此外，建筑业、运输业部门的工人收入，高于其他工业部门的工人收入，合作社单位的建筑工人又比国营单位建筑工人的收入高等等，出现了社会分配不公平现象。这两种倾向，即平均化和差别过大的收入的倾向，都是违背按劳分配原则的。1973 年大规模提高工资，工资增加大部分由预算负担，小部分由企业负担。企业加重了负担，使利润减少。要求企业挖掘企业内部潜力，降低成本和提高生产率来加以平衡。

确定工资收入必须考虑广泛阶层的利益。由于各阶层的利益不同，对于相对收入的判断，不会有一致的公众舆论。因此，从社会经济发展需要出发确定的收入分配政策，必须得到越来越广泛的阶层的承认，不能依据某些狭窄阶层的价值判断。作者认为："毫无疑问，进一步拉平将是可取的，主要因为最低收入类别（有很多小孩的那些人和退休者等）的绝对水平确实很低。但过分扩大平均化的范围，那是错误的。因为如果工作成绩不同，而最后大家的生活水平过于类似，将使生产受到有害的影响。"[1] 那么，应该如何规定收入差距的程度呢？作者认为，有三点原则必须注意：第一，尽量缩减非工作成绩的收入差异（如因人口因素而产生的收入差异，养老金和家庭补助费的收入差异等），而对工资差异应加以巩固，甚至应予加大。第二，使社会每个阶层都能从社会进步中得到利益，使最小的收入也能和特定发展水平相适应，能满足最起码的社会需要。第三，应特别注意刚走上工作岗位的年轻人的收入情况，使年轻的熟练工人和大学毕业生或其他较高资格的那些人的工资，在"开始时规定较高的薪水，或者

---

[1] 马·蒂玛尔. 匈牙利的经济改革 [M]. 北京：生活·读书·新知三联书店，1980：211.

在就业的头几年里加快工资的增加"。因为他们需要学习、培训，比起由不熟练到熟练工人，要花费"双倍的时间"。①

3. 消费方式的变化和消费价格

居民消费方式在过去 10 年发生了巨大变化。在消费总额增加的同时，食物的份额减少，但其他项目，主要如工业品、饮料、烟等的份额则有上升的趋势。消费方式变化最明显的特征是耐用消费品的购买迅速增加，使家庭机械化的水平逐渐上升，电视机和汽车的保有量日益增长。根据 15 年计划，消费方式还将日益现代化。②

价格在消费方式的形成中有重要的作用。实行改革以来，虽然进行了若干重要价格变动，但价格不合理的情况依然存在。主要表现在主要食品和劳务的价格水平偏低，衣着物品的价格偏高，偏离生产者价格（指生产企业出售产品的价格）。产生这种偏离的原因，一部分是对某种社会利益集团的偏爱，大部分则是过去历史上形成的。在生产、消费和收入条件进行改革的条件下，如果不理顺价格，不消除价格的不合理状况，则会使消费者价格（即向零售商业、个人消费者和由预算拨款机关出售的价格）和生产者价格的偏离更大，无法建立需求和供给之间的结构平衡。但是完全听任市场调节，完全取消价格补助和津贴也不可能。消费价格的调整，只能循序渐进，有步骤地使价格作必要的上涨，同时可采取适当的反措施使居民不致因价格上涨而承受不起，造成消极影响。当然，这会拖延理顺物价的改革，延长物价波动的时间。

---

① 马·蒂玛尔. 匈牙利的经济改革 ［M］. 北京：生活·读书·新知三联书店，1980：211.

② 马·蒂玛尔. 匈牙利的经济改革 ［M］. 北京：生活·读书·新知三联书店，1980：214—218.

但从长期来说，对生活水平的稳定发展和消费方式将有良好的效应。

六、 进一步发展所要解决的问题

作者指出，从 1968—1972 年经济体制改革的情况来看，尽管遇到了过渡阶段的种种困难，但成绩是肯定的。这表现在：

（1）国民收入的增长率提高了，这五年的平均增长率达到6.1％，而改革前的七年（1960—1967 年）平均增长率只有 5.2％。（2）用新的集约型经营逐渐取代了粗放型经营。过去在粗放型经营形式下，生产的增长是依靠原材料投入的增长。集约型则是依靠技术、依靠质量、减少资源和劳动浪费来提高增长率。（3）国民经济平衡逐渐得到巩固。（4）主要计划指标比在旧体制下贯彻执行得好。"事实证明，我国社会主义经济的中央统制绝大部分可以通过间接措施来完成。事实上，间接措施所取得的成果比以烦琐指示为基础的旧体系所取得的成果要好些。"[1] 企业按照改革方案制订各自的五年计划，可以在自主的基础上规划各自的发展目标。（5）有计划和有节制的市场已经确立，并起了较积极的作用。在市场机制的作用下，增加了消费者急需的生产，缩小了供应不足的范围，限制了亏损企业的生产。"有计划和有节制的市场的活跃，大大有助于使生产（供给）模式更适合于需要（需求）。"[2] 但是，货币、价值范畴的机制如何具体恰当

---

① 马·蒂玛尔. 匈牙利的经济改革［M］. 北京：生活·读书·新知三联书店，1980：230—231.

② 马·蒂玛尔. 匈牙利的经济改革［M］. 北京：生活·读书·新知三联书店，1980：231.

地适用，还需在今后不断探索和确立。

从原则上讲，各种价格应更好地接近于价值比例，使价格制度更适应需求和供给的要求，并有加以适当控制的余地。但还存在以下问题需要进一步改进：很大一部分"过时的"价格没有改变，作为折衷的办法而采取的各种津贴和"财政桥梁"远未消除，以致"效率较高的企业常常得不到较高的、和他们的努力成比例的收入。而效率低的企业，由于价格和津贴的双重作用，质量较低和较陈旧的产品也能赚到钱"。[①] 再就是改革不能立即使供给模式得到改造，这使相对的消费者价格常常偏离生产者价格的合理比例。

利润虽然是刺激工作和管理效率的良好工具，但由于采取了折衷办法，使利润分散，使企业成果和净收入的形成出现了不正常的比例失调。租税不平等，使经营好的企业的产品成本提高，扰乱了对企业成绩的评估标准。此外，以利润为依据的工资自动增加常常不能反映所完成的工作成绩。在投资调节方面，虽然扩大私有企业和合作资源，增加信贷作用，减少中央决定的投资计划项目，证明是正确的。但由于对投资的管理工作没有跟上，已施工的大量工程和其他发展的需要，使投资继续增大。没能防止企业基金用于不正当的新投资，或者事后用"补充计划"提出附加费用，从而加剧了投资紧张。

调节国外经济关系的体制，使生产企业的进出口权力扩大了，出口模式和效率有了改进，国家津贴的范围缩小了，大大促进了匈牙利对外贸易的迅速发展。但对外市场的价格的迅猛上涨，高价购买外国

---

① 马·蒂玛尔. 匈牙利的经济改革［M］. 北京：生活·读书·新知三联书店，1980：232.

商品使匈牙利被迫进行财政干预，国家预算承受了沉重负担，尽管征收出口利润税和提高了出口价格，还是不能完全实现平衡。

农业调节体系促进了农业生产和出口，但农产品价格和工业品价格之间也有比例失调的现象。

关于进一步发展的方向和目标，作者认为，应从匈牙利面临的发展阶段的若干特殊要求来考虑发展方向。概括地说，就是强调均衡速度和集约化方法，积极介入国际分工；增加消费必须以提高生产效率为基础；增加基础设施的投资比率必须提高投资效率。

对下一个时期的要求是：进一步发展调节机制时，必须努力加强中央统计，调节机构应进行适当的选择，制订改革方案时计划工作的体制也要有所改变，不论内容和形式都要改，以利调节工具的运用。在制订计划时，价格计划必须起重要作用，在协调工作方面，主要依靠投入—产出法。要求总计划和财政计划之间有密切的配合。

进一步发展价格制度和收入调节体制。对价格要强化政府控制，惩罚那些违反价格政策、违反利益协调的人。"通过各种官方机构增加价格检查的频率和效果以及改进法律制裁（限制非法的或不公平的利润，罚金等等），来提高价格控制的效率。"①

现行的利润分配原则是把企业利润分为三个部分：供发展用的生产基金、工资之外的奖励基金和储备基金。在这种利润分配基础上的征税制，其缺点是降低了企业管理的机动性，对生产发展不利。但它对控制由企业利润转化而来的购买力还是有作用的。今后任务是如何

① 马·蒂玛尔. 匈牙利的经济改革［M］. 北京：生活·读书·新知三联书店，1980：240.

避免其不利影响。

在收入调节制度方面，规定了一致的制度，但又不能不照顾在不同条件下产生的差异，有的需要借助于例外和区别对待，有的要用特殊解决办法。要强调工资政策的重要性，为把工资提高到接近消费者市场价格的程度创造条件。

在投资方面，如果可能，就废除国家基金的"自由"拨给，但同时应保证发展快的企业能得到"资本配给"，当然这种配给资本是要偿还的。这种大量资本配给来源于国家的公共收入的征收和预算。国家投资应注意计划的完成，如果只管投资不和计划完成挂起钩来，则会使投资越多，建设基金浪费越大，未完成计划的项目越多。落后的已被注销的固定资产（机器设备等）不能继续利用，必须加以处理，以避免继续保留落后的技术。

在农业调节结构方面，要使价格按照实际价值关系逐渐加以改进，尽量缩小不合理的差异。除对经济较弱的合作社必须维持国家支援制度外，对农业投资的补贴制度，必须用定期偿还的信贷制度来代替。

各企业间的关系要建立在更符合价值对比的价格制度基础上，要建立一个更机动的和合适的符合商品与货币关系的信贷制度。

要支持企业确立长期概念，制订长期企业计划和中期企业计划，并确定一个较长期的价格政策，使企业认识到一个积极的价格政策不仅包括向上升的价格运动。

要在大多数企业中，使工人参加企业管理。

改革以后，各工业部门的工作内容发生了变化。加强了国家监督的职能，由过去的统制机能转为制订最重要的发展方案，指导和统制重大投资计划，参与调节体制的改进，检查监督的职能。总起来说，就是三种职能：主管当局、监督者和单位统制代理人。政府各部的统制职能的转变，使中央行政人员大为减少，有几个部缩减了 30％～40％。为了提高计划工作的水平，各部必须进行详细的分析，并为各自部门提出建议。在单位统制活动方面，仅仅把注意力集中在发展问题上是不够的，还要注意影响经济平衡的诸问题，注意投资的可能性、支付的平衡以及它对预算的影响，还要注意消费者财货的供应。

如果企业利益和整个经济的利益相对立，负责调节的机关必须采取措施协调这些利益。企业利益是不可能在一切场合自然符合国民经济的整体利益的，因此，国家的监督职能必须充分发挥。监督有两个并行的方法：一个是政府各部行使所有者监督企业的权力；另一个是由国家机关、工会和其他专家组成一个监督委员会。所有的企业都应建立监督委员会，这些委员会配备少量工作人员，其中心小组应隶属于政府。政府各部的工作将集中于专业的统制和指导。有些企业往往认为由国家实行的调节性干预对它们有害，对于如何更好地执行调节有不同的意见。但"在这里，我们遇到实际问题。一个更好的统制需要兼顾一切观点的解决方案①。"

企业自主权的提高，使企业对积累基金、工资增加、长期计划决策等方面的权力扩大了，这是一个进步。但改革中也遇到了一些棘手的问题，特别是在大企业中，关于产品类型、大规模企业的领导和组织问题、固定价格和自由价格的矛盾等等，需要研究解决。

近 20 年来企业组织出现了一个集中过程。中小企业集中为大企

---

① 马·蒂玛尔. 匈牙利的经济改革［M］. 北京：生活·读书·新知三联书店，1980：252.

业，加强了大企业的生产的力量和知识的力量，但也产生了弊病，即妨碍了选择范围的扩大、迅速而灵活地满足合作要求和健康的竞争。有的大企业已经达到垄断的地位，这是不合理的。大企业内部组织的落后阻碍了整个生产过程，必须随时加以改革。如估量劳动情况、人力管理、材料供应、做好投资准备、研究市场状况等。

经济体制改革还与社会政治环境密切相关，社会舆论必须考虑，改革为社会主义民主创造了先决条件，如决策机关分散了，是民主的前提，这可以提高领导者的责任心和群众的积极性。但是矛盾还是存在的，这表现在"代表所有者利益的国家领导同工人们的眼前利益之间的矛盾"：如"增加年度利润还是增加长期利润的矛盾，维持还是发展生产结构的矛盾，现在与将来——安全与冒风险，提高工资与发展——的矛盾。"因此，在制定调节制度时，"要多注意促进社会利益，企业利益和个人利益互相一致的刺激方法。当然，一个完全和谐的解决办法是不可能找到的。在消除矛盾方面，国家机关、民主团体和工人组织起重要作用"。[①]

作者认为："整个说来，改革对我国社会主义社会发展的影响是有利的，因为它一般加快了经济增长并促进了社会进步。承认价格关系的社会影响使商品和货币的关系更明显，这为认识社会进程提供较好的机会。进一步强调价值关系的物质化，使社会上不合理的现象表面化了（地位表征更惹人注目、唯利是图等等），但也便利了对有关问题的认识和解决这些问题的斗争。"[②]

---

① 马·蒂玛尔. 匈牙利的经济改革 [M]. 北京：生活·读书·新知三联书店，1980：256.

② 马·蒂玛尔. 匈牙利的经济改革 [M]. 北京：生活·读书·新知三联书店，1980：255.

七、 简要评论

匈牙利经济体制改革的基本特点是在生产资料社会主义所有制的基础上，把国民经济有计划的中央管理和市场的调节作用有机地联系起来，使经济单位有更大的自主权，充分发挥企业、劳动者的创造性，发展社会生产力，以提高人民的生活水平。匈牙利在改革实践中，取得了较大成效。但仍然存在不少问题，未能实现预期计划。这些问题是：第一，在改革政策上存在矛盾。例如，一方面要求提高效率，要求发展集约化；另一方面又要对那些效益不好的亏损企业进行补贴，从而使国家财政负担和预算赤字大幅度增加。一方面强调企业要提高效率，另一方面又强调充分就业，对效益差的企业实行包下来的办法，以免企业破产、工人失业。

第二，改革方案的执行很不彻底。如对中央权力下放、减少国家行政干预的设想是对的，但实际上并未认真执行，其结果是国家的行政干预变本加厉，企业自主权名不符实，难以真正调动企业的积极性。尽管有了原则和政策，但"几乎在所有领域中还是采用了各种刹车和临时解决的办法"。

第三，过分强调经济结构中社会主义所有制成分的贡献，忽视了其他经济成分对社会生产力发展的潜力。

第四，在一些重要问题上采取了折衷的办法，如价格问题上规定在最重要产品的范围内实行官价，消费品价格中的自由价格、有高低限额的价格、官定固定价格各占三分之一。实际上这种价格体系是由国家大量补贴维持的，并不能真正反映价值或生产价格。作为一种临时的权宜措施，有利于维持经济的稳定，但决非长久之计。这是一个值得探讨的尖锐问题。

由于投资过多和工资增长，使社会需求急剧增加，尤其是有的企业靠提价掩饰其经营不善，使商品价格上涨幅度过大，特别是在消费品方面，更为突出。这对知识分子和领年金者的生活水平影响更大。

第五，在工资收入方面，由于调节制度不健全或执行不力，同样存在着平均主义和与其贡献不相称的特高收入，引起人民的不满。

匈牙利社会主义工人党政治局委员、中央书记内梅特·米克洛什在苏联《共产党人》杂志 1988 年第 6 期撰文说："由于匈牙利国民经济尚不完善，盲目扩大生产只能导致比例失调。当我们意识到这一点时，已为时过晚……这是我们所取得的严重教训之一。""遗憾的是，在改善内部经营条件、加强竞争性、建立市场关系等方面，我们都做得甚少。"另一个经验教训是"未能协调好生产与消费之间的关系"。第三条经验是："为加速社会经济发展打下牢固的基础，光是建立起有利的和良好的经济条件是远远不够的。为促进经济的发展，还必须辅之以做好政治思想工作。"

由于匈牙利在经济改革中存在的一些弊端，以致产生了种种困难。匈牙利部长会议计划经济委员会总顾问、匈牙利经济改革的主要设计人之一安塔尔·拉斯洛说："停滞和恶化"是近 10 年匈牙利经济状况的特点。1987 年，匈牙利净债务已超过 100 亿美元，总投资率比 1978 年减少 15％，实际工资水平已降到 70 年代初的水平，今年还要下降 10％。通货膨胀也十分惊人，1988 年物价还要上升 16％～17％。据匈牙利国家银行行长鲍尔陶·费伦茨说：为缓和通货膨胀的压力，1988 年匈牙利将继续实行限制购买力的货币政策，同时抑制内债和外债的增长。

匈牙利为摆脱困境，1984 年提出了全面改革方案，根本点是消除国家行政部门对企业的直接干预等，但改革方案执行得很不彻底。1985 年匈牙利党的十三大会上制定的"稳定纲领"清楚地告诉人们："以前的路走不通了"。安塔尔认为，"要振兴匈牙利经济，就要做到谁有钱谁就可自由地获得生产资料，生产资料的价格又要完全按市场行情而定"，并提出九项具体内容，即"国营、合作社、私人和外国资本可以自由进行经济组合，取消迄今对私人购股及外国控股所占比例的限制。各经营组织、包括国营企业可以自由选择企业形式"，以及"取消对企业、特别是出口企业的（非规范化）单项补贴，争取在三年内将国家财政对企业的补贴减少一半"，"彻底实行破产法，关闭破产企业"等等。总之，他认为，"匈牙利今后要实现的最实质性的一个变化是向自由经济的方向发展，这首先是指对不同所有制采取一视同仁的态度"①。经济上的这些观点，是要通过实践来检验的。我国的改革，一定要根据我国的国情，在坚持四项基本原则下进行，必须以公有制为主体，发展多种经济成分，使社会主义制度更加完善。

此文载于：国外社会主义经济理论著作评介.

成都：西南财经大学出版社，1989.

---

① 经济日报 [N]，1988－08－02.

马克思的利息和信用理论形成的重要里程碑

——马克思《1857—1858年经济学手稿》研究之一

马克思在创立经济学说过程中，始终关注着利息和信用问题，把它们作为整个理论体系的有机组成部分，作为揭露资本主义剥削机制的重要方面。

《1857—1858年经济学手稿》（以下简称《手稿》）虽然具有明显的草稿性质，却是《资本论》的最初稿，在马克思主义经济学说发展史上，占有重要地位。其中关于生息资本和信息、关于信用问题的阐述，都有着非常深刻的精辟见解，是后来成熟的经济学著作的基础和重要发展阶段。研究马克思这部科学著作中的利息和信用理论，对了解马克思经济学说的形成过程，是十分必要的。

《手稿》作为创作过程中的笔记，带有自己弄清问题的性质，对利息和信用的论述，还不是在完整体系上的全面展开，有的问题也还未写完。除个别小节外，许多论述都散见在有关章节中，这就要求我们在研究时，必须将散见在《手稿》各处的有关内容，集中起来进行探讨。

一、《手稿》第一次把生息资本的分析置于科学基础之上

"在生息资本上物种达到了完善的程度。"① 从这种形式上，再也看不到剩余价值起源的任何痕迹，社会关系最终成为物（货币、商品）同它自身的关系。资本成为利息的自行创造的源泉，利息则成为资本本能地创造出来的收入，它外在于生产过程，表现为与劳动完全无关的，任何中介过程都消失了的资本的产物。利息无非是利润——剩余价值——的一部分，但这一部分作为一种特殊的范畴固定下来，它的起源就被彻底地掩盖了起来。要揭露这种隐秘，给予科学的解释，就必须首先有一个科学的剩余价值理论——狭义的剩余价值理论，这是因为狭义的剩余价值理论是广义的剩余价值理论的基础。但是，在《手稿》以前，所有资产阶级经济学家都犯了一个错误，他们不是就剩余价值的纯粹形式，不是就剩余价值本身作为研究的起点，而是一开始就把表现为地租、利润和利息等特殊形式，把剩余价值的特殊部分当作已知的东西加以研究，因而也就不可能作出科学的解释。

古典经济学的优秀代表虽然把利息归结为利润的一部分，在揭示利息来源方面前进了一步。但他们并未能科学地解决剩余价值的来源，因而他们必然还或多或少地被束缚在他们曾经批判地予以揭穿的

---

① 马克思恩格斯全集：第26卷Ⅲ［M］．北京：人民出版社，1972：503.

假象世界里，陷入不彻底性、半途而废和没有解决的矛盾中。①

　　庸俗经济学把生息资本作为资本的价值增殖的独立源泉。他们宁愿采取"资本—利息"的公式，而不愿采取"资本—利润"的公式。他们以资本主义生产当事人的观念为出发点。把三种收入看作各自有其不同源泉，这就从根本上堵塞了把资本收入归结为剩余价值的各种不同形式的科学道路。

　　庸俗社会主义者如蒲鲁东之流，热衷于从信贷问题上做文章，但由于没有科学的理论基础，荒谬地把取消利息实行无息贷款，作为消除资本主义弊病的灵丹妙药。他不懂得剩余价值和利润，从而也就不懂得利息是怎样由价值的交换规律产生的；他不懂得资本的价值增殖或回流总额中的价值余额，正是资本主义生产的特征，而把生息资本当作价值的独立源泉，幻想借贷形式不再存在，余额也就不会再有了。这种肤浅幼稚的观点，当然也不能科学地解释生息资本和利息的本质。

　　马克思经过艰苦的创作历程，只是在他的政治经济学基本原理奠定之后，才在《手稿》中第一次初步形成了科学的生息资本和利息理论的。早在 1844 年的经济学著作中，马克思就提到了信贷和利息问题，这时虽然以鲜明的无产阶级立场和唯物史观批判了资产阶级经济学的反历史主义错误，揭露了资本主义经济关系的对抗性和历史短暂性，但由于他的经济学观点还处于早期的不成熟阶段，因而还不能完全摆脱费尔巴哈式的人道主义的影响，还往往把信贷和利息同道德观念联系起来谴责资本主义。在《詹姆斯·穆勒〈政治经济学原理〉一

---

① 马克思恩格斯全集：第 26 卷Ⅲ［M］．北京：人民出版社，1972：939．

书摘要》中，马克思谈到信贷的本质时说："信贷是对一个人的道德作出的国民经济学的判断。"① 这说明马克思对信贷问题的见解还有待进一步发展。1847 年马克思在《雇佣劳动与资本》中，对主要的经济学范畴，已接近于完成，其主要标志是，他"不仅已经非常清楚地知道'资本家的剩余价值'是从哪里'产生'的，而且已经非常清楚地知道它是怎样'产生'的②。"但马克思这时还没有完全形成劳动力商品学说，还没有从"劳动价值"、"劳动价格"的用语中解脱出来，因而也就不能彻底地阐明剩余价值的来源，从而作为剩余价值的第二级的派生的利息，也就没有一个完全科学的理论基础。正如恩格斯所指出的："在 40 年代，马克思还没有完成他的政治经济学批判工作，这个工作只是到 50 年代末才告完成。"③ 马克思在《手稿》中确立了劳动价值学说，并且第一次建立了劳动力商品学说，区别了劳动和劳动力这个"牵涉到全部政治经济学中一个极重要的问题"。④ 这就为科学地阐明剩余价值的真正起源找到了钥匙，也为分析借贷资本和利息提供了理论前提。

二、 前资本主义高利贷资本的特点及其历史作用

考察资本主义的借贷资本和利息，也就要求考察它的古老的历史形式高利贷资本和利息。马克思说，对资产阶级经济的考察，"必然

---

① 马克思恩格斯全集：第 42 卷 ［M］. 北京：人民出版社，1972：22.
② 马克思恩格斯全集：第 24 卷 ［M］. 北京：人民出版社，1972：12.
③ 马克思恩格斯选集：第 1 卷 ［M］. 北京：人民出版社，1972：340−345.
④ 马克思恩格斯选集：第 1 卷 ［M］. 北京：人民出版社，1972：340−345.

包含着历史考察之点"，"包含着超越自己的、对早先的历史生产方式加以说明之点。"这是历史的方法和逻辑的方法所决定的。资产阶级经济学把经济范畴永恒化，他们不可能从不同历史条件下来分析生息资本和利息的实质和表现形式，马克思主义以历史唯物主义作为自己的理论基础，深知要对资产阶级经济学进行全面的批判，只知道资本主义的生产、交换和分配的形式是不够的。对于发生这些形式之前的或者在比较不发达国家内和这些形式同时并存的那些形式，同样必须加以研究和比较，至少是概括地加以研究和比较。因此，在《手稿》中，马克思对借贷资本的古老形式——高利贷资本给予应有的分析，是理所当然的。恩格斯指出："到目前为止，总的说来，只有马克思进行过这种研究和比较，所以，到现在为止在资产阶级以前的理论经济学方面所确立的一切，我们也差不多完全应当归功于他的研究。"①《手稿》中关于高利贷资本的论述，无疑是马克思所确立的一个重要部分。

首先，马克思对高利贷资本的特点作了简要的概括，称这种资本是"有资本的剥削，但没有资本的生产方式"②。和这种特点相适应，它的利息率的决定因素，又只取决于货币需要者的负担能力或抵抗能力，除此而外，它的利息率是没有别的限制的。这时如果有利润的存在，这种利润反而是由利息决定的。"利息率很高，因为利息包括利润，甚至包括一部分工资。"③ 在这种高利贷形式下，资本还没有支配生产，因而只在形式上是资本，"这种高利贷形式的前提是资本主

---

① 马克思恩格斯选集：第 3 卷［M］. 北京：人民出版社，1972：190.
② 马克思恩格斯全集：第 46 卷Ⅲ，［M］. 北京：人民出版社，1972：384.
③ 马克思恩格斯全集：第 46 卷Ⅲ，［M］. 北京：人民出版社，1972：384.

义前的生产形式占统治地位","它会在资产阶级经济内部在次要的领域中再现出来",那只是因为这是一些"落后的工业部门或现代生产方式中那些有覆灭危险而极力挣扎的部门"。在这些部门"资本和劳动的关系根本不包含新的生产力发展的基础和新的历史形式的萌芽"①。

前资本主义的高利贷资本和作为资本主义重要因素的借贷资本,就其都是货币资本,都能带来收入来说,二者没有什么区别。它们的区别只是在于,这二者执行职能的条件不同。借贷资本作为资本主义的要素,它的借贷对象是职能资本家。高利贷资本的借贷对象则是两种人:一是独立的劳动者,即"普通土地耕种者"、"工人还表现为独立的劳动者"等小农和小手工业者,其中主要是小农;二是地主和显贵们,他们为满足奢侈的消费而不得不向高利贷资本借贷。马克思称这种高利贷形式是:"利息的第二种历史形式:向消费财富贷放资本。"②

其次,马克思从借贷双方所处的社会经济地位,说明了高利贷资本的历史作用。马克思论述了高利贷资本"不管在手工业生产中,还是在小农业中",都以其高利息率进行敲骨吸髓的残酷剥削。"在印度,利息的高度对普通土地耕种者来说决不表示利润的高度,而是表示,不仅利润,而且部分工资都被高利贷者以利息形式占有了。"③而独立的小手工业者的财产,也在高利贷资本的剥夺下,"成了特殊

---

① 马克思恩格斯全集:第46卷Ⅲ [M]. 北京:人民出版社,1972:384.
② 马克思恩格斯全集:第46卷Ⅲ [M]. 北京:人民出版社,1972:384.
③ 马克思恩格斯全集:第46卷Ⅲ [M]. 北京:人民出版社,1972:381—382.

的高利贷者阶级的财产"。^① 这就使过去这些独立劳动者丧失了独立
劳动的生产条件，使小生产者和生产条件相分离，为新的资本主义生
产方式创造着一无所有的雇佣工人，并使以交换为基础的资本主义关
系"随着同特殊的、有限的农业财产形式或手工业财产形式相对立的
商人财产或货币财产的发展而发展起来"。^② 同时，大量借高利贷的
地主、显贵们也因负债累累而破产，使大量货币财富聚集在高利贷者
手中，这就形成了原始资本的重要来源。马克思指出："作为资本起
源的一个要素在这里具有重要历史意义。因为土地所有者的收入（往
往也有他们的土地）在高利贷者的钱袋中积累起来并资本化。这就是
流动资本或货币形式的资本在一个同土地所有者相独立的阶级的手中
积聚起来的过程之一。"^③ 马克思还进一步指出："正是由高利贷（特
别是对土地财产贷放的高利贷）和由商人的利润所积累起来的财产，
正是这种货币财富，才转化为本来意义上的资本，即产业资本。"^④
这就是说，马克思从两方面考察了高利贷资本的历史作用，即高利贷
资本一方面加速了旧的生产方式的破坏和解体，另一方面为资本主义
的发展造就了原始资本的积聚和一无所有的雇佣劳动者。而这是资本
主义生产方式产生和形成的不可缺少的条件。

最后，马克思运用历史唯物主义分析了高利贷资本发生历史作用
的条件，阐明了高利贷资本并不是脱离其他社会经济条件独立起作
用，它对旧生产方式的瓦解作用，对新的资本主义产生的促进作用，

---

① 马克思恩格斯全集：第 46 卷Ⅲ［M］. 北京：人民出版社，1972：383.
② 马克思恩格斯全集：第 46 卷Ⅲ［M］. 北京：人民出版社，1972：383.
③ 马克思恩格斯全集：第 46 卷Ⅲ［M］. 北京：人民出版社，1972：384.
④ 马克思恩格斯全集：第 46 卷Ⅰ［M］. 北京：人民出版社，1972：507.

只有在新生产方式产生的其他条件已经具备的地方和时候，才是可能的。马克思说："所有这些关系的解体，只有在物质的（因而还有精神的）生产力发展到一定水平时才有可能。"① 生息资本和利息，早就存在，"货币一出现，便产生这样的可能性：一方卖出自己的商品，另一方后来才付款。为此目的而产生的对货币的需要（以后发展为贷款和贴现业务）是利息的一个主要历史源泉"。② 但有了信贷发生，并不就能瓦解旧生产方式、促进新生产方式的产生。信贷要能起到这些历史作用，还要取决于其他更为根本的社会条件。马克思说："资本的形成不是来自土地财产"，"也不是来自行会"，"而是来自商人和高利贷的财富。可是，只有当自由劳动通过历史过程而与自己存在的客观条件相分离的时候，这种财富才找到购买这种自由劳动的条件，而且只有这时候，这种财富才有可能购买这些条件本身。例如，在行会条件下，单纯的货币，如果它本身不是行会的、不是行会师傅的货币，就不可能买到织机，用来织布；一个人可以用多少织机来作业等等，是预先规定好了的。总之，工具本身还同活劳动本身连在一起，还表现为活劳动所支配的领域，以致工具还没有被真正卷入流通。"③ 因此，由商业资本或由高利贷资本积聚的货币财富，要能成为资本——本来意义上的资本，就必须"一方面就要能找到自由的工人，另一方面，就要能找到这样的生活资料和材料等等，这些生活资料和材料原先在这种或那种形式下是那些现已丧失自己客观生存条件的人们

---

①　马克思恩格斯全集：第 46 卷Ⅰ［M］. 北京：人民出版社，1972：505.

②　马克思恩格斯全集：第 46 卷Ⅰ［M］. 北京：人民出版社，1972：385.

③　马克思恩格斯全集：第 46 卷Ⅰ［M］. 北京：人民出版社，1972：508.

的财产，现在同样也变成自由的、可以出卖的了"。① 而这种历史条件，不仅有行会的解体，还要有资本"在广大的范围内发展起来"。② 马克思进一步论证说，货币财产本身是旧生产方式解体的动因之一。

正如这种解体是货币财富转化为资本的条件一样。"可是，仅仅有了货币财富，甚至它取得某种统治地位，还不足以使它转化为资本。否则，古代罗马、拜占庭等等就会以自由劳动和资本来结束自己的历史了，或者确切些说，就会以此开始新的历史了。在那里，旧的所有制关系的解体，也是与货币财富——商业等等——的发展相联系的。但是，这种解体事实上不是导致工业的发展，而是导致乡村对城市的统治。"③

三、 借贷资本是资本主义生产方式的重要因素及其特点

马克思在《手稿》中分析了资本主义生产方式下的借贷资本，指出它和生息资本的古老形式——高利贷资本不同，反映的是资本主义的生产关系，是资本主义生产过程本性的产物，是为资本主义生产服务的重要因素。

马克思指出："流通表现为资本的本质过程。在商品转化为货币以前，生产过程不可能重新开始。过程的经常连续性，即价值毫无阻碍地和顺畅地由一种形式转变为另一种形式，或者说，由过程的一个阶段转变为另一个阶段，对于以资本为基础的生产来说，同以往一切

---

① 马克思恩格斯全集：第 46 卷 I ［M］. 北京：人民出版社，1972：508.
② 马克思恩格斯全集：第 46 卷 I ［M］. 北京：人民出版社，1972：509.
③ 马克思恩格斯全集：第 46 卷 I ［M］. 北京：人民出版社，1972：509.

生产形式下的情形相比，是在完全不同的程度上表现为基础条件。"①
这就是说，生产过程的这种连续性，是资本主义生产所必要的，是基
本条件，没有这个基本条件，生产过程就会中断，就会受到损失。
"但是，各个阶段在时间和空间上分为各个特殊的、彼此漠不相关的
过程。这样一来，对于以资本为基础的生产来说，它的本质条件，即
构成资本主义生产整个过程的各个不同过程的连续性，是否会出现，
就成为偶然的了。资本本身消除这一偶然性的办法就是信用。"② 因
此，从这个方面来说，作为信用的基本形式的借贷资本运动的必要
性，就是"从生产过程的直接本性产生出来的"③。

马克思还从资本的流通时间方面分析了信用业务的特点和作用。

马克思说："流通时间不是决定价格的时间，而周转次数，就它
决定于流通时间来说，并不表明资本加进来一种与劳动不同而为资本
所固有的决定价值的特别的新要素。相反，流通时间表现为起限制作
用的、消极的原则。"④ 就是说，它不但不会成为"决定价值的特别
的新要素"，反而是价值增殖的限制。但是，这一流通时间要素的减
少，"同样是生产力的发展"。⑤ 它不仅是资本的必不可少的条件，而
且，这个流通时间的减少，会使资本增加用于生产过程中的时间，有
利于新价值增殖的生产。"因此，资本的必然趋势是没有流通时间的
流通。"为了缩短流通时间，加快资本周转，资本家就有了对货币资

---

① 马克思恩格斯全集：第 46 卷Ⅲ ［M］. 北京：人民出版社，1972：28.
② 马克思恩格斯全集：第 46 卷Ⅲ ［M］. 北京：人民出版社，1972：28.
③ 马克思恩格斯全集：第 46 卷Ⅲ ［M］. 北京：人民出版社，1972：29.
④ 马克思恩格斯全集：第 46 卷Ⅲ ［M］. 北京：人民出版社，1972：169.
⑤ 马克思恩格斯全集：第 46 卷Ⅲ ［M］. 北京：人民出版社，1972：28.

本的需要，有了对信用业务的需要。"而这种趋势又是资本的信用和信用业务的基本规定。"①

马克思还深刻地分析了借贷资本体现资本主义生产关系的本质。他指出："重要的是，利息和利润这两者都表现为资本的关系。生息资本作为一种特殊形式，不与劳动对立，而与提供利润的资本对立。"② 那么，这种资本的特殊性表现在什么地方，它又怎样体现资本主义生产关系呢？马克思认为，它的特殊性就在于"资本本身成为商品，或商品（货币）作为资本出卖"③。但这种商品不同于一般其他商品，而是一种"特殊商品"④。在这里，"资本是作为资本——不是作为交换价值的单纯总和——进入流通并成为商品的"。这种"商品本身的性质是作为经济的、独特的规定存在"，它既不是像在简单流通中那无关紧要，也不像在产业资本中那样直接同作为对立面、作为资本的使用价值的劳动发生关系。"因此作为资本的商品或者作为商品的资本，在流通中不是同等价物交换；资本进入流通时保存了它的目为存在；也就是说，即使资本落入另一个占有者手中，它同它的所有者仍保持着原有的关系。"⑤ 而其他普遍商品通过等价交换，在取得它的交换价值的代价之后，出卖者就失去了他原有的所有权，这个商品就属于支付了代价的买者所有了。就是说，借贷资本出卖的只是占有权或资本的使用价值，而不像普通商品那样，发生所有权的易

---

① 马克思恩格斯全集：第 46 卷Ⅲ［M］. 北京：人民出版社，1972：169.
② 马克思恩格斯全集：第 46 卷Ⅲ［M］. 北京：人民出版社，1972：383.
③ 马克思恩格斯全集：第 46 卷Ⅲ［M］. 北京：人民出版社，1972：381.
④ 马克思恩格斯全集：第 46 卷Ⅰ［M］. 北京：人民出版社，1972：279.
⑤ 马克思恩格斯全集：第 46 卷Ⅲ［M］. 北京：人民出版社，1972：279—280.

主。其次，借贷资本的使用价值，也不同于一般普通商品的物理、化学等自然属性上的物质性能，"对资本的所有者来说，它的使用价值本身是它的价值增殖"，"是作为资本"。① "作为商品出现的资本本身，是作为资本的货币，或者是作为货币的资本。"② 这种资本商品的价格就是利息。而利息和利润都是在生产过程中由雇佣劳动者的剩余劳动创造的剩余价值的转化形态，是以剩余价值的存在为前提的。③

马克思关于借贷资本是资本主义重要因素及其特点的分析，在借贷资本理论发展史上，具有重大意义。它不仅是马克思第一次所作的科学论证，而且通过对这一理论方面的错误观点的批判，划出了马克思主义科学的信贷学说和庸俗学说的界限。在《手稿》以前，货币和商品作为借贷资本同货币、商品作为一般的简单的流通手段，作为物的界限，是混乱不清的蒲鲁东之流把二者混为一谈作为自己理论的出发点，把这个问题弄得混乱不堪。马克思科学地分析了这二者的区别，从而从一个侧面，即从借贷资本这一侧面，阐明了资本不是物，资本在本质上是生产关系的体现。马克思指出："货币始终是具有同一形式，同一素质；因此很容易认为货币只是一种物。但是，同样的东西，商品、货币等等，或者可以代表资本，或者可以代表收入等等。甚至资产阶级学家们也明白：在这种形式下，货币并不是明明白白的东西；同样的物，有时可以包括在资本的规定中，有时可以包括在另外的、对立的规定中，因此，它或者是资本，或者不是资本。可

---

① 马克思恩格斯全集：第 46 卷 Ⅰ ［M］. 北京：人民出版社，1972：280.
② 马克思恩格斯全集：第 46 卷 Ⅰ ［M］. 北京：人民出版社，1972：280.
③ 马克思恩格斯全集：第 46 卷 Ⅲ ［M］. 北京：人民出版社，1972：382—383.

见，资本显然是关系，而且只能是生产关系。"① 所以，要了解资本的本质，就要把物的存在形态和它反映的生产关系区别开，决不能因为资本的构成是同物结合在一起，表现为物，就把二者混而为一，就认为"资本不过是物，同构成它的物质完全是一回事"②。

蒲鲁东弄不清楚商品和货币作为一般的简单的商品交换和它们作为资本的交换的本质不同。他"要求资本不应当贷放和取息，而应当像其他任何商品出售，以换取等价物，他提出的这种要求只不过是要求交换价值永远不应当变成资本，而应当始终的简单交换价值；要求资本不应当作为资本存在。蒲鲁东在提出这一要求的同时，还要求雇佣劳动应当始终是生产的一般基础，这就表明他在最简单的经济概念上混乱到了可笑的地步。"③ 在"资本"章第三篇，马克思还指出："一切东西都应当出售，任何东西也不应贷放。这就是蒲鲁东的全部奥妙。他无法看到：商品交换是以资本和劳动之间的交换为基础的，而利润和利息则是来自后一种交换。蒲鲁东想坚持最简单、最抽象的交换形式。"④ 蒲鲁东错误的根源就在于他不懂得价值是按照价值规律同劳动相交换的，利润从而利息怎样由价值的交换规律产生。

马克思分析了贷放和出售之间的差别，指出出售和贷放一样，都没有出让价值的所有权，二者的差别只是形式上的，"尽管同一物品（例如，这一磅糖）不会再出售，但是同一价值总是一再地再生产出

---

① 马克思恩格斯全集：第 46 卷 I ［M］. 北京：人民出版社，1972：518.
② 马克思恩格斯全集：第 46 卷 I ［M］. 北京：人民出版社，1972：518.
③ 马克思恩格斯全集：第 46 卷 I ［M］. 北京：人民出版社，1972：280.
④ 马克思恩格斯全集：第 46 卷 III ［M］. 北京：人民出版社，1972：374.

来，让渡只涉及形式，而不涉及实体"。① 而蒲鲁东"连在贷放和出售之间找出一点差别的能力都没有"②。

四、《手稿》对利息本质的科学阐述

利息的本质是什么，它的来源是什么？在资产阶级庸俗经济学和庸俗社会主义者面前，都是无法给予科学说明的问题。他们从事物的表面现象出发，或者把利息看作是资本自行产生的结果，满足于荒诞无稽的幻想；或者把利息看作是通过交换附加在生产品上的超过产品实际价值的余额，马克思在《手稿》中建立了劳动价值论和剩余价值理论，并在此基础上分析了利息的本质，从而第一次初步形成了科学的利息理论，从资本主义生产形式的内在联系上，阐明了利息的本质。

首先，马克思指出，在前资本主义生产方式下利息率很高。利息包括利润，甚至包括一部分工资，因此，可以据此认为，在前资本主义条件下，利息表现为剩余收益的第一级的占有形态——当然这是指排除了地租等等而仅就高利贷资本而言的剩余收益。资本主义制度下的利息与此不同，它只是利润的一部分，只有"剩余价值的第二级的

---

① 马克思恩格斯全集：第 46 卷Ⅲ [M]. 北京：人民出版社，1972：373.
② 马克思恩格斯全集：第 46 卷Ⅲ [M]. 北京：人民出版社，1972：373.

和派生的形式",① 货币资本家阶级和产业资本家阶级这两个阶级之所以能存在、能展开竞争,是"以剩余价值分为利润和利息为前提","以资本所创造的剩余价值的分化为前提"的。② 所以,利息和利润都是资本主义生产过程中所创造的雇佣工人所创造的剩余价值,它们有共同的来源,共同的本质。不过,"利润和利息之间的实际区别是作为货币资本家阶级和产业资本家阶级之间的区别而存在的③。"正如利润是剩余价值的转化形态一样,利息也是剩余价值的另一种特殊的、或者派生的转化形态。二者都体现着资产阶级剥削无产阶级的生产关系,二者的分割,不过是表明借贷资本家和职能资本家瓜分剩余价值的关系而已。马克思说,考察利润和利息的区别,"这就同我从生理学上考察与动物相区别的人一样"④,既有它共同的本质,也有其特点。

马克思在《手稿》中,还初步地形成了借贷资本和利息的拜物教的思想。他论述了在利润尤其是利息形式上,剩余价值的任何起源的痕迹都消失了,资本表现为自行增殖的价值,社会关系最终成为一种

---

① 马克思恩格斯全集:第 46 卷 Ⅲ〔M〕. 北京:人民出版社,1972:13. 马克思在本下卷 95 页上说:"利润只是剩余价值的第二级的、派生的和变形的形式",这显然是和剩余价值比较而言的,和这里说的利息是"剩余价值的第二级的和派生的形式"有所不同。这里应理解为剩余价值是前提,是最初形态,首先表现为利润或总利润,而利息是对利润的分割,是利润的一部分,因此,利息只是剩余价值的第二级和派生的形式.

② 马克思恩格斯全集:第 46 卷 Ⅲ〔M〕. 北京:人民出版社,1972:382 —383.

③ 马克思恩格斯全集:第 46 卷 Ⅲ〔M〕. 北京:人民出版社,1972:382 —383.

④ 马克思恩格斯全集:第 46 卷 Ⅲ〔M〕. 北京:人民出版社,1972:382.

物，即货币同它自身的关系。为什么会发生这样情况呢？马克思说：
"正如自然工作日成为计量劳动时间的自然单位一样。于是，在计算
利润，尤其是计算利息时，我们便看到流通时间和生产时间的统一
——资本——被设定为这种单位并且自己衡量自己。处在过程中的资
本本身——即正在进行一次周转的资本本身——被看作是劳动的资
本，而那些被想象是资本所生产的那些果实，则是按照资本的劳动时
间——一次周转的全部时间——来计算的。由此产生的神秘化，是由
资本的本性决定的。"① 当资本表现为按照自己的价值而生利的资本，
表现为同时自行再生产和自行增殖的价值时，资本就能够作为资本变
成商品，这种"生息资本则是生利资本的纯粹抽象的形式"。② 这种
放债取息的资本，就和生产过程，和它在生产过程由雇佣劳动创造出
来的剩余价值，即它的起源，彻底地割断了联系。正是这种情况，被
资产阶级的经济学家"认为资本是一种会自行再生产的东西，一种靠
自身的天性而长久保存和增殖的价值"③。马克思指出："这种观念，
曾经使普莱斯博士生出许多荒诞无稽的幻想。它们已经远远超过炼金
术士的幻想。"④ 英国资产阶级激进主义者、经济学家普莱斯认为：
"一个先令，在耶稣降生那一年以 5％复利放出，到现在会增长成一
个比 15000 万个纯金地球还要大的数目。"⑤ 普莱斯想入非非的幻想
表明，他完全不了解利息也要以生产条件为基础，利息是在生产过程

① 马克思恩格斯全集：第 46 卷Ⅲ［M］．北京：人民出版社，1972：146.
② 马克思恩格斯全集：第 46 卷Ⅲ［M］．北京：人民出版社，1972：408.
③ 马克思恩格斯全集：第 46 卷Ⅲ［M］．北京：人民出版社，1972：371.
④ 马克思恩格斯全集：第 46 卷Ⅲ［M］．北京：人民出版社，1972：371.
⑤ 转引自：马克思恩格斯全集：第 46 卷Ⅲ［M］．北京：人民出版社，1972：371.

中创造出来的剩余价值的转化形态，它受剩余价值再生产条件的限制。他"为几何级数的庞大数字所迷惑。因为他完全不顾劳动再生产的条件，把资本看作自行运动的东西，看作一种纯粹的、自行增长的数字"①。英国首相皮特·威廉还真的相信这一套把戏，并把"这些幻想当作他的财政政策的基础"②，企图使国家摆脱财政困难！

庸俗社会主义者蒲鲁东及其门徒们，同样不了解利息是剩余价值的转化形式这个本质，不了解利息来源于剩余价值，并且只是资本主义的一种次要剥削，荒谬地把生产过剩的原因说成"工人不能买回自己的产品"。他的意思是，产品中加上了利息和利润，或者说，"产品的价格超过了产品的实际价值"③。马克思批判了"只听钟声响不知钟声何处来的蒲鲁东"；指出蒲鲁东对价值规定的无知，深刻地阐明了在交换过程中总的来说，"决不能包含任何加价"④，即使在实际交易中，资本家之间可以相互欺骗，一个资本家往钱袋里多装的，就是另一个资本家往钱袋里少装的，如果把两者加在一起，他们交换的总额还是等于物化在这个总额中的劳动时间的总和，交换过程中并不会增加一文。"因此，资本家之间能够分配的不外是剩余价值。资本家之间分配这种剩余价值的比例——不论公平与否——丝毫改变不了资本和劳动之间的交换和这种交换的关系。"⑤ 资本不仅同资本交换，也同收入交换……利润会以各种不同的形式——利润、利息、地租、

---

① 马克思恩格斯全集：第 46 卷Ⅲ [M]. 北京：人民出版社，1972：372.
② 马克思恩格斯全集：第 46 卷Ⅲ [M]. 北京：人民出版社，1972：372.
③ 马克思恩格斯全集：第 46 卷Ⅰ [M]. 北京：人民出版社，1972：412.
④ 马克思恩格斯全集：第 46 卷Ⅰ [M]. 北京：人民出版社，1972：412.
⑤ 马克思恩格斯全集：第 46 卷Ⅰ [M]. 北京：人民出版社，1972：412.

年金、赋税等等，在不同名称和不同阶级的居民之间进行分配……他们之间所分配的决不能多于总剩余价值或总剩余产品。"① 蒲鲁东不懂得"价值是按照价值规律同劳动②相交换的"，它们是等价交换而不是不等价交换，没有什么附加额，也不存在附加额是什么利息的来源，出售和借贷完全是无关紧要的形式上的区别，出售也好，借贷也好，只要作为资本总会带来剩余价值。全部问题就在于它们都和资本主义生产方式的雇佣劳动联系在一起的，都体现着资本主义的剥削关系。他对于这些实际联系完全没有认识，而把这种区别看作是本质的区别，认为应该按等价规律买卖，而不应该出现有利息的借贷。他说："实际上，出售帽子的制帽业主……得到了帽子的价值，不多也不少。但借贷资本家……不仅一个不少地收回他的资本，而且他得到的，比这个资本，比他投入到交换中去的东西多：他除了这个资本还得到利息。"③ 马克思指出，资本主义的制帽业主得到的价值不是不多也不少，而是"在取得自己帽子的价值时，取得了比他们生产帽子所花费的更多的东西"④。所不同的只是制帽业主得到的价值增殖是作为执行职能资本的果实，借贷资本家得到的利息是不执行职能资本的果实。他们都是剩余价值的转化形态，都起源于剩余价值，都是资本主义雇佣劳动制度下的产物。蒲鲁东不懂得这些政治经济学的最基本的概念，只幻想取消资本主义的一个结果，而不触动资本主义本

---

① 马克思恩格斯全集：第46卷Ⅲ［M］. 北京：人民出版社，1972：311.
② 这里是指劳动力。
③ 转引自：马克思恩格斯全集：第46卷Ⅲ［M］. 北京：人民出版社，1972：373.
④ 马克思恩格斯全集：第46卷Ⅲ［M］. 北京：人民出版社，1972：377.

身。这个莽撞的家伙不懂得，"要废除利息，就必须废除资本本身，必须废除以交换价值为基础的生产方式，也就是说必须废除雇佣劳动"①。马克思还指出："蒲鲁东主义（例如，达里蒙先生的著作）实际上做到的就是提出这个要求，既把它当作同现存的生产关系相适应的要求，又当作会使现存生产关系完全革命化的要求和伟大的创举……这个要求早在 50 多年前已经由英国资产阶级经济学家中的一个派别提出来了。这个简单的事实就已经说明，那些妄图用这种办法促进某种新事物和反对资产阶级事物的社会主义者，竟荒谬到何等程度。"②

马克思批判了资产阶级经济学家把利息看成资本家节约得来的积蓄的报酬的谬论。他在引用《韦斯明斯特评论》杂志的观点后指出："可见，在这里利息等于纯利润，等于在生产上使用的积蓄的报酬。"③ 马克思在另一个地方批判道："如果就货币或自为存在的价值最初成为资本时，要以资本家作为非资本家时所实现的一定积累——即使是靠节约他自己的劳动所创造的产品和价值等等——为前提"，那么，"这些前提，最初表现为资本生成的条件，因而还不能从资本作为资本的活动中产生；现在，它们不是资本产生的条件，而是资本存在的结果。……这就是说，个别资本仍然可能例如通过贮藏而产生。但是贮藏只有通过剥削劳动才能转化为资本"④。可见，利息不

---

① 马克思恩格斯全集：第 46 卷 Ⅲ ［M］. 北京：人民出版社，1972：373.

② 马克思恩格斯全集：第 46 卷 Ⅲ ［M］. 北京：人民出版社，1972：331—332.

③ 马克思恩格斯全集：第 46 卷 Ⅲ ［M］. 北京：人民出版社，1972：312.

④ 马克思恩格斯全集：第 46 卷 Ⅰ ［M］. 北京：人民出版社，1972：457.

是节约的积蓄的产物，而是资本对劳动的剥削的产物。

五、 利息的资本化

马克思在《手稿》中从两个方面论述了利息的资本化问题。这两个方面具有完全不同的内容。一方面是利息转化为资本，成为资本用于扩大再生产实际使用的资本，这是剩余价值资本化；另一方面，利息是资本的果实，但从职能资本家立场来看是作为生产费用的资本。

马克思指出："资本作为财富的一般形式——货币——的代表，是力图超越自己界限的一种无止境的和无限制的欲望。"如果它不能一下子创出无限的剩余价值，它总是"力图创造更多剩余价值而不停地运动"①。为了达到这个目的，它可以而且必须通过剩余价值的资本化，滚雪球式的使资本不断增大，不停地运动，以攫取更多的剩余价值，以克服和不断超越剩余价值量的界限。马克思说："如果资本从 100 增加到 1000，那么现在 1000 就是增殖的出发点，增长到 10 倍，即 1000％算不了什么；利润和利息本身又会变成资本。曾经表现为剩余价值的东西，现在表现为简单的前提等等，表现为包含在资本的简单存在本身中的东西。"②

利息本身是以生产过程中产生的剩余价值为前提，是资本的果实，但在资本主义条件下，它却表现为资本，表现为资本的生产费用。什么原因造成这个外观呢？这是因为利息从利润中分离出来，二

---

① 马克思恩格斯全集：第 46 卷Ⅰ [M]. 北京：人民出版社，1972：299.
② 马克思恩格斯全集：第 46 卷Ⅰ [M]. 北京：人民出版社，1972：299.

者是作为货币资本家和产业资本家的区别而存在的。这种情况的固定化，生息资本作为生利资本的纯粹抽象的形式，好像天然就有一种获得利息的权利，表现为真正的资本，职能资本家使用的资本是不是借入的，都一样要由于利润和利息的分割，把利息作为必须支付的支出，算在生产费用中。马克思说："剩余收益属于生产费用，如果不是属于资本的生产费用，就是属于产品的生产费用。对资本来说，实现这种剩余收益或实现其一部分的必要性，是作为外部压力从两方面强加给它的。当利息和利润互相分开，从而工业资本家必须支付利息时，一部分剩余收益就是在资本费用这个意义上的生产费用，就是说，它本身属于资本的开支。"① 此外，"为了补偿资本在总过程的形态变化中遭到贬值的危险，资本本身要给自己支付平均的保险费。对资本来说，一部分剩余收益只不过是为赚更多的钱而冒的风险所作的补偿，在这种风险中原有的价值本身可能丧失。在这种形式下，剩余收益的实现对资本来说表现为保证资本再生产所不可缺少的东西。当然，这两种关系都不决定剩余价值，而是剩余价值的创造表现为资本的外在必要性，不仅表现为它的致富欲望的满足。"② 这里的"利息本身已经以资本作为剩余价值来自生产为前提"③，并不是资本本身的价值，而是资本的果实，是剩余价值的一种形式。但是"既然从借债人来看利息已经加入他们的直接生产费用，那就很清楚，资本是作为资本加入生产费用的，而资本作为资本并不是自己的价值组成部分

---

① 马克思恩格斯全集：第 46 卷Ⅲ［M］. 北京：人民出版社，1972：237.
② 马克思恩格斯全集：第 46 卷Ⅲ［M］. 北京：人民出版社，1972：237.
③ 马克思恩格斯全集：第 46 卷Ⅲ［M］. 北京：人民出版社，1972：237.

的单纯总和"。① 而只是从资本家的眼光来看，它才属于资本，属于资本的生产费用。马克思在《手稿》中，从区分两种生产费用的分析，论证了剩余价值并不归入资本预付的价值之内。他说："因为剩余劳动——利润和利息，两者都不过是剩余劳动的一部分——并不花费资本分文，因而不列入资本预付的价值之内。所以，包括在产品的生产费用之内的、构成剩余价值的源泉的，因而也构成利润的源泉的这种剩余劳动，不列入资本的生产费用之内。资本的生产费用只等于资本实际预付的价值，而不等于资本在生产中占有并在流通中实现的剩余价值。因此，从资本的观点看来，生产费用不是实际的生产费用，这正是由于剩余劳动不花费分文。""但是，由于利息从利润中分离出来，⋯⋯对于生产资本来说，一部分剩余价值甚至也表现为生产费用。"② 这就是说，从生产资本的立场来看，利息表现为他的实际生产费用。即生产过程的一个结果，被当作了生产过程的前提。

顺便指出，马克思谈到生产费用有不同的含义时，在《手稿》中只分析了商品内在的生产费用和资本的生产费用两种。还有一种，即第三种意义上的生产费用——预付资本的价值加平均利润的价值这个意义上的生产费用，在《手稿》中还没有明确的论述。这是因为《手稿》还没有明确区分价值（c＋v＋m）和生产价值（c＋v＋平均利润），因而关于资本主义现实的经济学意义上的第三种生产费用的问题，还没有专门的表述。这个问题的解决是在《1861—1863年手稿》

---

① 马克思恩格斯全集：第46卷Ⅰ［M］. 北京：人民出版社，1972：279.
② 马克思恩格斯全集：第46卷Ⅲ［M］. 北京：人民出版社，1972：281.

中完成的。①

六、 利息率及其神秘化

利息率的计算公式及其纯粹抽象的形式，使信贷资本被看成是剩余价值的源泉。由此而产生的神秘化，是由资本的本性产生的。"这种情况在金融家身上表现为最疯狂的形式"②。马克思指出："拿票据经纪人或银行家等等同工厂主和农场主的关系来说，后者对于前者相对地处在劳动（使用价值）的规定上，而前者对于后者则表现为资本，表现为剩余价值的创造。"③ 利息率表现为按照资本的数量来计算的结果，表现为资本按一定单位带来的产物，是资本的自行增殖，和它的起源和生产过程割断了任何联系。一定的资本可以得到一定的利息而不管它投在工业部门、农业部门、商业部门，或者作为生活消费使用。也不管使用这个资本的人是赚钱还是赔钱。总之，100 元的资本注定收取按利息率比例的利息。如年利息为 5% 那么，一年就得 5 元的利息，而且如果这 100 元继续贷放出去并且把已得的 5 元利息也转化为资本，那会使已有的利息也会以资本的身份，带来新的利息。马克思对此作了具体分析，并举出了计算复利的公式和计算年金的公式。④

―――――――――――――

① 参见：马克思恩格斯全集：第 26 卷 Ⅲ ［M］. 北京：人民出版社，1972：81—86、570.

② 马克思恩格斯全集：第 46 卷 Ⅰ ［M］. 北京：人民出版社，1972：296.

③ 马克思恩格斯全集：第 46 卷 Ⅰ ［M］. 北京：人民出版社，1972：296.

④ 参见：马克思恩格斯全集：第 46 卷 Ⅲ ［M］. 北京：人民出版社，1972：150—157.

马克思还从货币的属性上，指出了它和利息率的关系。他在说明货币作为商品交换的尺度、交换手段、商品的代表和同特殊商品并存的一般商品的属性之后，指出："货币是和其他一切商品相对立的一般商品，是其他一切商品的交换价值的化身，——货币的这种属性，使货币同时成为资本的已实现的和始终可以实现的形式，成为资本始终有效的表现形式。……这个属性使资本在历史上最初只以货币的形式出现，最后，这个属性说明了货币和利息率的关系以及货币对利息率的影响。"[1] 货币作为一般商品，作为一切商品的交换价值的化身，成为人们追求的对象，随着生产的社会性的发展，货币的权利也在同一程度上发展，交换关系固定为一种对生产者来说是外在的，不依赖于生产者的权利。要取得这个权利，就得支付代价——利息。那么，这个利息率是由什么决定的呢？马克思引证英国资产阶级的刊物——《经济学家》的话说："利息率取决于：（1）利润率，（2）总利润在贷款人和借款人之间的分配的比率。"[2] 在《资本论》中，马克思引用了同一句话，并论述了利润本身是利息率的最高界限。[3] 这说明马克思这里是在肯定意义上引用这句话的。这里涉及的不是总剩余价值或总利润。总剩余价值或总利润绝不会增加，也绝不会减少；由此发生变化的并不是剩余价值本身，"只涉及不同种类的资本家瓜分总利润

---

① 马克思恩格斯全集：第 46 卷 Ⅰ [M]. 北京：人民出版社，1972：90-91。

② 转引自：马克思恩格斯全集：第 46 卷 Ⅲ [M]. 北京：人民出版社，1972：392.

③ 参见：马克思恩格斯全集：第 25 卷 [M]. 北京：人民出版社，1972：401-402。

的比例"①。在这个限度内，利息率水平由什么决定，它在总利润中应占什么比例？这是由供给和需求之间的竞争决定的。因为"资本本身成为商品，或商品（货币）作为资本出卖。"尽管它是特殊商品，既然作为商品，它也就有价格，这个价格就是利息，利息率就是这种商品价格水平的反映。在资本主义条件下，商品的价格是由供给和需要之间的竞争决定的，资本这种商品当然也不例外。所以"资本像所有其他商品一样，按照需求和供给调整自己的价格。可见，需求和供给决定利息率。"②

如上所述，利润和利息的分割及其分割的比例，都是以剩余价值为前提的，剩余价值产生于生产过程中，是资本家对雇佣工人剩余劳动的剥削。剩余价值只能在对必要劳动的关系上来测定，所以，利润和利息的分割及其比例，不能脱离生产过程，都是以在生产过程中创造的剩余价值为基础的。其次，决定利息率水平的供求情况也要受资本主义实际生产情况所制约。受产业资本实际生产情况对货币的需求所制约。这就是利息率决定的本质。但在资本主义条件下，生产关系、分配关系和流通关系的内部联系，由于利息率表现为剩余价值的第二级的派生的形式，这种内部联系不见了，剩余价值起源的痕迹消失了，借贷资本表现为利息的独立源泉，生产关系表现为物的关系，社会关系最终成为一种物即货币同它自身的关系，资本的神秘化在生息资本形态上取得了最明显的表现。

---

① 马克思恩格斯全集：第 46 卷 Ⅲ［M］. 北京：人民出版社，1972：278.
② 马克思恩格斯全集：第 46 卷 Ⅲ［M］. 北京：人民出版社，1972：381.

七、 资本主义的信用及其作用

马克思在《手稿》中分析了信用产生的基础和本质、形式和作用。《手稿》对信用问题的分析,标志着马克思主义信用理论形成的一个重要阶段,奠定了以后《资本论》创作中有关信用问题的科学基础。

1. 资本主义信用产生的基础

信用不是资本主义社会特有的经济范畴,它作为商品交换和货币流通的一种经济关系,只要有商品、货币关系存在,就有了它产生的条件。在奴隶社会和封建社会,高利贷就是信用的基本形式。资本主义的借贷资本信用形式,代替了高利贷的信用形式,这种信用的本质所反映的经济关系,完全不同于前资本主义高利贷信用,它与高利贷信用有着根本的差别。马克思指出:资本主义信用"是从生产过程的直接本质产生出来的,是消除资本主义生产过程连续性障碍的一个办法,这是资本主义信用的必要性的基础"①。资本主义信用是发达形式的信用,它是资本主义生产关系的体现。马克思说:"稍为发达形式的信用在以往任何一种生产方式中都没有出现过。在以前的制度下也有过借和贷的事情,而高利贷甚至是洪水期前的资本形式中最古老的形式,但是借贷并不构成信用,正如各种劳动并不构成产业劳动或自由的雇佣劳动一样。信用作为本质的、发达的生产关系,也只有在以资本或以雇佣劳动为基础的流通中才会历史地出现。……高利贷本

---

① 马克思恩格斯全集:第 46 卷Ⅲ [M]. 北京:人民出版社,1972:28—29。

身虽然就其资产阶级化的、同资本相适应的形式来说是信用形式，但是就其资产阶级以前的形式来说却是信用缺乏的表现。"①

马克思分析了资本主义条件下，借贷资本作为一种特殊形式，它不是直接同劳动者相对立而是与提供利润的资本相对立，这体现着货币资本家和职能资本家之间的信用关系；同时，"这两个阶级能够互相对立，它们的双重存在，要以资本所创造的剩余价值的分化为前提"②，所以，又体现着资本家对雇佣工人的削剥关系。前者是现象，后者是本质。

马克思还就货币作为资本是取得新劳动的凭证，论证了信用产生的基础。他指出，货币作为资本"已经不再只和原有的劳动发生关系，而且和未来的劳动发生关系。……这种货币已经不再单纯是一般财富的抽象形式，而是取得一般财富的现实可能性即取得劳动能力的凭证，而且是取得正在形成中的劳动能力的凭证，货币作为这样的凭证，它的作为货币的物质存在是无关紧要的，可以用任何一种要求权来代替。正如国债债权人一样，每一个资本家有了他新获得的价值，他也就拥有了取得未来劳动的凭证，他占有了现在的劳动，同时也就占有了未来的劳动"。"这里已经可以看出资本的特性，即它作为价值可以脱离自己的实体而存在。这里已经奠定了信用的基础。"③

马克思分析了货币作为信用货币，作为资本成为特征，既是由简单到复杂的逻辑的发展，也是"了解历史发展的钥匙"。④ 他批判了

① 马克思恩格斯全集：第 46 卷Ⅲ [M]. 北京：人民出版社，1972：29.
② 马克思恩格斯全集：第 46 卷Ⅰ [M]. 北京：人民出版社，1972：383.
③ 马克思恩格斯全集：第 46 卷Ⅰ [M]. 北京：人民出版社，1972：339.
④ 马克思恩格斯全集：第 46 卷Ⅲ [M]. 北京：人民出版社，1972：185.

施托尔希等人把资本主义信用"这个直接由资本设定，因而由资本的本性产生的特有的流通形式，这个资本的特征，同货币、商业阶层等等混为一致"① 的错误。"而货币和商业阶层等等完全属于交换的发展以及或多或少以交换为基础的生产的发展"。它还不是资本主义的货币资本，因而不能"把单纯由资本本身造成的形式加在以价值形式存在的资本身上"②。信用只是资本主义生产关系发达的产物，并不是一有了资本就等于有了信用制度。配第和布阿吉尔员尔却"试图在资本刚一产生时就创立信用"③，表现了他们的资产阶级的局限性，即把资本主义社会看作永恒的、从来就有的、固定不变的非历史的观点。

马克思对信用的各种形式和手段，在《手稿》中也进行深刻的阐述。他指出银行为了商品而支付货币，这时"货币确实是商品的交换价值的凭证，也就是说，是领取等量价值的一切商品的凭证；银行进行购买，银行是总的买者，不仅是这种或那种商品的买者，而且是一切商品的买者。因为银行正是必须使每一种商品都转化为它的作为交换价值的象征性存在。但是，既然银行总是买者，它也必须总是卖者；……在这种情况下，银行一身二任，同时是总的买者和卖者"。④ "或者情况与此相反，在这种情况下，银行券的纯粹的纸票，它只是硬充交换价值的公认的象征，而没有任何价值；……在这种情况下，银行券就不是货币，或者，只是银行及其顾客之间的习惯的货币，而

---

① 马克思恩格斯全集：第 46 卷 Ⅲ ［M］．北京：人民出版社，1972：185．
② 马克思恩格斯全集：第 46 卷 Ⅲ ［M］．北京：人民出版社，1972：185．
③ 马克思恩格斯全集：第 46 卷 Ⅲ ［M］．北京：人民出版社，1972：185．
④ 马克思恩格斯全集：第 46 卷 Ⅰ ［M］．北京：人民出版社，1972：100．

不是一般市场上的习惯的货币。……因为它不是在全体公众之中流通，而是在银行及其顾客之间流通。"①

谈到分工产生出密集、结合、协作、私人利益的对立或阶级利益的对立、竞争、资本积聚、垄断、股份公司，全都是对立的统一形式，而统一又引起对立本身时，马克思指出："同样，私人交换产生出世界贸易，私人的独立性产生出对所谓世界市场的完全的依赖性，分散的交换行为产生出银行和信用制度，这些制度的簿记至少可以使私人交换进行结算。"但是，这些信用制度的簿记或者交易所的改革，都不会"铲除对内或对外的私人商业的基础"②。

关于股份公司，马克思说："这就是资产阶级社会的最新形式之一。"③ 股份资本是大量资本积聚在资本家手中的手段，在大规模的实现过程缓慢的工程中，大部分资本是股份资本。"在这种形式下资本达到了它的最后形式，在这里资本不仅按它的实体来说自在地存在着，而且在它的形式上也表现为一种社会力量和社会产物。"④ "公共工程摆脱国家而转入由资本本身经营的工程领域，表明现实共同体在资本形式下成长的程度。"⑤ 表明"各单个资本的表面独立性和独立存在被扬弃。这种扬弃在更大的程度上表现在信用中。这种扬弃的最

---

① 马克思恩格斯全集：第 46 卷 Ⅰ ［M］. 北京：人民出版社，1972：100—101.

② 马克思恩格斯全集：第 46 卷 Ⅰ ［M］. 北京：人民出版社，1972：105—106.

③ 马克思恩格斯全集：第 46 卷 Ⅰ ［M］. 北京：人民出版社，1972：46.

④ 马克思恩格斯全集：第 46 卷 Ⅲ ［M］. 北京：人民出版社，1972：22—24.

⑤ 马克思恩格斯全集：第 46 卷 Ⅲ ［M］. 北京：人民出版社，1972：22—24.

高形式，同时也就是资本在它的最适当形式中的最终确立，这就是股份资本"①。

关于股份资本的形式，《手稿》中差不多都提到了，如资本借贷市场、有息证券市场、国债券和股票市场、股份银行的股票、交通工具的股票、以股份为基础的各种工业公司或商业公司等企业的股票。最后，作为全体的保证，有各种保险公司的股票。真是"五花八门，多不胜数"②。股份资本的发展，标志着作为私人财产的资本在资本主义生产方式本身范围内的扬弃。

马克思通过对贴现汇票的分析，批判了达里蒙"故意把信贷的需要和货币流通的需要混淆起来"的错误，指出："贴现汇票的数量及其变动，表明信贷的需要，而流通的货币的数量是由完全不同的影响决定的。"③

2. 信用在资本主义生产方式中的作用

信用在资本主义生产方式中的作用问题，是《手稿》重要理论之一。马克思是从以下几个方面阐述的：

第一，"现代信用制度既是资本积聚的结果，又是资本积聚的原因"。它是"构成资本积聚的一个要素"。④ 信用制度的发展，打破了个别资本自己的数量界限；另一方面，"信用表现为积聚的新要素，即各个资本被个别实行集中的资本消灭的新要素"。⑤

---

① 马克思恩格斯全集：第 46 卷Ⅲ [M]. 北京：人民出版社，1972：167.
② 参见：马克思恩格斯全集：第 46 卷Ⅰ [M]. 北京：人民出版社，1972：238.
③ 马克思恩格斯全集：第 46 卷Ⅲ [M]. 北京：人民出版社，1972：54.
④ 马克思恩格斯全集：第 46 卷Ⅰ [M]. 北京：人民出版社，1972：63.
⑤ 马克思恩格斯全集：第 46 卷Ⅲ [M]. 北京：人民出版社，1972：169.

第二，信用制度刺激了生产和交换的繁荣，它使生产不受交换界限的限制。"全部信用制度，以及与之相联系的交易过度、投机过度等等，就是以必然要扩大和超越流通的界限和交换领域的界限为基础的。"①

第三，信用制度的发展，使货币作为支付手段的作用，大大超过货币作流通手段的职能。"只要支付平衡，货币就表现为转瞬即逝的形式，即相交换的价值量的纯粹观念上的、想象的尺度。""货币事实上几乎只是在零售贸易以及生产者和消费者之间的小额贸易中以铸币的形式出现，而在大规模交易领域里几乎只表现为一般支付手段。"在这种场合，如果交易双方有差额的话，那也"只限于结算为数较小的差额"②。因而这就可以大大节省流通费用，促进资本主义生产和价值增殖。

第四，信用制度还为资本自由转移提供了便利条件，通过银行的分配，促进了平均利润的形成。马克思指出，作为信贷货币的资本，"是这样的资本，它在自我发生关系的价值形式上成为商品，进入流通"。"与各特殊的现实的资本相区别的资本一般，本身是一种现实的存在。这一点虽然普通的政治经济学并不理解，但已承认，而且构成它关于利润平均化等等学说的极其重要的要素。例如：这种一般形式上的资本，尽管也属于单个的资本家所有，但在它作为资本的基本形式上形成在银行中进行积累或通过银行进行分配的资本，形成像李嘉图所说的那样令人惊异地按照生产的需要进行分配的资本。这种资本

---

① 马克思恩格斯全集：第 46 卷Ⅲ［M］．北京：人民出版社，1972：400．
② 马克思恩格斯全集：第 46 卷Ⅲ［M］．北京：人民出版社，1972：431．

同样会通过借贷等等在不同国家之间形成一种平均水平。"① "信用能使资本周转中的差别拉平"②，也是使利润平均化的一个因素。

3. 信用制度使资本主义经济的矛盾尖锐化，为新社会制度创造着历史前提

信用制度一方面加速了资本主义生产力的发展，扩大了资本主义市场，使资本主义物质基础发展到空前未有的高度，使从剥削别人劳动而得来的社会财富越来越集中在少数资本家的手中；另一方面，信用制度又加强了资本主义制度的矛盾，加速了危机的爆发，因而就成了为加速这种制度瓦解的因素，使它成为转到一种新生产方式的过渡形式。马克思明白地宣示了信用制度的这种二重性。他指出："叙述的辩证形式只有明了自己的界限时才是正确的。……对资本的一般概念的这种揭示并没有使资本变成某种永恒观念的化身"③。

马克思指出，包括信用货币的各种货币形式，"都不可能消除货币关系固有的矛盾，而只能在这种或那种形式上代表这些矛盾。"④。信用可以成为消除资本连续性的偶然性的因素可以是超越流通界限和交换领域的因素，从而扩大资本主义生产的规模，但它不能消除资本主义制度固有的矛盾，而且还会扩大和加剧这些矛盾。

马克思运用辩证的方法，指明了"资本的双重的和矛盾的条件——生产的连续性和流通时间的必要性"并不因信用的作用而消失。

① 马克思恩格斯全集：第 46 卷Ⅰ［M］. 北京：人民出版社，1972：444—445.
② 马克思恩格斯全集：第 46 卷Ⅲ［M］. 北京：人民出版社，1972：10.
③ 马克思恩格斯全集：第 46 卷Ⅲ［M］. 北京：人民出版社，1972：514.
④ 马克思恩格斯全集：第 46 卷Ⅰ［M］. 北京：人民出版社，1972：64.

马克思说："一定的资本比如说通过信用增加了一倍。于是对这个资本——原有资本——来说，就等于根本不存在流通时间了。可是这样一来，它所借得的那个资本就处于流通的地位了。如果撇开所有权不谈，那么这又和把一个资本分为两部分完全一样。"①

全部信用制度以及与之相联系的交易过度、投机过度等等，是要扩大和超越流通的界限和交换领域的界限，追求更多的剩余价值。但是，信用制度在克服这些界限的同时，却会带来更大的灾难。"由此出现生产过剩，也就使人突然想起以资本为基础的生产的所有这些必然因素，结果是，由于忘记这些必要素而造成普遍的价值丧失。与此同时，向资本提出了这样的任务：在生产力的更高发展程度上等等重新开始它（突破本身限制）的尝试，而它作为资本却遭到一次比一次更大的崩溃。因此很明显，资本的发展程度越高，它就越是成为生产的界限，从而也越是成为消费的界限，至于资本成为生产和清费的界限的其他矛盾就不用谈了。"②

由于信用制度的作用，使货币作为支付手段的职能大大加强了，它节省流通费用，促进着生产力的发展，使资本剥削的财富增大。然而，如果支付平衡的过程由于信用突然波动而被打断，支付机制被破坏，那么人们就会突然要求货币成为实际的一般支付手段，并要求全部财富以双重形式存在，既是商品又是货币，从而这两种存在方式相互一致。在这样的危机时刻，货币表现为唯一的财富，……在商品世界面前，价值只是以它的最适当的唯一的形式即作为货币而存在。

---

① 马克思恩格斯全集：第 46 卷 Ⅲ［M］. 北京：人民出版社，1972：170.
② 马克思恩格斯全集：第 46 卷 Ⅲ［M］. 北京：人民出版社，1972：400.

……在这种危机中，"需要的不是作为尺度的货币"，而是"作为抽象财富的化身的货币"①。"每当平衡机制和作为这一机制的一定基础信用制度遭到破坏，货币就会违反现代商业的协议，违反现代商业的一般前提，突然必须以它的实在的形式出现和使用，因而就产生了冲突。"②

最后，马克思指出："信用扬弃资本价值增殖的这些限制，也只是由于它使这些限制具有最普遍的形式，把生产过剩时期和生产不足时期确立为两个时期。"③ 信用制度使价值增殖过程不致中断，维持其生产的连续性，实现没有流通的流通的资本趋势。但是信用制度使交易过度、投机过度，使生产过剩的经济危机加速到来，使价值增殖过程的中断更具普遍性：使一个时期生产不足，借助信用刺激生产发展；一个时期因生产过剩又使生产陷于停滞。这种情况的发生，其根本原因当然不在于信用制度，而是由于资本主义制度的基本矛盾，但信用制度却是促使这个矛盾尖锐化的一个重要因素。所以，反映资本主义生产关系和交换关系的信用制度，它"同时又是炸毁这个社会的地雷"④。它促进着产生"无阶级社会的物质生产条件"，成为扬弃资本主义私有制，建立社会主义公有制所必需的过渡点。它"预示着生产关系的现代形式被扬弃之点，从而预示着未来的先兆，变易的运动。一方面，如果说资产阶级前的阶段表现为仅仅是历史的，即已经

① 马克思恩格斯全集：第 46 卷 Ⅲ ［M］. 北京：人民出版社，1972：432—433.
② 马克思恩格斯全集：第 46 卷 Ⅲ ［M］. 北京：人民出版社，1972：433.
③ 马克思恩格斯全集：第 46 卷 Ⅲ ［M］. 北京：人民出版社，1972：127.
④ 马克思恩格斯全集：第 46 卷 Ⅰ ［M］. 北京：人民出版社，1972：106.

被扬弃的前提，那么，现代的生产条件就表现为正在扬弃自身，从而正在为新社会制度创造历史前提的生产条件。"①

《手稿》作为《资本论》第一稿，不可能对所有经济理论都作出完整无遗的阐述。它对利息和信用理论论述的相对分散的情况，正反映着马克思在创作过程的思考的情况。但这种情况可以使马克思更能自由地把自己的丰富思想随时迸发出来，成为《资本论》巨著的原始的宝贵材料。利息和信用理论这种第一次的科学论述，理所当然是马克思主义政治经济学发展史上的宝库，是利息和信用理论的重要的里程碑。马克思在《手稿》中关于利息和信用的论述，有的直接就是《资本论》的来源，有的虽然没有被后来的经济学著作所收纳，但它们之中并不乏十分深刻、十分精彩的论点。因此，它有着自己的独立的科学价值。研究马克思的政治经济学理论形成史，这一点也是十分重要的。

本文载于：《资本论》第一稿研究.

济南：山东人民出版社，1992.

---

① 马克思恩格斯全集：第46卷Ⅰ［M］. 北京：人民出版社，1972：458.

马克思 《1861—1863 年经济学手稿》 中的利润理论

　　马克思在《1857—1858 年经济学手稿》中，于创立劳动价值理论和剩余价值理论的同时，研究了利润理论，指出利润不过是剩余价值的特殊表现形式，批判了过去的经济学家把剩余收益同实际利润混为一谈的谬误，基本上解决了剩余价值到利润的转化，即马克思称之为第一种转化的问题。在《1861—1863 年经济学手稿》中，马克思进一步完善和发展了已达到的科学成果，在利润理论方面，又取得了突破性的进展。马克思在这个手稿中，不仅对第一种转化进行了更加深刻的分析，精辟地论证了利润这个范畴的意义和作用，而且全面地阐明了剩余价值率与利润率的关系、利润和利润量、生产费用和利润、生产费用和价值、利润率下降的规律。在这部手稿中，马克思第一次深刻地论述了第二种转化，即利润到平均利润、价值到生产价格的转化。第一次在价值规律和剩余价值规律基础上，说明了剩余价值的各个分支的表现形式——产业利润、商业利润、利息和地租。所有这些都标志着马克思利润理论已达到了完成阶段的最后一阶。后来的《资本论》中的完整的利润理论，正是在此基础上形成的。

一、 对利润是剩余价值的特殊表现形式的进一步分析

在《1857—1858 年经济学手稿》中，马克思分析了利润的本质，指出利润不过是用资本来计量剩余价值，利润表现为资本的产物。由于马克思这时已经创立了劳动力商品学说，阐明了劳动者出卖劳动力投入的活劳动所创造的价值，超过了资本家的预付生产费用的价值，这个超过部分即剩余价值和整个资本比较，就表现为资本家的利润。马克思的这一原理的创立，解决了导致李嘉图学派解体的难题之一，即资本与劳动相交换和价值规律的矛盾，把利润学说第一次置于科学基础之上。以此为起点，在《1861—1863 年经济学手稿》，即《资本论》第二稿中，马克思对利润的本质、利润范畴的意义和作用，做了更加深刻的分析，在许多方面有了新的补充和发展。

第一，在《1861—1863 年手稿》中不是从单个资本活动来分析利润，而是从剩余价值和利润的本质联系上，在总体上，即从资本的生产过程和流通过程的统一上来考察利润。马克思说："从总体（整体）来考察（或从整个范围来考察）（或从完整性上来考察）的资本运动，是生产过程和流通过程的统一。"因此，"利润的概念不仅包括利息"，它"还包括地租"。"利润不能只理解为所谓工业利润或商业利润。"[①] 这比第一稿中主要从流通过程来考察利润，是一个巨大的发展。

第二，从资本的不同部分的不同作用出发，详尽地分析了利润和

---

① 马克思恩格斯全集：第 48 卷 [M]. 北京：人民出版社，1972：252.

剩余价值的本质联系和区别。马克思指出："利润就是剩余价值本身，不过是按不同的方法计算。"① 它在绝对数量上是没有区别的，但具有不同的性质。这种不同表现在：剩余价值只同预付资本中通过交换而产生出剩余价值的那一部分有关，是按这一部分资本计算的。利润是从它同全部预付资本的关系来看的，因而是按全部预付资本来计算的，而完全不管资本的各个组成部分在创造剩余价值过程中的不同作用。剩余价值本来是在生产时间创造的，流通时间只被看作创造剩余价值的限制。但作为利润来看，不管生产时间还是流通时间所使用的资本，都被看作是利润的创造者。这样一来，表现在预付总资本和剩余价值的比例上，即表现在利润上，"剩余价值获得新的、和自己原来的形式不同的数量表现"②。这种区别，"不仅是数量上的区别，而且是概念上的区别，实质上的区别"。这是因为这种区别体现着一种新的关系。"对资本来说是必然的、表现出它特有的新关系，表现出某种形式的形成"③。在这种形式上，剩余价值同可变资本部分的有机联系消失了，"产生剩余价值的秘密的一点迹象都没有了。由于资本的所有部分都同样表现为新创造的价值的原因，资本主义关系被完全神秘化了"④。

在这里，马克思分析了两种不同形式表现出两种不同关系："在剩余价值本身中，表明出来的始终是资本同它所有占有的劳动的关系。在资本同利润的关系中，资本不是同劳动发生关系，而是同自己

---

① 马克思恩格斯全集：第 48 卷 [M]. 北京：人民出版社，1972：252.
② 马克思恩格斯全集：第 48 卷 [M]. 北京：人民出版社，1972：253.
③ 马克思恩格斯全集：第 48 卷 [M]. 北京：人民出版社，1972：253.
④ 马克思恩格斯全集：第 48 卷 [M]. 北京：人民出版社，1972：254.

发生关系。"预付资本"这个基本额表现为原因，而这一追加额（利润——引者）则是它的结果。这一追加额是它的自然果实"①。于是人与人的关系、社会式系、剥削与被剥削的关系，表现为物的关系。资本本来体现资本主义的社会生产关系"成了既存在于古代又存在于今天的物"②。"事实上，资本家自己把资本看作自动机，这种机器不是作为关系，而是在自己的物质存在上就拥有增殖自己并带来利润的性质。"③

从剩余价值和利润的区别，可以看出："利润表现的比率总是小于实际剩余价值的比率，因而，利润率总是把资本占有别人劳动的比率表现得比实际的比率小得多。"④ 认清这个规律，对于揭示资本对劳动的剥削本质和剥削程度，在理论上是重要的。

第三，马克思深刻地分析了资产阶级经济学家把资本看作自动机的认识根源。他指出：把资本看作自动机不是偶然的，而是有其客观基础，有其认识上的根源的。把资本当作自动机为出发点，不仅"是普莱斯的利息和复利计算法的基础"，甚至威廉·皮特也完全受了骗。他们把利息的存在，作为利润存在的根据，"否则资本家就会把自己的资本放债取息"⑤。好像只要有资本就会自动带来利息，并不依靠投入生产中的资本。重农主义者杜尔阁则用地租作为利润存在的根据："如果资本不带来利润，那么每个人都会用自己的资本去买地

---

① 马克思恩格斯全集：第 48 卷 [M]. 北京：人民出版社，1972：254.
② 马克思恩格斯全集：第 48 卷 [M]. 北京：人民出版社，1972：254.
③ 马克思恩格斯全集：第 48 卷 [M]. 北京：人民出版社，1972：255.
④ 马克思恩格斯全集：第 48 卷 [M]. 北京：人民出版社，1972：261.
⑤ 马克思恩格斯全集：第 48 卷 [M]. 北京：人民出版社，1972：255.

产"，从而获得地租。"在这些地方，一定的投资方式因而被看作自动带来果实的东西。"①

另外一些经济学家，例如，拉姆赛、马尔萨斯、西尼耳、托伦斯等人，根本不了解利润的本质，直接用流通领域的现象来证明："仿佛资本在自己的物质形态上同社会生产关系无关（而只有社会生产关系才使资本成为资本）、在劳动之旁并且不依赖于劳动而成为剩余价值的独立源泉。"② 这种观点是资本家从实际流通过程中得出的观念，它"不仅得到过去的经济学家的认可，而且也得到最新的经济学家们的认可"③。

这种观念是怎样产生的呢？这是因为"资本的生产过程总是同资本的流通过程联系在一起的。……这两者不断地交织在一起，从一个过程过渡到另一个过程，因而总是以虚假的形式表现出自己的特征"。"流通时间和劳动时间在这一途程中交错在一起，因而看起来好像这两者都在同样程度上决定剩余价值。资本和雇佣劳动的彼此对立所采取的最初形式仿佛消失了，而产生出仿佛与这一形式无关的关系；剩余价值本身已经不再表现为占有劳动时间的产物，而是表现为商品的出售价格超过商品价值的余额，而首先是表现为货币，这样，就完全想不起剩余价值的最初性质了"。④ 这种客观现象，必然产生与之相适应的意识，资产阶级经济学家们，正是从这种表面现象上，产生出被歪曲、被颠倒的观念的。在这种观念上，资本对劳动的统治就不表

---

① 马克思恩格斯全集：第48卷［M］．北京人民出版社，1972：265.
② 马克思恩格斯全集：第48卷［M］．北京人民出版社，1972：257.
③ 马克思恩格斯全集：第48卷［M］．北京：人民出版社，1972：258.
④ 马克思恩格斯全集：第48卷［M］．北京：人民出版社，1972：257.

现为社会生产关系的结果，而是相反，倒是社会生产关系表现为物质关系的结果；剩余价值本来是生产过程中产生的，表现为利润就好象是流通过程中产生的；剩余价值本来是雇佣工人的剩余劳动形成的，表现为利润就成了资本的产物；"劳动的社会生产力表现为特殊转移到资本身上的生产力"①。

马克思对于在资产者的头脑中，剩余价值必然采取利润的形式，以及由此而得出的种种庸俗见解进行的深刻分析，证明这"不是单纯的认识方式"② 问题，而是有其客观现象为实际基础的。马克思的分析，不仅《资本论》第一稿未曾达到，也是《资本论》没有收纳进的极为宝贵的思想。

二、 生产费用与价值和利润的关系

马克思在《资本论》第三卷中，对剩余价值转化为利润的分析，是从生产费用开始的。在《资本论》第二稿的"资本和利润"篇中，则是先分析利润，然后才转入对生产费用的分析。这反映了前者作为叙述方法和后者作为研究方法上的差异。也正是在这里，可以深刻地体会到马克思利润理论的丰富内容。

为什么考察利润要联系生产费用呢？马克思谈了两点原因：一是"资本实际上关心的事情……是利润，而不是剩余价值，就是说，是剩余价值同预付资本总额的关系，而不是剩余价值同购买劳动能力的

① 马克思恩格斯全集：第48卷［M］. 北京：人民出版社，1972；257.
② 马克思恩格斯全集：第48卷［M］. 北京：人民出版社，1972；256.

那个资本的关系。这就促使我们（这是真正的过渡）去考察生产费用及其与产品出售价格的关系"①。二是，由于竞争使商品的实际价格发生了重大变化，商品价值转为生产价格，这种"资本的规律在竞争的条件下所呈现出来的被歪曲的方式，最好在考察生产费用时来论述"②。

马克思从两种生产费用的分析，论述了生产费用与价值和利润的关系。

第一种是从"单个资本家的观点来看的商品的生产费用"，即"预付资本总额表现为商品的生产费用，实际上表现为通过商品所得到的收入或利润的生产费用"。③ 这种生产费用的观念的形成原因是：资本家一视同仁地预付全部总资本，而不管这个资本在剩余价值的生产中所固有的质的区别。用在机器和劳动材料的那部分资本和用在工资上的那部分一样，都是预付资本。虽然剩余价值只是后一部分资本创造的，但这后一部分资本只有在同时预付了其他部分资本，即提供了劳动所必需的生产条件的情况下，并且在资本的所有这些部分都同样加入产品的情况下，才创造出剩余价值。因为资本家只有预付不变资本才能剥削劳动，只有预付可变资本才能实现不变资本的价值。所以，在资本家的观念中所有这些资本是结合在一起的，资本家的实际利润不是取决于剩余价值和可变资本之比，而是取决于剩余价值和总资本之比。所以，利润就表现为生产费用以上的余额。因为利润虽然是在生产过程中产生的，却是在流通过程中实现的。这个事实就使

---

① 马克思恩格斯全集：第 48 卷［M］. 北京：人民出版社，1972：258

② 马克思恩格斯全集：第 48 卷［M］. 北京：人民出版社，1972：260.

③ 马克思恩格斯全集：第 48 卷［M］. 北京：人民出版社，1972：266.

"关于这种利润的实际来源的所有记忆，关于各种因素之间存在的质的区别……的记忆，都随之而消失了"①。

第二种生产费用，马克思称之为"商品的实际生产费用"。这种生产费用"等于生产商品时所花费的劳动时间。换句话说，商品的生产费用等于商品的价值。物化在商品中的劳动既包括把加入商品的原料生产出来的劳动，又包括把商品所花费的固定资本生产出来的劳动，最后，还包括生产商品所花费的活劳动——必要劳动和剩余劳动，有酬劳动和无酬劳动"②。商品的这种实际生产费用和从资本家的观点来看的商品的生产费用不同。它不仅包括预付资本总额所表现的生产费用，它还包括资本家"没有支付报酬的剩余劳动构成资本家的收入。这个剩余劳动没有花费资本家分文"，却"完全像有酬劳动一样作为形成价值的要素加入商品"。这就是说，利润虽然加入商品的生产费用，但不加入出卖商品的那个资本家的生产费用。"对于资本家来说，利润恰恰在于商品价值（价格）超过商品生产费用的余额。换句话说，这只是表明，利润在于商品中包含的劳动时间总额超过资本家支付报酬的劳动时间所形成的余额。"③

这两种生产费用的差异，可以得出一个规律，即资本的生产费用小于商品的实际生产费用，这就使商品即使按低于自己的价值出售也能够得到利润。只要商品以高于资本的生产费用的价值出售，就能为资本家带来利润。这就为"利润的提高或降低规定了整个范围，这个

---

① 马克思恩格斯全集：第 48 卷［M］．北京：人民出版社，1972：265．
② 马克思恩格斯全集：第 48 卷［M］．北京：人民出版社，1972：266．
③ 马克思恩格斯全集：第 48 卷［M］．北京：人民出版社，1972：267．

范围取决于……商品的价值和商品生产费用的价值之间的差额"①。

马克思进一步指出："资本家虽然按低于商品的价值出卖商品，但也能够得到利润，这个规律对于说明竞争的一些现象是很重要的。"② 这个规律的重要意义就在于它提供了一个理论上的前提，以此为前提，才可以在价值规律的基础上建立起平均利润理论。因为"一般利润率所以可能，只是由于一些商品按高于自己的价值出卖，另一些商品按低于自己的价值出卖，或者说，只是由于各个资本家实现的剩余价值不是取决于他本身所生产的剩余价值，而是取决于整个资本家阶级所生产的平均剩余价值"③。

马克思从生产费用角度对利润理论的分析，比《资本论》第一稿有了明显的发展，但比起《剩余价值理论》对生产费用和利润关系的分析，就似乎不够完整。在《剩余价值理论》第三册第二十章谈到"托伦斯和生产费用的概念"时，马克思明确提出三种生产费用，即"第一，对于资本家来说"的生产费用，这种生产费用"等于预付资本的价值，等于为生产过程预付的商品中包含的劳动量"。"第二，……商品生产本身的生产费用"，或"内在的生产费用"，即"商品的价值"。"第三，本来意义上的（经济学意义上的，资本主义意义上的）生产费用"，即"预付资本的价值加平均利润的价值"④。马克思概括出三种意义上的生产费用及其和利润的关系之后，强调指出：

---

① 马克思恩格斯全集：第 48 卷 [M]. 北京：人民出版社，1972：268.
② 马克思恩格斯全集：第 48 卷 [M]. 北京：人民出版社，1972：269.
③ 马克思恩格斯全集：第 48 卷 [M]. 北京：人民出版社，1972：269.
④ 马克思恩格斯全集：第 26 卷 Ⅲ [M]. 北京：人民出版社，1972：81—84.

"不管个别商品的这种费用价格怎样偏离商品的价值，它都是由社会资本的总产品的价值决定的。""因此很清楚，虽然大多数商品的费用价格必定偏离它们的价值，就是说，虽然它们的'生产费用'，必定偏离它们包含的劳动总量，但是，不仅这种生产费用和费用价格由商品的价值决定，并同价值规律相符合（而不是和它相矛盾），而且甚至生产费用和费用价格的存在本身，也只有在价值和价值规律的基础上才能理解，没有这个前提，它们的存在就是不可思议的和荒谬的。"①

上述思想虽然在第 16 本笔记（即《资本和利润》篇）中都已有所论述，但却只明确地概括出前两种生产费用，并未概括出第三种意义上的生产费用（或费用价格）。这里使人感到《资本和利润》② 在理论的成熟程度上，不如《剩余价值理论》第 3 册。此外，马克思在谈到利润虽然加入商品的生产费用，但不加入出卖商品的那个资本家的生产费用，指出："利润恰恰是由于他出卖那些他没有支付的东西才获得的"时说："这解决了关于利润究竟是否加入生产费用的争论。这个问题需要进一步研究，参看萨伊、琼斯尤其是托伦斯等等的论述。"③ 我们在前面引述的"托伦斯和生产费用的概念"的正面论述，可能正是对这个问题的"进一步研究"。这表明，包括"资本和利润"在内的马克思《1861—1863 年经济学手稿》的第 16 本笔记，很可能是在组成《剩余价值理论》手稿之前写成的，虽然在笔记本总的编号

---

① 马克思恩格斯全集：第 26 卷Ⅲ〔M〕. 北京：人民出版社，1972：84—85.
② 马克思恩格斯全集：第 48 卷〔M〕. 北京：人民出版社，1972：三篇.
③ 马克思恩格斯全集：第 48 卷〔M〕. 北京：人民出版社，1972：267.

顺序上，它编在第 15 本之后。①

三、 剩余价值率和利润率、 影响利润率的因素

在分析了剩余价值和利润的本质联系、利润范畴的意义之后，马克思分析了剩余价值率和利润率，以及影响利润率的各种因素，从数量关系的变化上进行了研究。

在《资本论》第一稿中，马克思提到了利润率决定于剩余价值率和资本有机构成，以及资本周转时间对利润率的影响。在《资本论》第二稿中，展开了更为充分的论述。马克思指出，如果剩余价值转化为利润，即按照它同预付资本总数的比例计算，"可以从这个不同的表现形式中得出如下原理：同一利润可以表现不同的剩余价值率"②。马克思假定利润率为 10％，预付资本总额不变，由于可变资本与不变资本差额中占的比例不同，而可以出现三种情况。这里是从资本有机构成来看对利润率的影响。其次，马克思指出，以剩余价值既定为

---

① 马健行同志认为：从马克思写作的逻辑和从《资本和利润》与《剩余价值理论》理论发展水平推断，第 16 本和第 17 本笔记的前 7 页在写作时间上早于第 15 本笔记和第 17 本笔记 1029 页以后的部分。马克思在第 16 本笔记封皮上注明的 "12 月"，不是 1862 年 12 月，而是 1861 年 12 月，也就是说，第 16 本笔记和第 17 本笔记的前半部分写于 1861 年 12 月至 1862 年 3 月，是在《剩余价值理论》之前写成的。《马克思恩格斯全集》俄文版第二版第 48 卷的编者和《马克思恩格斯全集》国际版的编者认为该卷十一章是 1862 年 12 月写的，是错误的。国际版的编者认为第 17 本笔记是 1863 年 1 月写的，也是错误的。应以马克思在第 17 本笔记第一封页上写明的 1862 年 1 月为准。我认为马健行同志的意见是有道理的。从对生产费用的论述来说，也表明《剩余价值理论》是更为成熟的，这也是《剩余价值理论》写作时间晚于《资本与利润》的一个佐证.

② 马克思恩格斯全集：第 48 卷［M］. 北京：人民出版社，1972：261.

前提，利润率"取决于那种情况：第一，取决于预付资本总额，第二，取决于预付资本的可变部分与它的不变部分之比。通常，利润，第一，取决于剩余价值与资本可变部分之比；第二，取决于这个可变资本与资本总量之比[1]。"在这种情况下，利润率的大小"显然与 m 的绝对量成正比，而这个绝对量又由 $\frac{m}{v}$ 的比例（即剩余价值率——引者）所决定；同时与 v＋c 即预付资本总额的大小成反比"[2]。

剩余价值率虽然是影响利润率的重要因素，但利润率还取决于其它多种因素。这些因素是：不变资本的价值的变化，影响利润率。如果剩余价值已定，必要劳动时间不能再缩短，就"只有当生产商品所需要的不变资本的价值能够减少时，利润才能增加"[3]。要使不变资本的价值减少或下降，只有在下述两种情况下才有可能：一是所使用的固定资本和流动资本的价值直接下降，就是说，把它们直接生产出来的那些劳动部门中的生产力提高了。为占有一定量的剩余劳动所需要的生产费用降低了，也就是"资本的可变部分与不变部分之比提高了。而剩余价值率是不变的，在此种情况下，利润必然随之增加。不变资本的价值越低，利润率和利润量就越高，"如果 C 等于零，这个量就达到最大限度"[4]。"随着可变资本与总资本之比的提高程度，利润率也按同一程度提高"[5]。

不变资本的价值的减少，还为增加可变资本提供了可能性："不

① 马克思恩格斯全集：第 48 卷 [M]. 北京：人民出版社，1972：262.
② 马克思恩格斯全集：第 48 卷 [M]. 北京：人民出版社，1972：263.
③ 马克思恩格斯全集：第 48 卷 [M]. 北京：人民出版社，1972：269.
④ 马克思恩格斯全集：第 48 卷 [M]. 北京：人民出版社，1972：271.
⑤ 马克思恩格斯全集：第 48 卷 [M]. 北京：人民出版社，1972：272.

变资本价值的任何减少——这种减少能使利润率提高，因为它能使总资本与可变资本之比降低，我们撇开这一点不谈——总是能够花费较少的总资本而剥削同量的劳动，因而使剩余价值保持不变，并且能够腾出一部分资本来，这部分资本现在可以不再像以前那样变成不变资本，而是变成可变资本，变成自行增殖的资本部分"①，从而使利润增加。

在做了如上分析之后，马克思总结出不变资本价值的变化与利润率变化的关系："不变资本价值的任何增加（只要生产水平不变，从而生产的工艺条件不变）都会增加生产同量剩余价值所需要的生产费用，从而降低利润率。不变资本价值的任何减少——只要生产水平保持不变——都会增加可以转化为可变资本，转化为自行增殖的资本，而不是仅仅保存自身的资本的那部分资本，因此，不仅会提高利润率，而且由于剩余价值量增加，利润量本身也会增加。"② 马克思举例说明了两种情况：第一种情况是因为可变资本与总资本之比提高了，所以利润率就提高了；第二种情况是由于用于不变资本的价值减少，可以腾出减少的不变资本部分用于增雇工人，使剩余劳动量不仅相对增加，而且绝对增加。在这两种情况下，利润率的提高的基础，"不是某个资本的劳动部门中的生产力发展了，而是把这个劳动部门所必需的不变资本作为产品出产出来的那个劳动部门中的生产力发展了"③。就是说，它是建立在别个劳动部门劳动生产力的发展、它还是间接的，而不是本劳动部门生产力直接提高的结果。同样的道理，

---

① 马克思恩格斯全集：第 48 卷 [M]. 北京：人民出版社，1972：273.
② 马克思恩格斯全集：第 48 卷 [M]. 北京：人民出版社，1972：273.
③ 马克思恩格斯全集：第 48 卷 [M]. 北京：人民出版社，1972：274.

如果不变资本的价值因生产力的降低而提高，则会使利润率降低。关于不变资本价值的变化与利润率的关系问题，虽然还没有明确地和科学技术逐步联系起来，不如《资本论》第三卷第一篇第五、第六章那样深刻，但比起《资本论》第一稿，却是一个新的内容。

马克思提出了资本周转时间对利润率的影响，但未展开论述。他提出的要点是"利润率可以靠缩短流通时间而提高，也就是说，靠各种各样的发明，交通运输工具的改进，以及商品形式转化过程的缩短，因而，靠信用的发展等等。但是，实际说来，这属于对流通过程的考察"①。在马克思为《资本论》第三卷写成的初稿中，第一篇第四章"只有一个标题"。恩格斯说："因为这一章研究的问题即周转对利润率的影响极为重要，所以由我亲自执笔写成。"② 就是说，"周转对利润率的影响"这一章，是恩格斯编辑出版《资本论》第三卷时补写的。

节约不变资本的使用是提高利润率的另一渠道。因为节约不变资本的使用，也能达到使不变资本的价值减少，使剩余价值和预付总资本之比相对增加，从而提高利润率。

节约不变资本的使用，可以有如下的一些办法："由于工人集中、协作和大规模生产，不变资本得到节省。"由于机器的使用，使用机器的费用可以相对减少，"例如蒸气锅炉的费用，并不是和蒸气锅炉发挥的马力数量成正比例地增加。蒸气锅炉的绝对价值虽然提高了，但是它们的相对价值同生产规模和使用的可变资本量相比，或者同被

---

① 马克思恩格斯全集：第48卷［M］. 北京：人民出版社，1972：275.

② 马克思恩格斯全集：第25卷［M］. 北京：人民出版社，1972：8（"序言"）.

剥削的劳动力量相比下降了。"① 这种"直接建立在劳动的节约上，即以尽可能少的物化劳动换取尽可能多的活劳动，创造尽可能多的剩余劳动，而这只有通过提高劳动生产力才能达到"②。这可以归纳为如下两种情况，即或者如上所述，靠节约不变资本的使用，这种节约或是直接通过协作等等，或是创造新规模的机器生产等等的可能性，在这种生产中，机器的交换价值并不与它的使用价值成比例地增加。这样就可以使不变资本的价值减少，使商品的价格降低到自己的最低限度，使生产商品所需要的劳动的一切要素都减少到最低限度，从而使商品便宜，使利润率提高。

再有就是"大规模生产中的废料比小工业分散的废料更容易变成新工业部门的材料，结果生产费用也会减少"③。

关于节约不变资本的使用，从而提高利润率的论述，在马克思第三至第五本笔记《相对剩余价值》中，还有着更为详细的分析。马克思说："资本通过使用机器而产生的剩余价值，即剩余劳动——无论是绝对剩余劳动，还是相对剩余劳动，并非来源于机器所代替的劳动力，而是来源于机器使用的劳动力。"④ 紧接着马克思作了八点论述⑤，马克思指出了资本主义应用机器的前提和后果："在资本主义生产的基础上，使用机器的目的，决不是为了减轻或缩短工人每天的劳动。""使用机器的目的，一般说来，是减低商品的价值，从而减低

---

① 马克思恩格斯全集：第 48 卷 [M]. 北京：人民出版社，1972：275.
② 马克思恩格斯全集：第 48 卷 [M]. 北京：人民出版社，1972：276
③ 马克思恩格斯全集：第 48 卷 [M]. 北京：人民出版社，1972：276.
④ 马克思恩格斯全集：第 47 卷 [M]. 北京：人民出版社，1972：371.
⑤ 马克思恩格斯全集：第 47 卷 [M]. 北京：人民出版社，1972：372.
389.

商品的价格，使商品变便宜，也就是缩短生产一个商品的必要劳动时间……缩短工人为再生产其劳动力所必需的劳动时间……延长他无偿地为资本劳动的工作日部分"①，达到提高利润率的目的。当然，对这个问题的更为系统、全面的阐述，是在《资本论》第三卷第五章"不变资本使用上的节约"中。

马克思在《资本和利润》篇中，在分析影响利润率的因素之后，指出资本家得到的赢利不是由剩余价值表现出来，而是由利润表现出来。利润同为了生产这种剩余价值而预付的总资本有关，也就是说，这个总资本不仅包含直接同活劳动交换的那部分资本，同时还包含一部分资本，即生产条件的价值额，只有在这些生产条件下，资本的另一部分才能同活劳动交换并剥削活劳动。这样，使剩余价值本来只同直接把它生产出来的那部分资本（可变资本）有关的实质，变成利润就成为同全部预付总资本有关的现象了。利润是资本直接关心的唯一形式，利润表现为全部资本的产物，表现为"总资本在生产过程和流通过程结束时所得到的价值超过它在这个生产过程之前，即它进入这个生产过程之前就具有的价值所形成的增长额"②。这种情况，通过影响利润率因素的分析，通过不变资本使用的节约，就更加强了利润是全部资本的产物这种假象。"关于利润起源的记忆在其中完全消失了。因此，剩余价值转化为利润使一种神秘化完成了，这种神秘化把资本表现为自动机和与劳动相对立的人，这种神秘化使生产过程的客观要素主观化了。"③

---

① 马克思恩格斯全集：第 47 卷 [M]. 北京：人民出版社，1972：359.
② 马克思恩格斯全集：第 48 卷 [M]. 北京：人民出版社，1972：277.
③ 马克思恩格斯全集：第 48 卷 [M]. 北京：人民出版社，1972：277.

四、 平均利润理论的创立

价值规律与平均利润规律的矛盾，是导致资产阶级古典政治经济学解体的一个理论难题。亚当·斯密和李嘉图虽然都感到了这个矛盾，并意识到价值规律在资本主义条件下发生作用的形式起了变化。但由于他们的形而上学的研究方法和理论上的缺陷，或者认为价值规律在资本主义制度下失效了，放弃了劳动价值论（如斯密）；或者混同了价值和生产价格，跳过必要的中介环节，企图直接证明各种经济范畴相互一致。而"如果想不经过任何中介过程就直接根据价值规律去理解这一现象，就是说，根据某个别行业的个别资本所生产的商品中包含的剩余价值即无酬劳动（也就是根据直接物化在这些商品本身中的劳动）来解释这一资本所取得的利润，那末，这就是一个比用代数方法或许能求出的化圆如方问题更困难得多的问题。这简直就是企图把无说成有。"① 不管李嘉图解怎样挣扎，说生产价格和价值不符是"例外"也好，说工资的变动虽然影响商品价值是微不足道也好，都不过是徒劳的辩解，难免破产的命运。

马克思在 50 年代考察了价值和剩余价值的性质，并初步研究了剩余价值到利润、利润到平均利润的转化。指出利润"是剩余价值的第二级的、派生的和变形的形式"②。说明了各个不同的产业部门，数量相等的资本利润不相等，"是竞争的平均化作用的条件和前

① 马克思恩格斯全集：第 26 卷Ⅲ [M]. 北京：人民出版社，1972：90.
② 马克思恩格斯全集：第 46 卷Ⅲ [M]. 北京：人民出版社，1972：95.

提"①。在竞争的作用下，资本家阶级不是按照他们各自生产部门中实际创造的剩余价值来分配，而是按照他们的资本量成比例地大致平均分配的。

在50年代后期的成就的基础上，《1861—1863年经济学手稿》中，进一步发展了这一平均利润理论，并第一次提出了生产价格的经济范畴，使这一理论达成了完成阶段。

在《1861——1863年经济学手稿》中，马克思研究了第一个转化，即剩余价值向利润转化之后，接着又研究了第二个转化，即利润向平均利润、价值向生产价格的转化。如果说，马克思在《剩余价值理论》特别是它的第十章中，还主要是在批评李嘉图和斯密的错误的费用价格理论时论述自己的对这个问题的观点。那么，在《手稿》的第16本笔记中，即编为《马克思恩格斯全集》第48卷第11章的《剩余价值和利润》中，马克思主要是正面阐明了这个理论。

马克思指出：关于利润同资本量的关系和一般利润率是怎样产生的"这两个与生产费用有关的问题"，应该放在"利润率在资本主义生产进程中下降的问题之前，就作为回答。"② 对这个问题的回答是：如果利润率是既定的，那么利润量，利润的绝对大小，完全取决于所使用的总资本的大小；如果资本是既定的，利润量就取决于利润率。③ 这个回答显然是以一般利润率作为前提的。为了结合对资产阶级古典经济学的错误的批判，解决导致他们所不能克服的矛盾，即说明平均利润率存在，不违背价值规律，马克思全面地建立了平均利润

① 马克思恩格斯全集：第46卷Ⅲ [M]. 北京：人民出版社，1972：283.
② 马克思恩格斯全集：第48卷 [M]. 北京：人民出版社，1972：277.
③ 马克思恩格斯全集：第48卷 [M]. 北京：人民出版社，1972：280.

和生产价格理论。概括起来，有如下一些要点：

第一，剩余价值转化为利润和利润转化为平均利润这两种转化的联系和区别。

与不同投资部门的不同利润率不同，平均利润率（或一般利润率）对于所有资本都是相同的，利润量彼此之间完全像资本量彼此之间一样互相发生关系。它不是取决于可变资本与不变资本之比的资本有机构成，流动资本与固定资本之比的资本周转时间，"它们是完全取决于资本的大小，和资本量成正比"①。

在第一种转化即剩余价值转化为利润时，虽然改变了数字比例，改变了形式本身。但从绝对量上剩余价值和利润上是相等的。在第二种转化上，即不同部门的不同利润率转化为平均利润，它"所涉及的不再只是形式，而且除形式外还涉及实体本身，也就是说，改变利润的绝对量，从而改变在利润形式上表现出来的剩余价值的绝对量"②。

第一种转化是第二种转化的实体和前提，第二种转化是第一种转化的必然结果。第一种转化是由资本本身的性质造成的，即剩余价值表现为价值超过预付资本的余额——利润。剩余价值和利润虽然在量上相等，但利润率小于剩余价值率。在第二种转化的情况下，总剩余价值的绝对量等于总利润的绝对量。但是，平均利润率小于平均剩余价值率。

在第一种情况下，转化是形式上的。因为利润量和剩余价值量是相等的，只是前者比例于预付总资本，后者只比例于可变资本部分。

---

① 马克思恩格斯全集：第 48 卷 [M]. 北京：人民出版社，1972：283.
② 马克思恩格斯全集：第 48 卷 [M]. 北京：人民出版社，1972：284. 285.

在第二种情况下，不考虑资本同这个总剩余价值的生产在职能上的关系，只按资本的量来计算。这种计算方法就"既会出现利润和剩余价值之间的差别，又会出现商品的价格和价值的差别。而且，商品的实际价格——甚至商品的正常价格——与它的价值不同"①。所以，"经验利润或平均利润只能是这个总利润（从而总利润所表现的总剩余价值，或全部剩余劳动）在各个特殊生产领域中的各个资本之间按照相同的率所进行的分配，或者同样可以说，按照各个资本量的比例的差别……就是等量的资本得到相等的利润，或者说，不等量的资本得到不等的利润"②。

第二，针对李嘉图把商品价值混用于生产价格，以至于不能解决价值规律与等量资本获得等量利润这个难题，马克思指出，要在劳动价值论的基础上，科学地解决从价值到生产价格这个难题，"还需要经过许多中介环节来阐明"③。需要说明两种转化是怎样实现的，需要说明它们"得以实现的因素是资本之间的竞争"④。在《手稿》中，马克思多处说到了两种竞争的作用及其结果，区别了部门内部的竞争和部门之间的竞争，指出在同一部门进行的竞争"使这领域生产的商品的价值决定于这个领域中平均需要的劳动时间，从而确定市场价值"。在不同部门之间进行的竞争，"所起的作用是，把不同的市场价值平均化为代表不同于实际市场价值的费用价格的市场价格，从而在不同领域确立同一的一般利润率"。同一部门内的竞争形成不同的利

---

① 马克思恩格斯全集：第 48 卷 [M]．北京：人民出版社，1972：289．
② 马克思恩格斯全集：第 48 卷 [M]．北京：人民出版社，1972：278．
③ 马克思恩格斯全集：第 26 卷 Ⅱ [M]．北京：人民出版社，1972：192．
④ 马克思恩格斯全集：第 48 卷 [M]．北京：人民出版社，1972：287．

润率，不同部门间的竞争"是把利润平均化，也就是使商品的价值转化为平均价格"。① 马克思为简便起见，把流通时间因素撇开不说，仅从资本有机构成不同，举了五个例子，分析了平均利润率是怎样形成的。② 马克思指出。"根据第一，这个特殊资本在总资本中占多大部分；第二，总资本本身生产的剩余劳动总量。资本家们既作为同伙又作为敌手来瓜分赃物——他们所占有的别人劳动，于是他们每个人占有的无酬劳动，平均说来，同其他任何一个资本家占有的一样多。"③ 但是，这种平均价格本身并不和商品价值相一致，它使商品高于或低于它的价值，从而只能得到一般利润率，而不能比其他任何商品提供较大的利润率。"因此，认为资本竞争是通过使商品价格等于价值来确立一般利润率的说法，是错误的。相反，竞争正是通过以下途径来确立一般利润率的：它把商品的价值转化为平均价格，在平均价格中，一种商品的剩余价值的一部分转到另一种商品上等等。商品的价值等于商品包含的有酬劳动和无酬劳动的量。商品的平均价格等于商品包含的有酬劳动（物化劳动或活劳动）量加无酬劳动的平均份额，这个平均份额不取决于它原来是否如数包含在这种商品本身，换句话说，不取决于原来包含在该商品的价值中无酬劳动是大还是小。"④ 竞争在不同领域之间所起的作用是，"竞争决不是力求使商品价格去适应商品价值，而是相反，力求使商品价值化为不同于商品价

① 马克思恩格斯全集：第 26 卷Ⅱ ［M］. 北京：人民出版社，1972：68.
② 参阅：马克思恩格斯全集：第 26 卷Ⅱ ［M］. 北京：人民出版社，1972：65-67.
③ 马克思恩格斯全集：第 26 卷Ⅱ ［M］. 北京：人民出版社，1972：21.
④ 马克思恩格斯全集：第 26 卷Ⅱ ［M］. 北京：人民出版社，1972：21-22.

值的费用价格"①。也就是商品的平均价格等于它的生产费用加平均利润。② 由于平均利润率和生产价格的形成，商品的市场价格就围绕生产价格上下波动，而不是围绕价值上下波动。马克思还具体指出：不同部门之间的资本的竞争的形式，是"资本的不断来回交叉游动为前提，或者说，以由竞争决定的，全部社会资本在不同投资领域之间的分配为前提"③。如果利润不平衡，"通过他人的资本流入享有特权的部门，或者在相反的情况下，通过本部门中的资本流出这个部门，而把这种利润率降低到或提高到一般的水平"④。只有弄清楚由价值到生产价格的转化，弄清同一部门和不同部门两种竞争的作用和后果这一系列中介环节，才能了解价值和生产价格的关系和区别。李嘉图的错误，就在于他"把费用价格和价值等同起来"，"在他只需要阐明'价值'的地方，就是说，在他面前还只有'商品'的地方，就把一般利润率以及由比较发达的资本主义生产关系产生的一切前提全部拉扯上了"⑤。

第三，在阐明了生产价格和价值的区别，阐明两种竞争以不同作用和结果、价值到生产价格转化的一系列中介环节等理论的同时，马克思进一步揭示了生产价格与价值的内在联系，回答了为什么价值转化为生产价格并不违背价值规律，而且必须在价值规律基础上才能说明。对这个问题，马克思在《资本和利润》篇中只谈了基本观点，并

---

① 马克思恩格斯全集：第 26 卷 Ⅱ［M］. 北京：人民出版社，1972：230.
② 马克思恩格斯全集：第 26 卷 Ⅱ［M］. 北京：人民出版社，1972：69.
③ 马克思恩格斯全集：第 26 卷 Ⅱ［M］. 北京：人民出版社，1972：231.
④ 马克思恩格斯全集：第 48 卷［M］. 北京：人民出版社，1972：281.
⑤ 马克思恩格斯全集：第 26 卷 Ⅱ［M］. 北京：人民出版社，1972：231.

未充分展开论述。而在《剩余价值理论》谈得更为详尽。马克思指出："平均利润，是极不相同的利润率的平均数。"① "全体资本家阶级生产的总剩余价值，是总利润……的绝对尺度。"② "总剩余价值的绝对量等于总利润的绝对量。"③ "每个特殊生产领域的供给比例本身产生出这种平均化和平均计算。"④ 并在第二篇第九章《再生产过程》的插入部分，举例说明各特殊生产领域的不同利润率，怎样化为一般利润率的。在这个具体例子之后，马克思指出："平均利润率取决于：（1）不同生产领域中不等的利润率的平均数；（2）总资本在不同生产领域之间的分配比例。在这里，不同生产领域应当理解为资本有机构成不同的生产领域。"⑤ 在第三篇第十二章《商品资本·货币资本》的插入部分又指出："某种商品的生产价格只能由于两个原因而发生变化：第一，利润率改变，平均利润率改变。这所以可能，只是由于剩余价值本身的平均率改变，或这个率对预付资本的平均比例改变。……第二，一般利润率不变。这时商品的生产价格只可能由于商品本身价值的改变而改变。……商品生产价格的一切变化归结为价值的变化；但并非商品价值的一切变化必定表现在生产价格的变化上，因为生产价格不仅单个商品的价值决定，而是由一切商品的价值决定。也

---

① 马克思恩格斯全集：第48卷［M］．北京：人民出版社，1972：281．
② 马克思恩格斯全集：第48卷［M］．北京：人民出版社，1972：286-292．
③ 马克思恩格斯全集：第48卷［M］．北京：人民出版社，1972：286-292．
④ 马克思恩格斯全集：第48卷［M］．北京：人民出版社，1972：286-292．
⑤ 马克思恩格斯全集：第48卷［M］．北京：人民出版社，1972：134-135．

就是说，商品 A 价值的变化，可以由商品 B 价值的相反的变化而抵消，也就是说，总的比例仍然不变。"① 这些虽然也有着总价值等于总生产价格，总平均利润等于总剩余价值，价值转化为生产价格，利润转化为平均利润并不和价值规律相矛盾的思想。但比较起来，不如《剩余价值理论》更明确，更充分。

在《剩余价值理论》中，马克思反复阐明："如果利润按其比如说在一年内对资本的百分率计算必须相等，从而等量资本在同一时间内提供的利润必须相等，那末，商品的价格必然不同于商品的价值。一切商品的这些费用价格加在一起，其总和将等于这一切商品的价值。同总利润将等于这些资本加在一起，比如说在一年内提供的总剩余价值。如果我们不以价值规定为基础，那末，平均利润，从而费用价格，就都成了纯粹想象的、没有依据的东西。各个不同生产部门的剩余价值的平均化丝毫不改变这个总剩余价值的绝对量，它所改变的只是剩余价值在不同生产部门中的分配。但是，这个剩余价值本身的规定，只有来自价值决定于劳动时间这一规定。没有这一规定，平均利润就是无中生有的平均，就是纯粹的幻想。那样的话，平均利润就既可以是 10%，也可以是 1000%。"② 马克思在论述生产费用第三种概念时，更明白地指出："很清楚，不管个别商品的这种费用价格怎样偏离商品的价值，它都是由社会资本的总产品的价值决定的。"③各个资本的利润的平均化，丝毫不会改变总商品量的价值。虽然有些

---

① 马克思恩格斯全集：第 48 卷［M］. 北京：人民出版社，1972：332—333.

② 马克思恩格斯全集：第 26 卷Ⅱ［M］. 北京：人民出版社，1972：210.

③ 马克思恩格斯全集：第 26 卷Ⅲ［M］. 北京：人民出版社，1972：84.

生产部门的一部分无酬劳动由资本家同伙占有，而不是由推动这个特殊生产部门的劳动的资本家占有，但这丝毫不改变资本和劳动之间的一般关系。其次，不管个别商品的费用价格等于、大于或小于商品的价值，总之费用价格总是随着价值的变动，也就是随着生产商品所必要的劳动量的变动而变动，而提高或降低。再次，利润始终代表无酬劳动，即使不是本生产部门提供的，也是另一个生产部门提供的；或者相反，本部门生产出来的无酬劳动转移到其他生产部门，为别的生产部门所占有。由此马克思得出结论说："虽然大多数商品的费用价格必定偏离它们的价值……但是，不仅这种生产费用和费用价格由商品的价值决定，并同价值规律相符合（而不是和它相矛盾），而且甚至生产费用和费用价格的存在本身，也只有在价值和价值规律的基础上才能理解，没有这个前提，它们的存在就是不可思议的和荒谬的。"①

马克思关于平均利润和生产价格的理论，由抽象的范畴逐步上升到具体范畴，由现象到本质。通过对价值转化为生产价格的一系列中介环节的分析解剖，科学地解决了在价值规律的基础上阐明了等量资本获得等量利润这个难题，澄清了古典经济学直接把生产价格和价值等同起来，"希望直接以经验利润的形式表现剩余价值的抽象规律"的错误，批判了重商经济学利用这个表面上的矛盾，"把经验利润的现象直接当作并说成是剩余价值的规律；实际上就是把毫无规律性的现象说成是规律本身"②。从而达到其否定劳动价值论，说利润不是

---

① 马克思恩格斯全集：第 26 卷Ⅲ［M］. 北京：人民出版社，1972：85.
② 马克思恩格斯全集：第 48 卷［M］. 北京：人民出版社，1972：290.

由劳动决定而是由资本决定的谬论。

平均利润和生产价格理论的完成，不仅具有极其重大的理论意义，而且具有重大的政治意义："我们在这里得到了一个像数学一样精确的证明：为什么资本家在他们的竞争中表现出彼此都是虚伪的兄弟，但面对着整个工人阶级却结成真正的共济会团体。"① 这就得出了整个资产阶级剥削整个无产阶级，无产阶级要想得到解放，必须团结起来，推翻整个资产阶级的革命结论。

五、 利润率趋向下降的规律

马克思对资本主义生产进程中利润率趋于下降的规律，一直十分重视。在《1857—1858 年经济学手稿》中，马克思就曾认为这个规律"从每方面来说都是现代政治经济学的最重要的规律，是理解最困难的关系的最本质的规律"②。

马克思指出："这一规律虽然十分简单，可是直到现在还没有人能理解，更没有被自觉地表述出来。"③ 斯密用资本之间的竞争来解释利润率随着资本的增长而下降，李嘉图也看到了利润率随资本增加而下降的趋势，但因为他把利润和剩余价值混淆起来了，他用工资的增长来说明利润的下降。这些说明都是错误的。至于其他一些经济学家，如威克菲尔德、凯里·巴斯夏等人，更不能正确解释这种现象。自"亚当·斯密以来的全部政治经济学一直围绕着这个秘密的解决兜

---

① 马克思恩格斯全集：第 25 卷［M］. 北京：人民出版社，1972：221.
② 马克思恩格斯全集：第 46 卷Ⅲ［M］. 北京：人民出版社，1972：267.
③ 马克思恩格斯全集：第 46 卷Ⅲ［M］. 北京：人民出版社，1972：267.

圈子"①，但没有一个人能够作出科学的回答。原因是他们都没有一个不变资本同可变资本相区别的理论，没有一个科学的利润理论，而是把剩余价值同利润混同起来，因而利润率下降的规律究竟是如何形成的，始终是个谜。在《1857—1858年经济学手稿》中，马克思论述了这个规律的重要意义，指出："这个规律表明资本主义生产方式的历史过渡性，表明资本主义生产超过一定点，资本关系就变成对劳动生产力发展的一种限制……就必然会作为桎梏被打碎……社会的生产发展同它的现存的生产关系之间日益增长的不相适应，通过尖锐的矛盾、危机、痉挛表现出来。""而最终将导致用暴力推翻资本。"②

在《1861—1863年经济学手稿》中，马克思重申了利润率下降趋势这个规律"是政治经济学的最重要的规律"③的论断，进一步展开了对这个规律的理论分析。

马克思把剩余价值的各个分枝，略而不论，说明"这里谈的是总剩余价值率的下降"。因为一般利润率不外是剩余价值总额与资本家阶级使用的资本总额之比，产业利润、利息、地租等等这些剩余价值的不同形式，不过是总剩余价值的各个组成部分，其中的一个部分能够增加，是因为另一个部分减少，考察一般利润率的下降问题，只考察总剩余价值率的下降的趋势，无需研究它的各个分枝。

那么，一般利润率下降这种趋势是从哪里产生的呢？资产阶级经济学家，包括整个李嘉图和马尔萨斯学派，都看到了这种现象，并且

---

① 马克思恩格斯全集：第25卷［M］．北京：人民出版社，1972：238.

② 马克思恩格斯全集：第46卷Ⅲ［M］．北京：人民出版社，1972：268-269.

③ 马克思恩格斯全集：第48卷［M］．北京：人民出版社，1972：293.

引起了"很多忧虑"，他们作为资产阶级利益的维护者，"都认为这个过程必然导致世界末日而为此发出悲鸣，因为资本主义生产就是利润的生产，所以随着利润的下降，它也就失去了自身的刺激，失去活生生的灵魂"①。资产阶级经济学家不能解决的问题，马克思解决了。马克思从资本积累和资本有机构成的不断提高，说明随着资本主义的发展，可变资本在预付总资本中所占比重日益相对减少。因此，活劳动所形成的剩余劳动，从而剩余价值和总资本相比，也就趋于减少。这样就表现为一般利润率的不断下降。

马克思指出："一般利润率的下降，只能由于：（1）剩余价值的绝对量降低。……（2）可变资本与不变资本之比下降。"② 对第一个原因，马克思认为它是不现实的，因为实际上剩余价值的绝对量是会随着资本主义生产所发展的劳动生产力的提高而提高。所以，只有第二个原因才是现实的。他指出："资本主义生产的发展规律就在于……可变资本，即用于支付工资、支付活劳动的那部分资本——资本的可变部分——同资本的不变部分相比，即用于固定资本以及用于原料和辅助材料的流动资本的那部分资本相比不断地降低。"③ 不变资本在总资本中所占的部分越大，同一剩余价值率就表现为越小的利润率。或者说，在剩余价值率不变的情况下，随着社会生产力发展，资本有机构成的提高，一般利润率必然下降。"也就是说：可变资本与

① 马克思恩格斯全集：第 48 卷 [M]. 北京：人民出版社，1972：293.
② 马克思恩格斯全集：第 48 卷 [M]. 北京：人民出版社，1972：295.
③ 马克思恩格斯全集：第 48 卷 [M]. 北京：人民出版社，1972：295-296.

不变资本之比越小，剩余价值与资本总量之比也就表现得越小。"①
而固定资本的发展，是资本主义生产发展的特殊标志。这种发展直接
包括不变资本的比例的增加和可变资本的相对减少，也就意味着活劳
动量的减少。这种情况在农业中表现得最为明显，在那里，可变资本
的减少，不仅是相对的，甚至是绝对的。

马克思论述了利润率和剩余价值率的关系，指出，"为了使利润
率保持不变，剩余价值率（或劳动受剥削的率）就必须……随着不变
资本量的相对增长，以相同的比例增长。"② 但这种情况只有"在一
定的限度内是可能的"，"占统治地位的必定是利润下降的趋势"，但
这种下降因加重对劳动的剥削得到抵销而缓和。"就生产力的发展和
利润率没有按比例这样厉害地下降来看，对劳动的剥削大大加剧了，
而令人惊奇的并不是利润率下降，而是它没有更大幅度地下降。"③
结论是，"总起来说，平均利润率的降低表明：劳动或资本的生产力
提高，从而一方面对所使用的活劳动的剥削加剧了，另一方面以一定
量的资本来计算，按照提高了的剥削率所使用的活劳动的数量相对减
少了。"④

从利润率下降规律不能得出结论说，资本的积累会下降，利润的
绝对量会下降。相反，利润率下降，利润的绝对量会增加。马克思举
例说明："一笔 10000 的资本在利润为 6％时比一笔 500 的资本在利

---

① 马克思恩格斯全集：第 48 卷［M］．北京：人民出版社，1972：296.
② 马克思恩格斯全集：第 48 卷［M］．北京：人民出版社，1972：299-
300.
③ 马克思恩格斯全集：第 48 卷［M］．北京：人民出版社，1972：300.
④ 马克思恩格斯全集：第 48 卷［M］．北京：人民出版社，1972：301.

润率为 12％时积累得要快。"① 绝对利润量变多，前者为 60，后者为 600。马克思对利润率和利润量资本积累的关系，总结出三条规律："只要利润率的下降比资本的增长慢，那么利润量从而积累率就提高，尽管利润相对下降，如果利润下降与资本增长的程度相同，那么，尽管资本增长，利润量——从而积累率——仍然像利润率较高而资本较小时一样。最后，如果利润率以大于资本增长的比例下降，那么利润量，从而积累率，也随着利润率而下降，而且降得比生产不太发达而利润率较高的相应的不发达生产阶段还低"②。

由于利润率的降低，使能赚取利润所需要的资本的最低额提高了。"这种最低额是生产地使用劳动所需要的，是既包括剥削劳动，又包括只使用社会必要劳动时间生产某种产品所需要的。"③ 但是，同时积累即积聚也增长了，因为较低利润率的较大资本比较高，利润率的较小资本积累得更迅速。资本积累得越多越快，投资在生产上的规模越大，不变资本比可变资本在资本总额中占的比例越是更大，因而，"这种不断增长的积聚达到一定的水平，又使利润率发生新的下降。"④ 利润是资本主义生产的推动力量。为保持和增加利润，使利润量的数量不因利润率的降低而下降，就需要进一步提高资本的最低额。达不到这个最低额的资本，便会因无法投资而被闲置，这就形成资本过剩。所以，"所讲的资本过剩，始终只是指不能通过资本的数

---

① 马克思恩格斯全集：第 48 卷 [M]. 北京：人民出版社，1972：303.
② 马克思恩格斯全集：第 48 卷 [M]. 北京：人民出版社，1972：303.
③ 马克思恩格斯全集：第 48 卷 [M]. 北京：人民出版社，1972：302.
④ 马克思恩格斯全集：第 48 卷 [M]. 北京：人民出版社，1972：302.

量来抵消利润率下降的那种资本的过剩"①。一旦新发明得到普遍推广，对于小资本今后在本生产部门来说，利润率就变得太低了。"总之，必要生产条件的数量会增加到如此程度，以致会形成某种最低额，而且是相当可观的最低额；这种情况将来会把所有较小的资本从这一生产部门中排挤出去。"② 于是资本最低额和生产规模越来越大，而利润率却有下降的趋势。这就是使李嘉图不要的"利润——资本主义生产的刺激力和积累的条件以及积累的动力——受到生产的发展规律本身的危害"③。而"这是完全不以资本家的意志为转移的规律"。这本身是个矛盾：一方面，"一种新的生产方式，不管它的生产效率多高，或以怎样的程度提高剩余价值率，只要它降低利润率，就没有一个资本家会自愿地使用它"。另一方面，资本家又非得使用它不可，尽管使用它会导致降低利润率，因为"每一种新生产方式都会使商品变便宜。因此，资本家最初是按高于这种商品的生产费用，也就是高于这种商品的价值，出售这种商品。他所以能这样做，是因为生产这种商品的社会必要的平均劳动时间大于新生产方式下所需要的劳动时间（……）。他的生产方式高于社会平均水平。竞争使这种生产方式普遍化并使它服从于一般规律。"④

马克思指出，这种情况，必然造成"处于提高了剩余价值率和降低了利润率的较高阶段的这种生产，是大规模生产"，这种生产又必

---

① 马克思恩格斯全集：第 48 卷 [M]．北京：人民出版社，1972：302．
② 马克思恩格斯全集：第 48 卷 [M]．北京：人民出版社，1972：335．
③ 马克思恩格斯全集：第 48 卷 [M]．北京：人民出版社，1972：304．
④ 马克思恩格斯全集：第 48 卷 [M]．北京：人民出版社，1972：341－342．

须"以消费使用价值为前提",以"无产阶级为前提",无产阶级处于被剥削的经济地位,"大大地限制并越来越限制超过必要生活资料的需求","缺乏有支付能力的需求","因而不断地周期性地导致生产过剩"。① 这说明,"社会劳动生产力的发展是资本的历史任务和权利。正因为如此,资本无意之中为一个更高的生产方式创造物质条件"。"表明了资本主义生产的界限,表明了它的相对性,即它不是绝对的生产方式,而只是历史的并与一定的物质生产条件的有限发展时代相适应的生产方式。"② 马克思由此得出结论:"资本转化成为普遍社会力量同单个资本家控制这些社会生产条件的私人权力之间的矛盾越来越触目惊心,并预示着这种关系的消灭,因为它同时包含着把物质生产条件改造成为普遍从而是公有的社会生产条件。"③

六、 商业利润

关于商业利润来源、性质和特点,是资产阶级经济学家长期争论不休,从未得到解决的困难问题之一。马克思对商业利润的理论分析,集中在《手稿》的第 15 本、第 17 本笔记中,即《全集》的第 48 卷第 12 章中。在《1857——1858 年经济学手稿》中,马克思指出了商业活动"这种形式与价值概念是直接矛盾的。贱买贵卖,是商业的规律。可见,这不是等价物的交换,否则,商业就不可能是一种特

---

① 马克思恩格斯全集:第 48 卷 [M]. 北京:人民出版社,1972:303.
② 马克思恩格斯全集:第 48 卷 [M]. 北京:人民出版社,1972:304.
③ 马克思恩格斯全集:第 48 卷 [M]. 北京:人民出版社,1972:339.

殊行业了"①。在《剩余价值理论》部分中，只是指出"利润率实际上由周转的平均数决定"，"商业资本的利润决定于一般利润率"。②虽然说明马克思在理论上已经懂得了，但并未加以详尽的论述。只有在第 12 章中，马克思才从理论上进行了分析。马克思对商业资本和商业利润的科学分析，是后来出版的《资本论》第三卷的直接来源，有些内容如对决定商业利润量因素的分析，甚至《资本论》第三卷也没有全部包括进来。商业利润是马克思利润理论的重要部分，研究这个部分，对理解马克思的完整的利润理论是不可缺少的。

马克思指出，商业资本是资本的最初形式，它是在流通领域发挥作用的，是为生产担负中介运动的货币。"货币作为商业财富，是各种极其不同的社会形式所固有的，并出现在社会生产力发展的各种极其不同的阶段上，它们不过是不受它们支配的两极之间，以及不是它们所创造的前提条件之间的中介运动而已。"③ 商业资本只是在资本主义生产方式下，才表现为资本主义生产的要素，从属于资本主义生产。

在资本主义生产方式下商业资本无非是在流通领域内部执行职能的资本，它"既不创造价值，也不创造剩余价值"④。那么，它的利润是哪里来的呢？货币主义和重商主义只看到事实上商人是从流通中取得他的利润的，因而认为利润来自流通行为，是让渡利润。斯密、李嘉图等人正确地考察的是资本的基本形式，即生产资本，而对流通

① 马克思恩格斯全集：第 46 卷Ⅲ［M］．北京：人民出版社，1972：387．
② 马克思恩格斯全集：第 26 卷Ⅲ［M］．北京：人民出版社，1972：435．
③ 马克思恩格斯全集：第 48 卷［M］．北京：人民出版社，1972：360．
④ 马克思恩格斯全集：第 48 卷［M］．北京：人民出版社，1972：415．

资本，事实上只是在它本身是资本的再生产过程的一个阶段的时候才加以考察，"因此，他们遇到商业资本这种特殊种类的资本，就陷入了困境。考察生产资本时直接得出的关于利润等等的原理，并不直接适用于商业资本。因此，他们事实上把商业资本完全搁在一边了"①。可见这个问题是包括伟大的资产阶级经济学家都不能解决的。"困难来自这样一点：这种利润是由于商品加价而产生的，并且商品贱买贵卖，而这似乎同商品生产价格——归根到底是商品价值——由劳动时间决定这一点相矛盾。"②

如何在价值规律的基础上说明商业利润的来源？这不能从表面上直接去认识它，而必须通过科学的理论分析。

马克思研究了商业资本和产业资本的关系，说明了商业资本在流通过程中的不同作用。

马克思首先指出："用于商品运输、使商品按大小和重量分开以及用于商品库存的投资有一点是共同的：……这些过程直接改变和影响商品的使用价值，……使这些过程成为直接的生产过程，而使这些过程中所使用的资本成为按照一般分工用于直接生产各特殊领域的生产资本。"③揭示流通资本的这些特征，即它的流通过程中的生产资本职能，把它们这种职能"从流通资本中分离出来，这曾是很必要的。这是在流通领域内继续进行下去的、延伸到直接生产过程以外的生产过程"。这种职能是"同它自己的特殊职能结合在一起，从而不

---

① 马克思恩格斯全集：第48卷［M］. 北京：人民出版社，1972：417.

② 马克思恩格斯全集：第48卷［M］. 北京：人民出版社，1972：439.

③ 马克思恩格斯全集：第48卷［M］. 北京：人民出版社，1972：390—391.

是以自身的纯粹形式出现的，所以揭示这些特征就更加必要"。只有做了"这种分离之后，流通资本就以它的纯粹形式出现"① 了。

马克思指出，上述用于流通领域中的生产过程的继续的资本，与其他生产资本的差别，仅仅在于不同的特殊领域、差别只是形式上的。这种资本的利润的来源，也同资本的所有其他领域一样，来自对生产领域的雇佣劳动的剥削，按其资本量大小成比例地瓜分社会剩余价值。

在作了这种特征的分析之后，马克思接着考察了商业资本的纯粹形式。这是一种与商品使用价值及其各种不同的完成程度绝对无关的资本形式，是一种与生产资本本身不同的资本。它所执行的只是流通过程本身的职能，所以它的独特职能必须用商品的形态变化形式，也就是说，用流通本身所固有的形态运动来加以阐明。"商品形态变化的总运动表现为商品资本的运动，所以除了这种形式变换及其运动外，商人资本作为商人资本没有任何其他的职能。"② 这种从流通本身的职能，是"从资本主义生产的总过程中独立出来的"。③

明确了这种"纯粹形式"上的商业资本的特点，马克思进而分析这种商业资本的利润的来源。马克思指出，从表面上看，商业利润表现为"不仅一种商品的生产价格转入另一种商品的生产费用，而且是一种商品的工业生产价格＋这一价格的商业加价，表现为另一种商品的生产费用的要素"。"一切商品就会高于它的价值出售。"④ "商业资

---

① 马克思恩格斯全集：第 48 卷［M］. 北京：人民出版社，1972：391.
② 马克思恩格斯全集：第 48 卷［M］. 北京：人民出版社，1972：392.
③ 马克思恩格斯全集：第 48 卷［M］. 北京：人民出版社，1972：394.
④ 马克思恩格斯全集：第 48 卷［M］. 北京：人民出版社，1972：386.

本的情况似乎正是这样。"① "'利润'总是产品的实际价值或价格的附加数。"② 但是，实际上不是这样，它不是来自商业加价，而是来自生产工人创造的剩余价值。"商业资本本身在流通领域中，即在它唯一借以执行职能的领域中，除了从直接生产领域流入流通领域的价值或剩余价值以外，它并不创造价值或剩余价值。因此，商业资本带来的利润只是总生产资本所创造的剩余价值的一部分，是剩余价值中归商业资本所得的相应的部分。"③

虽然商业资本在真正的生产过程中不执行职能，但它在商品的再生产过程中执行职能。它不过是把生产资本再生产的一部分职能独立化。如果没有商业资本，"生产资本本应不断地作为流通的货币资本存在于产业资本手中的那一部分，现在以大大缩小的规模存在于那个在真正的生产过程之外执行职能的特殊资本家集团的手中"④。因此，它就和"任何在生产过程中或再生产过程中被使用的、执行资本的某种必要职能的资本"一样，"都按照其量的大小而在总资本于一定时期内，因而例如在一年内所生产的剩余产值中获得一个部分"⑤，可以和产业资本一样，得到与其资本量相应的同样多的平均利润。由于竞争，商业资本也只能得到平均利润，而不能更高。"如果商业资本能比产业资本带来更高的平均利润率，那么，一部分产业资本就会转化为商业资本。如果商业资本带来较低的平均利润率，那么，就会发

① 马克思恩格斯全集：第 48 卷 ［M］. 北京：人民出版社，1972：387.
② 马克思恩格斯全集：第 48 卷 ［M］. 北京：人民出版社，1972：444.
③ 马克思恩格斯全集：第 48 卷 ［M］. 北京：人民出版社，1972：415.
④ 马克思恩格斯全集：第 48 卷 ［M］. 北京：人民出版社，1972：416.
⑤ 马克思恩格斯全集：第 48 卷 ［M］. 北京：人民出版社，1972：416.

生相反的过程：一部分商业资本转化为产业资本。"①

马克思还分析了决定商业利润量的因素，指出，在一般利润率已定时，商业利润量决定于"商业资本周转的平均次数，即商业资本循环的平均次数"。"例如，要使 100 商业资本实现 20％的利润，如果商人 100 资本周转 4 次，那么，它就得在每 100 镑价格的商品总额上加价 5％；如果周转 5 次，就得加价 4％；如果周转 10 次，就得加价 2％。因此，直接参加生产的那部分资本的比例越大，商人的出售价格同购买价格之间的差额就越小。"② 商业资本周转越快，单位商品加价率就越低。

那么，"商业资本是怎样把它应得的剩余价值率和利润率据为己有的？"③ 在撇开商业资本只考察产业资本时，生产价格等于生产费用（C＋V）加上平均利润；平均利润率等于总剩余价值与总资本之比。当把商业资本因素加进来时，利润的平均化过程就变化了。表面上看起来，商业资本的利润，似乎是这样产生的："商业资本按商品价值购买商品，而高于商品的价值出售"④ 得到的，而实际上，"产业资本出售时所依据的生产价格不等于商品的实际生产价格，而等于商品生产价格减去应归商人的那部分利润。在这场合，商品的生产价格等于它的生产费用＋工业利润（包括利息）＋商业利润"。⑤ "总之，商业资本参与剩余价值到平均利润的转化过程（虽然它并不参与

---

① 马克思恩格斯全集：第 48 卷 ［M］. 北京：人民出版社，1972：418.
② 马克思恩格斯全集：第 48 卷 ［M］. 北京：人民出版社，1972：422.
③ 马克思恩格斯全集：第 48 卷 ［M］. 北京：人民出版社，1972：418.
④ 马克思恩格斯全集：第 48 卷 ［M］. 北京：人民出版社，1972：419.
⑤ 马克思恩格斯全集：第 48 卷 ［M］. 北京：人民出版社，1972：420.

这一剩余价值的产生），所以，平均利润率已经包含着剩余价值中应当归商业资本所有的扣除部分，即生产资本利润中的商业折扣。"①

马克思认为，理论上应作如此分析，即商业利润是生产资本利润中的商业折扣，但从历史上考察并非如此："商业资本不仅参与平均利润的调节，而且作为资本最初的自由形式第一个介入平均利润的形成过程。最初是商业利润决定生产资本的利润。只有在资本主义生产得到巩固，而生产者本身成了商人之后，商业利润才被归结为依照商业资本在总资本中占有的相应部分而应归商业资本所有的剩余价值相应部分。"②

马克思分析了商业资本的职能、特点和商业利润来源和形成之后，得出结论说，商业利润并不和价值规律相矛盾，而必须在价值规律的基础上加以说明：它"不会违背下面这个规律：商品平均价格的总额，即商品生产价格的总额等于商品的价值总额，而利润总额（包括利息和地租）等于剩余价值总额或无酬剩余劳动总额。商业资本只是同生产资本一道参加利润的分配，而生产资本直接从工人身上以剩余价值的形式榨取利润。"③ 这样，马克思通过科学的分析，就说明了包括商业利润在内的平均利润率的形成，解决了资产阶级经济学家，包括李嘉图在内都没有解决的"难题"。

---

① 马克思恩格斯全集：第 48 卷 [M]. 北京：人民出版社，1972：422.
② 马克思恩格斯全集：第 48 卷 [M]. 北京：人民出版社，1972：422.
③ 马克思恩格斯全集：第 48 卷 [M]. 北京：人民出版社，1972：423.

七、 商人资本费用和商业雇佣劳动的性质

马克思在手稿中，对于商人资本费用和商业雇佣劳动的性质，进行了深刻的阐述。这些问题曾是过去古典经济学没有探讨过和没能解决的理论难题。这方面的理论内容，是马克思在这个手稿中最初提出，为后来《资本论》第三卷第十七章所全面论述的。

马克思在研究了商业利润之后提出这样的问题：商人使用的劳动"是否也生产剩余价值呢？他所获得的那部分利润是不是由于他自己的资本执行职能而直接产生的呢？商人同他的雇佣工人（伙计等）是什么关系呢？"[1] 他指出，商业资本的利润也来源于无酬劳动。商人为了取得利润，也需要付出费用，这些费用就是他的预付资本。那么商人资本费用由什么来构成呢？马克思把它分为两个部分：第一部分是"必须直接预付的资本"，这部分资本是"单纯的买和卖"所要求的，它"或者是货币资本形式"，"或者是商品资本形式"。[2] 第二部分是"并不直接投在商品上"的费用，是经营商业本身需要的支出。它包括"支出、核算、簿记、旅费、通信费用等等"。[3] 还有商人的事务所、营业所费用，"可归结为纸张、墨水、钢笔以及办事员和推销员等的薪金。这些伙计所需要的固定资本，除了纸张等的原材料外，可归结为房屋的耗损（这部分房屋租金）和他们为建立事务所所

---

① 马克思恩格斯全集：第 48 卷 [M]. 北京：人民出版社，1972：423.
② 马克思恩格斯全集：第 48 卷 [M]. 北京：人民出版社，1972：424.
③ 马克思恩格斯全集：第 48 卷 [M]. 北京：人民出版社，1972：425.

必需的几件简陋家具。"① 马克思对上述这些商人资本费用又作了两种划分，即"前者是由商品本身的消费引起的"费用，如旅费、邮递费用、纸张、墨水、办公费用等等。后者是付给形式上表现为雇佣劳动的他人劳动的报酬，"因为这种劳动直接同资本相交换，而且只是在资本的再生产过程中同资本相交换"②。所有这些，马克思称之为"流通费用，或纯粹商人资本费用"③。这些费用不是在商品生产本身中支出的，也就是说，不是在生产商品使用价值所必需的劳动过程中支出的，而是在商品的流通中或者为商品的流通而支出的；它们是使商品实现为价值所必需的；是商品的再生产过程所必需的。它们不生产价值和剩余价值，但是实现价值和剩余价值，如果不支出这部分费用，商品价值不能实现，再生产就无法进行。所以，马克思说："应当这样来解决所有同商人资本有关的问题。"商人资本无非就是在流通过程中执行职能的生产资本，要把它看成"在这种形式上，商业资本所特有的现象还没有独立地表现出来，而是表现为同生产资本直接结合在一起的，直接发生联系的东西"④。这样来考虑，所有与商人资本有关的问题就不难解决，即如果由产业资本家自己进行由商业资本独立化的活动，同样也要支付这些费用，并且要支付得更多些。

对于"由商品本身消费引起的"费用，如办公费用等等，它们是预付资本并且要求得到的合乎平均利润比例的利润。这个资本和利润由哪里补偿？总的说是从总剩余价值中瓜分。其补偿的办法，是从商

① 马克思恩格斯全集：第48卷［M］．北京：人民出版社，1972：427.
② 马克思恩格斯全集：第48卷［M］．北京：人民出版社，1972：427.
③ 马克思恩格斯全集：第48卷［M］．北京：人民出版社，1972：425.
④ 马克思恩格斯全集：第48卷［M］．北京：人民出版社，1972：426.

品的价格的加价来。"也就是说,商品的价格不仅必须补偿他的这笔费用,而且在这笔费用上带来利润。因此,这一切作为一个要素进入商人加在商品价格上的加价中,或者说,进入出售价格超过购买价格的余额中。"①

商业雇佣劳动者的工资又由什么来补偿呢?因为"正如商业资本(生产资本的商业部分也一样)的职能根本不会创造剩余价值一样,商业资本所雇佣的工人也不会创造任何剩余价值"②,但他们的工资却要支付。用什么来补偿呢?这个问题也是一个难题,《资本论》中也未正面阐述。只有在《手稿》中,马克思作了这样的说明:"在费用增加的情况下,一部分工资要靠从利润中扣除一定的百分比来支付。只要工资采取这种形式,这部分事务所费用就归结为资本家利润的扣除,但是仍使资本家能得到平均率,因为他是在比平均生产率条件更为有利的条件下进行生产的。"③

马克思在《手稿》中第一次对商业雇佣劳动的性质、特点进行了分析。他指出:"正如工人创造剩余价值一样,办事员办公不是为了自己,而是为了帮助资本实现剩余价值。"④ 资本家不能直接从这类商业雇佣劳动者身上榨取剩余价值,但资本家通过剥削他们的剩余劳动,能使自己瓜分更多的剩余价值。

马克思分析了产业工人和商业工人的"相似之处"之后,指出他们之间仍然存在着以下差别:"资本家从雇佣工人身上榨取的劳动越

---

① 马克思恩格斯全集:第 48 卷 [M]. 北京:人民出版社,1972:425.
② 马克思恩格斯全集:第 48 卷 [M]. 北京:人民出版社,1972:434.
③ 马克思恩格斯全集:第 48 卷 [M]. 北京:人民出版社,1972:428.
④ 马克思恩格斯全集:第 48 卷 [M]. 北京:人民出版社,1972:429.

多，他得到的剩余价值就越大。……因而在既定生产阶段上使用的工人人数越多，剩余价值的量就越大。""商业雇佣工人的情况则相反：他们加在商品上的价值决不会大于花在他们身上的费用。这个价值并不取决于他们的劳动，而是取决于他们的劳动能力价值。……资本家支付给商业工人的越少，也就是说，他用同样的价格迫使工人劳动得越多，他的非生产费用就越少。……因此，只有当需要实现更多的价值和剩余价值，从而需要更多的这类劳动时，才会有这类工人本身数量的增加。"① 它和产业工人的劳动相反："这种劳动的增加始终是剩余价值增殖的结果，而决不是其原因。"②

商业资本同生产资本对剩余价值的关系的区别是："前者将后者的剩余价值一部分占为己有，即将它的一部分转给自己。后者通过对劳动的直接剥削，即直接占有他人的劳动来生产剩余价值。"③

生产资本和商业资本对流通费用的关系也有区别："对生产资本来说，流通费用表现为非生产费用；对商业资本来说，则表现为它的利润的源泉，这一利润——假定符合一般利润率——同这一资本的量成比例。因此，对商业资本来说，在这些费用上的投资是生产投资，因此，它所购买的商业劳动对它来说，也直接地是生产劳动。"因此，"虽然事务所办事员的无酬劳动不创造剩余价值，如同商业资本决不创造剩余价值一样，但是它使商业资本能够占有剩余价值……因此对于商业资本来说，它是利润的源泉。"④

---

① 马克思恩格斯全集：第 48 卷 [M]. 北京：人民出版社，1972：430.

② 马克思恩格斯全集：第 48 卷 [M]. 北京：人民出版社，1972：430.

③ 马克思恩格斯全集：第 48 卷 [M]. 北京：人民出版社，1972：434.

④ 马克思恩格斯全集：第 48 卷 [M]. 北京：人民出版社，1972：434.

　　马克思在《手稿》中建立的商业利润、商业资本费用和商业雇佣劳动的理论，是他的利润理论的组成部分。这个理论为《资本论》第三卷相应部分奠定了基础。基本观点已经形成，在《1864——1863年经济学手稿》和后来出版的《资本论》第三卷中，达到了更系统、更完善的境界。《手稿》标志着马克思利润理论创作过程中的一个重要里程碑，是马克思宝贵的经济学遗产之一。深入研究它，对于深刻理解马克思《资本论》中的利润理论及其形成史，具有极大的助益。

原文载于：《资本论》第二稿研究. 济南：山东人民出版社，1992.

社会主义国家经济职能理论在中国的发展

　　马克思主义关于国家和无产阶级的国家职能的学说，是研究社会主义国家经济职能的理论基础。社会主义国家的性质同以往的以私有制为基础的国家根本不同，它的经济作用具有更为重要的意义。在无产阶级夺取政权后，剥夺剥夺者，建立了生产资料公有制的经济制度；在社会主义建设的各个阶段，国家在组织和领导国民经济、发展生产力、满足人民日益增长的物质和文化需要等方面，都起着巨大的作用。如何发挥社会主义国家的经济职能，要从各国的实际情况出发，既不能偏离社会主义方向，又不能思想僵化，拘泥于某种固定模式，而应该遵循马克思主义和本国特点相结合的原则，在实践中发展和创新。

　　我国处于社会主义初级阶段，能否正确认识和发挥国家对国民经济发展的调节作用，是关系到社会主义建设能否顺利进行的一个极为重要的问题。我国在 40 多年来的社会主义建设实践过程中，既有成功的经验，也有挫折和教训。在深化经济体制改革全面展开社会主义现代化建设新的历史时期，总结经验，权衡得失，确立发挥国家经济作用的正确途径，对于促进社会主义制度的自我完善和发展，有着重大的理论意义和现实意义。

第一节　马克思主义关于国家经济职能的理论

国家经济职能的产生和扩展

马克思主义认为，国家是人类社会一定发展阶段上的产物，是建立在一定经济基础上的上层建筑，是阶级统治的工具。在一定经济基础之上产生的国家不是消极被动的，它对于经济基础有着巨大的反作用，因此，研究国家的经济职能，必须以经济基础与上层建筑的相互作用作为出发点。恩格斯说："一切政治权力起先总是以某种经济的、社会的职能为基础的。"① 对社会的经济生活和社会生活等公共事务的管理职能，早在国家产生之前就存在。至于国家产生以前的非国家的社会经济职能如何演变为国家的社会职能，恩格斯是这样论述的："在社会发展某个很早的阶段，产生了这样一种需要：把每天重复着的生产、分配和交换产品的行为用一个共同规则概括起来，设法使个人服从生产和交换的一般条件。这个规则首先表现为习惯，后来便成了法律。随着法律的产生，就必然产生出以维护法律为职责的机关——公共权力，即国家。"② 国家产生以后，它就具有两种职能：一是政治职能，即维护统治阶级的利益、镇压被统治阶级的反抗，协调统治阶级内部的各种关系和防御外敌侵略。总之，是通过国家政权实现统治阶级的利益。二是社会职能。这是由于社会的一般共同需要而必须由国家来执行的职能，它包括诸如管理社会的经济、文化、教

---

① 马克思恩格斯选集：第3卷［M］. 北京：人民出版社，1972：222.
② 马克思恩格斯选集：第2卷［M］. 北京：人民出版社，1972：538-539.

育，以及其他公共事务等等。这种社会职能，是由国家的社会属性产生的。

在古代亚洲，国家的经济职能就有了突出的表现。马克思说："在亚洲，从很古的时候起一般说来只有三个政府部门：财政部门，或对内进行掠夺的部门；军事部门，或对外进行掠夺的部门；最后是公共工程部门。气候和土地条件……使利用渠道和水利工程的人工灌溉设施成了东方农业的基础。……因此亚洲的一切政府都不能不执行一种经济职能，即举办公共工程的职能。"① 我国历史上的平准、均输等，专司平抑物价、调剂余缺、控制市场，有效地起着调节生产和流通的作用，反映了封建国家已经能够运用国家经济职能，来维护和强化封建的中央集权统治。

在前资本主义社会，自然经济占统治地位，因而国家的经济职能还限制在较狭窄的范围。随着资本主义生产的发育成长，商品经济的发展壮大，社会经济联系扩大了。资本主义经济关系的扩展，引起了上层建筑的演变，资产阶级国家的经济职能也随之增强了。作为资本主义前史的重商主义时代，新兴的商业资本与当时的封建国家政权结成联盟，力图借国家的力量促进对外贸易，提高本国商品的竞争能力。资产阶级古典经济学虽然从经济自由主义出发，反对国家干预私人资本的经济活动，但也并未忽视国家的经济职能。亚当·斯密也曾要求尽量缩减政府非生产性开支，使国家政权成为廉价的"守夜人"。

19世纪末以后，资本主义从自由竞争阶段过渡到垄断阶段，资本主义基本矛盾进一步尖锐化，国家作为"守夜人"的经济职能，已

---

① 马克思恩格斯选集：第 2 卷［M］. 北京：人民出版社，1972：64.

远远不能适应资产阶级追求高额利润的欲望。在新的经济条件下，资本主义国家的经济职能更加扩大和深化了。恩格斯指出："在一定的发展阶段上……资本主义社会的正式代表——国家不得不承担起对生产的领导。这种转化为国家财产的必然性首先表现在大规模的交通机构，即邮政、电报和铁路方面。"① 他说明了国家不仅要承担更多的社会经济的管理，对宏观经济进行更有效的调控，而且需要深入到社会经济内部，实行国家资本主义和资本主义国有化，直接掌握和经管企业。

列宁创立了国家垄断资本主义的学说，分析了私人垄断和国家职能相结合的性质，指出："世界资本主义在战争期间不仅向一般集中前进了一步，而且还在比过去更广泛的范围内从一般垄断向国家资本主义前进了一步。"② 其特征是"国家同拥有莫大势力的资本家同盟日益密切地融合在一起"③。私人垄断资本离不开国家的经济和政治力量的支持，国家为了维护它本身的资本主义经济基础，必须干预和参与私人垄断资本的经济活动。在 20 世纪 30 年代资本主义经济大危机以后的很长一段时期，主张国家干预经济的凯恩斯主义成为资产阶级经济学的主流，风行一时，各主要西方资本主义国家纷纷奉为理论指导，通过一系列政策、法律和规章，规定了政府干预经济活动的权力，诸如通过财政政策、赋税政策，通货膨胀政策、对外扩张政策、刺激消费和投资政策，增加社会有效需求，减少过多失业等等，以调节各经济部门的比例关系，缓和垄断资本主义的矛盾。

---

① 马克思恩格斯选集：第 3 卷 [M]. 北京：人民出版社，1972：317.
② 列宁全集：第 23 卷 [M]. 北京：人民出版社，1975：216.
③ 列宁选集：第 3 卷 [M]. 北京：人民出版社，1975：171.

现代垄断资本主义国家还以"总垄断资本家"身份，直接投身于再生产过程。20 世纪 60 年代以后，各主要资本主义国家的国家所有制企业，有了很大发展，在国民经济中占有相当大的比重。如 1976 年英国、法国、联邦德国和意大利四国合计，它们的国家所有制企业的产值，占全部企业净产值的 12.9%，固定资产投资占投资总额的 24.7%，职工占全国职工总数的 8.7%。资本主义的国有企业，不仅本身具有垄断资本的性质，还对垄断资本主义经济的正常运行起着重要作用。国家通过它所掌握的货币资本和国有企业，在投资方向、投资数量上对整个经济目标能够进行直接调节。

国家还和私人垄断组织组成联合所有制企业，更广泛、深入地控制私人垄断资本的运动。私人垄断资本则可以更多地、更方便地得到国家的各种优惠待遇。国家和私人垄断资本在企业外部通过采购、订货、各种补贴、信贷等等相结合。资本主义国家的所谓"经济计划化"，力图通过"经济计划"对国民经济进行带有方向性或结构性的调节。当然，帝国主义国家的"经济计划"是以生产资料私有制为基础的，带有很大的局限性。这种计划对于私人垄断资本家只有参考价值，并无约束力。在追求高额利润动机的驱使下，市场的自发力量仍然起着主要的决定性的作用，社会生产的无政府状态和经济危机仍然是不可能消除的。但也应该承认，由于垄断资本主义的国家拥有巨大的经济力量，掌握有各种调节经济的杠杆，对于资本主义国家的宏观经济调节作用，也是不可忽视的。

总之，现代垄断资本主义国家的经济职能和作用是空前地增强和扩大了。从生产、流通、分配，消费各个环节，从资本主义经济运行的全过程，从政策、法令的制定和经济秩序的管理、维护等方面，都可以明显地感觉到。但是，垄断资本主义国家的经济职能的增强，并不能解决资本主义所固有的种种矛盾。它只不过是生产高度社会化条件下的垄断资本主义的必然表现。它表明了社会生产力的发展，已经突破了私人垄断资本占有的所有制关系的框框，需要借助于"总垄断资本家"——国家来进行管理和调节。国家垄断资本主义的出现为实现社会主义的公有制创造了物质前提。列宁说："国家垄断资本主义是社会主义的最完备的物质准备，是社会主义的入口，是历史阶梯上的一级，从这一级就上升到叫做社会主义的那一级，没有任何中间级。"①

无产阶级国家政权是建立社会主义经济制度的前提和保证

社会主义经济制度，是不可能从资本主义内部生长出来的。无产阶级必须首先夺取政权，然后运用政权的力量来建立社会主义经济。

马克思明确指出，"必须先实行无产阶级专政"才可能实现资本主义生产资料私有制转变为社会主义的生产资料公有制。在《共产党宣言》中，马克思、恩格斯也曾作了这样的论述："工人革命的第一步就是使无产阶级上升为统治阶级，争得民主。无产阶级将利用自己的政治统治，一步一步地夺取资产阶级的全部资本，把一切生产工具集中在国家即组织成为统治阶级的无产阶级手里，并且尽可能快地增加生产力的总量。要做到这一点，当然首先必须对所有权和资产阶级生产关系实行强制性的干涉。"② 没有无产阶级政治统治的国家政权，就谈不上社会主义经济制度的建立。很明显，社会主义公有制取代资

① 列宁选集：第3卷 [M]. 北京：人民出版社，1972：164.
② 马克思恩格斯选集：第1卷 [M]. 北京：人民出版社，1972：272.

本主义私有制，是所有制方面的根本革命。它不同于历史上的一种新兴的私有制取代另一种旧的私有制，即它不能在旧的私有制社会孕育成长，而必须以无产阶级专政的国家政权作为前提和保证。恩格斯在致康·施米特的信中特别强调了无产阶级的政治权力对建立社会主义经济的作用。他指出："如果政治权力在经济上是无能为力的，那末我们又为什么要为无产阶级的政治专政而斗争呢？暴力（即国家权力）也是一种经济力量！"①

运用国家政权建立和管理社会主义经济，可以走不同的道路

无产阶级取得国家政权后进行社会主义改造，把资本主义经济和其他私有经济改造为社会主义经济，实现社会主义经济制度，是一个十分艰巨、十分复杂的任务。按照马克思、恩格斯的设想，建立社会主义是要以资本主义生产高度发展、发达的生产力作为物质条件的。但他们也没有束缚后人的手脚，他们指出了历史发展的方向，但由于各国的社会历史条件、经济发展水平和政治文化状况的差异，因而不可能有一种固定的模式。他们指出在适用国家政权建立社会主义经济制度时，必然会有不同的特点、不同的途径和方法。恩格斯就曾根据当时的情况说：在英国可以建立直接的无产阶级的政治统治，在法国和德国可以建立间接的无产阶级的政治统治，但不管是直接的还是间接的，都必须"立即利用民主来实行直接侵犯私有制"②。谈到殖民地和落后国家建立社会主义的阶段和途径时，恩格斯说："至于这些国家要经过哪些社会和政治发展阶段才能同样达到社会主义的组织，

① 马克思恩格斯选集：第4卷［M］. 北京：人民出版社，1972：486.
② 马克思恩格斯选集：第1卷［M］. 北京：人民出版社，1972：220.

我认为我们今天只能作一些相当空泛的假设。"① 马克思主义的创始人为他们的后继者们留下了充分发展的余地，使他们根据以后的实际情况作出自己的抉择。

马克思、恩格斯对未来社会提出过若干科学预测和管理原则，为实行计划经济的必要性和可能性，指出劳动时间要在不同生产部门进行有计划的合理分配。"只有按照统一的总计划协调地安排自己的生产力的那种社会，才能允许工业按照最适合于它自己的发展和其他生产要素的保持或发展的原则分布于全国。"② 马克思、恩格斯还强调了社会化生产权威管理的重要性。这些原理理所当然地是我们建设社会主义的指导思想，是发挥国家经济作用的依据。但是，马克思、恩格斯设想的是生产力高度发展，不存在商品经济的"共同联合体"，和我们社会主义初级阶段的现实，相距甚远。他们没有提出也不可能提出适合各国具体情况的关于国家经济职能方面的完整理论。

列宁提出了"共产主义就是苏维埃政权加全国电气化"的著名公式。它既强调了发展生产力，建立社会主义经济技术基础的重要性，又重视了社会主义国家政权的作用。对于如何正确发挥国家经济职能的作用，列宁提出在国营企业实行经济核算制，发挥企业的独立性和主动性，提出国家对国营经济要实行民主集中制，既要有一长制，也要集体管理的观点。列宁要求国家在管理经济时要关心个人物质利益，"必须把国民经济的一切大部门建立在个人利益的关心上面"③，必须对国家机关和各种经济管理机构中的官僚主义作风进行顽强斗争

---

① 马克思恩格斯选集：第3卷［M］. 北京：人民出版社，1972：353.
② 马克思恩格斯选集：第3卷［M］. 北京：人民出版社，1972：335.
③ 列宁全集：第33卷［M］. 北京：人民出版社，1972：51.

等的论述，对我们正确发挥国家经济职能有着重要的指导意义。但列宁是处于无产阶级革命胜利不久的历史时期，是在战争的阴影下建立和建设社会主义经济的，即使在新经济政策时期，也还不是一个正常的建设社会主义的环境。列宁还来不及系统地、全面地总结和创立关于社会主义国家经济职能的理论，便逝世了。

斯大林领导下的苏联，完成了国家工业化和农业集体化，经过社会主义改造和建设，走出了一条社会主义道路。但迫于当时的国际国内环境，也由于斯大林思想上的片面性，在对社会主义改造和建设作出有价值的贡献的同时，也发生了不少错误，存在许多缺陷。在运用国家经济职能这个问题上，其弊端尤为突出。主要表现为过分强调国家行政的强制力量，强调集中统一，把国家经济职能和自上而下的国家行政管理混为一谈，形成了一套同社会主义生产力发展不相适应的僵化的经济体制。

总之，尽管马克思主义导师们提出了一些关于运用社会主义国家经济职能的原理、原则，使我们在方向上有所遵循，但在如何具体发挥国家经济职能的作用上，仍然没有一个系统的、完整的理论，特别是在我们国家的具体情况下，仍然是一个有待创造、有待探索的课题。

第二节　我国运用国家经济职能的理论和实践

运用国家政权建立社会主义经济基础

以毛泽东为主要代表的中国共产党人，在毛泽东思想指导下，经过了长期的艰苦奋斗，在一个半殖民地、半封建社会的东方大国，取得了新民主主义革命的胜利，建立了以无产阶级为领导的联合其他革命阶级的人民民主专政政权。这个国家政权，是建立社会主义经济制度的可靠保证。1949年10月中华人民共和国的成立，标志着有步骤地实现从新民主主义到社会主义转变的开始。面对着巩固新生政权、保卫革命成果、恢复和发展国民经济等一系列艰巨任务，无产阶级领导的人民民主专政的国家政权，充分发挥了其建立社会主义经济的职能，进行了新解放区土地改革，完成了新民主主义革命遗留下来的历史任务，彻底消灭了封建土地制度；没收了占当时全国工矿业、交通运输业固定资产80%以上的官僚资本，转变为社会主义性质的国营企业；国家政权代表全体人民掌握了国民经济命脉，并迅速实现了全国财政经济的统一，建立了初步的社会主义的经济实力，为国民经济的发展奠定了基础。

我国管理经济的体制的形成和特点

无产阶级掌握了国家政权并建立了初步的社会主义经济基础，这只是一个起点。如何运用和发挥国家经济职能，采取什么样的管理经济的体制去建设社会主义，在理论和实践上都是一个新问题，需要探索和创造。

首先，在当时的历史条件下，我们缺乏管理社会主义国家经济，缺乏管理大工业、大城市经济的经验，而苏联是最早地走上了建设社会主义道路的国家，因而不可避免地学习和借鉴了苏联的经验。学习苏联的经验有些是学得对的，如重视对国民经济的宏观管理、对重点建设实行集中管理等等，但有些也学得不对。

其次，我国管理经济体制的形成，还受着长期战争环境中遗留下来的管理财经工作的影响。在当时革命根据地和解放区形成的自给自足、各自为战的条件下，供给制是必要的，对保证革命战争的胜利起了积极作用。但在全国进行社会主义经济建设时期，这些过去的传统办法和观念只会带来消极影响。

最后，自给自足的自然经济在我国有深厚的基础，这种传统的基础和观念，显然也不利于在社会主义经济发展中自觉依据和发挥价值规律的作用。

在上述历史条件下形成起来的管理国家经济的体制，必然是属于传统的集中计划经济类型的模式，同时掺杂有军事共产主义供给制的因素。概括地说，这种经济管理体制模式有如下特点：

（1）建立了以国营经济为领导的，多种经济成分并存的所有制结构。在对农业、手工业和资本主义工商业进行社会主义改造以前，我国存在社会主义全民所有的国营经济、集体所有制经济、民族资本主义经济、小生产个体农业和个体手工业经济。1956 年社会主义改造完成后，社会主义全民所有制与社会主义集体所有制在国民经济中占据统治地位，公有制占绝对优势的生产资料所有制结构开始确立。在这种所有制结构的基础上，对国营经济实行"统一计划，分级管理"，对基本建设实行集中统一管理。

（2）建立了国民经济计划管理制度。1952 年底成立了国家计划委员会。1953 年开始了第一个五年计划的建设，加强了计划管理工作，但总的来说，实行的是直接计划和间接计划相结合的计划管理制度。社会主义改造完成后，直接计划的范围不断扩大，指令性计划指标不断增加。

（3）建立了全国统一的财政制度。统一货币发行，统一金融管理，1951 年开始实行了"划分收支，分级管理"的财政管理体制。

（4）建立了以计划流通为主体的流通体制。1953 年起开始在全国范围内实行计划分配制度，重要物资和专用物资由主管部门平衡分配。对商业实行统一领导，分级管理，国营商业实行经济核算制，按经济区域设置三级批发机构，组织商品流通。1956 年社会主义改造完成后，国营商业和供销合作社商业在全部批发额中占 97％以上。

（5）在经济管理体系，特别是对全民所有制的管理方面，1954年撤销大区，进一步加强集中统一，主要企业陆续收归中央各部门直接管理，形成以"条条"为主的行政管理体制，割断了地区内不同部门、企业之间的经济联系，影响了地区内的专业化协作，特别是国家与企业之间的关系方面，政企不分，企业成为行政机关的附属品，企业的决策权力过小，妨碍了企业的积极性和主动性。

（6）建立了以中央集中管理为主的劳动工资制。新中国成立初期，由于多种经济成分并存，国家实行的是多渠道、多种形式和多种办法的劳动工资制度。"一五"计划后，由于大规模经济建设的需要，国家逐步扩大干部、工人统一分配的范围，从大专毕业生逐步扩大到中专、技工学校的毕业生，又进一步扩大到退伍军人。1956 年初，对资本主义工商业实行全行业公私合营时，对原私营工商业职工采取包下来安排工作的方针，从此，自行就业、自谋出路就被统一分配所代替。1957 年起有关部门又规定，各单位对多余的正式职工和学员、学徒要积极设法安置，不得裁减，这样就实际上形成了能进不能出、统包统分，向所谓"大锅饭"、"铁饭碗"方向发展。"一五"计划期间，对职工工资实行统一管理，虽然在当时有利于国家对消费基金的控制，但把权力集中到了中央。如 1956 年在全国范围内统一了国家机关、企业、事业单位的工资制度，在工人中实行八级工资制，在机关行政管理人员中实行二十五级工资制。这样便使得企业缺乏机动余地，没有很好地解决职工收入和个人贡献挂钩的问题，不利于充分调动企业和职工的积极性。

新中国成立初期和"一五"期间形成的经济管理体制，虽然提出大统一小自由、大集中小分散的原则，实则基本上是集中统一的经济体制。这种体制虽在当时我国经济发展水平较低、经济结构较简单情况下，有利于把国家的人力、物力集中起来为一定的经济发展战略服务，有利于较快地改变国家不合理的经济结构和不平衡的地区经济布局，有利于在物资比较匮乏的情况下，采取计划分配，保证人民低标准的生活需要。但这种经济管理体制的弊端，随着生产力的进一步发展，越来越明显地暴露出来了。这主要是：

第一，国家各行政机关权力集中过多，企业和基层经济单位没有应有的自主权；

第二，按照行政部门和行政地区的系统进行管理，政企职责不分，条块分割严重；

第三，单纯强调指令性计划管理，忽视市场机制和价值规律的作用；

第四，在分配上统收统支，吃"大锅饭"，搞平均主义，忽视奖勤罚懒；

第五，片面强调单一的公有制形式，忽视集体经济和个体经济的发展。

这些弊端的存在，严重地挫伤了企业和劳动者的积极性、主动性和创造精神，阻碍着商品经济的发展，不利于技术进步，不利于提高经济效益和国民经济的良性循环，使本来应该生机盎然的社会主义经济，在相当大的程度上失去了活力。造成这些问题的原因固然是多方面的，但从国家如何运用经济职能管理社会主义经济来看，主要有三个方面的原因：

从思想认识上看，是由于长期以来在对社会主义的理解上形成了若干不适应实际情况的固定观念。这些观念如把社会主义所有制看成越大越公越好，纯而又纯的单一经济形式；把社会主义的计划经济看成同商品经济不相容；把社会主义国家管理经济的职能看成可以以政代企，包办一切；把社会主义的平等看成等同于平均主义等等。

从客观原因来看，我们对于如何运用国家经济职能进行社会主义经济建设，毕竟经验不足，一开始就"一边倒"，向苏联学习。苏联的管理经济体制中的弊端，对我们产生了重大影响。

根本原因之一，是对我国国情的了解不够深刻，对于如何从我国实际出发指导和管理国民经济尚处于探索阶段。因此，在我们取得巨大成就的同时，也应该承认我们管理经济的体制还存在着缺点和弊端，这些缺点和弊端，影响着充分发挥社会主义经济制度的优越性。

探索适合我国国情的道路

当我国经济管理体制集中过多、统得过死、急于求成等弊病开始变得突出时，党和国家领导人就已有所觉察。同时，国外社会主义国家的经验和教训，也向我们提出了必须重新认识苏联模式，形成一条适合中国国情的社会主义建设的道路。从 1956 年春起，毛泽东和中央其他领导人听取了大量经济主管部门的汇报，对中国实际情况进行了深入的调查研究。中共中央政治局经过几次讨论，形成了中国社会主义建设的新思路，以后由毛泽东把这一新的思路概括为《论十大关系》，并于 1956 年 4 月 25 日在中共中央政治局扩大会议上作了报告。

毛泽东在《论十大关系》的报告中，初步总结了我国社会主义建设的经验，阐述了我国社会主义建设的基本思想和正确方针，提出了探索适合我国国情的道路的任务，其中大量内容涉及如何正确发挥国家经济职能管理经济的体制问题。

毛泽东告诫说，鉴于苏联在建设社会主义过程中的缺点和错误，我们应当引以为戒，不能再走他们走过的弯路。报告中毛泽东提出了建设社会主义的基本方针是，把国内外一切积极因素调动起来，进行社会主义建设。

毛泽东对社会主义经济发展战略，作了精辟的论述。他论述了正确处理重工业与轻工业、农业的关系，沿海工业和内地工业的关系，经济建设和国防建设的关系。他指出，重工业是我国建设的重点，必须优先发展生产生产资料的生产，但决不可因此忽视生活资料尤其是粮食的生产。苏联和东欧一些国家片面地注重重工业，忽视农业和轻工业，造成市场上货物不够。我们对于农业、轻工业比较注重，但还要适当地调整重工业和农业、轻工业的投资比例，更多地发展农业、轻工业。这样，既可以供给人民的生活需要，又可以更快地增加资金的积累，从而可以更多更好地发展重工业。从长远的观点来看，片面发展重工业，欲速则不达。我们要多发展一些农业、轻工业才更有利于发展重工业，实现国家的社会主义工业化。

在沿海工业与内地工业关系上，他指出，为了平衡全国工业发展的布局，内地工业必须大力发展，但必须充分利用沿海的工业基地，以便更有力地发展和支持内地工业。在经济建设与国防建设的关系上，他指出，国防建设必须建立在经济建设的基础上，为了加强国防建设，一定要首先加强经济建设。只有经济建设发展得更快了，国防建设才能有更大的进展。

在如何发挥国家经济职能，指导经济体制的原则方面，毛泽东十分重视处理好国家、生产单位和生产者个人的关系，以及中央和地方的关系。他指出，必须兼顾国家、集体和个人三个方面的关系，以及军民兼顾、公私兼顾的原则。他指出，在处理这些关系时，不能只顾一头，要在国家统一领导下，多给企业一些权力和利益，要在发展生产的基础上，适当改善人民生活。他认为处理好中央和地方的关系，对于我们这样的大国是一个十分重要的问题。他说："我们的国家这样大，人口这样多，情况这样复杂，有中央和地方两个积极性，比只有一个积极性好。我们不能像苏联那样，把什么都集中到中央，把地方卡得死死的，一点机动权也没有。"应当在巩固中央统一领导的前提下，扩大一点地方的权力，给地方更多的独立性，让地方办更多的事情，这对我们建设强大的社会主义国家比较有利。

在中国和外国的关系上，毛泽东明确提出了向外国学习的口号，指出我们的方针是一切民族、一切国家的长处都要学，但是，必须有分析有批判地学，不能盲目学，不能照抄照搬。外国资产阶级一切腐败制度和思想作风，我们要坚决抵制和批判，但这并不妨碍我们学习资本主义国家的先进的科学技术和企业管理方法中合乎科学的东西。我们要把独立自立、自力更生的方针同学习外国先进经验，引进先进科学技术结合起来，加速社会主义建设。

《论十大关系》是关于社会主义经济建设的集中论述，是丰富的经验总结。其中有关经济发展战略、区域经济布局、经济管理体制的原则，各方兼顾原则，中外关系方针等大政方略，正是国家经济职能的重要内容。《论十大关系》也是我国第一代领导集体对社会主义建设设计的最主要的文献。

在总结经验的基础上，根据我国具体情况，形成了一条新的路线。在国家如何发挥经济职能方面，也作出了许多重大决策。在理论和实践上，在如何操作的问题上，都有了新的进展。如在公有制经济占绝对优势下，允许个体的和其他非公有制经济成分存在；在经济管理方面，实行大集体小分散、大统一小自由，注意了统中有活。在对大企业、重要企业实行由国家直接计划管理的同时，也采取了多种形式的间接计划调控；提出并力图运用经济杠杆把非全民所有制经济活动纳入国家计划轨道；对企业实行某些放权，给企业一定的产品自销权等。1956 年 9 月在中共第八次代表大会上，把新的探索成果上升为党的路线，提出了中国社会主要矛盾和主要任务的转变，指出，国内主要矛盾已经不再是工人阶级和资产阶级的矛盾，而是人民对于经济文化迅速发展的需要同当前经济文化不能满足人民需要的状况之间的矛盾，并且指出，这一矛盾的实质，在我国社会主义制度已经建立的情况下，也就是先进的社会制度同落后的社会生产力之间的矛盾。因此，全国人民的主要任务是：集中力量发展社会生产力，实现国家工业化，逐步满足人民日益增长的物质和文化需要。

党和国家的一些领导人，根据"八大"的路线，对如何正确发挥国家的经济职能，改进经济体制也作出了开拓性的阐述。刘少奇在"八大"政治报告中提出了划分国家机关和企业职权范围的问题。他说："企业领导工作的改进，不仅需要企业本身的努力，而且需要上级国家机关的努力。在这里，有必要指出这样一个事实，就是上级国家机关往往对于企业管得过多过死，妨碍了企业应有的主动性和机动性，使工作受到不应有的损失。应当保证企业在国家的统一领导和统一计划下，在计划管理、财务管理、干部管理、职工调配、福利设施等方面，有适当的自治权利。""我们的经济部门的领导机关必须认真把该管的事情管好，而不要多管那些可以不管或者不该管的事。只有上级国家机关的强有力的领导同企业本身的积极性互相结合，才能把我们的事业迅速推向前进。"①

周恩来在"八大"作的《关于发展国民经济的第二个五年计划的建议的报告》中，对改进经济管理体制的问题作了重要阐述。他说，应该按照统一领导、分级管理、因地制宜、因事制宜的方针，进一步划分中央和地方的行政管理职权，改进国家和行政体制，以利于地方积极性的发挥。

陈云同志在"八大"发言中，也主张对当时的经济体制进行改革。在生产方面，主张工农业主要产品按计划生产，按照市场变化而在国家计划许可范围内的自由生产是计划生产的补充。主张改单一的经济成分和经营形式为多种经济成分、多种经营形式，改单一的指令性计划管理为多元管理，改单一的流通渠道为多流通渠道，以三个原则补充三个主体。他还主张提倡竞争，利用经济办法管理经济，充分利用价格杠杆，指出稳定物价不是"统一物价"或"冻结物价"。②

邓小平同志提出了关于整顿工业企业，改善和加强企业管理，实行职工代表大会制等。

这些主张和观点，说明党和国家主要领导人在对国民经济管理体制，如何正确发挥国家的经济职能方面，力图克服过去某些不适应经

① 刘少奇. 在中国共产党第八次全国代表大会上的政治报告［R］. 北京：人民出版社，1956：32—33.

② 参见：陈云文选（1956—1985）［M］. 北京：人民出版社，1986：13.

济发展要求的模式，寻求适合我国国情的发展道路。这些思想观点，无疑是具有创造性的发现，丰富和发展了马克思列宁主义关于国家经济职能的理论，对于当时和以后的社会主义经济建议的实践，有着重要指导意义。

正视历史教训，总结历史经验

我们在建设社会主义过程中，并不是一帆风顺的。我们取得了巨大成就，但也有失误和挫折。1958 年"八大"提出的路线和许多正确的意见在实际工作中没能坚持下去。相反，却错误地发动了"大跃进"和人民公社化运动，使国民经济受到严重损失。

这期间用行政手段取代经济手段，是在运用国家经济职能方面的重大失误。把国家的政治、行政手段当作主要手段，去管理经济、调节经济，使经济职能依附于政治职能。用国家政权的权力，强制推行违反经济规律的政策措施。实行过于集中的管理体制，忽视不同经济实体和个人的物质利益。自上而下地直接下达计划，不管全民、集体，都要求按上边的指令办事。这当然就不能因地制宜，调动各方面的积极性，反而会束缚人们的手脚，产生命令主义、官僚主义，造成脱离实际、脱离群众、经济效率低下的局面。

如果说，"大跃进"年代用运动方式、行政命令行使国家经济职能，违背了经济规律，那么，"文化大革命"则更变本加厉，发展到否定经济规律，"运动就是一切"的地步。"文化大革命"时期批"唯生产力论"，批利用价值规律，宣称社会主义按劳分配原则和物质利益原则应予批判和限制。同时，将前一时期行之有效的"工业十七条"、"三自一包"统统斥之为瓦解社会主义经济，复辟资本主义的东西。把商品经济等同于资本主义，把保留下来的某些管理经济的必要的规章制度，诬为"条条专政"。将前一阶段实行的调整、改革措施，作为"斗批改"的内容，加以批判。其结果是国民经济濒临崩溃的边缘，造成了新中国成立以来最为严重的挫折和损失。这是我们应该深刻记取的。

从新中国成立后到党的十一届三中全会这个历史时期，在如何发挥国家经济职能，组织和管理国民经济方面，经历了一个进行探索和积累经验的过程。在这个过程中，既有成功的经验，也有挫折和教训。错误发展成"文化大革命"，而经验积累导致十一届三中全会以来的路线。这样，十一届三中全会以后的一系列方针和政策就应该看成是正确经验的延续和衔接。

应该注意到，即使某个历史时期有过严重失误，也不能把这个时期一概否定。从1957年到1978年这段时期发生过"大跃进"和"文化大革命"，这期间的错误应当作为教训来吸取。但不能认为这20多年一无是处，只是一系列错误的堆积。"大跃进"造成了经济损失，使工农业生产下降，国民经济失调等等，但此期间，我们还是建设了许多大中型企业项目，形成了一批生产力。以后经过"调整、巩固、充实、提高"方针的贯彻，又取得了显著成就。"文化大革命"应当彻底否定，但"文化大革命"期间，我国还有氢弹试爆成功、人造卫星上天以及其他一些发明创造。这不能没有国家经济职能的积极作用。

国家经济职能发挥什么作用，是一个很复杂的问题，它有时主要起推动经济发展的作用，有时又主要起着阻碍经济发展的作用。在其主要起阻碍作用的同时，也可能在某些方面又起着积极作用。因此，具体问题要具体分析。恩格斯说："国家权力对于经济发展的反作用可能有三种：它可以沿着同一方向起作用，在这种情况下就会发展得比较快；它可以沿着相反方向起作用，在这种情况下它现在在每个大民族中经过一定的时期就都要遭到崩溃；或者是它可以阻碍经济发展沿着某些方向走，而推动它沿着另一种方向走，这第三种情况归根到底还是归结为前两种情况中的一种。但是很明显，在第二和第三种情况下，政治权力能给经济发展造成巨大的损害，并能引起大量人力和物力的浪费。"[①] 我们社会主义国家从性质上讲，应是和经济发展的方向一致的，理应促进生产力的发展，但问题在于如果对国家的经济职能运用不当，弊端丛生，那就不管有多么高尚的愿望，发生逆经济发展方向的作用，仍然是可能的。

第三节　社会主义国家经济职能理论和实践的新发展

1978 年党的十一届三中全会以后，开始了具有伟大意义的转折，进入了新的历史发展时期。十一届三中全会提出的解放思想、实事求是的思想政治路线，以及把工作重点转移到社会主义经济建设上来的战略决策，为正确运用国家经济职能开辟了道路。

十一届三中全会后经过十二大和十三大，在邓小平同志倡导下，依据马克思主义同中国具体实际相结合的原则，我们党提出了我国处于社会主义初级阶段的科学论断，制定了"一个中心，两个基本点"的基本路线以及与之相适应的一系列方针政策。这就为正确发挥社会主义国家经济职能，指导国民经济顺利进行，建设有中国特色的社会

[①]　马克思恩格斯全集：第 4 卷［M］．北京：人民出版社，1972：483.

主义，创造了广阔的天地。十多年的实践无可争辩地证明，正是在这条马克思主义正确路线指导下，进行了经济体制的改革，才使社会主义国家的经济职能，沿着正确的轨道，发挥了积极的作用。

国家经济职能和经济体制的关系

实现国家的经济职能，是在一定的经济管理体制下进行的。因此，国家经济职能和经济体制有着密切联系。经济体制的状况制约着国家经济职能的性质和运用方向。社会主义国民经济管理体制（简称经济体制）的涵义是社会主义国家在整个国民经济管理中划分国家与企业、中央与地方的权限与职责，处理国家、企业，中央、地方，集体与个人，宏观与微观经济关系等一系列制度的总称。其内容包括计划管理体制、财政管理体制、物资管理体制、劳动管理体制、物价管理体制、基本建设管理体制等。此外，国家经济法规、国家、企业与市场的关系，也是经济体制的重要内容。因此，国家经济职能的发挥，依存于经济体制，同时又是保障、推动经济体制运行的手段。经济体制是否适应生产力发展的要求及其适应程度，也反映着国家经济职能的是否正确发挥及其正确程度。经济体制离不开国家经济职能的干预，国家经济职能的发挥也必须适应经济体制的要求。所以，探讨国家经济职能，不能不分析经济体制的状况。

在高度集中的国家经济管理体制下，国家的经济职能主要是推行由上而下的行政命令，保障、贯彻国家指令性计划的经济目标。1984年党的十二届三中全会上作出了《关于经济体制改革的决定》（以下简称《决定》）。《决定》说："我国建国三十五年来所发生的深刻变化，已经初步显示出社会主义制度的优越性。但是必须指出，这种优越性还没有得到应有的发挥。其所以如此，除了历史的、政治的、思想的原因之外，就经济方面来说，一个重要的原因，就是在经济体制上形成的一种同社会生产力发展要求不相适应的僵化的模式。这种模式的主要弊端是：政企职责不分，条块分割，国家对企业统得过多过死，忽视商品生产、价值规律和市场的作用，分配中平均主义严重。这就造成了企业缺乏应有的自主权，企业吃国家'大锅饭'、职工吃企业'大锅饭'的局面，严重压抑了企业和广大职工群众的积极性、主动性、创造性，使本来应该生机盎然的社会主义经济在很大程度上失去了活力。"①

不改不行，改要有方向，这涉及改革的性质和前途。因此我们的经济体制改革必须在坚持社会主义基本制度的前提下，改革生产关系和上层建筑中那些不适应生产力发展的部分。这个改革的性质是社会主义制度的自我完善。改革的目的是要大大促进生产力的发展。改革的任务是要冲破束缚经济发展的现行体制中的一切老框框，建立起具有中国特色的、充满生机和活力的社会主义经济体制。

我们要建设有中国特色的社会主义，这种社会主义的经济是公有制为主体的有计划的商品经济，因此，我们的经济体制改革必须适应这些要求，国家经济职能的发挥，也要服从上述总的任务。

有中国特色的社会主义国家经济职能的主要内容

有中国特色的社会主义经济及其体制，为国家经济职能确定了方向，提供了依据，指明了原则。这些原则是：

第一，按照公有制基础上有计划的商品经济发展的要求，作为发

---

① 中共中央文献研究室. 中共中央关于经济体制改革的决定 [M]. 北京：人民出版社，1984：8.

挥作用的依据，采取间接控制为主，调节经济运行，向宏观经济管理转变；

第二，坚持社会总需求与总供给的基本平衡，作为经济活动的一项任务；

第三，把提高经济效益放在第一位；

第四，坚持"两个文明"一起抓。在强调物质文明建设的同时，必须强调精神文明建设，不能一手硬，一手软。在经济领域，要大力提倡良好的职业道德，树立企业信誉，实行文明经营，文明办厂，遵纪守法，勤劳致富，抵制各种不正当的腐朽的经营作风，打击各种犯罪活动。

在邓小平同志倡导下，最近中共中央政治局会议强调了判断姓"社"姓"资"的标准"应该主要看是否有利于发展社会主义社会的生产力，是否有利于增强社会主义国家的综合国力，是否有利于提高人民的生活水平"。这些标准，也是判断国家经济职能正确与否的指导原则。

以上述原则为依据，国家机构管理经济的主要职能是：

（1）制定经济和社会发展的战略、计划、方针和政策。在制定时要本着实事求是的原则，体现建设有中国特色的社会主义的要求。中长期计划要着重抓住发展战略和规划，注意力集中在经济工作的大的矛盾方面，解决好经济建设中的关键问题，要从我国和各地的实际情况出发，走速度比较实在、经济效益比较好、人民可以得到更多实惠的路子。提出明确的战略目标和战略方针是国家机构管理经济职能的头等大事。它们的正确与否，关系着整个经济发展的成败得失。

（2）制订资源开发、技术改造和智力开发的方案。制订方案时，要把技术改造与行业的调整、企业结构的改组和技术政策的确定很好地结合起来。立足于现有基础，对老企业进行技术改造和改建扩建，是加速国民经济现代化的基本途径。技术改造的重点应是关系国民经济大局的大中型企业，这些企业起着示范带头的骨干作用。改造后这些企业可以承担重要生产任务，有的可承担出口任务。企业技术改造要以提高产品质量和性能、扩大品种、降低消耗为中心，不能片面地追求扩大生产能力。对一个地区来说，既要充分考虑利用本地资源、技术和人才，又要善于吸引利用外地的资源、技术和人才，广泛开展地区之间的经济技术交流和协作。

（3）协调地区、部门、企业之间的发展计划和经济关系。协调我国东部沿海和中部、西部地区之间的关系，加速全国经济布局的合理化。协调各部门之间的关系，建立合理的部门经济结构，在保证重点的前提下，加速发展第三产业，逐步改变三大产业比例不相协调的状况。通过横向经济联系和其他有效途径，协调企业之间的经济关系。

（4）部署重点工程，特别是农业、交通、能源、科学教育的建设和发展。重点工程项目、重点发展领域对国民经济的发展具有决定意义。当前我国农业、科学教育仍然十分落后，交通、能源、通信和原材料工业与经济发展的要求很不适应，已成为制约我国国民经济发展的薄弱环节，因而必须集中必要的财力、物力和技术力量，搞好这些重点建设，才能保证经济协调发展的后劲。

（5）汇集和传播经济信息，掌握和运用经济调节手段。在有计划商品经济条件下，特别是国家对企业的管理逐步由直接控制为主转向间接控制为主，国家机构应组织和提供经济信息和各项经济技术咨询服务，要运用经济手段管理经济，掌握和运用价格、税收、信贷、利率、汇率等等经济杠杆支持需要发展的行业和企业，限制生产超过需求的产品的行业和企业，支持适销对路、经济效益和社会效益高的企业，限制和淘汰产品质次价高、经济效益和社会效益低的落后企业。

（6）制定并监督执行经济法规。由于经济体制的改革正在进行，国民经济在不断发展中，越来越多的经济关系和经济活动准则需要用法律形式固定下来。制定并监督执行经济法规，保障经济建设的顺利进行，是国家管理经济活动、维护正常经济秩序的一项重要职责。

（7）按规定的范围任免干部。某些企业对于经济全局和国家利益有重要影响，需要各级国家机构掌握其主要干部的任免或批准权，是保证国家利益不受损害所必要的组织措施。

（8）管理对外经济技术交流和合作。对外开放是我国长期的基本国策，是加快社会主义现代化建设的战略措施。我们一定要充分利用国内和国外两种资源，开拓国内和国外两个市场，积极开展对外经济技术交流与合作，为社会主义经济建设服务。

以上八个方面是社会主义国家经济职能的主要内容。通过这八个方面的功能，对国民经济进行计划、控制、调节和监督，使之为经济建设服务。有人认为管理经济的政府机构的职能，就是为企业服务。这种观点是片面的。政府机构有为企业服务的功能，但除此而外，还有从全局出发对国民经济进行宏观调控，对企业发展进行指导，以及组织和监督经济活动的职能。特别是社会主义国家不仅是上层建筑，而且也是经济基础体现者。全民所有制企业的所有权，实际上是以国家为代表的所有权。所以，不管从宏观管理方面，还是从国营企业所有权方面来看，仅仅把国家机构管理经济的职能归结为服务，显然是不够的。

按照上述有中国特色的社会主义国家的主要经济职能，发挥管理指导国民经济的作用，就会促进社会经济走上持续、稳定、协调发展的道路，保证社会总供给与总需求的平衡，促使国民经济结构的合理化，维护良好的经济秩序，为有计划商品经济创造一个好的外部环境和有活力的内部机制，推动生产力的发展，增进人民的福利。

十一届三中全会以来十多年的实践证明，我们在改革经济体制过程中，较好地履行了国家的经济职能。国家统计局统计报告表明：我国治理整顿与深化改革取得明显成效，为以后的经济改革和经济发展创造了一个黄金时期，这个时机来之不易。我们应该遵循邓小平同志的教导，"思想更解放一点，胆子更大一点，步子更快一点"，加大改革份量，更好地发挥国家的经济职能，抓住有利时机，使我国经济尽快地再上一个新台阶。

履行国家经济职能的手段

为要履行国家的经济职能，国家就需要运用必要的操作手段。依据实践经验，概括起来，不外是行政手段和经济手段。

所谓行政手段，一般是指运用国家的法律的、行政的手段，制订各种经济计划、法规、条例、政策、方针、战略，对国民经济进行管理，使社会主义国民经济有序地进行活动，使各种经济关系、经济体制规范化。行政手段是借助国家权力，通过政府机构，采取发布指令、计划，强制贯彻国家管理经济职能的办法。它是由上而下地、直接由国家各级政权组织执行的。这种手段是维护和建立良好的外部经济环境所必需的，在社会化大生产的社会主义经济活动中，没有国家权威的行政管理，必然造成经济混乱的无政府状态。过去我们的缺点是习惯于用行政手段推动经济运行，或者说滥用了行政手段，而不是行政手段本身有什么问题。

从当前现实情况来看，国家的行政手段软弱无力，应该加以强化。如在经济领域中的各种违法乱纪、偷税漏税、走私贩私、以次充好、以假冒真等等，并不少见。我们的经济立法和执法，应进一步加强。当然，行政手段并不是唯一的手段，也不应重复过去那种主要依靠行政手段管理经济的做法。在有计划商品经济条件下，除了行政手段外，还应强调用经济手段管理经济。

所谓经济手段，是在有计划商品经济体制下，按照经济生活的内在联系，通过经济杠杆，利用价值规律调节经济活动。就是说它不是国家机构直接通过计划支配经济活动，不是行政命令的强制指挥，而是在市场机制发生作用的条件下，用经济手段管理经济。

行政手段和经济手段是相互协调，相互结合的。这两种手段的运用和结合程度不同，往往反映了不同的经济体制。运用何种手段，运用的程度如何，要从国家的社会经济状况出发，并服从于国家的基本路线和主要任务。运用是否适当，应以能否促进国民经济持续、稳定协调发展，能否提高经济效益，以及增强社会主义经济实力，改善人民生活质量为标准。在实行有计划商品经济的体制下，忽视或削弱国家对经济的行政管理手段固然不行，忽视或弃置管理经济的经济手段更是不行。当前的经济实体是相对独立的生产经营者，关于经济运行的许多方面，是不能依靠行政命令强制推行的，故而在采取必要的行政手段的同时，应该把经济手段作为主要手段。

发挥国家经济职能的两种手段，是为了适应我国经济体制的客观需要。我国计划经济和市场调节相结合的经济体制，要求在国家法律、法规和计划指导下发挥市场调节的积极作用。既要克服过去那种过分集中、管得过死的弊端，又不能过于分散和弱化国家的宏观调控。计划和市场作为管理和调节经济的两种方式，都是配置资源的形式，是社会化大生产和商品经济基础上产生的。在我国既然是社会主义的社会化大生产，当然要有计划；既然是商品经济，也就离不开市场。社会主义有计划商品经济的体制，是计划与市场内在统一的体制，如何在这种经济体制的运行中发挥国家的经济职能，是不能回避的一个重要问题。

有计划商品经济体制运行与国家经济职能

建立在公有制基础上的社会主义商品经济为在全社会实行有计划的经济调节提供了可能，但这种计划工作应是建立在商品交换和价值规律的基础上的。以前的传统体制下不能正确行使国家的经济职能，就因为国家直接用指令性计划和行政命令控制经济活动，把价值规律和市场机制排除出经济活动之外，事实上是一种不完全的产品经济模式。党的十三大报告提出："国家运用经济手段、法律手段和必要的行政手段，调节市场供求关系，创造适宜的经济和社会环境，以此引导企业正确地进行经营决策。"① 报告指出，要围绕转变企业经营机制这个中心环节"逐步建立起有计划商品经济新体制的基本框架"。要建立新的经济体制，就要在行使国家经济职能方面进行根本性的转变。

第一，国家对企业的关系方面的转变。

社会主义国家作为全体劳动者利益的代表，它不仅是上层建筑，

---

① 中共中央文献研究室·中国共产党第十三次全国代表大会文件汇编[M]. 北京：人民出版社，1987：27.

有政治职能和经济职能，而且对全民所有制经济行使所有权，体现为经济基础，是特殊的经济实体，有权对全民企业直接下达指令性计划，调节全民所有制经济的生产和流通，积累和消费，基础设施和加工工业，规模、速度和结构等等。关系国计民生的大企业，特大企业，一般是全民企业，对国民经济的发展有举足轻重的作用，对它们进行必要的指令性计划调节，是保证国民经济顺利发展所必需的。①所以，指令性计划不能取消。但也不是一切都用指令性计划，使企业毫无自主活动的余地。

指令性计划还必须以客观经济规律为依据，不是任意的。如对企业的产品可以确定计划价格，但这种计划价格要以价值规律为依据；对一些产品，国家可以实行定量配额供给，但绝非搞不等价交换或无偿调拨。国家同全民企业不是行政隶属关系，计划调节也不同于行政手段。国家要尊重企业经营利益，而不能像过去一段时期所实行的不考虑下属单位经济利益的无偿"平、调"。

此外，全民企业除同国家发生联系外，在商品经济条件下，还同其他企业发生联系，各企业之间的关系完全是商品生产者之间的联系，只能按商品经济原则办事，受市场机制的调节。总之，国家同全民所有制企业的关系，要从行政隶属关系转变为适应商品经济要求的尊重企业利益的关系。

至于集体企业、个体企业、私营企业、外资企业等同国家的关系，是不同经济实体之间的关系，国家不能对其进行直接计划调节，

---

① 如国务院1990年划定的234个"双保"企业，就是实行的指令性计划为主。见人民日报，1990-05-01（2）.

而只能在价值规律的基础上，在市场机制条件下发生联系。当然，国家经济职能不是对非全民所有制企业不起作用，而是通过银行信贷、利率、税率，以及通过对国营企业执行的计划价格来影响市场价格水平，从而影响调节非全民所有制企业的价格。国家还可以通过经济立法、经济政策、对外贸易统制制度、财政补贴等法律的和行政的手段，调节非全民所有制企业的经济活动。

第二，国家对市场调控方式的根本转变。

适应有计划商品经济体制的需要，运用经济手段管理的间接管理方式将逐步成为国家对国民经济管理的主要方式。在传统体制下，国家对国民经济的计划管理不仅在总体和全局有关的经济运行上，而且通过指令性计划和行政命令直接管理微观经济活动，直接干预企业内部的产供销、人财物等日常活动。这种直接管理办法，忽视甚至无视对经济杠杆的运用，在理论上就否定了商品生产和商品交换，实行直接的占有和分配；否定了所有权和经营权可以分开；否定了企业和职工相对独立的物质利益。而间接管理则是通过经济杠杆作用于市场，通过市场作用于企业的经营活动。也就是国家利用经济杠杆调节市场，进而通过市场的作用实现对经济活动的调控。间接调控更有利于调动企业和职工的积极性，有利于搞活企业，促进生产力的发展。从根本上说，其原因就是间接管理和调控更适应商品经济的要求。

通过市场调整经济活动的间接调控，实际上体现了国家是社会主义经济运行的主导，企业是社会主义经济运行的基础，市场则是连接企业和国家的枢纽、协调微观和宏观的中介。在国家—市场—企业这种管理体制下，国家不是运用行政手段和计划指令的直接管理，而是通过自己掌握的经济参数，使它们在市场活动中发生机理变换，最终输出符合国民经济发展目标要求的市场信号，达到对企业经营活动的调控。经济参数是指经济活动中一些直接影响企业经济利益的变量，如价格、利润、税率等经济杠杆。有计划地运用经济参数，是经济计划和自觉运用价值规律的体现，是社会主义有计划商品经济的客观要求。例如，国家为了达到调节符合国民经济发展目标要求的价格，就可以对市场进行这样的参数调节：（1）国家可以通过增加或减少财政，增加或减少税收的办法扩大或减少市场供应，进而调节市场价格；（2）国家可以通过银行信贷调节货币流通量，通过对市场货币流通量的变动而影响市场价格；（3）国家可以通过国营商业在市场上的购销活动调节市场供求关系，进而调控市场价格；（4）国家通过直接的投资活动影响市场供求关系，从而对市场价格发生调节作用。

当然，参数管理能否很好地发挥作用，还取决于：（1）参数控制的微观基础是否具备参数调控的条件，如企业要和市场有密切联系，微观经济即企业要具有内在活力，即具有灵活性和自主性等。（2）微观经济单位是否有自主权，是否是相对独立的经济实体、是否是经济利益主体。参数控制是通过对微观经济单位的经济利益的调节而实现其控制功能的。只有当微观经济单位具有相对独立的自主权和经济利益时，参数控制才能从经济利益上引导微观经济单位的生产经营活动符合宏观经济运行的要求。反之，参数控制就无从发挥作用。

政企职责分开、所有权和经营权分开是充分发挥国家经济职能的关键

多年来的实践使我们认识到，实行政企分开、所有权和经营权分开，赋予企业自主权，使企业成为相对独立的经济实体和经济利益主体，是改革经济体制，充分而正确地发挥国家经济职能的关键。《中共中央关于经济体制改革的决定》指出：由于在指导思想上的"左"倾错误的影响，多年来"把搞活企业和发展社会主义商品经济的种种正确措施当成'资本主义'，结果就使经济体制上过度集中统一的问题不仅长期得不到解决，而且发展得越来越突出。其间多次实行权力下放，但都只限于调整中央和地方、条条和块块的管理权限，没有触及赋予企业自主权这个要害问题，也就不能跨出原有的框框"。①《决定》还指出："过去国家对企业管得太多太死的一个重要原因，就是把全民所有同国家机构直接经营企业混为一谈。根据马克思主义的理论和社会主义的实践，所有权同经营权是可以适当分开的。"②

在社会主义阶段，全体人民对全民所有制的庞大的生产资料，都拥有所有权，但不能由全体人民共同直接使用和经营，也不能由他们的代表——国家去直接使用和经营。这些属于全民所有的生产资料，只能分别交给各个企业，由一个企业范围的劳动者去使用和经营。这就是说，所有权和经营权的适当分离，是社会主义全民所有制自身的客观要求。那种认为既然全民所有制企业的生产资料属于全体人民，就应该都由代表全民利益的国家直接管理，从而得出所有权和经营权不可分离的推论，是不正确的。

从历史上看，资本主义社会就存在着所有权和经营权相分离的情况。

社会主义全民所有制的企业实行两权分离，有没有理论根据？当

---

① 中共中央文献研究室·中共中央关于经济体制改革的决定［M］. 北京：人民出版社，1984：9.

② 中共中文献研究室·中共中央关于经济体制改革的决定［M］. 北京：人民出版社，1984：12.

然，马克思主义的创始人没有也不可能给我们留下现成的答案，但他们的有关论述，可以使我们受到启发。恩格斯在给奥·倍倍尔的信中说："我们一旦掌握政权，我们自己就一定要付诸实施：把大地产转交给（先是租给）在国家领导下独立经营的合作社，这样，国家仍然是土地的所有者。"① 在《法德农民问题》一文中，恩格斯写道："我们的党一掌握了国家权力，就应该干脆地剥夺大土地占有者，就象剥夺工厂主一样。……我们将把这样归还给社会的大地产，在社会监督下，转交给现在就已耕种着这些土地并将组织成合作社的农业工人使用。我们将在什么条件下转交这些土地，关于这点现在还不能说出一定的意见。"② 这就是说，对于全民所有制经济，所有权和经营权在一定条件下是可以分离的，至于什么样的条件下可以分离，那是实践所要回答的问题。我们党在社会主义实践中，解决了这个问题，丰富和发展了马克思主义，从而使国家更能充分、正确地发挥其经济职能。

新中国成立以来，我们在经济建设中取得的巨大成就，是和国家的经济职能作用分不开的。但是，政企职责不分，把全民所有同国家机构直接经营管理企业混为一谈，中央和地方政府机构直接插手企业，干预企业具体的生产经营活动，其弊病也是严重的。一方面企业依赖上级行政领导部门，不计盈亏，反正都是国家的，缺乏改进工作的积极性和主动性；另一方面，政府机关管了许多不应由它管理而它又不可能管好的事情，许多应该由它管理和能够管好的事情却放松

---

① 马克思恩格斯《资本论》书信集［M］．北京：人民出版社，1972：469.

② 马克思恩格斯选集：第4卷［M］．北京：人民出版社，1962：314-315.

了。宏观经济决策没有管好，微观经济活动又管得死死的，这就严重压抑了企业的生机和活力，极大地束缚了生产力的发展。

实行政企职责分开和两权分开以后，国家的经济职能并非变弱了，而是更能充分、正确地发挥作用。国家集中精力可以更好地规划、管理国民经济的大事，为制定正确的国民经济的发展战略和发展计划，协调各部门、各地区和各企业的发展规划和各种经济关系，制定必要的经济法规，维护正常的经济秩序，加强对社会经济活动的检查监督、引导和指导，贯彻党和国家的方针政策，制定科技发展规划，以适应现代化建设和工农业生产发展的需要。此外，国家有关机构还应开展为经济发展服务的工作，如为企业提供正确有用的经济信息，增强企业的灵活应变能力，以及如何引导企业开拓国内市场和国际市场，如何搞社会化、专业化协作，如何组织推广新技术和种种先进经验等。在农村应如何进一步深化改革，在继续稳定以家庭联产承包为主的责任制基础上，根据生产力发展的要求，应如何不断完善统分结合的双层经营体制，积极发展农业社会化服务体系，逐步壮大集体经济，引导农民走共同富裕的道路。至于农业基础建设，国家如何在资金、技术等方面对农业部门实行倾斜，加快大江、大河、大湖的综合治理和农田水利基本建设，如何实施科技、教育兴农的战略，并在工农业产品比价、发展乡镇企业等方面实施必要的改革和推动，以繁荣农村经济，增加农民收入，逐步使广大农民的生活从温饱达到小康水平。因此，实行政企分开，所有权和经营权分开，国家就可以集中精力在许多全局性的重要领域更好地发挥国家的经济职能。

还有一种观点，认为可以依据全民所有制经济的内在运行机制，提出在深化经济体制改革中，实行"三权分离"的设想。所谓"三权分离"，即在全民所有制经济中实行经济所有权、调控权、经营权的相应分离。这种观点认为，"三权分离"的基本格局是在全民所有制内部，在原有两权分离的基础上，把原来未作明确区分的国家所有权与国家宏观调控权进一步分开，并使企业享有发展有计划商品经济所必须的全部经营权。为此，应明确国有企业的所有权主体，建立国有资产管理机构，专司国有资产的收益、监护、投资、处置等，使国有资产得以保值和增值。这样一来，便会形成以国有资产为基础，以企业经营为核心，以计划为指导，以市场为纽带，由国家宏观调控机构和国有资产管理机构共同参与的新的经济运行格局。企业是微观的生产经营主体，国家计委、财政、银行等是宏观的调节控制主体，真正独立出来的国有资产管理机构，既是同企业相对应的所有权主体，又服从于宏观经济的总体要求。这种观点认为，"三权分离"的思路一方面可使所有权职能独立化，国家双重经济职能（所有权和调控权）明晰化，另一方面也可使企业的经营权有明确的物权对应关系。随着经济改革的深化，国家和企业之间、国家各职能部门之间的职、责、权的划分，必然会越来越细，越来越明晰。"三权分离"的思想是值得考虑的。

第四节　几点认识和反思

要坚定不移地坚持以经济建设为中心

"一个中心、两个基本点"是三中全会以来的基本路线的基本内容。"一个中心"就是以经济建设为中心，这是我国现阶段社会的主要矛盾所决定的，是初级阶段的基本国情所要求的。"两个基本点"

从根本上说也是服从和服务于经济建设这个中心的。新中国成立以来由于忽视了经济建设这个中心，忽视了发展生产力这一历史任务，我们曾经走了一个肯定、否定、再肯定，进而发展的过程。在总结了经验教训之后得出的以经济建设为中心，大力发展社会生产力的路线，是唯一正确的路线，必须坚定不移地坚持下去。这条路线也是正确发挥国家经济职能的根本依据和前提条件。邓小平同志多次指出，要把经济建设当作中心，如果离开这个中心，社会主义就有丧失物质基础的危险。经济建设是解决国际问题和国内问题的最主要条件。他强调："现在要横下心来，除了爆发大规模战争外，就要始终如一地、贯彻始终地搞这件事，一切围绕着这件事，不受任何干扰。就是爆发大规模战争，打完仗以后也要继续干，或者重新干。我们全党全民要把这个雄心壮志牢固地树立起来，扭着不放，'顽固'一点，毫不动摇。"① 江泽民同志在庆祝中国共产党成立七十周年大会上的讲话中说："中国的基本国情，决定了我国处在社会主义初级阶段。社会主义的根本任务是发展生产力，在初级阶段，我们更要自觉地坚定不移地把这个任务放在中心位置。"90 年代是我国社会主义现代化建设十分关键的时期。坚持党在社会主义初级阶段的基本路线，紧紧围绕经济建设这个中心，坚定不移地推进改革开放，充分发挥国家的经济职能，集中力量发展社会生产力，我们就一定能实现社会主义现代化建设的宏伟目标。

国家掌握雄厚的经济实力是充分发挥经济职能的物质基础

社会主义国家担负着整个社会经济的协调，组织和管理。国民经

---

① 邓小平文选（1975—1982 年）[M]．北京：人民出版社，1983：213.

济要持续、稳定、协调发展，宏观经济必须得到有效调控，微观经济一定要具有生机和活力。只有规划、计划是不行的。在开发资源，在生产设备的更新换代，技术改造和建设关系全局性的大型、特大型的项目和企业，以及环境治理、能源、交通等基础设施的一系列建设中，都需要国家有足够的财力、物力的支持和保证。过去在经济体制上国家集中过多，管得过死，固然不对。在党的十二届三中全会《关于经济体制改革的决定》后，已经有了不少改进，取得了巨大成绩。在相当程度上克服了集中过多的现象。但与此同时，也应该看到，由于权力下放过程中有的措施不够完善，宏观管理没有跟上，以及其他一些因素，又出现了当前经济生活中某些方面过于分散的现象。实践证明，过于分散的体制弊多利少，国家掌握的财力物力过少，难以利用经济手段进行有力的经济调控，也不利于对整个国民经济的有效管理，国家整体的全局的经济利益无法保障。因此，我们既要克服过分集中的弊端，又要避免过于分散的偏向。正如《十年规划和"八五"计划的建议》指出的："在我们这样一个 11 亿人口的大国，过分集中不行，过分分散也不行，必须把必要的集中和适当的分散恰当地结合起来，充分发挥各个方面的积极性，才能更好地体现社会主义制度的优越性和推进现代化建设。"

正确而有效地发挥国家经济职能，需要各方面的配合

国家经济职能的发挥是个系统工程，涉及许多方面的工作。这需要计划部门的综合设计，经济管理部门的宏观决策，经济立法、司法部门的立法执法，工商管理部门的管理配合，金融部门的信贷调节。

在进行经济体制改革的同时，政治体制改革也要配套进行。一个重要问题就是进行政府机构的改革。政府机构改革，核心问题是转变政府管理经济部门的职能。我国传统体制下形成的政府机构模式，天然具有向企业收权收利的职能，如不彻底加以改造，就无法顺利转变企业机制，政府也无法抓好宏观调控的工作重点，企业难以真正推向市场。当前转变政府管理经济的职能，要和精兵简政结合进行，才能收到效果。机构庞大，人员臃肿，它们不断向企业发报表，搞评比检查，使企业穷于应付。因此，要转变企业机制，把企业推向市场，必须同时实行精兵简政。

此文载于：马克思主义经济理论在当代中国的发展.
成都：西南财经大学出版社，1992.

政治经济学史、经济思想史、经济学说史的区分

　　关于经济学说史的研究对象，从 50 年代就有这样的观点："经济学说史的对象就是政治经济学这门科学产生和发展的历史。"[①] 虽然有的著作对此提出过不同看法，但未引起注意，迄今出版的有关教材中，或对此问题略而不谈；或书名《政治经济学史》，实则把只应属于经济学说史研究范围的内容包罗进来。在课堂讲授中，也往往把政治经济学史和经济学说史混同起来。因此，有必要探讨经济学说史和政治经济学史的联系和区别，明确二者各自的内容和范围。

　　1. 政治经济学史和经济学说史研究对象的联系和区别

　　政治经济学史是经济学说史的重要组成部分，但是绝不能因此就把二者等同起来。二者的区别首先在于经济学说史比政治经济学史有着更广泛的研究范围。"政治经济学"这个名称是由法国重商主义者安徒安·德·蒙克来贤在 1615 年发表的《献给皇上和皇后的政治经济学》首先使用的。就像资本主义的积累是资本主义的"前史"一样，重商主义学说是资产阶级政治经济学的"前史"。资产阶级政治经济学只是到 17 世纪末和 18 世纪后半期，才以较完整的形式出现。马克思指出："政治经济学作为一门独立的科学，是在工场手工业时

---

① 然明. 经济学说史讲义 ［M］. 北京：中国人民大学出版社，1958：2.

期才产生的。"[①] 恩格斯则说: "政治经济学是现代资产阶级社会的理论分析,因此它以发达的资产阶级关系为前提。"[②] 按照马克思和恩格斯的意见,政治经济学是资本主义时代的产物,即使连它的"前史"包括进来,最早也不过从 15 世纪以后才出现的。政治经济学史作为政治经济学理论研究的历史叙述,理所当然地只能把政治经济学产生以后作为自己的起点,没有必要把政治经济学产生以前的经济学说和经济思想包括进来。所以,关于资本主义以前,从古希腊、古罗马的奴隶主的经济学说到封建主义的宗教法典学者、异教和农民起义者等的经济学说,也就不应属于政治经济学史的对象,只应是经济学说史的研究内容。

恩格斯在《反杜林论》中,提出广义政治经济学是"一门研究人类各种社会进行生产和交换并相应地进行产品分配的条件和形式的科学"。广义政治经济学这个概念的出现,是否可以作为政治经济学史也就应该相应地包括前资本主义经济学说的根据呢? 我认为不能这样类比推断。

首先,恩格斯提出广义政治经济学的出发点在于: "证明现在开始暴露出来的社会弊病是现存生产方式的必然结果。"而"要对资产阶级经济学全面进行这样的批判,只知道资本主义的生产、交换和分配的形式是不够的。对于发生在这些形式之前的或者再比较不发达的国家内和这些形式同时并存的那些形式,同样必须加以研究和比较,至少是概括地加以研究和比较。"这种比较是运用生产关系一定要适

---

① 马克思. 资本论: 第 1 卷 [M]. 北京: 人民出版社, 1972: 404.
② 马克思恩格斯选集: 第 2 卷 [M]. 北京: 人民出版社, 1972: 115.

应生产力发展的性质这个唯物主义原理，"从批判封建的生产形式和交换形式的残余开始，证明它们必然要被资本主义形式所代替……最后对资本主义的生产方式进行社会主义的批判"①。一句话，是为了从政治经济学的角度阐明社会发展的规律，从比较中说明问题，仅仅在这个意义上，恩格斯所说的广义政治经济学才包括资本主义以前的生产方式，它并不说明资本主义以前的经济思想、经济学说本身是政治经济学。只有这样理解，才和马克思、恩格斯关于政治经济学是资本主义的产物的观点相一致。因此，尽管可以有广义政治经济学，却不能由此而包括前资本主义的政治经济学史。可以有社会主义部分的政治经济学史，因为它是对资本主义政治经济学批判、继承和加以革命变革的合乎逻辑的发展，但不应有前资本主义部分的政治经济学史。因为前资本主义还没有政治经济学产生出来，因而也就不应有其理论史，这也是逻辑的必然结论。

其次，关于政治经济史应否包括前资本主义的经济思想，马克思早就明确地谈到过。马克思说："因为历史地出现的政治经济学，事实上不外是对资本主义生产时期的经济的科学理解。"然后才说"与此有关的原则和定理，也能在例如古希腊社会的著作那里见到，这只是因为一定的现象，如商品生产……等等，是两个社会共有的。由于希腊人有时也涉猎于这一领域，所以他们也和在其他一切领域一样，表现出同样的天才和创见。所以他们的见解就历史地成为科学的理论的出发点"②。

---

① 马克思恩格斯选集：第 3 卷［M］. 北京：人民出版社，1972：189—190.

② 马克思恩格斯选集：第 3 卷［M］. 北京：人民出版社，1972：267-268.

马克思的这段话不过是想说明像商品生产等等经济范畴，有共同性，也有特殊性。"经济范畴只不过是生产的社会关系的理论表现。"① 古代商品生产和资本主义商品生产反映着根本不同的生产关系，"决不是象那些抹煞一切历史差别，把一切社会形式都看成资产阶级社会形式的经济学家所理解的那样。人们认识了地租，就能理解现代役租、什一税等等。但是不应当把它们等同起来"②。所以，先把政治经济学是资本主义生产时期的经济科学确定下来，然后才说古代有关经济范畴是它的"出发点"，而不是把它作为政治经济学本身发展的历史。因此，绝不能把它混同于资本主义经济范畴，将古代的有共性的经济范畴，纳入政治经济学史的研究范围。

2. 政治经济学史的研究对象不包括空想社会主义的经济学说

在政治经济学史这门学科的体系中，通常都把三大空想社会主义的经济学说包括在内。我认为这也是不妥当的。我们知道，马克思的《剩余价值理论》是一部真正科学的政治经济学批判史，它详尽而深刻地阐明了政治经济学的理论史。但马克思说："按照我的写作计划，社会主义的和共产主义的著作家都不包括在历史的评论之内。……因此，在考察剩余价值时，我把布里索、葛德文等等这样的18世纪著作家，以及19世纪的社会主义者和共产主义者，都放在一边了。至于我在这个评论中以后要说到的少数几个社会主义著作家，他们不是本身站在资产阶级政治经济学的立场上，便是从资产阶级政治经济学的观点出发去同资产阶级政治经济学作斗争。"③ 这里，马克思说得

---

① 马克思恩格斯选集：第1卷[M]. 北京：人民出版社，1972：108.
② 马克思恩格斯选集：第2卷[M]. 北京：人民出版社，1972：108.
③ 马克思恩格斯全集：第26卷I[M]. 北京：人民出版社，1972：367.

很清楚。在政治经济学史中是不包括社会主义者的经济学说在内的，除非某些社会主义者"本身站在资产者立场上"或者"从资产阶级政治经济学发出"。在《剩余价值理论》第三册，第二十一章，一开始又重申了这个意思。他说："在政治经济学上的李嘉图时期，也出现了（资产阶级政治经济学的）反对派——共产主义（欧文）和社会主义（傅立叶、圣西门）……但是，依照我们的计划，这里要考察的只是本身从政治经济学的前提出发的反对派。"① 在《反杜林论》这部伟大著作中，政治经济学史的部分和社会主义史的部分，也是分开论述的。这就是说，按照马克思和恩格斯的观点，空想社会主义者的著作是和政治经济学不相同的，因而不应把它们包括在政治经济学史中的。所以，通常把空想社会主义的经济学说纳入政治经济学史体系是违反马克思、恩格斯的原意的，因而是不妥当的。但是，在空想社会主义者中间，特别是圣西门、傅立叶、欧文三大空想社会主义者的著作中，有着极为丰富深刻的经济思想，应该给以批判地阐述。这些经济思想应成为经济学说史的重要内容。

综上所述，我认为，尽管政治经济学史是经济学说史最重要的部分，二者在任务方面也是一致的，但它们在研究对象的内容和范围上却应有差别。经济学说史应比政治经济学史有更广泛的内容和范围：政治经济学史研究对象的内容和范围只应包括从资产阶级政治经济学产生以后的资产阶级政治经济学，小资产阶级政治经济学以及对其有批判继承关系，进行了革命变革所创立的无产阶级政治经济学的理论史。它既不包括空想社会主义的经济学说，也不包括资产阶级政治经

---

① 马克思恩格斯全集：第 26 卷Ⅲ［M］．北京：人民出版社，1972：261．

济学产生以前的奴隶社会和封建社会著作家的经济思想。经济学说史与此不同，它应该包括各个社会发展阶段上主要阶级的经济学说。我认为，这样的划分才是符合马克思、恩格斯的原意，才能明确经济学说史和政治经济学史研究对象的内容和范围。从而使两门密切联系的学科，各自有一个科学的研究对象。

3. 社会经济史、经济学说史、经济思想史的联系和区别

经济学说史和社会经济史有着密切联系。可以说社会经济史是经济学说史的基础。因为任何思想、学说、都不是凭空而来，不是偶然的，而是历史时代的产物，社会经济条件的产物。不了解一定历史阶段经济发展的状况，就无法科学地阐明赖以产生的经济学说。所以，研究经济学说史不能离开社会经济史，但是这二者又是有区别的。社会经济史是研究人类社会具体的经济生活、经济现象、经济制度的历史过程的科学；经济学说史则是研究在一定经济生活、经济现象和经济制度下产生的经济学说的历史的科学。这就是说，经济史是研究具体的经济事实历史，经济学说史则是研究抽象的经济学说的历史。

比较流行的另一种观点，是把经济思想和经济学说史混为一谈，认为经济济思想史就是经济学说史。这种说法是不正确的。它们用的材料有相同之处，任务也是一致的，就像政治经济学说史的重要内容一样，经济学说史是经济思想史的重要内容，但二者不能等同。这种差别就在于经济思想史比经济学说应有更广泛的内容。经济思想是极为多样的，它的材料来源也是庞杂的。经济思想可以反映在各种文学、艺术作品记载上，也可以反映在历史文物等形象上，只要可以发现的经济思想的材料，就可以作为经济思想史的研究对象；经济学说史则不同，它的研究对象要求有更高水平的对经济现象的认识，即不

是任何一种经济思想都可以作为研究对象，而应该是多少构成经济思想体系的经济观点才是它的研究对象。

此文载于：财经科学，1991（2）.

关于发展经济学的几个问题

一、 怎样看待发展经济学这门学科

发展经济学是一门重要学科。1987 年在上海高等院校财经专业课程改革会议上，国家教委列为财经专业的 10 门主干课程之一，要求财经院校和财经专业开设这门课。近几年，陆续有一些专著和教材问世。随着对这门学科的重视，在对它的性质和发展方向等一些问题上，也产生了新的认识和不同的看法。有的认为："发展经济学是当代西方经济学体系中的一个重要分支，其主要研究对象是发展中国家的经济发展问题。"[1] 有的则说："长期以来流行着这样的一种观点，认为发展经济学是西方经济学的一个分支，只要提到'发展经济学'，必定同西方资产阶级理论联系在一起。其实，这是一种误解。发展经济学不是'分支'，是'领域'，是一个特定的研究领域，专门研究发展中国家如何实现经济的发展。"[2]

还有一种说法，避开是否属于西方经济学，而只说："发展经济

---

① 谭崇台. 发展经济学 ［M］. 上海：上海人民出版社，1989：673—674.

② 陶文达. 中国社会主义经济发展概论 ［M］. 沈阳：辽宁人民出版社，1991：3.

学是第二次世界大战后兴起并逐渐形成和发展起来的经济学的一个分支学科。"①

发展经济学创建者之一的张培刚教授也认为发展经济学是由西方经济学"演变而成的新学科",但他认为,这种传统的发展经济学是有缺陷的,"应该对发展经济学的研究范围和内容,连同研究方法,加以彻底改造和革新,并在此基础上建立一种'新型发展经济学'"②。

上述几种观点,从表面上看,有的似乎不一致,甚至是对立的,但从实质上说,并非互不相容的。因为这几种观点如果不是孤立地看,而是联系起来进行分析,实在没有什么原则上的分歧。

第一,学科的性质往往和其研究对象有密切关系。对这门学科的研究对象,几种说法虽有差异,也只是词句上的,认为这门学科是研究发展中国家的经济发展问题,则是一致的。

第二,关于这门学科产生的历史条件,也是没有分歧的。大家都认为是第二次大战后随着殖民体系的瓦解,亚、非、拉美广大地区原来属于殖民地、附属国的国家和地区,纷纷走上独立道路。这些新独立的国家和地区尽管存在着差异,但都面临着摆脱经济落后、改变贫困面貌、发展经济的共同任务。在这种条件下,是西方经济学家,或受西方经济学教育、影响的经济学家首先研究发展中国家的经济发展问题的。因此,当谈到发展经济学时,不能不谈它的渊源。在这一点上,大家也是没有异议的。

① 董辅礽. 发展经济学的格局——进步与展望 [M] //现代经济发展研究丛书. 北京:经济科学出版社,1987:1.
② 张培刚. 新型发展经济学的由来和展望 [J]. 经济研究,1991 (7).

第三，谈到发展经济学的产生，虽然必定要联系西方经济学，但并未有人说凡是发展经济学就一定是资产阶级的。因为发展经济学确实只是一个学科名称，它可以用不同思想为指导进行研究，不一定都是资产阶级的。事实上有的流派，很难简单地归结为资产阶级的。例如对经济发展的论证，一般分为三个流派，即结构主义、新古典主义和激进主义。这三个流派的基本思路是不同的，其中激进主义总是试图用马克思主义经济学原理分析发展中国家的经济发展问题，虽然不见得尽都合乎马克思主义的实质，但也不能说和马克思主义毫无关联，因而也不便把它们的观点硬派作资产阶级理论。

第四，以上说明，上述不同观点只是表面上的，实际上并无原则上的分歧。至于说，发展经济学能不能称之为西方经济学的"分支"和演变？我认为这纯属词句之争，无关紧要。如果从其产生的渊源来说，称之为西方经济学的"分支"，似乎也无不妥。马克思主义的经济学和资产阶级的经济学说有本质上的不同，但这并不妨碍马克思的经济学说是资产阶级古典经济学的"直接继续"或"当然继承者"。这样说，并不会模糊无产阶级与资产阶级两个营垒之别。

二、 发展经济学既有共性也有特性

和平和发展是当代世界的两大主题。发展经济是发展中国家首要的共同的任务。由于新老殖民主义者的巧取豪夺，长期压榨，第三世界发展中国家面临的共同困难是相似的。这主要是人民生活贫困，人口压力沉重，失业或就业不足，文化教育和科学技术水平低下，技术力量缺乏，产业结构不合理，农业在国民经济中所占比重过大，城乡差距过于悬殊，存在二元经济结构，发展资金短缺，在国际贸易中比重过小并处于不利地位。总之，社会经济落后，经济基础薄弱。面对这种困难和问题，研究发展中国家如何克服困难，走上发展经济的道路，是发展中国家的迫切要求，也是发展经济学所要探讨的课题。邓小平同志说和平和发展是当代世界的两大主题，但归根到底还是经济发展问题。他说："现在世界上真正大的问题，带全球性的战略问题，一个是和平问题，一个是经济问题。和平问题是东西问题，经济问题是南北问题。概括起来，就是东西南北四个字。南北问题是核心问题。……总之，南方得不到适当的发展，北方的资本和商品出路就有限得很，如果南方继续贫困下去，北方可能就没有出路。"① 这就是说，发展经济首先是发展中国家的共同问题，但它也同时关系到全世界，其中也包括经济发达的国家。因为如果没有发展中国家的经济发展，西方发达的国家的市场问题、经济发展问题也难以解决。而且，发展中国家所遇到的种种问题，也不可能封闭在国界之内，也会变成富国的问题。贫困的发展中国家的自然环境失衡，各种污染问题，战乱、暴动，难民问题，是富国所无法完全回避的。所以，发展中国家的经济发展，理所当然地成为当代世界各国所关注的主题之一。

发展中国家有面临的共同问题，但由于各发展中国家政治、经济、人口、自然条件的不同，以及民族、宗教、文化传统等历史和现状的差异，因而在如何解决经济发展的道路和目标上各有自己的特点。各个发展中国家需要根据自己的特点制定战略和策略、政策和计

---

① 邓小平. 和平和发展是当代世界的两大问题［M］//建设有中国特色的社会主义（增订本）. 北京：人民出版社 1979：52-213.

划、重点和规模、手段和模式等等。著名经济学家谭崇台教授指出，在 70 年代以后，发展经济学家转变了态度，已经从对发展中国家的一般研究，从对全部发展中国家的研究，"转变为对不同类型的发展中国家作国别研究。……同时，发展中国家的统计资料日益丰富起来，使人们对某一国家的具体情况作具体分析成为可能"。这就是说，"发展的现实和理论与政策的预期远不一致"，不能有效地解决发展中国家的问题，需要转变为从各国的实际出发，对发展中国家进行国别研究。这种研究不仅是必要的，而且因条件具备，所以也是可能的。这种演变或转变并不意味着发展经济学走进死胡同，而是表明这"一门新的经济学科正在发展，正在向纵深发展"①。

三、 有中国特色的社会主义， 需要建立自己的发展经济学

在党的十二次全国代表大会上，邓小平同志首次提出了建设有中国特色的社会主义这一重要概念。邓小平同志还指出："马克思主义必须是同中国的实际相结合的马克思主义，社会主义必须是切合中国实际的有中国特色的社会主义。"② 建设有中国特色的社会主义，就必须有一条切合中国实际的经济发展的道路，适应这种需要的就是发展经济学的任务。

———————

① 谭崇台. 发展经济学 [M]. 上海：上海人民出版社，1989：673—674.
② 邓小平. 和平和发展是当代世界的两大问题 [M] //建设有中国特色的社会主义（增订本）. 北京：人民出版社 1979：52−213.

发展经济学对于非社会主义的发展中国家和社会主义的发展中国家有共同或相似的对象和内容，例如经济发展和经济增长、经济发展的道路、模式、资源配置，工业化与农业进步，经济发展中的优先次序选择、财政、货币政策，国家干预和市场调节，社会项目评估，发展中国家的二元结构，如何建立国际新秩序，发展中国家的经济合作和经济调整，人口问题，资金问题，国外资源和国际贸易问题等等。不管什么样类型的发展中国家，都应当就这些问题进行研究，以便总结和借鉴本国和外国的发展经验，促进本国的经济顺利发展。

但是，这些内容和问题，对于不同的发展中国家有不同的重点和要求，对于我们要建设有中国特色的社会主义发展经济学来说，必须从中国实际情况出发，符合中国国情和特点。我国的国情和特点是什么呢？概括地说，就是中国处在社会主义初级阶段，它已经是社会主义社会，但还不是发达的社会主义，而是还处在生产力落后的社会主义初级阶段。邓小平同志形象地说："我们算是一个大国，这个大国又是小国。大是地多人多，地多还不如说是山多，可耕地面积并不多。另一方面实际上是个小国，是不发达国家或叫发展中国家。"①这个总的国情必然有如下特点：

第一，中国人口多，底子薄，生产力落后，就得先解决温饱问题才能集中财力、物力扩大再生产。人口多特别是 80％左右的人口在农村，农业技术和农业生产水平较低，必然制约着我国国民经济现代化的进程，制约着人均收入水平的提高，而且会带来严重的就业问题。

---

① 邓小平. 和平和发展是当代世界的两大问题［M］//建设有中国特色的社会主义（增订本）. 北京：人民出版社，1979：52—213.

第二，中国底子薄，基础差，经济建设的起点低。因而虽在新中国成立后有了很大发展，国家经济实力得到很大增强，但落后面貌尚未完全改观。尤其在农村，还没有完全摆脱几亿人用体力劳动搞饭吃的局面。

第三，中国地域辽阔，经济发展不均衡。各地区经济发展水平悬特甚大，一部分先进的现代化的工业同大量落后于现代水平的工业和农业同时并存。如果说发展中国家存在二元经济结构，那么，中国则不只二元，甚至是三元、四元多层次的经济结构同时并存。

第四，从所有制来看，也是多种成分同时并存。在全民所有制、集体所有制社会主义成分为主体的条件下、个体、私营、中外合营、公私合营企业、股份制企业、外国人投资的企业，同时并存。而且随着改革开放的深入，我国所有制结构，还在演变中。

总之，中国有自己的特点，中国的经济发展必须以中国特点为依据。中国既不同于发展中的资本主义类型的大国或小国，也不同于发展中的社会主义类型的大国和小国。把马克思主义和中国具体实际结合起来，走自己的道路，建设有中国特色的社会主义，这就是我们总结长期历史经验得出的基本结论，为了使我国的经济迅速而顺利地发展，早日实现社会主义的高度现代化，我们需要从理论上总结我国的实践经验，同时也需要研究和借鉴其他发展中国家的经验教训。这些长处和优点加以吸收利用，对其短处和缺点，则引以为戒。以上所述的包括生产关系和生产力、经济体制和经济政策的有关内容，都是发展经济学的研究对象，探讨这些问题，有助于我国发展经济、建设有中国特色的社会主义。在高等财经院校建设这个学科，开设这个课程，有利于优化学生的知识结构，增强学生的经济理论基础和实际工作能力，是其他学科所无法代替的。

由于"左"的思想影响，我们在 1978 年党的十一届三中全会以前，真正用于搞经济建设的时间很短，"经过几次波折，始终没有把我们的工作着重点转到社会主义建设这方面来"①，因而反映这种实践的经济理论，也主要是研究生产关系的性质、状况和变革，很少研究生产力的发展、很少研究经济增长与经济发展的问题。在这期间，由于对西方经济理论采取否定、排斥的态度，认为资产阶级的理论没有什么价值，因而也就谈不上引进发展经济学。

长期以来，认为有了政治经济学就可以直接解决社会主义建设中的一切问题。这也是一种误解。马克思主义政治经济学的一般原理，是我们社会主义经济建设的理论依据，是非常重要的。但它并不能包括我国社会主义经济建设的全部具体内容。经济学科体系中有不同层次，各有不同的对象和任务。政治经济学的一般原理，是不能代替发展经济学的更加务实、更加切近的功能的。

在邓小平同志倡导下，党和政府提出了以经济建设为中心，坚持四项基本原则，坚持改革开放的基本路线。邓小平同志在深圳、上海等地的谈话再一次强调了解放生产力、发展经济的重要性。强调改革开放胆子要大些，要加快改革开放的步伐，加快经济发展的速度。这个谈话象浩荡的东风，吹遍祖国大地，对推动整个社会主义现代化建设事业有着重大而深远的意义，在这种形势下，加强发展经济学的研究和建设，显得更为紧迫。

此文载于：经济评论，1993（2）.

---

① 邓小平. 和平和发展是当代世界的两大问题［M］//建设有中国特色的社会主义（增订本）. 北京：人民出版社，1979：52—213.

按劳动力价值分配是实现
按劳分配的适当形式

中共十四大明确提出了我国经济体制改革的目标是建立社会主义市场经济体制。围绕社会主义市场经济体制的建立，我们必须加快市场的培育，要求一切生产要素市场化。即不仅一般产品的商品化，各种生产要素，包括资金、生产资料、劳动力也要进入市场，生产要素价格由市场供求和市场竞争决定。这是市场经济得以正常进行的不可缺少的基本条件。

在各生产要素市场的培育发展中，劳动力市场显得滞后不前，处于很不发展的状态。造成这种滞后的原因，除了实际工作上的困难，不少具体问题难以在短期解决之外，在理论认识上一些误区或误解，也是推进劳动力市场发展的很大障碍。因此，重新认识社会主义市场条件下，在公有制经济中劳动力是否具有商品性质，劳动力作为商品与按劳分配原则是否矛盾等有关问题，解放思想，转换脑筋，从传统的观念的束缚中解脱出来，以适应建立社会主义市场经济的要求，不仅有理论意义，也有重大的实践意义。

一、 要名正言顺地提出劳动力商品和劳动力市场

传统观点认为，市场经济是资本主义特有的经济范畴，是和社会

主义不相容的。如今中共十四大提出建立社会主义市场经济，并明确定为我国经济体制改革的目标。在这种形势下，过去把劳动力商品也看作是资本主义的特有范畴，认为社会主义制度下劳动力不是商品的思想枷锁，理所当然地应当解禁了。过去用"劳动市场"、"劳务市场"这些含糊不清的名称来避讳劳动力市场的作法，再也没有存在的必要了，可以理直气壮地为劳动力市场正名了。

为了说明这些问题，我们不妨作一番粗略的论证。

传统观点之一，是认为劳动力商品是资本主义的特有范畴，认为在社会主义公有制条件下，劳动力不是商品，因为劳动者在公有制条件下是生产资料的主人，它不能将自己的劳动力卖给自己。一些同志认为这就是马克思主义的观点。

诚然，马克思确实说过，劳动力商品是资本主义的特有范畴。但马克思的这个概念的真正含义是什么呢？马克思在分析资本主义经济制度的基础上，建立了劳动力商品学说，科学地说明了剩余价值的来源和本质，揭露了资本家剥削雇佣劳动的秘密，解决了古典经济学不能解决的理论难题，为无产阶级政治经济学奠定了科学的基础，当然，是完全正确的。但是，马克思这一科学理论，是和资本主义联系在一起的，分析的是资本主义经济制度，它本身并没有涉及在社会主义经济条件下，劳动力是不是商品的问题，更没有说凡是劳动力商品就一定是资本主义，就一定体现剥削关系。如果无视商品经济、市场经济在社会主义的实际存在，把在资本主义"特有"的剥削性质，加在社会主义劳动力商品头上，那就是很大的误解。

在社会主义公有制条件下，劳动力所依存的是完全不同于资本主义的生产关系，即使有劳动力商品，它也不是体现剥削关系，而是体现着社会主义的生产关系。虽然它作为商品出卖，也会创造一个劳动力价值以外的价值，而这种劳动力价值以外的价值，无非是由剩余劳动创造的。这种剩余劳动不仅资本主义存在，它是在原始社会末期以来任何社会都是存在的。随着生产力的发展，在更高的社会形态中只会越来越多，不过其存在会因社会性质不同而采取不同形式而已。马克思说：“一般剩余劳动，作为越过一定的需要量的劳动，必须始终存在。只不过它在资本主义制度下，和在奴隶制度等等下一样，具有对抗的形式，并且是以社会的一部分人完全游手好闲作为补充。”①在社会主义公有制条件下，既然不允许“完全游手好闲”的剥削阶级存在，那么，即使有劳动力商品存在，即使有劳动力价值以外的价值形式存在，它在性质上也完全和资本主义不同，是不言自明的。怎能把社会主义劳动力商品性质，等同于资本主义特有的劳动力商品性质，从而否定社会主义有劳动力商品本身呢！

二、 按劳动力价值分配不是否定按劳分配原则， 而是实现按劳分配的形式

传统观点认为劳动力商品和剥削剩余价值不可分割，承认劳动力商品就是否定按劳分配、否定社会主义制度。

这种观点不考虑客观经济条件的变化，未免过于武断。劳动力商品作为一个经济范畴，它不是孤立的，它是和赖以起作用的整个经济

---

① 马克思. 资本论：第 3 卷［M］. 北京：人民出版社，1972：925.

制度联系在一起的。它的性质也是会随着整个经济条件的改变而改变
的，不能把它看成固定的、僵化的概念。有的经济范畴名称未变，但
是新的经济条件下却具有不同的性质和内容。例如工资、利润，这些
经济范畴在社会主义经济现实生活中，已被人们普遍使用和接受。人
们使用工资、利润等概念，并不把它们看成和资本主义经济条件下一
样，具有剥削关系的内容，为什么一提到劳动力商品，就强调"特
有"，硬要把它逐出社会主义经济之外呢？恩格斯曾批评《人民论坛》
关于"是按劳动量分配呢，还是按照其他方式分配"的辩论时指出，
辩论的参加者"谁也没有想到分配方式本质上毕竟要取决于可分配的
产品的数量，而这个数量当然随着生产和社会组织的进步而改变，从
而分配方式也应当改变"。批评所有参加辩论的人，对"社会主义社
会"并不是看成"不断改变，不断进步的东西"，而是看成"稳定的、
一成不变的东西，所以它应当也有个一成不变的分配方式①。"这里，
恩格斯讲的当然不是指的按劳分配原则，而是明确指出的是"分配方
式"。在我们社会主义市场经济条件下，劳动力作为商品，按劳动力
价值分配个人消费品，当然和马克思当时设想的社会主义按劳分配方
式不同。这种不同正是从实际出发，以当今的社会主义市场经济为依
据的。

马克思设想的社会主义社会和按劳分配条件是：第一，社会生产
力高度发展，全社会共同占有生产资料，没有不同的所有制，不存在
商品货币关系；第二，劳动者的个人劳动直接表现为社会劳动，不通
过交换，无需"价值"插手其间；第三，以全社会为统一的分配单

---

① 马克思恩格斯选集：第 4 卷 [M]. 北京：人民出版社，1972：475.

位，并以"劳动券"的形式支付与劳动量相当的劳动报酬。

我国社会主义经济条件的现状是怎样呢？第一，社会生产力不够发达，社会主义公有制也不是单一的，并且还有各种非公有经济成分，存在并将大大发展的商品货币关系；第二，在社会主义市场经济条件下，衡量劳动者向社会提供的劳动，不是直接按劳动时间计算，而是通过价值形式，即通过市场交换得到社会承认的社会必要劳动；第三，不是以全社会为统一的分配单位，而是以多层次的经济单位进行分配。

正因为我国的社会主义初级阶段的现实，和马克思当时所设想的条件有这些重要的不同，因而按劳分配就不是用"劳动券"直接体现为社会劳动的劳动量，而是以价值形式即货币工资来支付劳动者的劳动报酬。特别是分配单位的多层次性，有全国统一的党政、事业部门工资标准，有各个企业单位为范围的分配层次，还有企业内部的车间、工段、班组为范围的核算单位。因此，劳动报酬的多少，就不仅看劳动者个人的劳动数量和效果，更要看他所在层次、单位的经济效益。而这种效益要取决于通过市场交换和竞争来看它的劳动耗费是否被社会所承认，以及承认多少。所以，劳动力价值所体现的按劳分配的"劳"，不可能和劳动者付出的劳动量相一致，不可能"正好领回他所给予社会的一切"。它是按劳动效益，特别是所在单位的劳动效益，通过迂回曲折的途径来实现的。

有的同志否认社会主义劳动力是商品，否定按劳动力价值分配消费品，认为即使在社会主义市场经济条件下，也只能按马克思所设想的那种"劳"进行个人消费品分配，似乎只能这样才算坚持了马克思主义。实际上在社会主义市场经济条件下，那种"劳"根本不能作为分配尺度。把它视为实现按劳分配的唯一方法，是一种不切实际的幻想。更何况劳动的计量单位是劳动时间，但时间并不能反映劳动的质量和强度，劳动质量强度换算数量的计算方法，在市场经济条件下，职工提供多少劳动量，实际上要以能够直接计算商品的价值为前提，要通过市场看社会对其劳动的承认多少来测定。在商品价值无法直接计算的情况下，讲按劳动的质与量分配个人消费品，岂不是一句空话！

经济体制改革以来，提出并强调了工资与劳动成果、劳动效益挂钩，这比过去一些时期盛行的"大锅饭"、平均主义自然是一大进步。但是应该正视，我们的工资制度的改革，并未取得应有的良好效果。由于囿于传统的理论的影响，在个人消费品分配问题上，忽视按劳动力价值、按劳动力生产和再生产费用确定工资这一重要依据。在工资制度和工资政策上忽视提供复杂劳动的劳动力应有较高工资，而实行基本工资一律平等，职务工资相差无几，不反映复杂劳动力和简单劳动力在生产和再生产费用上的差别及其对社会生产发展的作用。在分配不公、"体脑倒挂"的工资体制下，有较高文化技术的劳动力再生产费用得不到补偿，会大大挫伤人们追求知识、提高文化技术水平的积极性，使"尊重知识，尊重人才"的号召和科技是第一生产力的正确论断，有陷于落空的危险。对此，人们提出了各种各样的改革方案，这都表明工资制度的进一步改革势在必行。但是，如果不冲破在分配理论上的旧框框，不承认和不重视按劳动力价值分配个人消费品的客观要求，仍然使工资脱离劳动力生产和再生产的物质要素，不管怎样改来改去，都难以解决现实生活中的积弊，推动我国文化科技的发展。

有的同志认为：如果因为马克思设想的实行按劳分配的条件同我国现实条件不完全相同，就以此否定按劳分配，那么根据同样的逻辑，也应该否定社会主义制度本身了。

这种论证的逻辑，倒是令人颇为费解的。正由于我国的社会主义现实和马克思设想的社会主义条件不完全相同，所以我国的社会性质才叫社会主义的初级阶段。这既没有否定社会主义制度本身，又表明了我国社会主义所处的阶段和特点。这是马克思主义同我国实际相结合的科学论断。在这种社会主义初级阶段，必然在分配方式上也要有所不同，按劳动力价值分配个人消费品，只是形式上的不同，它本身并未否定按劳分配原则。正如社会主义初级阶段并没有否定社会主义本身一样，怎能依据实现按劳分配方式方法上的改变，就断言否定了按劳分配本身，并进而推导出是对社会主义制度的否定呢！

按劳动力价值确定工资，是否混淆了资本主义和社会主义在个人消费品分配制度的原则呢？当然不是。决定资本主义性质的不是分配的方式方法，而是剩余价值为资本家占有这个事实。在社会主义公有制条件下，剩余产品归根到底仍然是劳动者占有，即使按劳动力价值确定工资这种形式，也不能改变公有制条件下不存在剥削剩余价值这一事实，因而也就不能说它是资本主义的。

三、 社会主义公有制条件下的劳动力商品， 与资本主义私有制条件下劳动力商品的异同

资本主义私有制和社会主义公有制的劳动力商品，既有相同之

处，也有本质区别。二者相同之处，源于它们都是市场经济，劳动者都是通过商品交换以自己的劳动力取得货币工资，这是毫无区别的买卖关系。对劳动者来说都是让渡出自己的劳动力的支配权和使用权，劳动力都是真正的商品。二者的区别在于：首先，雇佣关系不同，这是由买方不同而产生的。一个是把劳动力卖给资本家，一个是卖给自己的共同体。任何商品都不会因买方的不同而否定它的商品性质，因而用雇佣关系来否定社会主义市场经济下劳动力的商品性质是站不住脚的。其次，二者都在劳动力价值之外还要提供一个剩余部分，但区别在于二者对生产资料的占有关系不同。资本主义是生产资料由资产阶级私人占有，社会主义的生产资料是劳动者公有或共有。在资本主义条件下，雇佣劳动者不占有生产资料。在社会主义条件下，劳动者具有双重身份：一方面，他们是联合起来的社会主义所有制的主人；另一方面，个人并不能直接行使对生产资料和剩余产品的所有权，即既是全民和集体财产的共有者，又是"一无所有者"。最后，在资本主义条件下，劳动者创造的超过劳动力以上的剩余价值，为资本家阶级无偿占有。在社会主义公有制条件下，不存在一个专门购买和专门出卖劳动力的两大对立阶级，不存在一个不劳而获的剥削阶级和一个被剥削阶级，他们都是社会的人，又是劳动力的出卖者，因而社会主义劳动者创造的超过劳动力以上的剩余部分，不存在被某一社会集团无偿剥削的问题，而是如马克思所说的："从一个私人地位的生产者身上扣除的一切，又会直接或间接地用来为处于社会成员地位的这个生产者谋福利"①。

---

① 马克思恩格斯选集：第 3 卷，[M]. 北京：人民出版社，1972：10－11。

我们知道，劳动力价值的决定，还应包括历史的和道德的等因素，它也不是一成不变的。社会主义公有制的性质，决定了它是为全社会劳动者服务的。因而随着生产力的发展，劳动者通过工资形式应能得到的决不是永远只限于必需的生存资料，还应包括享受资料和发展资料，并且不断增加。

还应指出的是，在社会主义公有制条件下，按劳动力价值分配所体现的按劳分配，不仅是对资本主义按资分配的否定、对剥削劳动的否定，而且也是对平均主义的否定。通过按劳动力价值的分配，照样可以体现多劳多得，少劳少得，不劳动者不得食的原则。以劳动力价值为尺度的平等权利取代以劳动为尺度的平等权利，同样也体现了"一个人在体力或智力上胜过另一个人，因此在同一时间内提供较多的劳动"，也就应得较多的工资，这也就是承认差别，"默认不同等的个人天赋，因而也就默认不同等的工作能力是天然特权"① 的社会主义原则。因此，在社会主义市场经济条件下，不同的只不过是按劳分配的形式，而不是否定其基本精神和基本原则。

此文载于：经济评论，1994（2）.

---

① 马克思恩格斯选集：第 3 卷 ［M］. 北京：人民出版社，1972：10－11.

国有资产是怎样流失的

　　党的十四届三中全会《关于建立社会主义市场经济体制若干问题的决定》指出："当前国有资产管理不善和严重流失的情况，必须引起高度重视。"因此，探讨国有资产流失状况，以及如何制止它的流失，使国有资产保值增值，充分发挥其在国民经济中的主导作用，就成为建立社会主义市场经济体制中的一个重大问题。

（一）

　　在社会主义市场经济体制下，公有制的主体地位，主要体现在国家和集体所有的资产在国民经济中占优势，特别是国有资产是国民经济的支柱，它决定着社会主义市场经济体制的性质和方向，因而国有资产只有不断增强，才能保证我国经济发展沿着社会主义道路前进。

　　由于国有资产管理不善，流失十分严重。据官方公布的资料统计，从新中国成立以来到"七五"末，国家固定资产投资累计达4万多亿元，其中"七五"期间投资19 746亿元，结果只形成国家资产16 500亿元。如果按照市场上的一般资金运行效益计算，在这么长的周期里，如此大的投入，是可以"滚"出几百万亿巨额资产的。

　　据国家国有资产管理局局长张佑才在全国国有资产管理暨清产核资工作会议上的工作报告中说，截至1993年年底，全国国有资产总量为34 950亿元，其中经营性国有资产26 025亿元，占资产总量的

74.5％，非经营性国有资产 8925 亿元，占资产总量的 25.5％，这就是我们国有资产的"家底"。虽然近几年来，在党和政府的重视和各方面的努力下，加强和改进了国有资产的管理和经营，国有资产流失状况有所扭转，1988 年以来，国有资产年均递增 18％以上，但国有资产的流失状况，并未得到根本遏制。

在国有资产流失方面，国有企业的亏损和补贴占了相当大的比重。1994 年清产核资所反映出的主要问题是：资产损失严重，资金挂账数额巨大。据重点分析，约有 27.6％的国有企业，账面负债总额超过了资产总额，另有 21.5％的企业若以损失挂账抵所有者权益，将实际成为"空壳"。债务负担沉重，贷款本息越滚越大，企业发展十分困难。每年在支付银行贷款利息后所剩无几，自身积累很有限，形成恶性循环。保值已不易，增值更难办到。据统计，在清产核资中的 12.4 万户企业中，账面资产负债率平均为 75.1％，若扣除损失挂账的虚数，实际资产负债率为 84.1％。盲目投资，重复建设，资产闲置，资产中用于非经营性的比重过大。据统计，在 12.4 万户企业中，非生产经营用固定资产为 2525.7 亿元，清出闲置固定资产 298.3 亿元，分别占固定资产总值的 6.2％和 1.9％。

1991 年底全国预算内国有企业亏损额为 1000 多亿元，如再加上企业挂账 1045 亿元，工业企业潜亏 500 亿元，总计亏损有 2500 多亿元。这个数目是当年我国国民生产总值的 12.6％，国家财政收入的 69.2％，固定资产投资的 45.3％，全国职工工资总额的 75％。按 1993 年 7 月起实施《企业财务通则》、《企业会计准则》后的新口径统计，去年全国预算内工业企业亏损达 11 453 户，比上年增加 2488 户，亏损面 31.8％，上升了 7.3 个百分点；亏损额 319.1 亿元，增

加 21.3 亿元，增加了 7.3%。据财政部提供的数字：1994 年 1～6
月，我国预算内国有工业企业亏损户约 1.66 万家，亏损面达
46.3%，比去年同期上升 15.5 个百分点，亏损额 219.7 亿元，增长
了 22.8%。

按一般说法，亏损企业大约占三分之一，而 1994 年 1～6 月亏损
面达到 46.3%，这是否说明亏损面更多了呢？不是的。因为过去还
有三分之一的潜亏在新会计制度下改为明亏了，实际上意味着亏损面
缩小了。而且，按企业数目判定亏损状况也是不科学的。亏损企业主
要是中小企业，而大企业、特大企业，如上海宝山钢铁厂、首都钢铁
公司等，还是效益很好的。但是，企业亏损毕竟是客观存在。为了使
这些亏损企业在没有全面社会保障制度的条件下能够"活"下去，国
家不得不拿出巨额资产对其进行补贴。据统计，多年来国家对亏损企
业的补贴，占了国家财政收入的很大比重。

对亏损国有企业的大量补贴，不仅使国有资产损耗，也是财政赤
字的一个重要原因。财政赤字的出现和加剧，则是导致通货膨胀加
剧、国民经济困难的因素之一。虽然近年来，国家采取了各种有效措
施，在金融、财税以及其他有关政策上，进行了卓有成效的改革，亏
损企业有所减少，但国有企业亏损的局面，还不能说从根本上完全解
决了。这个问题不彻底解决，对企业亏损补贴就会继续成为国家财政
的沉重包袱，难以使改革和发展迈开更大的步伐。

（二）

国有资产流失有各种各样的渠道：

（1）办"三资"企业，盲目引进，吃亏上当，造成巨大损失。有
的地方把建开发区、办"三资"企业，当作获得某种"待遇"和"名

份"的手段,不顾主客观条件,盲目大干快上,甚至相互攀比,下指标、限时间、定任务。结果非但没建起多少高效益的"三资"企业,反而造成不少"三资"企业开工之时,就是企业亏损之日。

(2)有些企业在优惠政策的幌子下,迎合国内外投资者,往往对国有资产不作真实评估,以比较低的账面净值作价投资。从近两年资产评估部门对我国部分企业资产评估情况分析,我国企业资产账面价值平均低于现价一半左右。据辽宁、上海等八省市的不完全统计,已对 34.47 亿元资产进行了再评估,评估后资产平均增值率达 67.7%。

(3)外汇流失的国有资产。近年来,中国外汇资金经"地下渠道"大量流出,其中流入香港的资金,每年以数十亿港币计算,触目惊心!①外贸业逾期未收,境外截留的为数甚巨。据中国海关 1993 年 7 月底统计,全国进口贸易 4 年来首次出现逆差,赤字 46.2 亿美元,原因之一是出口贸易结汇率低。1992 年全国的出口结汇率仅 62.5%,而进口的付汇结汇率高达 88.96%,1993 年现汇结汇率只有 53%。出口收汇下降的主要原因是由于逾期未收所致。结算方式选择不当,使我方出口风险增大。特别是通过"灰色"付款方式,使许多款项落入不法之徒的私囊。此外,部分进出口公司尤其是"三资"企业,采取原料进口提高价,商品出口收低价,将应收外汇留存国外。②旅游业境外欠款,呆账难收。境外旅游业拖欠款去年达 2 亿元人民币。有的欠款拖欠了五六年,目前已有总欠款的 20% 成为呆死账。据有关资料统计,1979—1992 年全国出口 4090 亿美元,实际收回 3580 亿美元,有 310 亿美元未能收回,特别是 1992 年创汇、收汇的差额为 140 亿美元。据有关资料介绍,每年外汇损失达 17 亿~26 亿元。

（4）基建投资中大量浪费和侵吞国有资产。据调查，在黑、吉、辽、鲁、湘、川、甘七个省的 1401 项较大更新改造工程中，将近三分之一的工期拖延，竣工项目中的 40％达不到设计能力；还有部分项目停产，损失建设费用十几亿元。当然不只这几个省有这种情况。总算下来，在企业的更新履行项目中，一半以上存在问题，按这个比例计算，全国每年将有几千亿元的资金被低效使用，甚至无效占压。

（5）偷税、漏税、骗税，造成国家资产的大量损失。据有关方面调查估算，全国国有和集体企业偷税面约占 50％～60％，个体私营企业偷漏税面达 90％以上，偷漏税和任意减免税款约占实缴税款 20％以上，每年全国税收泄漏流失总量在 500 亿元左右。令人不能容忍的是官商结合、内外勾结，执法犯法，肆无忌惮地骗取国家出口退税。有资料表明，我国目前个人年收入在 3 万元以上者已达 440 多万人，有人推算，每年个人所得税收入至少应在 100 亿元以上。以今年前 5 个月收入数 23.42 亿元预测，今年全年个人所得税收入也只能在 50 亿～60 亿元之间。

（6）利用权力走私。有人说中国走私的特点是"法人走私"。一些地方和部门的领导人打着"为官一任，造福一方"的幌子，表面上为了"集体"的利益，不惜损害国家和大多数人的利益，权钱勾结，走私贩私，大发不义之财。

（7）靠权钱交易把大量国有资产化为己有。①"炒批件"。有一批人专门从事倒卖进出口许可证的活动，把大量金钱从企业流入私囊。②"炒差价"。主要利用价格双轨制，拉关系、走后门、收回扣，倒卖生产资料平价指标，实际上将大部分负担转移给了国有企业。③"炒股票"。合法炒股当然可以。但一些不法分子利用新生的股市管理不够规范的空子，挪用公款炒股，收益转归个人。一些原始股上市前被"关系户"私分，甚至被装入红包送了礼。④"炒房地产"。据某市报纸披露，该市 1987—1992 年，公开招标拍卖的土地仅有37.16 万平方米，平均每平方米 3800 元，政府收入 14.12 亿元。而同期协议出让土地是公开拍卖土地面积的 28 倍。协议出让土地每平方米最高价 1200 元，最低价 10 元。

（8）办会办节热，把开支转移到企业身上。有的企业计算了一下，各种各样的摊派有几十种，其中不合理收费占了很大比例。这种乱收费使国有企业负担沉重，使国有资产大量流失。

（9）党政机关用公款购买小汽车，成了一种风气。尤有甚者，就算是赤字县、亏损企业，也都要买好车、换好车，购车款不外是公款或摊派给下属单位。

（10）公款请客，歌厅、舞厅等吃喝玩乐方面的消费，每年使国有资产损耗 800 亿～1000 亿元。

（三）

从以上国有资产流失的情况来看，可以说是由两个方面的原因造成的。

第一，体制方面的原因。迄今为止，市场经济都是在资本主义制度下搞的，在社会主义制度下如何实行市场经济，是前无古人的全新的事业，没有现成的经验可循。现在正处于从计划经济向社会主义市场经济转变的过程，两种不同的经济体制如何有效地衔接和更替，如何适应新的体制、建立新的规章制度，必然会遇到许多突出的矛盾和问题。在新的体制、新的规范还没有来得及全面建立和完善的情况下，一方面会影响国有企业充分发挥活力、提高经济效益，以致造成大面积亏损的局面；另一方面，也为一些人非法"寻租"、贪污腐化留下了可乘之机。因此，要堵塞国有资产流失的漏洞，首先就应从体制上、制度上逐步完善起来。邓小平同志说："制度好可以使坏人无法任意横行，制度不好可以使好人无法充分做好事，甚至走向反面。"① 中共中央《关于建立社会主义市场经济体制若干问题的决定》指出："对国有资产实行国家统一所有、政府分级管理、企业自主经营的体制。按照政府的社会经济管理职能和国有资产所有者职能分开的原则，积极探索国有资产管理和经营的合理形式和途径。"《决定》已经指明了管理、经营国有资产的方向和原则，国家先后出台的有关管理、监督国有资产的法规、条例等，目的就在于加强国有企业财产的管理和监督，实现国有资产的保值增值。通过清产核资、界定产权、清理债权债务、评估资产、核实企业法人财产占有量等，必将为国有资产的保值增值，防止国有资产流失，创造一个良好的基础条件。

当前，国有资产管理体制仍然存在如下几个方面深层次的问题：

（1）企业财产界限不清晰，产权缺乏约束力，缺乏国有资产人格化的代表。由于产权关系没有理顺，企业实际上依然负盈不负亏，负亏的还是国家。

（2）由于财产终极所有权与法人所有权的分离没有解决好，企业基本上还没有摆脱对行政主管部门的依附关系，在生产方向、营销方式、用人制度、机构设置、内部分配等方面，都难以自主，一些长期

---

① 邓小平. 邓小平文选（1975—1982）［M］. 北京：人民出版社，1983：293.

困扰着企业的问题，如企业冗员、机构臃肿、平均主义分配等，无法解决。企业没有自主经营的权力，也没有自负盈亏的财力，企业缺乏对经济行为负责的财产保证，不是完全独立的商品生产和经营者。

（3）国有资产非价值化、非商品化的实物管理方式仍然存在，难以实现保值增值。

（4）企业的历史包袱和社会负担沉重的问题，也使企业的经济效益难以提高，扭亏增盈步履维艰。

第二，道德品质、工作作风方面的原因。一些干部道德品质恶劣，工作作风上的官僚主义、形式主义，是造成国有资产流失的直接原因。一些人忘记了勤政奉公、全心全意为人民服务的宗旨。对工作采取官僚主义的态度，渎职失职。有的甚至利用手中的权力，以权谋私，权钱交易，假公济私，贪污腐化，摆阔气，讲排场，挥霍浪费。一些人有法不依，知法犯法，执法犯法，贪赃枉法，非法走私，公款私分。这不仅使国有资产大量流失，也起着败坏社会风气的恶劣影响。能否有效地整治这些腐败的滋长和蔓延，关系到国家的兴衰存亡，必须引起高度重视。

完善国有资产管理体制，防止国有资产流失并使其保值增值，是建立社会主义市场经济的核心内容。它是一个庞大的系统工程，涉及许多问题，需要各方面进行配套改革，密切配合。在党和政府的重视和人民群众的支持下，我们已经取得了显著成效。经过不断探讨，总结经验，逐步推进，坚持不懈，必将使国有经济日益强大，为实现兴旺发达的社会主义事业，奠定坚实雄厚的经济基础。

原文载于：财经科学，1995（4）。

马克思的流通理论
与我国的流通体制改革

　　资本流通理论是马克思经济理论体系的重要组成部分。这一理论揭示了资本主义生产关系内在的深刻矛盾，同时也阐明了市场经济许多必须遵循的规律。例如生产和流通辩证统一的理论、资本循环与周转的理论等等。这些理论虽然探讨的是资本主义经济的运行规律，但由于它是市场经济条件下发生作用的，因而在很大程度上对于我们建设社会主义市场经济也是适用的。马克思指出："最抽象的范畴，虽然正是由于它们的抽象而适用于一切时代，但是就这个抽象的规定性本身来说，同样是历史关系的产物，而且只有对于这些关系并在这些关系之内才具有充分的意义。"① 社会主义虽然在本质上不同于资本主义，但只要我们抽象掉资本主义特质而赋之以社会主义特定的"历史关系"的内涵，那么，这些市场经济运行的一般规律，就同样具有充分的意义。

　　生产过程和流通过程的辩证统一是市场经济运行的理论基础

　　马克思认为，社会资本运行是生产过程和流通过程的统一。资本的生命就是运动，它既经历生产过程，又经历流通过程，生产离不开

---

　　① 马克思恩格斯选集：第 2 卷［M］. 北京：人民出版社，1972：107—108.

流通，流通也离不开生产，二者是密切联系，互为因果的。

资本流通是从用货币资本购买生产资料和劳动力开始的。继这行动之后就进入生产过程，在这个过程中构成流通的间歇，作为这种生产过程的结果而出现的是商品。接着发生的是被生产过程所打断的流通的第二个行为，也就是商品被投入市场，投入流通，商品转化为货币，即出售商品。这就是说："流通的两个行为在这里被生产过程隔开，并且两者都是在生产过程之外进行的。生产过程处于两者之间。流通的一个行为导入生产过程，另一个行为接在生产过程之后。再生产就是这样进行的。……总过程表现为生产过程和流通过程的统一，因而表现为再生产过程。"①

再生产过程中以货币资本、生产资本、商品资本这三种形态存在的资本运动，还必须具有连续性、并存性和比例性。资本的连续运动以资本同时并夺于三种形态为前提，三部分资本需按一定比例来构成。"资本的循环，只有不停顿地从一个阶段转入另一个阶段，才能正常进行。如果资本在第一阶段 G—W 停顿下来，货币资本就会凝结为贮藏货币；如果资本在生产阶段停顿下来，一方面生产资料就会搁着不起作用，另一方面劳动力就会处于失业状态；如果资本在最后阶段 W′—G′停顿下来，卖不出去而堆积起来的商品就会把流通的流阻塞。"② 所以，从资本运动的整个过程即包括生产过程和流通过程两个阶段在内的全过程来看，资本的运行是生产和流通的辩证统一过程。一般说生产是起决定作用的，没有生产，交换（流通）就无从谈

---

① 马克思恩格斯全集：第 48 卷［M］. 北京：人民出版社，1972：126.
② 马克思恩格斯全集：第 24 卷［M］. 北京：人民出版社，1972：63—64.

起。交换的性质和形式也是由生产方式决定的。所以是生产决定流通。但交换（流通）在一定意义上也决定生产。马克思说："一定的生产决定一定的消费、分配、交换和这些不同要素相互间的一定关系。当然，生产就其片面形式来说也决定于其他要素。……不同要素之间存在着相互作用。每一个有机整体都是这样。"①

马克思关于生产和流通辩证统一的原则，对于我国社会主义市场经济的运行，具有重要指导意义。它告诉我们在社会主义市场经济的经济活动中，不能只顾生产不顾流通，也不能只顾流通忽视生产，要把生产和流通当作一个统一的过程来把握，清醒地看待二者的关系，减少经济运行中的盲目性。当前我们仍处在由计划经济向市场经济转轨的关键时期。应该自觉地摒弃过去实行产品经济模式所形成的影响，纠正过去那种片面强调生产的决定作用，忽视流通对再生产的反作用。那种重生产、轻流通，只管产品数量，忽视要素配置和产品实现的倾向，在市场经济条件下是行不通的。

深入理解流通规律和功能，充分发挥流通的积极作用

生产过程和流通过程的统一是说明生产和流通是相互依存、相互制约的不可分割的有机整体。但资本运动表现为两个过程的总体，一方面是劳动时间，另一方面是流通时间。所以，尽管二者是辩证统一的，却也是有区别的。作为流通它也有自己的特殊规律和功能。恩格斯指出："生产和交换是两种不同的职能。……这两种社会职能的每一种都处于多半是特殊的外界作用的影响之下，所以都有多半是它自己的特殊的规律。但是另一方面，这两种职能在每一瞬间都互相制

---

① 马克思恩格斯全集：第 2 卷［M］. 北京：人民出版社，1972：102.

约，并且互相影响，以致它们可以叫做经济曲线的横坐标和纵坐标。"① 那么，流通的特殊规律及其功能是什么呢？如何具体理解流通对生产和再生产的制约和影响呢？我们认为，根据马克思的论述，概括来说，主要有以下几个方面：

（1）流通的媒介功能。应该指出，过去一般认为，流通对生产起媒介作用，这种观点是不全面的。就流通把生产和分配同消费联系起来，流通确是生产和消费之间必不可少的中间环节，但它"只是在G—W 和 W′—G′这两个阶段之间充当媒介"②。而从社会再生产过程来看，则是生产与流通互为媒介，而不是传统理论所说的只有流通媒介生产，但媒介毕竟是流通的基本功能，是流通最一般或者说本质性的功能。流通作为生产过程的准备阶段和终结阶段，它负有在生产过程开始前购买在数量上按适当比例、质量上相适应的生产资料和劳动力的职能；以及使 W′—G′ 的转化，即实现商品价值的保值增值的职能。

流通的媒介功能还对分工协作起着促进作用。分工使生产者分离，而协作又使分工者之间存在相互依赖关系，如果没有流通的媒介，分工和协作便不能存在。通过流通的媒介作用，促进了分工的发展，"当市场扩大，即交换范围扩大时，生产的规模也就增大，生产也就分得更细"③。可见，流通的媒介功能不仅是互通有无、调剂余缺的桥梁，而且是在市场经济条件下促进社会分工，使社会经济正常运行必不可少的客观经济过程。没有生产过程或生产性消费作媒介，

---

① 马克思恩格斯全集：第3卷 [M]. 北京：人民出版社，1972：186.
② 马克思恩格斯全集：第24卷 [M]. 北京：人民出版社，1972：75.
③ 马克思恩格斯全集：第2卷 [M]. 北京：人民出版社，1972：102.

固然使流通成为没有物质内容的行为，而没有流通作媒介，生产和再生产也就不可能进行。

（2）流通对生产和再生产的缩小或扩大的制约作用。资本的循环，不是当作孤立的行为，而是当作周期性的过程时，叫做资本的周转。资本周转一次所需要的时间，实际上也就是资本循环一次所需要的时间。周而复始地连续不断的资本循环，就是资本周转。二者有着极为密切的联系，但也有着区别和不同的侧重。资本循环考察的是资本运动所经过的三个不同阶段和采取的三个不同的形式，主要阐明资本正常运行的必要条件。而资本周转考察的则主要是资本运动所经历的时间对预付资本量的影响，研究的中心问题是资本运动的速度，阐明加速资本周转的意义。

资本周转时间既然由生产时间和流通时间构成的，而流通时间包括购买时间和售卖时间。"流通时间的一部分——相对地说最有决定意义的部分——是由出售时间，即资本处在商品资本状态的期间构成的。流通时间，从而整个周转期间，是按照这个时间的相对的长短而延长或缩短的。"① 流通时间和生产时间又是相互排斥的，"资本的各组成部分在流通领域不断停留的时间越长，资本在生产领域不断执行职能的部分就必定越小"。反之，"流通时间的延长和缩短，对于生产时间的缩短或延长，或者说，对于一定量资本作为生产资本执行职能的规模的缩小或扩大，起了一种消极限制的作用"。② 从商品流通空间看，商品流通范围的扩大，就会引起需求的扩大，从而也就为扩大

---

① 马克思恩格斯全集：第 24 卷［M］. 北京：人民出版社，1972：276.
② 马克思恩格斯全集：第 24 卷［M］. 北京：人民出版社，1972：142.

再生产创造了条件；从流通的时间看，商品流通速度快了，货币的回流也快，流通中使用的资本相对减少了，就可以把节省下来的货币资本用来扩大再生产。对于商业资本的作用，就更是如此："既然它有助于市场的扩大，并对资本之间的分工起中介作用，因而使资本能够按更大的规模来经营，它的职能就会提高产业资本的生产效率和促进产业资本的积累。既然它会缩短流通时间，它就会提高剩余价值和预付资本的比率，也就是提高利润。既然它会把资本的一个较小部分作为货币资本束缚在流通领域中，它就会扩大直接用于生产的那部分资本。"①

此外，马克思还详细论述了减少流通环节，节约流通费用——流通费用是价值由商品形式转变为货币形式所必要的——也是降低成本费用，提高经济效益的一个重要因素。

（3）流通对经济运行的调控功能。流通作为交换关系的总和，是市场经济实现的过程，是再生产领域各种利益主体相互作用的体系，也是再生产中最活跃、最敏感的经济领域。社会经济中发生的种种问题统统会在流通中暴露出来，这就赋予了流通对社会经济运行的调控功能：一是调节供求，在价值规律作用下维系经济的均衡进行。通过市场流通中的信息反馈，使供求关系达到基本平衡，避免生产者在再生产中大大超过需求时盲目增产，或者形成某种产品的严重缺乏。流通中形成的比价体系，像"晴雨表"一样客观上发挥着"看不见的手"的指导作用。当社会经济系统中出现个别要素超常增减、供求关系恶化时，在流通中能够强制性地加以纠正，以保证市场经济的正常

---

① 马克思恩格斯全集：第 25 卷 [M]. 北京：人民出版社，1972：312.

运行。二是调节社会资源的合理配置，发挥流通对经济结构的优化作用。流通中包含的市场经济竞争机制，强制生产要素向利润最大化方向流动，在利益驱动下，实现资源的优化配置，促进经济结构走向优化。在实行市场经济机制的国家中，对经济运行的调控和宏观管理，也不是直接干预生产者的生产活动，而是主要通过对流通领域的货币、信贷以及税收等手段进行的。在我国建设社会主义市场经济过程中，改革经济体制的重要内容就是转变政府职能，政企分开，将过去由行政手段直接干预经济活动的做法，转变为用经济手段间接调节经济，因而加强流通这方面的功能就更具重要性和迫切性。

（4）商品流通对促进非商品生产向商品生产转化的功能。要建立社会主义市场经济，就必须大力发展商品生产，使众多的非商品经济转化为商品经济，使市场经济覆盖整个社会。由于我国经济发展不平衡，在地区之间、城乡之间经济发展水平差别很大，存在二元经济结构，农业产品的商品率低。改变这种局面，把非商品经济转移到市场经济轨道上来，就需借助于商品流通的发展。商品流通的扩展，"交换的不断重复使交换成为有规则的社会过程，因此，随着时间的推移，至少有一部分劳动产品必定是有意为了交换而生产的"①。"它（指资本主义生产方式——引者）的趋势是尽可能使一切生产转化为商品生产；它实现这种趋势的主要手段，正是把一切生产卷入它的流通过程。"② 在商品流通的影响和吸引下，促使非商品生产者仰给于商品交换，并逐步转化为商品生产者，汇入到市场经济中来。资本主

---

① 马克思恩格斯全集：第 23 卷［M］. 北京：人民出版社，1972：106.
② 马克思恩格斯全集：第 24 卷［M］. 北京：人民出版社，1972：127.

义商品生产的发展和市场经济的形成，就是这样走过来的。建设社会主义市场经济虽然和资本主义有本质的不同，但作为市场经济，它们有共同之处，也必然要走这条道路。当前农村经济中买难卖难，商品经济不活跃，其中重要原因之一是我们的流通体制不够健全，流通渠道不够畅通，还不能适应农村以家庭为生产单位的大量而又分散的商品交换的需求。

我国当前在流通领域存在的问题和改革流通体制的一些思路

马克思的流通理论启示我们：解决好流通领域的问题，是建立社会主义市场经济的必要前提和客观要求。因此，改变和健全流通体制，搞活流通，也就成为我们整个经济体制改革的重要内容和主要环节。由于我们原有的基础设施薄弱，长期又受着重生产，轻流通的影响，加之，处在由计划经济同市场经济的新旧交替的转轨时期，虽然在改革开放以来，我们在价格改革和其他流通体制方面，做了不少卓有成效的改革。但在流通领域仍然存在许多弊病，不适应市场经济发展的要求。随着市场经济的深入扩展，这种不适应就显得更为突出。这表现在：

（1）流通机制不规范，存在着"行政加经济"的垄断现象。行政把它拥有的垄断性"权力"，带进市场经营活动中，必然造成改革无序，使流通乃至整个经济活动陷于混乱。例如，铁路系统可以把紧缺的车票、车皮"转"给自己属下的公司去出售、去经营，以赢得高额垄断性手续费。银行系统可以把紧缺的资金，拆借给自己属下的非银行"子公司"，由这些子公司再去做房地产开发、购买债券、经营股票，以牟取非法高额利润。电信部门可以规定，用户必须使用电信系统生产的电话机，否则不予安装。能源、电力、重要原材料等行业，也程度不同地存在着垄断现象。凡此种种，极大地妨碍着在平等基础上的公平竞争。行业不正之风，以及"三乱"横行，也和这种垄断有关。又例如在市场价格方面，国家仍保留了33项重要商品的定价权，各级政府对23项商品与劳务的价格实行监审。目前真正放开而由市场形成的价格，其份额仍为60%。当然，在一定时期，国家对一些重要商品的价格实行控制和监督对稳定物价、宏观调控是必要的，但这无疑会缩小正常流通的范围，削弱市场运行机制的作用。

（2）在商品流通领域，假冒伪劣、欺行霸市、哄抬物价、肆意宰客等现象，已成为社会的公害。不仅破坏着市场经济正常运行，也不利于社会秩序的稳定。这种牟取暴利的不法行为，也往往促使物价上涨，使通货膨胀的趋势，难以被有效遏止。

（3）地方保护主义是搞活流通秩序的一个障碍。假冒伪劣禁而不止、打而不死，往往和地方保护主义有关。一些地区为了地方利益，不顾大局，不仅对本地的假冒伪劣产品视而不见，让其生产和流通，甚至采取各种形式，包庇、袒护本地的假冒伪劣制售者，更严重的是，在发现和查办时，竟然明里暗里干扰阻止外地司法机关到本地查处案件。在地方保护主义的支持或纵容下，有的地方造假、售假已形成相当规模，有的已形成"专业村"、"集散地"、"黑窝点"。这种情况的存在，是使打假难以收效、市场秩序混乱难以根治的重要原因。

（4）关卡林立，"三乱"横行，影响了流通通畅，也增加了流通费用。流通离不开交通，要使商品流转加快，搞活流通，交通运输是一个重要环节。目前公路交通上的关卡和"三乱"，泛滥成灾，公路成了沿途一些人的"生财之道"，吃拿卡要，强买强卖，雁过拔毛，大大阻滞了商品流通的通畅，加大了运输成本，推动了商品价格的提高，成为搞活经济的严重障碍。凡此种种，都说明整治交通，节约流通费用，已成为搞活流通。建设市场经济的当务之急，再不能掉以轻心了。

（5）流通环节过多，流通渠道不畅，商品积压过多，经济发展，中高速低效的状况，并未根本改观。我们的经济高速发展，固然是好的。但这个高速度在很大程度上是靠资金堆起来的。固定资产投资规模继续扩大，争投资、上项目、铺摊子越来越多。最新统计表明，1～4 月全国新开工的国有单位投资项目已达到 8000 多个，其投资规模比去年同期增长 54%。但投资增加，产值增加，并未带来高效益。造成经济效益低的原因之一是创造的产值多，实现的产值少，高速度带来高积压。目前产品积压占用资金达 4000 亿元，工业库存量远远超过正常的库存量。有的产品只是仓库转换，从工厂转到商业系统，积压在流通领域。产品积压过多，导致资金紧张，周转不灵，乃至破产。正如马克思所指出的："很大一部分商品可能只是看起来转入消费领域，而实际上，它们可能仍然在转卖商手中没有售出，因此，事实上仍然在市场上。但商品流一个接着一个，最后会发现，以前的流只是看起来被消费吸收了。……前几次商品流还没有转化为现金，商品的付款期已经来到。这些商品的所有者不得不宣布自己无力支付等等，或者为了进行支付而以任何价格出售。这样的出售与实际的需求状况毫无关系。它只与对支付的需求有关，只与商品转化为货币的绝对必要性有关。这时就会爆发普遍的破产、危机。"①

---

① 马克思恩格斯全集：第 49 卷 [M]. 北京：人民出版社，1972：291—292.

马克思的这些论述，对于我们是有现实意义的。由于我们的社会保障体制落后，为了保持社会稳定，在企业亏损、负债，甚至资不抵债情况发生时，不能主要以企业破产的办法解决，因而在一部分企业之间造成庞大的"三角债"，使企业经营步履维艰，无法正常运作，或者廉价甩卖，继续亏损，使一些企业陷于不死不活的困境中。

流通环节过多，流通费用过高，这在农副产品方面尤其突出。国家有关部门去年对京津沪等 10 个大中城市蔬菜价格的调查显示，蔬菜流通费用占零售价格的 60%～80%，最高的达到 130%。[①] 中间环节获取暴利的行为，使"两头"受损，中间得利。一方面压低了农民的售价，使农民不能参与公平的市场竞争，损害了农民的利益；另一方面推动了菜价上涨，加重了城市居民的经济负担，也给控制通货膨胀带来了不利影响。

面对当前流通领域存在的种种问题，应如何解决？我们认为，主要应从以下几个方面进行改革：

（1）在流通体制的改革方面，应进一步加大力度，首先是继续进行政企职责分开，实现所有权和经营权的分离，给商业企业以真正的独立自主的经济主体地位。要使商业企业和流通中的经营单位形成自主经营、自负盈亏、自我约束、自我发展的经营机制，摆脱仍然存在的各级行政职能部门对企业的过多干预、参与和操纵，改变企业居于行政职能部门附属物的地位，使商业企业有压力有动力，形成流通中的市场竞争机制。这是建设流通中的现代企业制度的首要任务。

（2）减少流通环节，加速流通周转，是改革流通体制的基本要

---

① 经济参考报，1995－08－16.

求。在坚持国、合商业主渠道作用的同时。开展多种经营方式、多流通渠道并存，实行开放式的商品流通体制，形成一个城乡畅通、地区分流、纵横交错、四通八达的商品网络和社会主义统一的市场体系。对于地区封锁、关卡壁垒、市场分割等地方保护主义，要坚决予以清理。对于不必要的流通管理环节，要坚决予以撤并。最近上海市撤销了商业一局（此前已将商业二局、水产局、供销社撤销）作为改革流通体制的一项措施。此举减少了政府对市场商品流通的管理环节，使政府部门从直接管理企业转为间接管理企业。这就一方面有利于转变政府职能，另一方面也促进了企业自主经营、自负盈亏，使企业真正走向市场，加大了商品流通市场化的程度。

（3）整顿流通秩序，加强流通管理，健全市场法规，使商品流通秩序规范化。政府有关部门为整顿流通秩序做了许多工作，是有成效的。但交通秩序的某些混乱状况并未彻底改观。假冒伪劣、经营垄断、欺行霸市、交通关卡等等非法牟取暴利的行径，依然甚为猖獗。对此必须继续加强检查监督，特别是加强立法、执法力度，坚持打击流通中的非法行为。鉴于在整顿流通秩序中执法人员受到围攻、袭击，犯法者用暴力反抗执法的情况时有发生，因此，加强执法力量，壮大和培训执法者队伍，很有必要。此外，在流通领域骗买骗卖的诈骗犯法行径屡有所闻，执法犯法者也并不鲜见，对这类违法行为决不能心慈手软，决不应重罪轻罚，一罚了事。触犯法律的，要依法追究其法律责任，真正做到依法办事，违法必究。只有如此，才能打掉违法犯罪者的嚣张气焰，维护法制的尊严，以保证流通的有序进行。

（4）必须进一步改革农产品流通体制。我国农村地域广阔，人口众多，因而搞活农村经济，对全局关系极大。而在当前农村中市场经济很不发达，农产品流通体制改革严重滞后的情况下，农产品的流通环节依然主要由国营商业和供销社（准国营商业）垄断着，农村流通中介组织十分短缺，流通渠道单一。政府虽然实行了一些重要改革措施，如对粮食部门实行两条线运行，即对粮食的政策性业务和商业性经营划分开来，以保证国家宏观调控和粮食市场的稳定。但某些农产品的收购价低于市场价格，加之农用生产资料涨价，使农民生产粮食，收不抵支。这种情况不利于调动农民生产的积极性，不利于加强农业的基础作用，当然也无法搞活流通，活跃农产品市场。我们认为，为了加强国家宏观调控，稳定粮食市场，国家对粮食的订购、收购是必要的。种地要交粮纳税，这个道理农民是接受的，但在订购、收购价格方面，应协调农用生产资料（如化肥、饲料、农用机具等）与农产品的比价，不应使农用生产资料的价格过高，而农产品价格过低；否则，减轻农民负担的政策，是不可能真正落实的。对于增加的农业资金投入，要真正用在农业上，扭转减少农业投入和农业投资"农转非"的倾向。同时要深化农村供销社的改革，使供销社成为把小生产与大市场联结起来的纽带，为农民提供各种经济、技术、信息服务，成为广大农民进入市场的依托力量，使供销社真正办成农民自己的合作经济组织，以适应农村经济发展以及搞活城乡商品流通，更好地满足农民在生产生活方面的需要。农产品流通问题，涉及许多方面，需要认真研究，配套解决。但从建设社会主义市场经济这个总的要求出发，当前应该注意发展和培育农村中的流通中介组织，建立一个有助于加强农业基础地位，调动农民生产积极性的购销体制，逐步地开放农产品购销市场，使之顺应经济发展要求和价值规律，引导农民进入市场，按照竞争和公平交易的原则，进行经济活动，这不仅是活跃农产品市场所必要的，也是提高农业商品化、社会化程度的必由之路。

总之，马克思的流通理论，对于我们建设社会主义市场经济具有重要的现实指导意义，只要我们认真学习它并结合我国实际加以运用，一定会有益于我们的流通体制改革，促进我们社会主义市场经济的繁荣和发展。

此文载于：马克思主义经济思想的历史与现实.
成都：西南财经大学出版社，1996.

经济自由主义和国家干预主义的历史演变及其现实意义

经济自由主义和国家干预主义作为两种不同的经济理论和政策主张，在其历史演变中都曾经发生过巨大的影响。在当代资本主义国家中，对这两种经济理论观点，仍然是一个争论不休的问题。我国要建立社会主义市场经济，研究这两种经济观点的演变和利弊，不仅有重大的理论意义，也有可资借鉴的现实意义。

一、 重商主义——第一个主张国家干预主义的资产阶级理论和政策

重商主义是资产阶级对资本主义生产方式最初的理论考察。它产生于15世纪末16世纪初，在西欧流行了两个世纪之久。它"在封建生产的最早的变革时期，即现代生产的发生时期，产生过压倒一切的影响"①。这一时期正是商业资产阶级狂热追求金银货币，进行资本原始积累，为资本主义生产方式的确立奠定基础、创造条件的时代。商业资本与封建专制的国家政权结成联盟，商人资本家总是宣称自己

---

① 马克思恩格斯全集：第25卷［M］．北京：人民出版社，1972：371．

的利润增加等于国家的繁荣富强，而封建统治者为了扩大势力、追求财富，就积极支持商业资本的扩展，尤其是掠夺性的对外贸易的扩张。英、法两国都执行重商主义的政策。英国的重商主义政策是由商业资本家发动的，其背后有王权的大力支持。法国的重商主义政策是作为结合国库利益、巩固专制制度的措施，几乎完全是由政府发动、执行的。所以，重商主义是和国家干预主义分不开的。重商主义是最早的国家干预主义。

重商主义在特定的历史条件下，促进了封建自然经济的瓦解和资本主义生产方式的产生，起过一定的历史进步作用。但随着资本主义的确立和发展，这种国家干预主义已不能适应资本主义经济发展的要求，从而使重商主义的理论和政策逐步解体，而为经济自由主义所取代。

二、 经济自由主义适应时代的要求应运而生

重商主义国家干预主义的没落，经济自由主义的兴起，乃是时代的需要、新兴资产阶级的要求。资产阶级思想家们为了打破封建主义、重商主义的束缚，促进资本主义的顺利发展，纷纷提出了经济自由主义的理论观点。亚当·斯密便是经济自由主义的主要代表人物。其实，经济自由主义的思想早在斯密之前就已由一些古典经济学家提出来了。英国的洛克（1632—1704）、诺思（1641—1691）提出过人身和财产应享有自然权利的观点，论述过自由贸易的必要性。孟德维尔（1670—1733）在《蜜蜂寓言》中也认为，要使经济充分发展，应当极力减少政府的干涉。在法国，重农学派的先驱者布阿吉尔贝尔和

主要代表魁奈曾提出，社会经济应当按照自然规律的要求自由发展，国家不应人为地干涉。

亚当·斯密（1723—1790）继承和发展了前人的这些思想，使经济自由主义的市场机制分析成为其主要著作《国民财富的性质和原因的研究》（以下简称《国富论》）"王冠上的宝石"。斯密活动于英国工场手工业开始向机器大工业过渡的年代。这时的英国虽然已是世界上首屈一指的资本主义工商业强国和最大的殖民帝国，但由于英国的资产阶级革命不彻底，土地贵族和商业金融贵族不仅在议会占统治地位，而且控制了政府和社会所有的重要职务，执行的是一系列有利于大地主阶级和商业金融贵族的重商主义政策。在国内，一些早已过时的立法继续在发生作用，如封建的行会制度的同业组合法规、学徒法、居住法以及规定法定价格、工资限额等等，这些垄断经营、垄断价格和妨碍劳动力自由转移的立法，成为资本主义发展的障碍。在对外贸易方面，这时的重商主义的保护关税政策、谷物法和输出奖励制度等，也束缚着资本主义经济的自由发展。资产阶级及其思想家们面临的主要任务是反对封建主义的残余势力和重商主义的国家干预。"反对封建主义必然反对重商主义，而反对重商主义也意味着反对封建主义。"① 亚当·斯密作为新兴的资产阶级的思想家、资产阶级古典政治经济学的主要代表，顺应了时代的要求，系统地提出了自由放任、自由竞争的经济自由主义学说。这一学说的提出和发展，对当时和以后的历史时代都发生了巨大的影响。

---

① 陈岱孙. 从古典经济学派到马克思 [M]. 北京：商务印书馆，1981：3.

三、 斯密的经济自由主义及其影响

斯密的经济自由主义是他的经济理论的核心，他以自由放任为出发点，提出按照自然规律的要求，发挥"一只看不见的手"的作用，促进资本主义经济的自由发展。

斯密在其 1759 年出版的《道德情操论》中，就已对其经济自由主义思想有所论述。在这本书中他提出支配人类行为的动机有自爱心、同情心、对自由的向往、正义感、劳动习惯、交换倾向等。他认为人类行为及人们相互之间的关系，人们同社会、国家之间的关系，需要有一定的规范或准则。由于自私心和其他各种动机之间存在相互制约的关系，形成了人类社会的自然秩序。除了"自然秩序"之外还有国家的法律和规章等的"人为秩序"。这种"人为秩序"必须与"自然秩序"协调一致，社会才能发展，否则社会经济生活就会发生混乱。而要实现"人为秩序"与"自然秩序"的协调一致，就要实行自由放任，发挥"看不见的手"的作用，放手让人们追求自己的个人利益，进而也就会对社会有利，增进社会财富的积累。

在《国富论》中，斯密更加强调了"看不见的手"的作用。他认为"人的本性"中最主要的因素是利己主义，人们的一切活动都是受"利己心"的驱使，借以获得个人的利益。人们在为达到一定的个人目的而从事经济活动的时候，通常并不考虑这种活动是否对社会有利。但是在"一只看不见的手"的指导下，这种活动总是既于己有利，又在无意之中有益于社会。如果每个人都去追求自己的个人利益，社会利益也就在其中了。而要能满足"利己心"，增加个人利益

和社会利益，就必须实现经济自由，让"经济人"即资产者自由经营、自由竞争、自由地发展资本主义经济。竞争越自由，越普遍，就越有利于个人和社会。从个人利益出发，可以比任何政治家更能准确地判断干什么和如何干，才能给自己（从而在无意中给社会）带来最大的利益。因此，斯密坚决反对重商主义政策，反对国家干预经济活动，认为国家的"看得见的手"指挥经济活动，只会把事情搞糟，不仅妨碍个人利益，而且会损害社会利益。

在国际贸易方面，斯密主张实行自由贸易，反对重商主义的保护关税制度和对外贸实行管制的政策。他提出了"优势原理"，论证了国际分工学说，作为自由贸易的理论根据。斯密认为，各国都存在着某种有利的自然条件或后来获得的专长，总之是生产条件上的优势，因而拥有劳动耗费小、成本低于其他国家的某种商品。这些商品在价格上占有优势，从而在国际市场上具有较大的竞争力。各国为了本国利益，如都能专业化地从事生产本国具有优势的商品，实行这样的国际分工，就能提高各个国家的劳动生产率和社会总财富量，在国际贸易中各自获得较大的利益。斯密的这个理论被称为"绝对成本说"，后来被李嘉图发展为"比较成本说"。

斯密主张实行完全的自由放任、自由竞争、自由经营、自由贸易，反对国家干预经济生活的经济自由主义，在一定程度上揭示了资本主义社会的特点和资本主义生产关系的内部联系，也反映了自由竞争资本主义时代的要求，代表着社会前进的方向，促进了社会生产的发展，是有进步意义的。

应当指出，斯密虽然从总体上说，主张经济自由主义，反对国家干预经济活动，但不能在绝对意义上来理解。他认为国家的作用应限于维护国家安全，以及举办一些私人经营无利可图的工程和公共设施，充当资产阶级的"守夜人"的角色。主张把政府开支缩减到最低限度，要一个"廉价政府"，以避免阻碍英国在财富与改良方面的自然发展。他主张课税应采取公平、明晰、便利、经济的原则，说明他并未完全排除国家对经济生活的干预。

斯密的以经济自由主义为基本思想的《国富论》这一划时代的伟大著作，产生了广泛而深刻的影响。最新版大英百科全书的《亚当·斯密》条中，对他的总评价是："在将近二百年后，斯密依旧是经济思想史上的巨人。"经济思想史学家罗尔爵士指出，斯密是一位承前启后的伟大人物，与前人相比，"没有人达到同斯密一样的系统而连贯的分析水平"，斯密以后"经济学第一次被公认为一门独立的学科"。《国富论》的结构"对后来所有的经济学家的著作都产生了极大的影响"①。

芝加哥大学教授、芝加哥学派重要成员乔治·斯蒂格勒写道："斯密有一项极端重要的胜利：他把在竞争条件下个人追求私利的行为的系统分析置于经济学的中心地位上。这个理论是《国富论》王冠上的宝石，它成了（而且至今仍然是）资源分配理论的基础。各种资源都在寻求最有利的用途，因此，平衡起来，每种资源在各种不同用途中的收益率将会相等。这一命题仍然是一切经济学中最重要、最根本的命题。"②

---

① 埃里克·罗尔. 纪念《国富论》出版二百周年 [J]. 劳埃德银行评论，1976（1）.
② 乔治·斯蒂格勒. 斯密教授的成功与失败 [J]. 政治经济学，1976（2）.

诺贝尔经济学奖获得者弗里德曼认为："斯密在当今之所以至关重要，还在于他的'看不见的手'的学说。正如哈耶克和其他人经常如此雄辩地指出的那样，这是斯密最伟大的成就。这只'手'是对一种方式的想象，在这种方式中，千万人的自利行动可通过价格体系来协调，而不需要指导中心。……这是一种极其成熟而敏锐的见解。"①

斯密的经济自由主义对英国以至整个欧洲的资本主义发展的影响也是巨大的。在《国富论》出版后，英国议会在讨论某些议案时，议员们常常引用这部著作的某些文句来论证自己的观点，并以此为根据作出权威性的结论。1784 年上台的年轻的首相皮特在执政的最初几年就贯彻了斯密的经济自由主张，他取消了对爱尔兰实行的贸易限制，同法国签订了通商条约，根据斯密的建议制定了简化税制和管理财政收入的法律，并试图将斯密的学说广泛运用于立法。

斯密的经济自由主义不仅在当时广为流行，占据着支配经济学领域和实际政策决定的主导地位，而且在整个自由资本主义阶段，都居于统治地位。因此，可以这样说，与自由资本主义历史阶段相适应，经济自由主义占支配地位的时期是从 17 世纪中叶到 20 世纪初期。这一时期，无论在经济理论领域，还是资本主义国家的经济政策，经济自由主义都占有绝对的优势，成为正统的经济思想。这一时期，英、法一些主要的经济学家如李嘉图、萨伊及其后继者们或多或少受到斯密的影响，几乎都是经济自由主义的信奉者。

---

① 米尔顿·弗里德曼. 亚当·斯密与当今的联系［J］. 挑战，1977（3）.

四、 国家干预主义的特殊表现——历史学派及其先驱者

国家干预主义早在 19 世纪 20～30 年代就由德国历史学派及其先驱者李斯特（1789—1846）提出来了，大约到了 19 世纪 40 年代形成为旧历史学派，从 70 年代开始演变为新历史学派。由于德国资本主义的发展晚于英、法等国，1848 年革命以后，德国资本主义生产才得到较快的发展。封建势力的强大和资产阶级的软弱，使德国革命以资产阶级背叛革命、同贵族地主相妥协而告结束，政权实际上仍然掌握在贵族地主手中。德国资产阶级面对着英、法等国的激烈竞争和国内高涨的工人运动，竭力寻求国家政权的保护和支持。当英、法资产阶级政治经济学主张自由放任，反对国家干预时，德国的历史学派及其先驱者却主张国家干预经济生活，主张保护关税政策，反对自由贸易政策。他们认为亚当·斯密等古典学派主张的自由贸易只对先进国家有利，而保护关税政策则是后进国家必要的手段。新历史学派尤其重视国家干预经济生活的作用，他们极力宣扬国家的"超阶级性"，鼓吹资产阶级国家在促进社会经济发展中的重要地位。他们把 1871 年建立的德意志帝国看成实行改良主义、镇压工人运动的依靠。新历史学派主张强力政权，强调国家干预经济的作用，鼓吹德国的特殊历史使命等等，这些都成为后来纳粹主义的思想基础。

历史学派的国家干预主义是在德国历史条件下产生的理论观点和政策主张，在当时并不具有普遍意义。国家干预主义成为各主要资本主义的理论观点和政策主张，成为世界性的主要思潮，是以 1929—1933 年资本主义世界经济危机为契机，特别是在凯恩斯于 1936 年出

版《就业、利息和货币通论》一书以后形成的。

五、 国家干预主义的兴起和 "凯恩斯革命"

作为一种政策，国家干预经济在第一次世界大战期间就被推行过。由于战争形势的需要，各交战国都加强了国家对经济生活的干预，实行对生产和分配的调节，压缩民用生产，扶植军火工业，把国家经济纳入战争轨道。但这是由于战争形势所迫，不得已而采取的措施，是特殊情况下的国家干预经济。到了 1929—1933 年资本主义世界经济危机空前严重，经济危机和政治危机并发，各种矛盾异常尖锐，大批失业工人进行示威，使资本主义世界有走向分崩离析的危险。经济自由主义已不适应发展到垄断资本主义的情况，资产阶级已不能再用传统的办法进行统治了。于 1933 年上台执政的美国总统富兰克林·罗斯福，面对这种严峻的形势，转而实行"新政"，以求缓和矛盾，扭转危机四伏的局面。于是有了"罗斯福新政"的历史。"新政"实质上是一系列工业、农业、财政、金融、对外经济的政策措施的总称，其基本精神是运用资产阶级国家政权的力量来"调节"国民经济，以应付经济危机。

有一种看法认为，罗斯福"新政"是凯恩斯经济学说的具体运用，凯恩斯经济学说是罗斯福"新政"的理论基础。这种看法虽然曾经流行过，但它是不确切的。罗斯福在 1932 年 7 月竞选过程中，曾公开宣称，保证实行新政。就任总统后，为了实行"新政"，曾要求国会给予更大的行政权力，以加强政府对经济的干预。而凯恩斯的《就业、利息和货币通论》出版于 1936 年，所以不能说凯恩斯的经济学说是罗斯福"新政"的理论依据。事实上罗斯福在实行"新政"时，也并未接受过凯恩斯的建议。

比较合理的见解是在经济危机空前严重，传统的反危机措施——提高关税、增加贷款和借助政府债券的买卖以控制货币流通量等——无效的情况下，不得不摒弃资产阶级经济学"正统派"的经济自由主义传统，转而采取干预经济的"新政"。①

凯恩斯的学说虽然不能说是罗斯福"新政"的理论根据，不能说有了凯恩斯主义才有"新政"，但也不能否认凯恩斯主义适应了资本主义发展的新需要，在理论上曾经占据了西方经济学的统治地位，在政策上对西方资本主义国家的经济政策发生过重大的影响。

19 世纪末 20 世纪初，以马歇尔为代表的新古典经济学在西方占主导地位。马歇尔集庸俗经济学的大成，创立了均衡价格论和分配理论，认为资本主义制度本身是和谐的，资本主义经济内部的矛盾可以通过市场调节而自发地得到解决，因而主张实行自由放任的经济政策。随着自由资本主义向垄断资本主义的发展，资本主义经济危机不断发生，特别是 20 世纪 30 年代资本主义世界爆发的空前严重的经济危机，使传统的经济自由主义的理论和政策陷于困境，迫切需要一种经济理论来说明并克服危机，维护资本主义制度。凯恩斯学说正是适应这种需求而出现的。因此，凯恩斯学说是垄断资本主义时代的资本主义危机的产物。

自从 1936 年凯恩斯的代表作《就业、利息和货币通论》（以下简

---

① 厉以宁. 美国罗斯福"新政"的经济理论根据［M］//外国经济思想史讲座. 北京：中国社会科学出版社，1985：264—296.

称《通论》，出版以来，凯恩斯主义便风靡资本主义世界。特别是在第二次世界大战后，各主要资本主义国家都不同程度地推行凯恩斯主义。应该承认在第二次世界大战后 25 年间，凯恩斯主义对国家垄断资本主义的急剧发展，产生了极为重要的影响。推行的结果，在一定程度上刺激了经济的增长，缓和了危机的某些发展。由于凯恩斯否定传统的自由放任的经济学说，主张借助于国家干预来实现充分就业，消除危机，挽救资本主义制度，因此被不少西方经济学家称为"凯恩斯革命"，把战后一段时间西方经济的繁荣归功于凯恩斯主义，把这一时期誉为"凯恩斯时代"，把凯恩斯本人吹捧为"资本主义的救星"、"战后繁荣之父"。

六、 凯恩斯关于国家干预主义的主要理论观点和政策主张

就业理论与有效需求理论是凯恩斯主义的核心。凯恩斯认为资本主义制度下有三种失业类型："摩擦失业"、"自愿失业"、"非自愿失业"。不管"摩擦失业"和"自愿失业"是否存在，只要解决了"非自愿失业"，就算达到了充分就业。但他认为充分就业是一种例外，非充分就业则是常态。原因是有效需求不足。所谓有效需求，就是商品总供给价格和商品总需求价格达到均衡状态时的总需求，也就是预计能够给资本家带来利润的社会总需求。凯恩斯认为，总需求价格与总供给价格达到均衡时的有效需求通常是不足的，有效需求的水平通常低于充分就业所需求的高度。有效需求为什么会不足？这是源于所

谓的"三大基本心理规律"。

（1）边际消费倾向递减规律。消费倾向是指消费在收入中所占的比例。边际消费倾向是指消费增量在收入增量中所占的比例。边际消费倾向递减是指每一收入增量中用于消费的比例越来越少，用于储蓄的比例越来越多，因此引起对消费品需求的不足。比如一个人一个月收入 100 元时，用于消费的可能是 80%；如果一个人月收入为 1000元时，用于消费的可能是 40% 或 50%。总之，收入越增加，消费用的钱在收入中所占的比例就越小，相应的储蓄的比重就越大，这就是所谓"边际消费倾向递减规律"。

（2）资本边际效率递减规律。资本边际效率是指资本预期的利润率，亦即增加一笔投资预期可以得到的利润率。随着投资的增加，产品增加了，供给增加拉动价格下落，利润就下降。同时，投资增加必然对原材料、机器设备的需求量增大，需求上升推动价格上涨，使成本上升，利润率也要下降。因此，投资越多，利润率越低。这就是所谓"资本边际效率递减规律"。

（3）灵活偏好规律，也称为心理上的流动偏好规律。它是指人们总想把钱留在手上以便应付日常开支、意外开支和进行投机活动（对灵活性的偏好）。如把钱存入银行，虽可获一定利息，但需以放弃货币流动（灵活性）为代价。所以利息率要保持一定水平，不能太低，也不能太高。如果利息率高于利润率，资本家就宁愿把钱存入银行而不愿意投资了。这就是所谓"灵活偏好规律"。

在上述三大心理规律的支配下，边际消费递减使消费需求不足。资本边际效率递减规律是由于增加投资所得的利润将随投资的增加而逐渐减少，使资本家不愿多投资而造成对生产资料的需求不足。灵活偏好规律的作用使人们愿意以货币形式保存财产的心理倾向加强，因而削弱了资本家投资的兴趣，资本家就会觉得把钱存入银行收取利息，比投资于生产取得利润更为有利，结果又造成投资衰退。因此，总需求通常小于总供给，即经常存在着有效需求不足以及由此而产生的非自愿失业，发生经济危机。

凯恩斯的所谓三大心理规律当然是荒谬的。他把经济现象归结为心理活动，用唯心主义的分析抹煞客观经济活动的本质联系，也就根本否定了资本主义经济危机的真正原因。广大劳动人民之所以消费不足，不是由于人们本性喜欢储蓄，而是由于他们在资本家的残酷剥削下日益贫困的结果。在经济危机到来时，工厂停工，原料堆积，商品滞销，失业人口大量增加等，也不是由于投资不足，而恰恰是由于投资太多，资本过剩。凯恩斯的这种谬论企图掩盖资本主义社会的基本矛盾是经济危机根源这一客观事实。

然而，凯恩斯却正是在这三大心理规律的基础上，解释社会经济失调和失衡的原因，引申出政府干预经济的政策主张的。凯恩斯认为，资本主义社会的失业和危机既然是由于有效需求不足，而有效需求不足是因消费需求不足和投资需求不足造成的，因此，解决失业和危机就必须提高消费倾向，扩大消费，同时也要促进扩大投资。他认为依靠斯密提出的而为李嘉图等后继者所倡导的经济自由主义，依靠"一只看不见的手"自行运行调节的机制，不能解决有效需求不足的痼疾，唯有通过国家对经济的直接干预调节，才能奏效。这样他就否定了"萨伊定律"以及古典传统的理论，宣告了自由放任时代的终结，而使国家干预主义逐步登上了主流经济学的宝座。

概括地说，凯恩斯学派的政策主张是：放弃自由放任的经济自由主义原则，实行国家对经济的干预和调节；运用财政政策和货币政策刺激消费，增加投资，以保证社会有足够的有效需求，实现充分就业，以解救资本主义的经济危机。凯恩斯学派还运用了乘数论和加速原理强调增加投资对减少失业和实现经济稳定增长的重要作用。他们认为，为提高总需求实现经济稳定增长的目标，在萧条时期，应减低税率，扩大财政开支，或增加货币供应量降低利率以刺激投资和消费，在高涨时期则应采取相反的措施以抑制投资和消费。

总之，凯恩斯学派把国家干预经济作为反危机政策的前提。凯恩斯认为，由于资本主义经济机制本身的缺陷，以及危机的严重性，政府再不出面干预，就会危及整个资本主义制度。国家的财政货币政策则是其政策主张的重心。凯恩斯主张，通过国家的税收政策，如实行累进所得税等来改善国民收入的再分配，缩小收入分配不均的幅度，以刺激消费的扩大。通过受国家控制的中央银行系统调节货币数量，压低利息率，刺激私人投资的扩大。通过增加国家的财政支出，既能直接扩大投资和消费，补偿私人投资和消费的不足，又能间接刺激私人投资和私人消费的扩大。凯恩斯特别强调应实行三方面的财政政策：①政府直接举办公共工程；②政府投资于非生产部门；③扩军备战，甚至进行战争。

凯恩斯还否定资产阶级旧庸俗经济学关于保持国家预算平衡的观点，竭力主张推行赤字财政政策。所谓赤字财政政策，就是指政府增加的支出，只要能促进经济增长，并使个人收入增长，即使出现财政赤字也无关紧要。他不赞成采取增加政府收入以扩大政府支出的财政政策，而认为应采取"举债支出"的财政政策，也就是赤字财政政策。凯恩斯还认为资产阶级国家的一切支出都具有"生产性"，连极度的浪费也是"生产性"的。他荒谬地说：建造金字塔，甚至地震、战争等天灾人祸，都增加财富。

推行赤字财政政策必然要实行通货膨胀政策。因为赤字财政表明国家预算支出大于预算收入，不能保持平衡。资产阶级政府为了弥补赤字，一方面加紧向劳动人民增税，另一方面是增发钞票和国债，结果必然增加市场上的货币供应量，造成通货膨胀，物价上涨。

凯恩斯认为，通货膨胀对于"解救"经济危机具有十分"可贵"的功能。因为他认为，货币供应量的增加除了能扩大社会有效需求外，还能因货币供给充足而压低利息率，而较低的利息率不仅可以刺激消费，而且可以刺激投资。这都有利于"繁荣"经济和增加就业。

凯恩斯积极主张通货膨胀政策，还因为可以此作为压低工人工资的手段。他认为，降低货币工资，其所遭遇的抵抗，比之当物价上涨，真实工资下降时，所遭遇的抵抗，要强烈得多。所以，他主张，货币工资可保持不变，甚至还可稍微提高（利用所谓工人的"货币幻觉"），而用通货膨胀的办法，抬高劳动者消费的商品（所谓"工资商品"）的价格来降低实际工资，以便使资本家获得更多利润，愿意增加生产，增雇工人。可见，凯恩斯的通货膨胀政策就是妄图利用通货膨胀暗地里降低工人的实际工资，以便资本家加强剥削工人，转嫁经济危机。

在国际贸易方面，凯恩斯主张国家干预经济的办法，增加"有效需求"，实行对外经济扩张政策。他反对传统庸俗经济学在国际贸易中实行自由贸易的主张，认为对外商品输出和资本输出，可以扩大有效需求，为国内滞销商品和"过剩"资本寻找出路，从而带来较多就业机会和国民收入。增加顺差是政府可以增加国外投资的唯一直接办法。贸易若为顺差，不仅可以增加国外投资，而且由于输入黄金，可以降低利息率，从而间接增加国内的投资吸引力。基于这种观点，凯恩斯主张通过政府干预，扩大出口，限制进口。

七、 凯恩斯主义的破产

凯恩斯主义是为垄断资产阶级利益服务的经济学。它产生于传统经济学陷入破产、资本主义经济大危机时代。它否认传统的经济自由主义学说，提出了国家干预主义的理论观点和政策主张，力图挽救处于危机的资本主义。这些主张适应了资本主义发展的需要，在第二次世界大战后25年间居于统治地位，成为西方经济学的新正统。他的政策主张，对克服资本主义的经济危机，也起了一定的治标作用，暂时缓解了资本主义的某些尖锐矛盾。凯恩斯主义的主要贡献是，他承认了资本主义经济体制本身的缺陷，并提出必须用国家干预经济的办法，才能挽救资本主义；他开创了现代宏观经济分析方法，奠定了现代宏观经济学的基础。当然，对于他的理论观点和政策主张的意义，不应过分夸大。他的贡献仅仅在于，他建立了一个宏观理论体系，把前人——重商主义者、马尔萨斯、李斯特等人——提出过的零散的思想和主张，加以适应当时要求的系统化。至于资本主义经济危机的缓解和战后西方经济的发展，是许多因素作用的结果，如固定资本的大规模更新、技术进步、战后居民需求的恢复和增长，以及对劳动人民的剥削的加强、城市重建等等。

凯恩斯主义作为西方经济学的一大流派，是时代的产物，它虽然也曾盛极一时，但由于其资产阶级的偏见和其理论的根本缺陷，即只是在资本主义生产关系所表现出来的表面联系上兜圈子，而不是从资本主义生产关系本身去探索，不可避免地要走上盛极而衰的道路。

自从 70 年代资本主义陷入了所谓"停滞膨胀"的深刻的危机以后，凯恩斯主义也就宣告破产。按照凯恩斯理论，有效需求不足引起失业，过度需求则引起通货膨胀，所以两者不可能同时发生。但实际上，现代资本主义国家的经济却出现了所谓"滞胀"的局面，即一方面存在经济停滞或衰退和严重失业，另一方面又有持续通货膨胀和物价上涨。对于通货膨胀与失业并发症，凯恩斯主义是解释不了的。凯恩斯主义的后继者虽然力图解释这种新的现象，并在一些方面有所发展和创新，提出了一些新的论点，但资产阶级经济学者也不得不承认，在资本主义国家出现高通货膨胀率和高失业率的情况下，"选择凯恩斯主义财政金融政策的适当混合办法来同时降低这两者正造成了困难"，"失业与通货膨胀之间交替关系的持久性恶化不可能在凯恩斯体系内加以解释"。拿美国来看，在经济衰退时增大通货供应量，开始时有些作用，但不久就发生通货膨胀，于是政府当局就削减通货供应量来阻止通货膨胀。由于削减货币供应量，又出现了伴随通货膨胀的经济衰退。这样就使美国经济陷入新一轮"滞胀"，即更高的通货膨胀率和更高的失业率并存。

面对凯恩斯理论的失灵，凯恩斯的信徒们为了维护凯恩斯的学说，适应新的形势，对凯恩斯的理论进行修补和发展，形成了以汉森为先驱，以萨缪尔森、托宾等人为主要代表的新古典综合派，也称为"后凯恩斯主流经济学派"。他们宣扬现代资本主义是市场经济（私人经济）和控制经济（国家调节）相结合的混合经济制度，认为这个制度能够保证充分就业和经济稳定持续增长。把反映国家干预的宏观经济学和反映市场经济的微观经济学综合在一起，形成自己的理论体系。在政策主张上，强调在使用调节总需求的宏观财政政策和货币政策的同时，还必须运用收入政策、人力政策等微观的调节生产要素供给的政策以及对外贸易管制政策、能源政策和改革福利制度政策来协调经济发展。它的经济理论虽然有新颖之处，值得我们借鉴，但这种"混合经济"实质上仍然是国家垄断资本主义经济。它撇开资本主义的生产关系，撇开资本主义生产领域中的矛盾，把危机和失业仅仅归结为"总需求不足"，仍然消除不了资本主义的顽症。

从凯恩斯主义出发的另一个派别，是以罗宾逊、卡尔多、斯拉法等人为代表的新剑桥学派。这是一个主张改良主义的现代凯恩斯主义的重要流派。他们通过建立新剑桥学派的经济增长模型，把凯恩斯的收入、储蓄和消费总量，按工人和资本家分解为两个阶级相应的收入、储蓄和消费总量来进行分析，得出结论：经济增长的结果将必然导致国民收入分配不利于工人，从而造成收入不均，这正是资本主义社会的病根之所在。在政策主张上，他们强调国家干预经济，实行调整收入分配的政策，如实行高额累进税和低收入家庭补贴，削减政府开支，增加公众福利，对投资实行社会管制等。他们认为，通过这些政策就可以完善资本主义经济调节机制，有利于收入和财富的均等化，缓和劳资矛盾。由于他们以谴责资本主义收入分配不均的姿态出现，因此也被称为凯恩斯左派。新剑桥学派对资本主义社会的某些弊端和问题作了一些分析和揭露，采取比较现实的态度，他们的某些理论观点，也对我们有值得借鉴之处。但他们企图在保留资本主义私有制的前提下进行一些改良，来解决资本主义的矛盾，显然是一种改良主义的空想。

八、 新自由主义登上舞台

在资本主义陷入"经济滞胀"危机，凯恩斯主义的后继者们修补、发展凯恩斯主义又回天乏术的情况下，凯恩斯学派已难以维持其主流学派的宝座。于是从 60 年代晚期起，特别是在 70 年代，反对国家干预主义，主张给私人经济以充分自由的新自由主义重新抬头。广义地说，新自由主义除哈耶克新自由主义（又称伦敦学派）、弗莱堡学派（又称西德新自由主义）之外，还包括现代货币主义（又称货币学派）、供给学派等。

1947 年 10 月由哈耶克等人所倡导在瑞士成立的蒙贝尔兰协会，是由一批主张经济自由主义的经济学家组成的。哈耶克和弗里德曼都当过这个协会的会长。60 年代后期以来，这个协会的活动日益强化，实际上是现代新自由主义的大本营。在战后，由于政府对经济运转加强了干预，多年经济发展中所积累下来的矛盾的激化，导致滞胀危机，于是新自由主义就以凯恩斯主义的批判者的面貌出现于历史舞台。

伦敦学派的主要代表人物哈耶克自称其学说渊源是斯密的自由放任学说。他反对凯恩斯主义和战后实行的国家干预政策，认为凯恩斯经济学单纯从需求的角度分析资本主义经济波动的原因，忽视了货币供应量变化的影响和生产结均失调所引起的后果。为此，他认为听任市场机制充分发挥作用，通过市场传送的信息，就可达到调整经济资源，使一切经济资源得到合理有效的利用。这样就能提高经济效率，促进经济增长。强调如果政府干预私人的经济活动，失业和通胀必不可免，70 年代以来西方经济中出现的"滞胀"，就是政府干预政策的恶果。认为政府干预经济，还会带来政治上有害的结果，即引起政治上的极权，导致对民主的破坏和对个人权利的侵犯。哈耶克还攻击社会主义制度和计划经济，认为计划经济是"通向奴役的道路"。哈耶克对凯恩斯主义的批评，是有一定道理和依据的，但他把经济危机的根本原因归结为政府干预，显然是不科学的。

以瓦尔特、欧根、艾哈德、罗斯托为代表的西德新自由主义，也称弗莱堡学派，是第二次世界大战后形成和发展起来的。他们的理论核心称为"社会市场经济"理论。他们既反对古典经济学完全自由放任的"自由市场经济"，也反对"中央管理经济"，主张建立一种以"自由市场经济"为基础的与"中央管理经济"相结合的所谓最优经济形式，即以私有制为基础，以自由竞争为原则，辅之以适当的国家干预和调节，具有"社会安全"和"社会保障"，使生产力的发展和技术的进步与个人的自由完全协调的"社会市场经济"。弗莱堡学派不像哈耶克学派那样对政府干预采取极端的否定态度，不完全拒绝由国家出面实行收入分配和其他福利措施。

弗莱堡学派的理论和政策主张对战后西德政府的经济政策产生了较大影响，当时作为反法西斯经济统治的对立物，是有积极意义的。但是他们的理论仍然足以资本主义经济为基础，同时也忽视了社会生产方式的区别，鼓吹资本主义经济的和谐性和均衡性，是错误的，仍然难以避免由资本主义基本矛盾决定的各种矛盾和弊端的产生和发展。

以弗里德曼为首领的货币主义（"货币学派"或"芝加哥学派"）是以现代货币数量论为理论基础，以制止通货膨胀和反对国家干预为目标的经济自由主义流派。弗里德曼认为资本主义具有新的生命力，关键是要回到斯密的自由主义。他认为正是国家对经济的干预、"指导和计划"，使得福利国家的官僚机构庞大，压制了"自由社会"的个人创造性。只有回到经济的自由体，即通过在自由市场进行活动的企业担负大部分经济活动的这种组织形式，才可以使资本主义经济顺利发展。他强调"私有的自由"、"使用的自由"、"选择的自由"，认为现代资本主义的滞胀危机，并不是由资本主义的市场机制，而是由政府对市场机制的干预造成的。弗里德曼把通货膨胀归咎于凯恩斯主义的政府财政赤字政策，他攻击社会福利政策，要求削减福利措施，提倡适者生存的新达尔文主义。

货币主义认为，通货膨胀是一种纯粹的货币现象，它之所以发生，是因为货币数量的增长快于商品生产量的增长。产量的增加要受到物质资源和人力资源的制约，一般增加较慢。贵金属货币的增长也受到类似的限制，而现代普遍采取的货币形式——纸币的增加却不受任何限制，货币当局完全可以人为地增发货币。这样，当货币数量的增加明显地快于产量的增加时，通货膨胀就发生了。货币主义认为，在当前资本主义国家中，通货膨胀的基本原因不在于政府开支过多，而在于收入远远不能弥补支出，由此造成财政赤字，使政府印刷更多的纸币以支付政府的用款，市场上货币流通量过大，必然引起通货膨胀。因此，制止通货膨胀的唯一有效办法，就是限制货币供应量的增长，使它与国民经济中产量的增长率相适应。货币主义者比喻说："关住货币水龙头，就可以制止浴室中流溢满地的通货膨胀。"

货币主义也有不同的分支。但不论是货币主义（A）（弗里德曼的货币主义），还是货币主义（B）（理性预期假说），都立足于自由竞争、市场机制、经济人等自由主义的基础上，要求采取"廉价政府"的政策，自由放任，反对政府干预，反对凯恩斯主义的财政金融政策，并以此作为使现代国家垄断资本主义摆脱滞胀困境的药方。

经济自由主义的另一重要派别是供给学派，供给学派以萨伊定律为自己理论和政策主张的基础。萨伊定律断言，在不受干预的市场经济中，供给会自行创造需求。供给学派认为，30年代的大危机以来，美国政府推行凯恩斯主义，政府干预经济，片面刺激需求，对美国经济造成很大危害。因此，必须改弦更张，实行经济自由主义，才能避免和克服危机，使经济复兴。他们认为市场经济机制本身有足够的能力来购买它的全部产品。所以，他们主张实行完全的市场调节，反对任何对经济活动的干预。

供给学派反对凯恩斯的需求理论，重视对供给的研究。他们认为一切经济问题的根本原因在于供给方面，而不是需求方面。因此，要解决现实经济问题，必须摒弃凯恩斯那种人为刺激需求的办法，着重从供给方面考虑如何刺激经济主体（即从事经济活动的个人和企业），调动其生产的积极性。为此，他们主张经济学应当研究如何进行生产和扩大生产手段，研究经济活动的刺激因素的作用，以及如何进行刺激以取得最大效果。

供给学派的政策主张是：①全面减税，特别是削减个人所得税；②恢复金本位制，实行稳定货币供应增长率的政策，控制货币供应量，稳定物价；③减少政府对经济的干预，削减政府开支，特别是削减不必要的社会福利开支。

供给学派的理论和政策主张深受前美国总统里根的青睐。他多次宣称信奉供给经济学，并提出了以供给学派的论点为主要内容的"经济复兴计划"。里根综合供给学派和现代货币主义的理论和主张，企图通过自由竞争自动复兴和健全地发展美国经济。他实施了以下几个方面的政策：①减少政府开支，把政府支出的增长控制在一个合理和审慎的水平上。减少政府干预经济，提倡自由竞争。强调削减民用支出而努力增加国防支出。②有系统地减少征收个人所得税并加速和简化企业折旧，以消除对工作、储蓄、投资和生产积极性的不利因素。彻底清查政府有关经济活动的规章制度，放宽企业的法令规章，鼓励企业积极经营和投资。③控制通货膨胀，建立稳定的货币政策。采纳了货币学派关于紧缩银根，控制货币发行量以抑制通货膨胀的主张，把实现"没有通货膨胀的经济增长"作为理想的目标。以上这些以供给学派和货币主义为指导的政策主张，被称为"里根经济学"。但是在国家垄断资本主义阶段的美国，完全摆脱国家干预，实行经济自由主义，事实上是不可能的。经过几年的实践，里根经济学的内容也不得不发生变化。这些变化是：由普遍的反对政府干预变为主张要由政府进行一定的干预，由单一地强调减税以刺激投资变为根据需要有增有减，由强调反凯恩斯主义的预算平衡发展又回复到实行庞大的财政赤字政策。里根上台后，美国经济形势出现一定程度的好转，有的西方经济学家把它归功于里根经济学的成功，实则是美国经济长期萧条后必然回升的结果。

九、 两种思潮及其演变对我们的启示

以上我们概括介绍了国家干预主义和经济自由主义的发展演变，以及它们的一些主要观点。从其发展演变过程和对资本主义市场经济

的影响，我们可以得到有益的启示。

第一，国家干预主义也好，经济自由主义也好，它们都是企图在资本主义私有制基础上克服资本主义生产方式的矛盾和困难，都是为维护资本主义制度而提出来的。它们的共同之处都是撇开资本主义基本矛盾这个根本问题，因而都不可能根治资本主义的矛盾和危机。

第二，它们都是在一定的历史条件下，针对当时资本主义存在的问题，适应资本主义经济发展的需要，因而有其合乎实际的现实性，对实际经济活动发生过影响，对资本主义市场经济的矛盾和危机的缓和有一定的积极意义。它们的理论观点有些还是合理的。

第三，国家干预主义和经济自由主义并非相互排斥、绝对对立的，是可以并行不悖、兼收并蓄的，在市场经济体制下，推行经济自由主义，离不开政府的干预，政府是市场经济的题中之意，而不是市场之外的异己力量。政府对资源配置、市场规范、国家宏观调控有不可代替的作用，连亚当·斯密也没有完全否定政府的这些经济职能。至于国家干预主义，也是以市场经济的经济自由为基础的，这在资本主义国家可说无一例外。因为资本主义国家中的工商业者如果不能自主经营活动，自由发展，那就不叫资本主义了。所谓某国某一时期推行的是什么主义，只是就其在特定条件下，从实际需要出发有不同的侧重而已。

第四，我国社会主义市场经济，除了我们的基本制度不同于资本主义之外，在社会化大生产条件下的市场经济方面与西方资本主义市场经济有某些相似之处，因此，尽管资产阶级经济学有错误的东西，但它们的某些理论观点和实践经验，还是可以批判地吸收利用的。江泽民同志指出：资本主义国家在发展市场经济中有许多成功的经验和合理的做法，这些东西，反映了市场经济的一般规律，反映了现代社会化大生产的内在要求，是人类的共同财富，许多方面是我们可以而且应当努力学习和借鉴的。

当前我国正处在由传统计划经济向社会主义市场经济转变的重要时期。以往讲社会主义，在经济体制上就是实行计划经济。我们搞了几十年的计划经济，取得过不少成绩，但随着情况的变化，计划经济的弊端也越来越明显。党的十一届三中全会以来，我们在不断积累经验和探索过程中，逐步确认了必须进行经济体制改革。党的十四大明确提出了我国经济体制改革的目标是建立社会主义市场经济体制。"迄今为止，市场经济都是在资本主义制度下搞的，在社会主义制度下怎么实行市场经济，是前无古人的事业，没有现成的经验可循。从计划经济向社会主义市场经济转变，两种不同的经济体制如何有效地衔接和更替，其间有许多复杂的情况需要研究，有许多突出的矛盾需要解决。"[1] 其中一个重要问题是政府宏观调控和市场经济活动如何结合的问题。这个问题对我国来说是个必须面对的现实问题，发达的资本主义国家搞了几百年市场经济，也并未解决得好。胡代光教授指出："西方经济学正在重新认识市场经济。"[2] 他援引西方近期出版的一些著述，如萨缪尔森在 1992 年出版的《经济学》第 14 版中认为，市场经济国家（即发达资本主义国家）也发现自己对市场经济的认识还不充分，有重新认识的必要；1992 年牛津大学出版社出版的几个学者共同撰写的《理解市场经济》一书认为，新古典学派撇开政府作

---

① 组写编. 抓紧普及社会主义市场经济的基本知识［M］//什么是社会主义市场经济. 北京：中国发展出版社，1993：2.

② 经济日报，1994－09－02.

用谈市场经济远远不够了。因为实践证明，任何一种经济制度都要解决两个问题，一是保证资源长期和短期的有效利用，二是保证收入的公平分配。而解决这两个问题，国家都要参与，并起重要作用。

在我国社会主义市场经济形成过程中，如何看待国家的作用和市场经济的关系，乃是涉及整个经济体制改革的重大问题，有极其丰富的内容。这里仅就以下几个问题做些探讨：

第一，加强国家的经济职能，对建立我国社会主义市场经济体制具有特别重要的意义。一般地讲，政府干预是市场经济的题中之意，不论从历史上看，还是从现实看，从来不曾存在过完全的自由市场经济。在社会主义条件下建立的市场经济模式，当然也不能离开国家的作用。特殊地讲，我们搞了多年的计划经济体制，在由计划经济向社会主义市场经济转轨的关键时期，我们缺乏经验，没有一套现成的模式可循，如何使计划经济转变为市场经济，要逐步探索。关于如何使市场经济规范化，如何建立适应我国经济发展要求的宏观调控体制，都需要一个过程。解决这些问题需要国家政权的指导和保障。我们不是要从社会主义走向资本主义，也不能搞所谓"休克疗法"，我们要搞社会主义市场经济，这就增大了这个转变的复杂性和艰巨性，而这必然就增加了社会主义国家政权的任务。因此，在我国的具体条件下，只有借助于国家政权的推动和指导，在国家宏观调控下，真正发挥市场机制在资源配置中的基础作用，才能促使社会主义制度的优越性充分发挥出来。

第二，在发展中国家，要想摆脱落后，迅速发展经济，也必须强化国家干预经济的功能。纵观世界各国经济发展的状况，特别是亚洲一些国家和地区的发展状况，如韩国、新加坡等亚洲国家和地区，它们经济上取得的成就，几乎无一例外地是和"强势政府"有关的。6月1日美国《华盛顿经济报道》双周刊刊载的哥伦比亚大学经济学家丹尼·罗德里克的调查报告指出，新的研究表明，政府干预对这些国家的经济增长起了主要的作用，政府的作用是亚洲欠发达国家取得进展的关键。

我国是发展中国家，地域广阔，人口众多，发展极不平衡，居民文化素质低。因此，要想很快赶上去，也只有汲取一些国家和地区的成功经验，走强势政府下的市场经济的道路。美国经济学家萨缪尔森也认为：中国如果实行完全的自由市场经济，那也是非常大的错误。我认为，应该保持政府在经济中的重要角色。这些看法是值得我们参考的。15年来，我们已经走出一条卓有成效的改革之路，积累了丰富的经验，我们已经认识到，加强和改善国家宏观调控，是建立社会主义市场经济体制的重要内容，也是深化改革的重要方面，市场经济不仅不排斥国家的宏观调控，而且必须有完整有力的宏观调控体系。

第三，在建立我国社会主义市场经济中如何发挥国家的经济职能？根据我国的具体情况，《中共中央关于建立社会主义市场经济体制若干问题的决定》中指出：政府管理经济的职能，主要是制定和执行宏观调控政策，搞好基础设施建设，创造良好的经济发展环境。同时，要培育市场体系、监督市场运行和维护平等竞争，调节社会分配和组织社会保障，控制人口增长，保护自然资源和生态环境，管理国有资产和监督国有资产经营，实现国家的经济和社会发展目标。宏观调控的主要任务是：保持经济总量的基本平衡，促进经济结构的优化，引导国民经济持续、快速、健康发展，推动社会全面进步。

转变政府管理经济的职能，就是改变过去计划经济体制的作法，建立以间接手段为主的宏观调控体系，政府运用经济手段、法律手段和必要的行政手段管理国民经济，不直接干预企业的生产经营活动，建立适应市场经济要求的现代企业制度。因此，可以说社会主义市场经济是社会主义国家宏观调控下的市场经济。它既不是不要任何约束的完全自由放任的市场经济，也不是旧的完全集权于中央的计划经济。

第四，在我们建立社会主义市场经济中，有两个问题是需要进一步妥善解决的。一是政府经济职能还不够有力、不够充分。在对市场经济秩序的管理、监督方面，效率不高。这一方面有市场管理的法规制度逐步健全的过程，另一方面也有有法不依、执法不严的问题。市场上的短斤缺两、假冒伪劣现象，屡禁不止。公平交易、公平竞争的市场规范，尚未完全建立起来。这还有待于加强和进一步完善国家的经济职能。二是政府对企业干预过多，妨碍企业充分发挥积极性的弊端仍然存在，这些都是需要逐步解决的。建立社会主义市场经济体制，是一项前无古人的开创性事业，只要我们坚持邓小平同志建设有中国特色的社会主义理论，坚持党的基本路线，经过艰苦努力，必能克服一切困难，使社会主义市场经济体制建立和完善起来，实现改革开放和现代化建设的宏伟目标。

此文载于：现代市场经济的理论与实践. 北京：商务印书馆，1996.

坚持马克思主义与发展马克思主义的辩证关系——兼论马克思主义经济学说面临的挑战

一、 坚持马克思主义与发展马克思主义的辩证关系

（一）坚持马克思主义必须发展马克思主义

马克思主义是颠扑不破的真理，是经过严格理论论证的科学学说。其所以是科学，并不是说他们的著作是一成不变的、现成的答案，而是它随着实际生活的发展而不断发展，所以马克思主义本质上是发展的学说。有人不是把马克思主义看成揭示客观世界发展规律的科学，不是运用马克思主义的立场、观点、方法去研究问题，解决问题，指导实践，而是把它教条化。一旦马克思主义著作中某个论断不能说明变化了的情况，便认为马克思主义不灵了，过时了。其实，马克思、恩格斯著作中某个论断不符合现在的情况，正说明马克思主义需要根据实际情况去发展，这也正是马克思主义发展精神的体现，并不意味着整个马克思主义"过时"。例如马克思、恩格斯在许多著作中都说过：未来社会的产品是直接分配，不通过商品交换。但他们这个论断是从发达的资本主义生产关系出发，以生产力高度发展和充分发达的商品经济为前提，以整个社会占有生产资料，即以单一的公有制经济为基础的。他们从这样的前提出发得出这样的结论是有根据

的。而在中国这样经济文化都较落后的国家建设社会主义，再照搬马恩的上述论断，显然是不适用的。我们过去曾在社会主义建设中急于求成所发生的失误和挫折，正是机械地照搬马克思、恩格斯的上述论断，以至于束缚了生产力的发展，带来巨大损失。邓小平坚持解放思想、实事求是的思想路线，从我国实际出发，提出了社会主义初级阶段的理论，建设有中国特色社会主义的理论，社会主义市场经济的理论，以及以发展经济为中心，坚持改革开放，坚持四项基本原则等一系列理论体系和路线方针。邓小平明确指出："社会主义的本质是解放生产力，发展生产力，消灭剥削，消除两极分化，最终达到共同富裕。"① 邓小平这些理论进一步发展了马列主义、毛泽东思想，解决了什么是社会主义、怎样建设社会主义这样一些重大问题。邓小平的理论纠正了以往只讲社会主义生产关系，忽视发展生产力的片面认识，突破了以往认为社会主义只有保护、发展生产力的任务，没有解放生产力任务的观点；舍弃了把计划经济看作社会主义本质的不正确观点。正是邓小平把马克思主义和中国实际相结合，发展了马列主义、毛泽东思想，才使我国社会主义建设和改革开放打开了新局面，走上了健康发展的道路，促进了社会主义各项事业的突飞猛进。这都说明，不从实际出发，不发展马克思主义，就不能正确地坚持马克思主义。而一旦把马克思主义和中国实际相结合，发展了马克思主义，就会具有巨大的生命力，取得伟大的成就。正如江泽民同志所指出的：马克思主义必定随着实际生活的发展而不断发展，不可能一成不变。一定要以当代中国社会主义改革开放和现代化建设实际问题为中

① 邓小平. 邓小平文选：第 3 卷 ［M］. 北京：人民出版社，1993：373.

心，以我们正在做的事情为中心，着眼于马克思主义理论的运用，着眼于提高对实际问题的理论思考，着眼于新的实际和新的发展。离开本国实际和时代发展来谈马克思主义没有意义。孤立静止地研究马克思主义，把马克思主义同它在现实生活中的生动发展割裂开来、对立起来，没有出路。江泽民同志的上述讲话，透彻地阐明了要坚持马克思主义必须同中国实际相结合，发展马克思主义，不能单纯地从马克思的书本里片言只语中找现成答案，教条式地坚持马克思主义。

（二）发展马克思主义也必须坚持马克思主义

坚持马克思主义必须在发展中坚持，这是一个方面。另一方面，要发展马克思主义也必须首先坚持马克思主义，二者是辩证统一的。坚持、继承马克思主义是前提、是基础。不坚持马克思主义，发展什么？如何发展？所以，前提是马克思列宁主义、毛泽东思想一定不能丢，丢了就会丧失根本，迷失方向，就会走到邪路上去。总之，坚持继承与发展创新是辩证统一的关系。不能只讲坚持，不讲发展，也不能只讲发展，不讲坚持。

坚持什么？说坚持马克思主义是讲必须坚持马克思主义的立场、观点和方法，坚持马克思主义科学体系和基本原理。马克思主义经典著作中的个别提法、个别论断会因实际情况的变动而失效，但其中的基本原理是不会失效的。例如马克思关于社会发展规律，社会主义必然代替资本主义，共产主义的理想，以及与此相联系的基本原理，如经济学说中的劳动价值论、剩余价值论等等。所以不能因马克思、恩格斯著作中某个论断的失效，就认为马克思主义都失效了。有的人说什么"马列著作不能解决当前的实际问题"，实际上这不过是一种马克思主义"过时论"、"无用论"的另一种说法。持这种观点的人借口时代条件的变化否定马克思的普遍真理。有的人借口发展马克思主义，实际上则是歪曲马克思主义、否定马克思主义。连马克思主义都否定了，还谈得上发展马克思主义吗！

二、 马克思主义经济学说面临的挑战

马克思主义的经济学说在马克思、恩格斯在世时，就曾受到过资产阶级经济学者的攻击、污蔑以及各种修正主义者的歪曲。马克思、恩格斯、列宁在许多著作中曾给予了彻底的批判和驳斥。一百多年来，马克思主义和反马克思主义思潮在经济理论上的斗争从来也没有停止过。在我国建设有中国特色社会主义、实行改革开放的新的历史阶段，经济学领域的各种反马克思主义的思潮又沉渣泛起，或公开、或隐蔽地对马克思主义的经济学说进行肆无忌惮的进攻。这些人中有著名的有声望的学者，也有对马克思主义不甚熟悉的新手。他们或打着发展马克思主义的招牌，或直言不讳地要对马克思主义经济学说进行"重新论证"，实则就是要从根本上否定马克思主义。因此，分清马克思主义同反马克思主义的界限，维护马克思主义经济学说的纯洁性，从而坚持正确的政治方向和政治立场，保证社会主义现代化建设和社会主义精神文明建设的健康发展，不仅有重大的理论意义，而且有迫切的现实意义。

如前所述，判断一种观点是否反马克思主义，要看它是否坚持马克思主义科学体系和基本原理，看它是否坚持马克思主义的立场、观点和方法。例如，在整体上和出发点上，坚持社会主义公有制的主体地位，同时也承认在公有制实现形式上可以多样化，把股份制作为国

有资产保值增值的手段，目的在壮大国有经济，搞活国有企业，实现现代企业制度，促进生产力的发展。作为国有企业改革的重要途径，应该说是体制改革过程中对马克思主义的一个发展。

又如坚持以公有制为主体作为前提，多种经济成分其同发展。这在我国社会主义初级阶段是非常必要的。它既维护了社会主义的发展方向，又符合我国当前生产力水平的现实要求，也是建设中国有特色社会主义的一个重要内容，是我国长期要坚持的方针。但如果把非公有制经济成分强调到不适当的程度，甚至主张推行非国有化，主张以私有制代替公有制，认为社会主义的国有企业没有前途，只有私有化才有出路，这种观点则显然是违反马克思主义根本原则，是不能同意的。

马克思主义面临的挑战，突出地表现在对马克思主义的基本理论——劳动价值论和剩余价值论方面的背离上。一些人企图以所谓"物化劳动创造价值"、"物化劳动和活劳动共同创造价值和剩余价值"，以所谓"社会劳动"创造价值来否定马克思的劳动价值论和剩余价值论，并以早被马克思批臭了的萨伊的"生产三要素论"和"斯密教条"作为依据，说什么这种观点并不违背马克思主义，而是对马克思劳动价值论的"补充和发展"。对于这种打着发展马克思主义的旗号，实则反马克思主义的荒谬观点，理所当然地应该给予揭露和批判。我们已在一些文章中对此种观点进行了较为详尽的反驳，这里就不再赘述了。

这里着重对《劳动价值学说理论的重新论证和研究》中有关论点作些介绍，供同志们研究。这本小册子是四川省社会科学院主办的《经济体制改革》作为1995年专辑出版的。在这本小册子中作者赵曙光写道："关于劳动价值理论……相继出现了古典学派、重商学派和重农学派为代表的三个主要学派。"这三个学派不仅"最早提出了劳动价值学说理论体系中的一些基本问题，并且都认识到解决这些理论对指导现实经济活动的重要意义，因此往往都能结合当时的社会经济条件对这些理论问题进行了不同程度的研究"。

我们知道，"古典学派、重商学派和重农学派"都不懂得劳动价值论，更说不上有什么研究。他们理解的只是劳动，或是模糊地看到了劳动对商品价格起着某种作用，或是商业劳动、农业劳动对财富作用。怎能把劳动等同于劳动价值论，把凡是说到过劳动的某种功能或作用的，都看作是对劳动价值论基本问题有研究呢？如果可以把劳动等同于劳动价值论，那可以追溯到自有人类社会一开始就有了劳动价值论了，岂不荒唐！这位作者还在劳动价值学说发展的所谓"第二个时期"，又把真正提出和论证过劳动价值论的重要人物威廉·配第给漏掉了，看来这恐怕不是一时疏忽吧？这里还有个例证：作者说，比较典型的是俄国的考茨基曾著有《剩余价值学说史》一书，试图来完成这一任务（指"剩余价值的实质、来源等相关的一系列理论问题"），但种种原因所致，也未能更好地完成。这句话至少有两点错误：一是考茨基·卡尔不是"俄国的"。考茨基生于布拉格并在维也纳大学学习，加入奥地利社会民主党，后成为德国社会民主党和第二国际的领导人之一。怎么在作者的笔下变成了"俄国的考茨基"？二是《剩余价值学说史》是马克思主要著作《资本论》的第 4 卷。马克思把《资本论》的前 3 卷称为理论部分，把第 4 卷称为历史部分、历史批判部分或历史文献部分。这个部分是马克思从 1861 年 8 月到 1863 年 7 月经济学手稿的主要部分，1905—1910 年由考茨基编辑出版，收入《马克思恩格斯全集》第 26 卷（人民出版社还印有名为《剩余价值理论》三册本）。怎么在作者的笔下竟把编辑出版此书的考茨基说成是"俄国的考茨基曾著有《剩余价值学说史》一书"呢？我们在作者这本书中，发现了不少值得研究的问题。限于篇幅我们不能详加分析，仅摘录能说明作者观点的一些段落，供同志们进行探讨。

作者的观点是：

（1）把赞同劳动价值论和反对劳动价值论两大阵营，不分青红皂白，各打"五十大板"。作者说："在相当长的一段历史时期里，两大阵营在论证和实践各自的观点和意识形态方面，展开了一场旷日持久、对抗性很强的竞赛。然而，令人遗憾的是，由于种种原因，两大阵营在认识和对待劳动价值学说问题上，都存在着一些明显的不足。"但这并非作者的本意，作者的用心在于谴责马克思的劳动价值论。

（2）作者说："毋庸置疑的是，这场竞赛和对立呈现了一个令人遗憾的结果：这就是在那些坚信并实践劳动价值理论的国度里，其经济和社会发展的水平，总要低于那些否定或反对劳动价值理论的国度。这是难以回避和遮掩的历史事实。……客观地说，那些坚信并实践劳动价值理论的国度，其经济和社会发展水平和境况之所以较低，除了历史的和其他一些社会经济的原因外，盲目信仰和实践劳动价值学说及由此派生的相关理论不能说不是重要原因之一。"实际上，作者是说信仰马克思主义理论是社会主义国家落后贫困的重要原因。

（3）诋毁马克思的辩证唯物主义和劳动价值理论。作者说："由于种种原因所致，马克思对黑格尔辩证法的理解和认识并不十分深刻和全面，因而他据以通过批判所创造和完善的辩证唯物主义和方法论本身，也就必然相应要存在一些不完善性。而这又使得他在运用这些理论和方法去揭示和论证劳动的二重性、商品的二重性和交换价值等范畴的内涵和相互关系等问题上，显得有些心有余而力不足，甚至得出了某些带有明显矛盾和缺陷的结论。这些具有矛盾和缺陷的结论一旦应用于指导现实经济活动，往往会导致某些难以预料的不良后果"。

（4）淡化马克思主义意识形态的主导地位。作者说："一方面，一部分人把劳动价值学说作为确立其意识形态和信仰的一种重要的理论依据，而且同时将其作为选择和确立其经济和社会发展模式的重要根据。反过来，人们又要按这些既定的要求来规定劳动价值学说的研究方法和方向。另一方面，劳动价值学说的否定者却比信仰者们要超脱得多。……因此，客观上他们否定劳动价值学说中的科学性对自身所造成的危害，比前者盲目实践劳动价值学说的那些不完善性对自身所造成的危害要小得多。"作者还以赞赏的口吻说："科学界中也肯定有一些能多少超脱意识形态束缚的研究者，其研究成果对发展劳动价值学说有着十分重要和积极的意义。"

（5）把"生产资料所有者"（实际是指资本——引者）说成是创造价值和剩余价值的因素。作者说："我们完全可以肯定，剩余价值的来源，正如交换价值的来源一样，是劳动二重性和商品二重性共同作用的结果。或者通俗地说，它有两个来源：它既有劳动力作为人类劳动中抽象劳动方面的存在形式，因创造价值对交换价值形成所起的作用；也有生产资料所有者（包括知识产权所有者）作为具体劳动方面的存在形式，因决定使用价值对交换价值形成所起的作用。""交换价值的形成体和占有体从过去统一于劳动者自身，而分离为由劳动者和生产资料所有者、知识产权所有者构成。这既是形成交换价值的两个来源，也是形成剩余价值（剩余交换价值）的两个来源。而如果非要讨论纯粹意义上的那个剩余的价值量的话，其来源也必定是由劳动者、经营管理者和技术劳动者，以及直接全部或部分地参加经营管理和技术管理的生产资料所有者等多重来源构成的。"

这里说的具体劳动"因决定使用价值对交换价值形成所起的作用"，也是值得商榷的。限于篇幅，这里就不再多说了。

（6）为资本家占有剩余价值辩护，否定马克思的剩余价值理论。作者说："由于剩余价值总量中有相当部分是由生产资料所有者和知识产权所有者的作用决定或形成的，归其占有也是无可非议和合理的。"这里作者错误的根源，是把价值创造与分配方式上的价值分配混为一体，把当前政策上允许的资本可以占有利润（剩余价值）和资本本身创造利润（剩余价值）看作是一回事了。

资本创造价值和剩余价值的观点，明显地违反马克思的劳动价值理论和剩余价值理论，因此，作者必然否定马克思的这些理论。

以上几个论点，当然不能代表作者思想同点的全貌，但作者的思想倾向、基本态度还是看得出来的。面对如此"发展"和"论证"马克思主义劳动价值理论和剩余价值理论的挑战，学术界是应该有所反应，认真研究的。

三、 立场鲜明地同反马克思主义的经济理论思潮进行坚决斗争

马克思主义政治经济学在马克思主义体系中占有重要的地位。马克思主义政治经济学按其实际内容来说，它的理论基础就是劳动价值

论。马克思强调：如果放弃劳动价值论，"也就是放弃科学认识在这个领域内的一切可能性"①，"也放弃了对待问题的科学态度的全部基础"②，"而这样一来，政治经济学就会失去任何合理的基础了"。③"政治经济学的整个基础就被推翻了④。"可见劳动价值论作为马克思主义政治经济学的基础是何等重要。马克思的剩余价值理论是政治经济学的基石和核心，它是建立在劳动价值论的基础之上的。所以，如果马克思的劳动价值论被推翻了，也就没有了剩余价值论。而科学社会主义学说又是以剩余价值理论为依据的，不承认雇佣劳动者受资本剥削，无产阶级革命和社会主义就都失去了存在的依据。于是，马克思主义的整幢大厦都得倒塌、瓦解，我们为之奋斗的共产主义的崇高信念，也就没有立足之地了。资产阶级及其御用学者深知这个道理。所以，从马克思经济学说产生起，他们就紧紧抓住这个要害问题，对它进行诽谤、攻击。作为马克思主义的信奉者、社会主义中国的学术界，面对这个大是大非的理论挑战，实在没有退避的余地，应该挺身而出，坚持捍卫马克思主义经济学说的基本原理，向各种公开的、隐蔽的反马克思主义思潮，进行不懈的斗争，以维护马克思主义的纯洁性。

关于在当前条件下如何坚持和发展马克思主义的劳动价值学说，有各种说法。最近看了蒋学模先生的一篇文章《现代市场经济条件下

---

① 马克思恩格斯全集：第 25 卷 [M]. 北京：人民出版社，1972：882.
② 马克思恩格斯全集：第 25 卷 [M]. 北京：人民出版社，1972：189.
③ 马克思恩格斯全集：第 25 卷 [M]. 北京：人民出版社，1972：167.
④ 马克思恩格斯全集：第 26 卷 I [M]. 北京：人民出版社，1972：269.

如何坚持和发展劳动价值学说》①，很受启发。蒋先生明确说出自己的观点："说物化劳动或死劳动也能创造价值，这不是对马克思劳动价值学说的发展，而是对马克思劳动价值学说的否定。"蒋先生还对马克思劳动价值学说的丰富内容作了介绍，认为马克思的有关理论"是完全可以说明现代市场经济的各种复杂现象的"。蒋先生在坚持马克思主义劳动价值学说基础上发展马克思主义劳动价值学说的思路是可取的，对问题的分析也是有说服力的。

要坚持和发展马克思主义，必须防止两种倾向：一是把学术讨论中的不同意见、不同理解给人扣上反马克思主义帽子，唯我独"左"，对马克思主义作教条主义的理解。二是反马克思主义的思潮确实存在，他们往往借发展马克思主义之名，行反对马克思主义之实。有的人高喊反"左"，实际上反的是马克思主义。反对这两种错误倾向，是坚持和发展马克思主义的重大任务。

要坚持和发展马克思主义，首先要认真学习马克思主义，对马克思主义的基础理论，有一定的了解，然后才谈得上结合中国实际和时代要求，分析马克思主义中哪些需要发展，如何发展？如果不认真学习马克思主义的理论知识，对马克思主义知之甚少，甚至一知半解，连一些基本常识也不甚了然，就动手写出长篇巨论，动辄来"重新论证"、"创新发展"，那可能和自己的良好愿望相反，不免置自己于尴尬的境地。

江泽民同志指出：马克思列宁主义、毛泽东思想、邓小平建设有中国特色的社会主义理论，是统一的科学体系。在当代中国，坚持邓

---

① 此文载于《经济学动态》1996 年第 4 期.

小平建设有中国特色的社会主义理论，就是真正坚持马克思列宁主义、毛泽东思想；高举邓小平建设有中国特色的社会主义理论的旗帜，就是真正高举马克思列宁主义、毛泽东思想的旗帜。让我们在以江泽民同志为核心的党中央领导下，努力学习，提高马克思主义理论水平，深入研究，结合实际，为坚持和发展马克思主义而奋斗。

此文载于：当前外国经济学说的新动向与我国经济学的发展. 北京：经济科学出版社，1998.

可持续发展的战略选择及其重大意义

一、 可持续发展理论的兴起

人类的发展观是随着社会的发展而不断演进的。当代社会正处于发展观急剧转变的关头。西方传统经济学的发展观，基本上是一种"工业文明观"，它是以工业的增长作为衡量发展的唯一尺度。它把一个国家的工业化和由此产生的工业文明当作现代化实现的标志。在现实生活中，这一发展观表现为对国民生产总值、对高速增长目标的热烈追求。对于工业发展中的环境破坏，则是很少顾及的。但自60年代以来，由于东西方冷战，南北冲突，人口猛增，环境污染，人类面临着空前的发展困境。这促使人们开始意识到：经济增长不一定带来发展，经济富裕不一定带来幸福。新技术革命强化了人对自然的干预，在加快工业化的同时，也加速了环境破坏，迫使人类为经济增长付出越来越高的代价。社会和生态危机的全球征候引发了人类对自身发展危机的严肃思考。

1969—1973年，美国人率先发动了一场"社会指标运动"，提出建立包括社会、经济、文化、环境、生活等项指标在内的新的社会发展指标体系，第一次冲击了以单一国民生产总值为中心的传统的经济学发展观。

从 70 年代开始，"西方中心主义"的现代化理论也受到了挑战。最先出现的是拉美的"依附理论"和美国的"世界体系理论"。"依附理论"认为，西方化的现代化发展其实是一个被纳入不平等的资本主义世界经济体系的过程，是发展中国家对发达国家不断依附的过程。"世界体系理论"则强调在"全球资本主义"时代，不存在一个资本主义的中心。各国可以不按照欧美模式来设想自己未来的发展。

1968 年意大利咨询公司董事长奥莱理顾·佩切依博士邀请了一批知名学者组成"罗马俱乐部"，探讨人类长远发展面临的种种问题。1972 年，"罗马俱乐部"的成员、美国未来学家丹尼斯·麦多斯为首的 17 位学者写成了《增长的极限》一书。这本书指出，人口的增长和经济的增长将推向它的极限——耗尽地球上不可再生的资源。他们的"结论"是："1. 如果世界人口、工业化、污染、粮食生产和资源消耗方面现在的趋势继续下去，这个行星上增长的极限有朝一日将在今后一百年中发生。最可能的结果将是人口和工业生产力双方有相当突然的和不可控制的衰退。2. 改变这种增长趋势和建立稳定的生态和经济的条件，以支撑遥远未来是可能的。全球均衡状态可以这样来设计，使地球上每个人的基本物质需要得到满足，而且每个人有实现他个人潜力的平等机会。3. 如果世界人民决心追求第二种结果，而不是第一种结果，他们为达到这种结果而开始工作得愈快，他们成功的可能性就愈大。这些结论是如此深刻，而且为进一步研究提出了这么多问题，以至于我们十分坦率地承认已被这些必须完成的巨大任务所压倒。"① 他们提出的"第二种结果",就是他们理想的发展模式。这个模式由两个基本要点组成:一是可以支撑遥远的未来,没有突然的和不可控制的崩溃;二是可以满足全体人民的基本物质需要。

"增长极限论"在全世界引起了巨大反响和争论。其悲观的结论虽然存在这样那样的缺点,为不少人所反对,但"可持续发展"的观点,毕竟引起了人们的普通关注。正如这本书的中译本译者所说:这本书的价值"不在于它是西方未来研究方面悲观学派的代表作,也不在于作者们对人类未来所作的结论,而在于《增长的极限》在西方世界陶醉于高增长、高消费的'黄金时代'时,清醒地提出了'全球性问题':①人口问题;②工业化的资金问题;③粮食问题;④不可再生的资源问题;⑤环境污染问题(生态平衡问题)。"

也是在 1972 年,英国生态学家哥尔德·史密斯等发表了《生存的蓝图》。1974 年西德经济学家梅萨罗维克与佩兹特尔写出了《人类在转折关头》的报告。1976 年日本学者坂本藤良出版了《生态经济学》。这些著作都持有和《增长的极限》相类似的观点,强调人口、能源和生态环境对持续增长的意义。

1981 年莱斯特·布朗出版了《建设一个持续发展的社会》。这本书首次比较系统地阐述了"可持续发展观",提出了走向持续发展的途径,即控制人口增长,保护资源基础,开发再生能源等,并对可持续发展的社会形态,以及建设这种社会的困难和阻力,进行了描述。至此,可持续发展理论可以说已基本形成。概括地说,可持续发展的

---

① 丹尼斯·麦多斯,等. 增长的极限 [M]. 李宝恒,译. 成都:四川人民出版社,1984:19-20.

实质，就是既要考虑当前发展的需要，又要考虑未来发展的需要；不能以牺牲后代人的利益为代价，来换取当代人一时的利益。综上所述，可知"可持续发展"与我国经常提到的"持续、稳定、协调"的发展方针，是既有联系又有区别的。"持续发展"是指继续、连续的发展，一般是就经济发展而言的。"持续发展"是"可持续发展"的重要组成部分，但与"可持续发展"是不尽相同的。"可持续发展"在含义上除"继续"、"连续"之外，还有"能支撑的"、"可维持的"、"可承受的"几个意思。而且就其范围来说，"可持续发展"不仅包括经济在内，也包括社会生活的各方面，包括人类与资源、生态环境的协调等，它较之经济的持续发展，内涵更广泛、更丰富。从"可持续发展观"产生和形成的历史背景来看，它是作为对以往经济发展所带来的一系列人口、能源、资源、生态环境等难题的反应而出现的，是对人类传统的单纯追求产量、产值的粗放式增长的沉重反思。

二、 "可持续发展" 已成为世界各国的共同选择

"可持续发展观"的形成和兴起，在全世界产生了巨大影响，它已不仅是学者们书斋里的学术研究，而是成为指导人们实际活动的行动纲领，并进而转化为许多国家的长期发展战略。可持续发展的理念，正推动着全球生态环境保护的国际合作。

1978 年，国际环境发展委员会首次在文件中正式使用了"可持续发展"的概念，把它定义为："在不牺牲未来几代人需要的情况下，满足我们这代人的需要。"1992 年，世界银行在其《世界发展报告》中指出："满足这代人，尤其是穷人的需要，实际上是持续地满足今

后几代人的需要的问题。发展政策的目标和适当的环境保护目标是一致的。"80 年代以后，可持续发展已经成为国际社会的潮流。

1987 年的国际环境与发展会议，为促进全球，特别是发展中国家接受"可持续发展观"和加强生态环境保护的国际合作起了重要作用。1988 年，联合国欧洲经济委员会成员国签订了限制氮氧化物排放水平的议定书；1991 年这些国家又签署了限制易挥发的有机化合物排放的议定书；1987 年，53 个国家签署了《蒙特利尔议定书》，要求到本世纪末把氟利昂产品减少 50％；1989 年和 1990 年 80 个国家又分别签署了《赫尔辛基协定》和《伦敦宣言》，要求到 2000 年全部禁止氟利昂产品，以减轻大气中臭氧层空洞扩张的压力对人类的威胁；1989 年 100 多个国家批准了《控制危险废物跨国运输及处理的巴塞尔公约》。这一系列有关环境保护的国际协定，表明各国都已认识到在经济、社会发展中推行可持续发展的必要性和重要性。

1992 年 6 月联合国在里约热内卢召开了环境与发展全球首脑会议。这次会议经过充分协商，通过了指导各国可持续发展的纲领性文件——《21 世纪议程》。

1994 年 10 月在北京召开了社会发展国际研讨会。

1995 年在丹麦首都哥本哈根举行了联合国社会发展首脑会议。这次会议是在当代社会发生种种危机的背景下召开的。自从"冷战"结束后，各国人民普遍重视发展经济和社会稳定，但是现实情况是：地区冲突、局部战乱接连不断，南北贸易差距日益扩大，贫困、失业、犯罪、吸毒、人口膨胀、环境恶化等社会问题，正困扰着越来越多的国家，尤其是发展中国家。这些状况既有深刻的历史根源，也有现实的原因。在这次人类历史上第一次关于社会发展的重要会议上，人们清楚地认识到了经济发展和社会发展是相互依存，相互促进的。经济发展是社会发展的基础和前提，社会发展是经济发展的结果和目的。许多国家经验证明：经济发展不能自动带来社会发展，高速的经济增长并不能直接解决社会发展中的问题。一些社会问题，尤其是生态环境问题的产生，甚至是由片面的经济增长带来的。因此，单纯追求经济增长是不可取的，难以长期维持的。正是在这种共识下，可持续发展才在全世界范围内得到理解和认同，并取得最高级的政治承诺。现在，可以说，可持续发展已经成为全人类面向 21 世纪的共同选择。

三、 坚持可持续发展是我国长期发展的重大战略方针

中国是一个拥有 12 亿多人口的发展中的社会主义大国，发展是硬道理，但发展应该而且必须是可持续的。走一条人口、经济、环境和资源相互协调的、既能满足当代人的需要，又不对后代构成危害的可持续发展的道路，更具有重大的意义。

新中国成立后的前二三十年，我们在经济、社会的发展方面，做了不少工作，也取得了很大成绩。但对于经济和人口、环境的协调发展，还并未给予足够的重视，以至于在人口增长过快、环境恶化等方面，没有进行有效的遏制，为我们经济、社会长期持续发展带来了不利的影响。在 80 年代，特别是改革开放近十多年，对促进经济和社会的全面发展，始终是十分关注的。从第六个五年计划开始，我国就明确地把国家发展计划，确定为"国民经济和社会发展计划"，对经济和社会发展进行统筹规划和部署，使之相互适应和相互促进。经过

几个五年计划的发展，我们在经济和社会的协调发展方面，取得了举世瞩目的巨大成就。我们大力抓了计划生育，控制了人口增长，降低了出生率和死亡率。我们加强了生态环境保护，进行了治沙治水、植树造林，加大了治理污染的力度。在占世界 7% 的耕地上养活了占世界人口 22% 的人口，而且改善和提高了人民生活，增进了人民健康水平，缓解和减少了贫困人口，并在改革和建立失业保障等社会保障体制、转变经济增长方式等方面，取得了显著的成效。80 年代中期以来，生态环境问题的研究在我国迅速开展了起来，中国人民的生态环境意识有了很大的提高。

我们党和政府一直高度重视可持续发展问题，积极参与了有关国际会议，并对我国可持续发展的工作开展，给予了切实具体的指导。

1992 年 6 月，李鹏总理率领中国政府代表团参加了联合国环境与发展全球首脑会议，并签署了以"可持续发展"为核心的《21 世纪议程》等文件。"环发"大会之后，我国政府立即提出了促进中国环境与发展的对策。国务院环境保护委员会在 1992 年 7 月召开的第 23 次会议上进一步决定，由国家计委和国家科委牵头，组织国务院有关部门、机构和社会团体编制《中国 21 世纪议程——中国 21 世纪人口、资源、环境与发展白皮书》（简称《中国 21 世纪议程》）。经过一年多的努力，终于完成了这项工作。《中国 21 世纪议程》是参照《21 世纪议程》的框架编制成的。它的内容包括四大部分：①可持续发展总体战略；②社会可持续发展；③经济可持续发展；④资源的合理利用与环境保护。1993 年 10 月，国家计委和国家科委在北京召开了《中国 21 世纪议程》国际研讨会。1994 年 4 月，国务院新闻办公室就《中国 21 世纪议程》召开了新闻发布会，介绍了中国"可持续发展"战略的基本内容。1994 年 7 月中国政府和联合国开发计划署在北京召开了《中国 21 世纪议程》高级国际圆桌会议。会上宣布：为在中国推行可持续发展战略而制定的《中国 21 世纪议程》将作为指导国民经济和社会发展中长期计划的一个重要的指导性文件。

党和国家领导人一再谈到在我国实施可持续发展的重要意义，为进一步推行这个战略开辟了道路。江泽民总书记在 1995 年 9 月 28 日中共十四届五中全会上的讲话中指出："在现代化建设中，必须把实现可持续发展作为一个重大战略"，并具体地分析了"经济建设和人口、资源、环境的关系"。

李鹏总理在对党中央"九五"计划和 2010 年远景目标纲要建议的说明中，也强调指出："'九五'计划和 15 年远景目标，一定要体现可持续发展的方针。这是造福当代、泽及子孙的大事。"根据中共中央的建议，第八届全国人民代表大会第四次会议审议批准的《中华人民共和国国民经济和社会发展"九五"计划和 2010 年远景目标纲要》（以下简称《远景目标纲要》），把"实施可持续发展战略，推进社会事业全面发展"列为第九部分，详细制定了国土资源保护和开发、环境和生态保护、城乡建设、文化、卫生、体育等具体内容。至此，把可持续发展郑重地确定为中国长期发展的指导方针，成为中国走向 21 世纪的既定战略。

四、 实现可持续发展战略的重要性和艰巨性

实现我国的可持续发展战略目标，建立可持续发展的经济体系、社会体系和保持与之相适应的可持续利用的资源和环境基础，对我国

来说更是特别重要，也特别艰巨。这是由我国的经济、社会条件决定的。

我国是一个人口基数大，人均资源少，经济发展水平较低，科学技术比较落后的发展中的社会主义国家。在这样的条件下，要想发展，只有走可持续发展的道路，大力控制人口增长，节约和合理利用资源，加强生态环境的保护；否则，我们的现代化建设，必将陷于难以为继的困境，是不可能实现发展目标的。

我国知道，农业是国民经济的基础，也是人类社会存在和发展的基础。人口与土地是农业可持续发展的两大支点。而我们的土地只占世界的 7%，人口却占世界人口的 22%，人均占有国土面积不到世界人均的三分之一；耕地 14.3 亿亩，人均不到 1.2 亩，仅为世界人均的四分之一。其中三分之一的省、市人均耕地不足一亩。广东、福建、浙江人均耕地已降至 0.6 亩以下。目前，我国因人为因素废弃和浪费的耕地不断增加，仅开矿业破坏、废弃的土地每年就以 70 万亩的速度增加。每年占用土地都有几百万亩。同时，水土流失的土地面积有增无减，受工业"三废"污染的土地、农药污染的耕地也在增多。耕地不但是农业的基础，也是文明的基础，土壤一旦被侵蚀，农作物的营养就不足，人类也往往随之营养不足。在耕地锐减、质量下降的同时，我国人口却以每年 1400 万左右的速度增长。1979—1989 年，我国累计减少耕地 5500 万亩，相当于一个山西省的耕地面积。与此同时，人口却增加了 1.3 亿，相当于两个江苏省的人口。1991—1994 年我国耕地年均减少已高达 500 多万亩。据悉，当前我国有开发区 3000 多个，初步统计，侵占粮田 280 万亩。这种人口增多土地减少的矛盾，严重制约着我国农业，特别是粮食种植业的发展。要把我国农业置于可持续发展的道路，除了在政策上向农业倾斜，真正把农业放在国民经济的首位，加大农业投入之外，还必须制止对土地的浪费和污染，合理安排，集约化地利用土地，改变粗放式的农业生产，增加农业中的技术含量，提高耕地的生产力。过去我们常说"农业的根本出路在于机械化"，现在看来，仅靠机械化还是不够的，还要把农业的技术路线转到"生物技术"的路线上来。邓小平同志提出："将来农业问题的出路，最终要由生物工程来解决，要靠尖端技术。"① 邓小平同志的高瞻远瞩是符合世界农业发展的潮流，也是我国农业可持续发展的必由之路。

我国 80％的粮食、90％棉花、95％的蔬菜生产靠水来灌溉，然而，我国恰恰是一个水资源极为缺乏的国家。我国淡水资源总量年平均约为 34 718.74 亿立方米，居世界第 6 位，但人均占有量仅为世界人均量的 1/4，居世界第 109 位，被联合国列为世界上 13 个贫水国之一。不仅农村农业缺水，城市工业的缺水状况也很严重。据有关部门统计，全国 617 个城市中，有 330 个城市不同程度缺水，因缺水每年影响工业产值达 2300 多亿元。32 个百万人口以上的特大城市中，有 30 个长期受缺水的困扰。而且水污染严重，据国家环保局 1992 年报告说，全国 32 个重点城市的 71 个水源地有 30 个达不到能饮用的二类水质标准，占总数的 42％。在成都 115 平方千米的地下水评价中，受污染的面积竟达 87.8％。

我国森林覆盖率为 13.92％，远远低于 31.3％的世界平均水平，且每年仍以 100 万公顷的速度递减。水土流失严重，水土流失面积已

---

① 邓小平. 邓小平文选：第 3 卷［M］. 北京：人民出版社，1993：275.

占土地面积的 15.6％，黄土高原达 90％。

自 1993 年以来沙尘暴已经第 4 次袭击中国内蒙古自治区阿拉善地区，受灾面积有增无减，波及地区广。阿拉善地区面积 27 万平方千米，如果这里变成不毛之地，就意味着我国国土的相当大的一部分失去人类的生存条件。这不仅是内蒙古和大西北的损失，也是中国和世界的损失。

我国海洋开发活动在迅速展现巨大经济效益的同时，也带来了一系列的资源破坏和环境污染问题。比如，近海渔业资源因捕捞过度使海洋资源破坏严重，流入海中的污染物总量不断增加，以致某些海域环境恶化。近年来，由于沿海一些地区盲目滥捕现象屡禁不止，东海带鱼及其他渔类的生态环境出现恶性循环，出现鱼群小型化、低龄化、提早成熟的情况。与此同时渔船偷捕还在急剧膨胀，越来越多的幼鱼被捕杀。我国最近出台了《中国海洋 21 世纪议程》，目的就在于对海洋合理开发利用，建立起良性循环的海洋生态系统，形成科学合理的海洋开发体系，实现海洋经济的可持续发展。

以上概略地介绍的这些情况，说明在我国实施可持续发展，不仅是极其重要的，也是异常严峻的。

五、 牢固树立可持续发展观念， 坚定不移地走可持续发展道路

要实施可持续发展战略，首先必须牢固地树立可持续发展的观点。只有对发展方针更加清晰，思想更加明确，才能在行动上更加坚

定不移，努力贯彻。毋庸讳言，在对待可持续发展问题上，还存在不少的模糊认识乃至错误的观点。

有些同志之所以忽视可持续发展的方针，只考虑经济增长的效益，不重视对环境污染带来的危害，是因为他们认为先把经济搞上去了再说，环境保护等等无关紧要，可暂时先放在一边。或者认为经济发展了一切都好办，等经济发展了再来治理被污染了的环境。这种观点无疑是错误的和有害的。世界发展史上一个严重的教训，就是许多经济发达国家走了一条严重浪费资源和"先污染后治理"的道路，结果造成了对世界资源和生态环境的严重损害。当前地球上的一些难以治理的环境污染，大都与此有关。我们应该引以为戒，决不能再走这样的路子。当代环保的最大问题是高消费、高能耗等现代生活方式的单向流向，即厂家只顾生产，居民只顾消费，很少考虑环保后果。对于这种不利于可持续发展的倾向，作为正在发展中的我国，是应该及早就有清醒的认识并加以克服的。

要认识可持续发展与转变经济增长方式的一致性。《远景目标纲要》规定："促进国民经济持续、快速、健康发展，关键是实行两个具有全局意义的根本性转变，一是经济体制从传统的计划经济体制向社会主义市场经济体制转变，二是经济增长方式从粗放型向集约型转变。"并指出，"转变经济增长方式是经济建设的长期战略任务。'九五'期间，要切实把经济工作的着重点放在转变增长方式上，取得明显成效。"但转变经济增长方式，从粗放增长转到集约型和效益型增长上，正是可持续发展战略所要求的。粗放型经济增长方式是高耗低效、环境污染的根本原因。改革开放以来，我国经济增长率虽然较高，但结构水平和经济增长质量很低，经济增长主要是靠高投入换来的。1953—1980 年，我国全民所有制固定资产投资增加 22 倍，但国民收入仅增加 5.1 倍。1981—1993 年，固定资产投资增加 1367.7％国民生产总值仅增加 326.5％，实现利税仅增加 270.06％。我国科技对国民经济的贡献率，不仅比经济发达国家低，在发展中国家也算是低的。在经济结构和经济增长质量较低条件下取得的高速度，能源的消耗必然很高。有资料表明，我国钢铁、炼油、烧碱、纸、玻璃、电力等产品的能耗比国外先进水平高出 1.2 倍至 2.7 倍。能源的高消耗必然会造成环境污染的后果。因此，从节约能源、保护环境出发，必须转变经济增长方式，将高耗低效的粗放型增长方式，转变为高效低耗的集约型增长方式，走可持续发展的道路。不然的话，总有一天会耗尽我们的资源，给我们的经济发展带来灾难性的后果。经济增长方式的转变，不仅仅是经济领域的事，从一定意义上说，它本身就是可持续发展战略的重要体现。走可持续发展道路，就要转变经济增长方式，从粗放型增长转到集约型和效益型增长上来，把投资重点引进外资的重点以及各方面工作的重点转到内涵扩大再生产上来。只有从可持续发展战略高度来认识经济增长方式的转变才能提高转变经济增长方式的自觉性。

实施可持续发展战略，必须建立局部利益和整体利益、暂时利益和长远利益相统一的观点。在局部、暂时利益和整体、长远利益发生矛盾的时候，局部利益要服从整体利益，暂时利益要服从长远利益。从局部、暂时来看是有利可图的，但对整体、长远来看是有害的，这种事情坚决不能做。不能急功近利，只顾眼前的局部利益，损害和牺牲长远的全局的利益。一些企业，特别是乡镇小企业，由于设备条件、技术水平都比较落后，其粗放型的生产方式消耗高、污染严重，往往会对生态环境、宝贵资源造成极大破坏和污染。关闭一些这样的企业，虽然减少了一些产值和收入，但从大局、从长远来看，却是值得的。我们既然选择了可持续发展的道路，就应当坚定不移地走下去。

此文载于：经济评论，1999（3）.

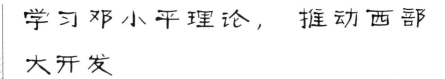

学习邓小平理论，推动西部大开发

邓小平是改革开放、建设有中国特色社会主义的总设计师，邓小平理论是马克思主义同当代中国实际相结合的科学理论。因此，用邓小平理论武装我们的头脑，作为西部大开发的指导思想，是实施这一伟大事业的根本保证。

一、两个大局，一个大政策

西部大开发是邓小平理论的重要组成部分，它是和先富后富、达到共同富裕的发展战略联系在一起的。贫穷不是社会主义；富者愈富、贫者愈贫的两极分化，也不是社会主义；只有共同富裕才是社会主义的本质体现。我国是一个人口众多、幅员辽阔的发展中大国，由于历史的、自然的、社会的诸多原因，各省区经济、文化发展水平差距很大，东部沿海地区比较发达，中西部尤其是西部地区经济、文化比较落后。在社会主义现代化建设过程中，不可能同时使东西部平衡发展，达到同等富裕程度，因而客观上就存在着先富后富、走向共同富裕的必然性和必要性。邓小平依据这个客观现实，从实际出发，提出了"两个大局"的构想，即东部沿海地区要充分利用有利条件，加快对外开放，较快地先发展起来，中西部要顾全这个大局；当发展到一定时期，东部地区也要支持中西部的发展，这也是一个大局。那么，发展到什么时候，在什么情况下，先发展起来的东部才能大力支持西部，推行西部大开发呢？邓小平高瞻远瞩地提出了科学的判断。他指出，时间不能太早，太早了这样办也不行，现在不能削弱发达地区的活力，也不能鼓励吃"大锅饭"。什么时候突出地提出和解决这个问题，在什么基础上提出和解决这个问题，要研究。可以设想，在20世纪末达到小康水平的时候，就要突出地提出和解决这个问题。到那个时候，发达地区要继续发展，并通过多缴利税和技术转让等方式大力支持不发达地区。不发达地区又大都是拥有丰富资源的地区，发展潜力是很大的。总之，就全国范围来说，我们一定能够逐步顺利解决沿海同内地贫富差距的问题。邓小平1978年就提出了这个问题，并在以后多次阐发了这个思想，指出这是一个大政策，一个能够影响和带动整个国民经济的政策。

实践证明，邓小平这个构想是完全正确的。我们党正是遵循邓小平的两个大局、一个大政策的战略部署，在胜利完成社会主义现代化建设三步走的第二步，即国民生产总值人均800美元到1000美元的小康水平，也正是在20世纪末，在条件成熟时不失时机地提出了西部大开发的任务。中共十五届四中全会提出了国家将"实施西部大开发战略"，朱镕基同志在全国九届人大三次会议上的《政府工作报告》中指出：实施西部地区大开发战略，加快中西部的发展，是党中央贯彻邓小平关于我国现代化建设"两个大局"战略思想，面向新世纪所作出的重大决策。这一任务的提出，吹响了西部大开发的号角，指明了方向，振奋了人心，激励着全国人民为完成新的历史使命而奋勇前进。

　　以"三个有利于"、"三个代表"重要思想为西部大开发的指导思想，实施西部大开发，是一项系统工程和长期的任务，是造福当代、泽及后代的创举，它涉及各个领域、各个部门、各个行业的方方面面，其内容是极其广泛、极其繁多的。朱镕基同志在《政府工作报告》中概括了加快基础设施建设，搞好生态环境的保护和建设，根据当地的地理、气候和资源等条件发展优势产业与高新技术产业，着力发展科技和教育，进一步扩大对外开放，积极引进资金、技术和管理经验等五个方面的任务。这些任务都是西部大开发的主要内容，应该统筹规划，分步实施，努力完成。有的经济学家更关注扶贫工作，认为我国贫困人口中有一半在西部。以人为本，如果这些人口的温饱问题都没有解决，何来西部大开发？也有的经济学家认为生态建设更重要，因为西部在这方面欠账较多，对全国影响巨大，要使经济发展起来，消除贫困，走向共同富裕，应该先有计划地退耕还林，植树种草，加强沙漠化治理等，否则经济发展不起来，贫困问题也无法解决。这些主张也是有道理的。但我们认为，思想决定行动，思路决定出路。西部大开发，首先要有一个正确的思想路线。没有一个正确的思想路线来统帅，就事论事、百废俱兴地去开发建设，可能陷于盲目操作、事倍功半，甚至带来不必要的损害。

　　邓小平同志指出，思想路线不是小问题，这是确定政治路线的基础。正确的政治路线能不能贯彻实行，关键是思想路线对不对头。实事求是，一切从实际出发，理论联系实际，坚持实践是检验真理的唯一标准，这就是我们党的思想路线。新中国建立以来，我们有过不少轰轰烈烈的大举措：大跃进，大炼钢铁，大办公共食堂，大办人民公社，在一个相当长的时期大干快上，结果是劳民伤财，得不偿失。更不用说"文化大革命"造成的使国民经济到了崩溃的边缘，给全国人民带来的一场浩劫了。所以，邓小平说，这条思想路线有一段时间被抛开了，给党的事业带来很大的危害，使国家遭到很大的灾难，使党和国家的形象受到很大的损害。从20世纪50年代后期到"文化大革命"结束，在错误的"左"的思想路线影响下，我们差不多耽误了20年，造成我国经济长期停滞不前，人民生活得不到大的改善，其恶果是极为严重的。在西部大开发大举推行的今天，认真吸取历史上的经验教训，绝不是多余的。

邓小平同志在总结历史经验的基础上，概括出党的思想路线，并从实际出发，提出了改革开放、建设有中国特色社会主义的理论，特别是提出了"三个有利于"的判断标准，即主要看是否有利于发展社会主义社会生产力，是否有利于增强社会主义国家的综合国力，是否有利于提高人民的生活水平。江泽民主席继承发扬了邓小平理论，提出了"三个代表"的重要思想，即要求我们党要"始终成为中国先进社会生产力的发展要求、中国先进文化的前进方向、中国最广大人民的根本利益的忠实代表"。这两个论述的精神实质是一致的，都是我们建设社会主义现代化的判断标准，都是我们建设社会主义"两个文明"的指导思想。在我们实施西部大开发的过程中，遵循这个指导思想，我们就要在发展先进社会生产力方面下工夫，大力发展先进的科技产业，始终坚持以经济建设为中心不动摇，力争迅速发展，后来居上；就要坚定建设有中国特色社会主义的正确方向，加强各项改革事业，积极开展社会主义物质文明和精神文明的建设，努力改善人民的生活；就要加强党风廉政建设，坚决和腐败现象作斗争。这将使我们在推进西部大开发过程中沿着正确的方向顺利发展。

二、 以思想大解放促进西部大开发

邓小平同志指出，我们搞四个现代化，不开动脑筋、不解放思想不行。什么叫解放思想？就是在马克思主义指导下打破习惯势力和主观偏见的束缚，研究新情况，解决新问题；就是使思想和实际相符合，使主观和客观相符合，就是实事求是。在一切工作中要真正坚持实事求是，就必须继续解放思想。

第一，解放思想，革新观念，革除旧的陈腐的观念，建立适应时代要求的思想，才能以新的精神面貌去创造伟大业绩。实践也证明，哪里思想更解放、观念更先进，哪里就发展得快。东部沿海地区经济建设成就的取得，得力于其思想的解放，得力于其适应市场经济思维方式的确立。东西部的差距，不仅体现在经济发展水平上，从深层次看，更是思想观念的差距。西部大开发，要想迅速取得成效，迎头赶上，首先就要来个思想大解放，变革落后、保守的思想观念。

我国西部处于西南、西北广大地区，占国土面积一半以上，即陕、甘、宁、云、贵、川、新、青、藏、渝 10 个省、区、市。由于自然的、历史的、社会的诸多因素，这些地区一般都是经济较落后，文化水平较低，传统习惯影响较深，思想意识较为封闭。就以得天独厚的四川盆地来说，虽也号称"天府之国"，自然条件较丰饶，但也有所谓封闭的盆地意识。这些地区长期以来小农经济造就的那种因循守旧、故步自封、不求进取、小富即安的观念，仍然积重难返。从农耕文化沿袭而来的封闭、狭隘、保守、粗放等思想意识，必然会禁锢人们的头脑，束缚人们的手脚，难以适应时代潮流。几千年的封建社会，长期的小农经济，几十年的计划经济体制，使人们对市场经济的活动是不熟悉、不习惯的。一些西部地区更是远离市场，很少和外地有什么经济交往，商品交换、信息交流极为有限。我们的目标模式是建立社会主义市场经济，在西部大开发进程中，要求树立适应市场经济的观念，开阔眼界，实行对内、对外开放，以便在市场竞争中寻求商机，提高效率，增强效益。因此，打破闭塞守旧的保守心态，确立开拓进取、改革创新的精神，是西部大开发的重要条件。

第二，解放思想的一个重要内容是抓住历史机遇，加快发展速度，实现西部跨越式的发展。邓小平同志指出："低速度就等于停步，甚至等于后退，要抓住时机，现在就是好机会。我就担心丧失机会。不抓呀，看到的机会就丢掉了，时间一晃就过去了。"现在正是千载难逢的历史机遇。国际、国内形势都有利于加快发展。有中央的大力支持，有东部沿海地区的合作支援，正是奋起直追、加速前进的时候。万事俱备，就看我们敢不敢解放思想，以超常的速度，力争实现跨越式发展。当然，对于我们这样发展中的大国来说，要注意经济稳定、协调地发展，但稳定和协调也是相对的；不是绝对的，发展才是硬道理。应该说，过去20年来，西部地区不是没有发展，只是由于种种原因，东部比西部发展的速度更快。如果我们面对大好时机仍然谨小慎微，不敢解放思想，不敢放开手脚，那就会丧失时机，反而会拉大西部和东部的差距。

第三，要克服狭隘的、短视的地方主义思想。历史经验证明，关起门来搞建设是从来不会成功的。中国长期落后的一个重要原因就是闭关自守。西部地区之所以落后于东部沿海地区，保守的地方主义也是原因之一。有的地方规定，本地只准销售本地产品，不准外地产品在本地销售。有的地方为吸引投资，规定给投资商以垄断本地市场的特权。这些地方主义的表现都反映了地方割据、分割市场的思想观念。它违背了市场经济的自由竞争原则，不仅破坏了国内统一市场，吓退了外来投资者，更会造成本地产品在片面的保护之下长期处于落后状态而质量得不到提高，使经济发展受到阻碍。当今世界是开放的世界，当今的中国是开放的中国。我们必须紧跟时代潮流，摒弃以行政干预为特点的计划经济体制的影响，确立走向全国、走向世界的开放思想，以积极进取的姿态，融入区域经济一体化和国际经济一体化的洪流之中。

第四，冲破"姓公"、"姓私"的思想牢笼，加快民营经济的发展。西部比东部落后的原因之一，是西部民营经济比重小且水平低。西部国有经济成分虽在整个国民经济中占的比重高，但其经济布局的失衡程度比全国严重。基础设施薄弱，国有经济趋同化多，重复建设多，不利于整个经济的发展。这和把国有看作方向，一贯重视国有而忽视民营的观念是分不开的。经济发展状况，不在于国有经济的多少，如果效益不好，国企改革不到位，国企再多也不会带来发展，反而会因负债累累、资不抵债等给经济发展造成不利局面。因此，建立多种经济共同发展的观念，着力扶持民营经济，思想上不加歧视，政治上平等对待，政策上一视同仁，让民营经济也有一个大发展。

第五，建立实事求是观念，力戒一哄而上，虚报浮夸。解放思想、实事求是是邓小平理论思想路线的精髓，在西部大开发中，必须牢记这个思想路线。当前，在党中央号召下，在新闻媒介的宣传下，全国兴起了"西部热"的思潮。这对推动西部大开发的事业是极为有利的条件。但是，有一利必有一弊，须防止忘掉历史教训，急于求成，一哄而上，不顾实际条件，盲目大干快上，甚至为了片面的求速度、赶浪潮，不顾质量，不求实效；互相攀比，急于出政绩，不惜弄虚作假，虚报浮夸。这会造成有名无实，表面上经济上去了，实际得不偿失，给西部经济发展带来恶果。邓小平说，我国的经济发展，总要力争隔几年上一个台阶。当然，不是鼓励不切实际的高速度，还是要扎扎实实，稳步协调地发展。西部大开发，是长期而艰巨的任务，不是一蹴而就的，既要抓住这个历史机遇，力争快些，也要扎扎实实，从实际出发，在讲求实效、讲求质量的基础上，加快建设速度。

此文载于：千年交替之际的思索——中国《资本论》研究会第十次学术讨论会论文集，

北京：中国财政经济出版社，2003.

必须坚持和发展马克思的
劳动价值学说

近几年来围绕着马克思的劳动价值学说，各种不同意见展开了争论。这种争论不外乎两种观点：一种主张在坚持马克思劳动价值学说的基础上发展劳动价值学说，另一种则是打着马克思的招牌曲解劳动价值学说，甚至公然打出反对劳动价值学说的旗号，说什么在我国经济活动中不要劳动价值学说，而要以生产三要素为理论依据。这种争论虽然是理论、学术争论，但这不是一般的理论学术问题，而是带有根本原则性的理论学术问题。劳动价值学说，作为科学理论，它不仅仅是单纯的学术观点，它涉及马克思主义的指导思想，涉及要不要坚持四项基本原则，涉及要不要坚持我们的社会主义方向，要不要坚持共产主义的崇高理想。因而对这个重大问题，决不能缄默对待，听之任之，而必须旗帜鲜明、理直气壮地辩明正误，进行积极的思想交锋。

一、 劳动价值学说在马克思主义经济学中的重要地位

列宁说过："马克思的经济学说就是马克思理论最深刻、最全面、

最详细的证明和运用。"① 而劳动价值论正是马克思经济学说得以建立起来的基础。马克思在批判地继承资产阶级古典政治经济学，特别是批判地继承亚当·斯密和大卫·李嘉图为代表的英国古典政治经济学的科学因素，主要是其劳动价值论的科学因素，通过考察从商品经济的萌芽、简单的交换，一直到资本主义的高级形式、大生产的发展过程，马克思构建了完整的科学的政治经济学，实现了政治经济学的伟大革命。

马克思从商品分析开始，阐明了使用价值和价值、具体劳动和抽象劳动的内涵和作用，并运用唯物辩证法，由现象到本质，从两种商品相交换的关系，分析到交换价值，又从交换价值这种现象形式，分析其本质内容——价值。阐明了什么劳动形成价值，为什么形成价值。从而透彻地说明了什么是价值，以及价值是如何形成的。

在解决了价值的质的规定性之后，又解决了价值量的决定问题。阐述了价值量由形成价值的劳动量来计量，劳动本身的量由劳动时间计量，价值量的确定以简单劳动为基本尺度，复杂劳动是多倍的简单劳动。单个商品的价值量由社会必要劳动决定，一种商品总量的价值量，既受生产单个商品的社会必要劳动时间所制约，又受生产这种商品的社会必要总量的社会必要劳动时间所制约。马克思还揭示了价值量的变化规律，即"商品的价值量与体现在商品中的劳动量成正比，与这一劳动的生产力成反比"②。在对价值的表现形式的分析中阐明了价值与价格的关系，以及价值规律的作用形式。

---

① 列宁选集：第 2 卷 [M]. 北京：人民出版社，1972：588.
② 马克思. 资本论：第 1 卷 [M]. 北京：人民出版社，1972：53—54.

    马克思的劳动价值学说，是在对商品的分析中阐述的。对商品的分析，也就是关于价值理论的分析，商品价值分析不仅是政治经济学的起点，而且整个政治经济学体系都是和劳动价值学说密切地联系在一起的。没有劳动价值学说就不可能建立起政治经济学的理论体系。政治经济学的基本范畴，为商品、货币、资本、剩余价值等，哪一个也离不开劳动价值学说。以揭示价值的本质的劳动二重性为例，马克思把价值看作是由抽象劳动形成的。劳动不是在任何情况下都形成价值，也不是任何劳动都形成价值。只有商品生产者的抽象劳动才形成价值。这是一个社会范畴、历史范畴。由具体劳动到抽象劳动的转化，反映了由私人劳动到社会劳动的转化，反映了人与人之间的社会关系。既然抽象劳动是社会劳动的表现，因而价值量的多少，就不是由个人的具体劳动时间决定，而是由社会必要劳动时间决定的。抽象劳动创造价值，具体劳动创造使用价值，说明劳动者怎样在一次劳动中既完成旧价值的转移，又是对新价值的创造。而这样的理论又为资本划分为不变资本与可变资本的区分提供了客观基础，为说明资本有机构成、平均利润，资本积累、资本主义再生产等创造了前提。所以，马克思把劳动二重性称为"理解政治经济学的枢纽"。

    劳动价值学说在每一个理论要点上，都有着相互的严密联系。没有劳动二重性的理论，也就不能区分劳动过程与价值增殖过程的统一。没有不变资本与可变资本的区分，也就不能阐明剩余价值的来源。而要说明剩余价值，就还需有一个劳动力商品学说。而劳动力商品学说也是建立在劳动价值学说基础之上的。马克思正是运用劳动价值学说的基本原则，分析了劳动力这一特殊商品的性质，它的使用价值和价值，从而揭示了剩余价值的起源。

总之，劳动价值学说是马克思揭示资本主义社会商品经济运动规律的理论基础，如果否定劳动价值学说，"政治经济学的整个基础就被推翻了"。①

二、 劳动价值学说和剩余价值学说是现代科学社会主义的无可争辩的理论基础

以劳动价值学说为依据，引申出剩余价值学说，并在价值规律的基础上科学地阐明资本家对无偿劳动占有的剥削实质，是马克思在人类科学史上的两大发现之一。② 恩格斯在评价剩余价值学说时说："这个问题的解决是马克思著作的划时代的功绩。它使社会主义者早先像资产阶级经济学者一样在深沉的黑暗中摸索的经济领域，得到了明亮的阳光的照耀。科学的社会主义就是从此开始，以此为中心发展起来的。"③

资本主义制度下的人类生产剩余价值已经有几百年了，人们渐渐想到剩余价值起源的问题。在马克思以前很久，人们就已经确定我们现在称为剩余价值的那部分产品价值的存在；同样也有人已经多少明确地说过，这部分价值是由什么构成的。也就是说，是由占有者不付等价物的那种劳动的产品构成的。但是到这里人们就止步不前了。其

① 马克思恩格斯全集：第 26 卷 Ⅱ ［M］. 北京：人民出版社，1972：269.

② 两大发现即唯物史观和剩余价值学说。

③ 马克思恩格斯选集：第 3 卷 ［M］. 北京：人民出版社，1972：243 － 245

中有些人即资产阶级古典经济学家，至多只研究了劳动产品在工人或生产资料所有者之间分配的数量比例。另一些人即社会主义者，则发现这种分配不公平，并寻求乌托邦的手段来消除这种不公平现象。这两种人都为既有的经济范畴所束缚。① 他们都不能说清楚，"这种剩余价值是从什么地方来的呢？它既不能来自买者以低于商品的价值购买商品，也不能来自卖者以高于商品的价值出卖商品。因为在这两种情况下，每个人的赢利和亏损由于彼此交替地成为买者和卖者而互相抵消了。剩余价值也不能来自欺骗，因为欺骗固然能牺牲一个人而使另一个人发财致富，但是不能增加两人所拥有的总数，因而也不能增加流通的价值的总额。'一个国家的整个资本家阶级决不能靠欺骗自己来发财致富'……这种剩余价值是从什么地方来的？这个问题必须解决，而且要排除任何欺骗，排除任何暴力的任何干涉，用纯粹经济学的方法来解决，于是问题是：即使假定相等的价值不断地和相等的价值交换，又怎样才能不断地使卖出贵于买进呢？"②

资产阶级古典政治经济学的优秀代表．都不能科学地回答这个问题，都没有把剩余价值本身作为一个专门范畴同它在利润和地租等所具有的特殊形式区别开来。他们都不能说明资本与劳动相交换，如何在价值规律的基础上产生剩余价值。李嘉图虽然对这个问题有更好的理解，甚至确立了关于工资和剩余价值（在利润形式上理解的剩余价值）的相互对立关系的一些主要规律。但他把资本与劳动不等价的情况说成只是个别例外（实际是通例，是普遍现象）这使他的理论无法

---

① 马克思. 资本论：第 2 卷 ［M］. 北京：人民出版社，1975：21—22.

② 马克思恩格斯选集：第 3 卷 ［M］. 北京：人民出版社，1972：243—252.

坚持到底，最终导致李嘉图学派的破产。

"那些优秀的经济学家从'劳动'价值出发而无法解决的困难，一到我们用'劳动力'价值来作出发点，就消失不见了。"① 马克思"以劳动力这一创造价值的属性代替了劳动，因而一下子就解决了使李嘉图学派破产的一个难题，也就是解决了资本和劳动的相互交换与李嘉图的劳动决定价值这一规律无法相容这个难题"②。马克思明确阐述了作为商品买卖的不是劳动，而是劳动力。他根据一般商品的二重性的原理，分析了劳动力商品的价值和使用价值。劳动力这种商品，它的价值和其他商品一样，等于它的生产和再生产所需要的社会必要劳动。劳动力商品的使用价值就是劳动，它在生产过程中能创造出大于劳动力价值本身的价值。

马克思证明了，资本家购买劳动力并获得剩余价值并不违反价值规律，而正是在价值规律的基础上产生的。恩格斯强调指出："要知道什么是剩余价值，他就必须知道什么是价值。"③ 这是因为剩余价值也是价值，它不过是雇佣劳动者所创造的超过劳动力价值（工资）以上的价值。所以，必须以劳动价值学说为基础，才能说明剩余价值是从何产生、如何产生的。马克思在价值规律的基础上深刻地揭示了剩余价值的起源和本质，透过资本主义社会的种种假象，揭露了资本主义剥削的秘密，从而论证了无产阶级和资产阶级对立的经济根源，阐明了资本主义产生、发展和必然灭亡. 社会主义必然取代资本主义的客观规律。

---

① 马克思恩格斯全集：第 22 卷，[M]. 北京：人民出版社，1965：241.
② 马克思. 资本论：第 2 卷 [M]. 北京：人民出版社，1975：21—22.
③ 马克思. 资本论：第 2 卷 [M]. 北京：人民出版社，1972：21—22.

恩格斯论及马克思的唯物史观和剩余价值学说时说：“现代科学社会主义就是建立在这两个重要根据之上的。”[①] 在马克思墓前的演说中，恩格斯又强调指出：马克思的“经济理论已被全世界看做社会主义的无可争辩的基础”[②]。

三、 社会主义的理论基础必须坚持， 共产主义的崇高理想不能动摇

以上我们对马克思的劳动价值学说和剩余价值学说的理论地位、重要意义作了十分简单的介绍。这种介绍不免挂一漏万，很不全面，也说不上什么新意，只不过是马克思经济学说中一些基本的常识，在马恩著作和研究他们著作的书籍刊物中都可以看到。之所以老话重提，不厌其烦地介绍出来，意在强调这些理论乃是根本原则问题，它是和社会主义方向、共产主义理想联系在一起的。丢掉了劳动价值学说和剩余价值学说，就抽掉了社会主义、共产主义赖以成立的基础。这种看法决不是无限上纲、危言耸听，而是科学的合乎逻辑的表述。邓小平同志说：“社会主义的本质，是解放生产力，发展生产力，消灭剥削，消除两极分化，最终达到共同富裕。”[③] 如果抛弃了劳动价值学说和剩余价值学说，承认生产三要素论是正确的，承认物化劳动

---

① 马克思恩格斯选集：第 3 卷 ［M］. 北京：人民出版社，1972：44.

② 李善明. 马克思恩格斯经济学创建纪略 ［M］. 石家庄：河北人民出版社，1984：487.

③ 邓小平. 邓小平文选：第 3 卷 ［M］. 北京：人民出版社，1993：373.

或生产资料也创造价值和剩余价值，或者说资本也创造价值和剩余价值，那资本剥削劳动不就不存在了吗？社会主义本质所要求的消灭剥削当然也就不需要了。资本和劳动既然都创造价值，是一种共生共荣的关系，相互协调，各得其所，没有剥削与被剥削的对立关系，当然就可以永恒长存。既然如此，还需在社会主义方向指引下，为实现共产主义伟大理想而奋斗吗?! 既然社会主义方向和共产主义理想都失去了依据，当然"四个坚持"也不必要了，为建设社会主义、为共产主义崇高理想而奋斗的共产党岂不也失去了存在的理由了吗?!

不应怀疑，主张物化劳动创造价值和剩余价值的一些老专家和新一代的年轻学者们，都是拥护社会主义的，都是社会主义建设者、接班人。但是，由于近些年来，我们在理论战线上、在思想教育方面，对马克思主义经济学说宣传学习不够深入，而又由于在社会主义市场经济条件下，需要借鉴西方经济活动方面的理论和实践。在这种情况下，在一些人的心目中，好像只有西方经济学才是时髦的、有用的，于是，发生了对西方经济学盲目崇拜的倾向。而对马克思主义经济学反而重视不够，不甚熟悉，也不感兴趣。据说在大学的课程中，马克思主义经济学说的课时越来越少，有的甚至取消了《资本论》这门课程。在这种风气影响下，想用西方资产阶级经济学的一些理论取代马克思的劳动价值论、剩余价值论的现象出现了。生产三要素论应取代劳动价值论的论调、物化劳动创造价值和剩余价值的呼喊，甚嚣尘上，且有越来越升温的趋势。在讲坛上，在书刊里，甚至在权威的电视台上，公然宣称要用生产三要素论取代劳动价值论作为理论基础。应该怎样看待这种现象呢？我们应该听听我国经济学界泰斗陈岱孙先生的意见。陈先生生前在《关于当代西方经济学的研究问题（代序）》

一文中指出："自以亚当·斯密和李嘉图为代表的西方古典经济学解体以后，西方正统派经济学抛弃了科学的价值理论——劳动价值论，采用了形形色色的反科学的价值理论，其中最重要的是三要素价值论、边际效用价值论和供求均衡价值论。……由于三要素价值论、边际效用价值论、供求均衡价值论缺乏科学依据，经不起理论推敲，当代西方经济学的基本理论基础极为脆弱。建立在这一脆弱的基本理论基础之上的西方经济学体系，就其整个理论框架而言，是不科学的。但是，描述现象，不深入本质，符合人们的常识，易于为人们接受。自然科学是如此，社会科学包括经济学也是如此。太阳东升西沉的现象，使人们难以理解和接受地动说。土地—地租、资本—利息、劳动—工资这种马克思称之为三位一体公式的经济现象，人们司空见惯，易于接受，而对于劳动价值论和剩余价值论这样的对经济事物的本质的论述，却不易理解，难以把握。经济现象的整理和描述是完全必要的。有关经济现象的数据和资料的搜集、整理和积累乃是经济学研究的前提，但仅仅停留在现象和资料的整理和描述是远远不够的，必须进一步进行研究，做一番去粗取精、去伪存真，由此及彼、由表及里的工夫，才能深入到经济问题的本质，得出合乎规律性的结论，才能据以建立经济学体系。因此，我们一向认为，自西方古典经济学解体以后，西方经济学的基本理论和基本体系是不科学的、浅薄的，是出于维护资本主义制度的需要，出于资产阶级对无产阶级的阶级斗争的需要。我们之所以将李嘉图理论解体以后的西方经济学称为资产阶级庸俗经济学，根据即在于此。"[①]

---

① 胡代光. 现代市场经济的理论与实践［M］. 北京：商务印书馆，1996：2.

不可否认，在当前社会主义市场经济条件下，还需外国资本的投资和经营，也需要国内资本主义经济有一定的发展。既然如此，当然要允许他们取得合法利润。这大概就是一些人心目中的资本"创造"的价值和剩余价值。其实，这只是表面现象。利润只是剩余价值的一部分的转化形态，是劳动者剩余劳动创造的。为什么允许这种资本无偿占有劳动者创造的剩余价值。也就是说，为什么允许这种剥削存在？这当然不是什么人的主观愿望，不是什么人愿不愿意、允不允许的问题，而是由我国所处社会主义初级阶段的历史条件决定的。是我国发展生产力的需要。我们要建立社会主义，为将来的共产主义创造物质前提，不利用资本主义发展生产力是不行的。现实政策允许资本家将本求利、取得利润是一回事；这种利润是从哪里来的、如何创造出来的，是另一回事。前者说的是剩余价值的分配问题，后者说的是剩余价值的来源问题、生产问题。前者说的是现象问题，后者才是探讨的本质问题。"如果事物的表现形式和事物的本质会直接合而为一，一切科学就都成为多余的了。"① 是按照有些人认为的，以生产三要素为理论依据，还是按照马克思的劳动价值论和剩余价值论为依据，这是有根本区别的。坚持和发展马克思主义的经济学说，还是抛弃马克思的根本原理，迁就眼前的表面现象？！只要不存偏见，是不难选择正确的答案的。

发展马克思主义的经济学说是十分需要的。只有不断发展马克思主义经济学说，才能更好地坚持马克思主义的经济学说。但是，要发展也必须首先在坚持的基础上发展，试想，如果连马克思主义的根本原理都不坚持了，还发展什么，如何发展？不能只讲坚持，不讲发

---

① 马克思. 资本论：第 3 卷 [M]. 北京：人民出版社，1972：923.

展，那样会滑向教条主义；也不能只讲发展，不讲坚持，那样会走向否定、歪曲马克思主义。蒋学模先生曾针对物化劳动创造价值的观点说："说物化劳动或死劳动也能创造价值，这不是对马克思劳动价值学说的发展，而是对马克思劳动价值学说的否定。"针对马克思劳动价值学说在现代市场经济条件下是否有用的问题，蒋学模先生指出：马克思劳动价值学说的内容极为丰富，"是完全可以说明现代市场经济的各种复杂现象的"①。

杜林把马克思关于剩余价值和利润的关系，歪曲成剩余价值等同于资本赢利（实际上马克思多次阐明利润或赢利只是剩余价值一部分的转化形式）。对此，恩格斯批判说，杜林这种歪曲，"只可能有两种情况：或者是他一点也不懂，这样，对这本书的主要内容一无所知，却要加以诋毁，这可需要极端的厚颜无耻才行；或者是他都懂，这样，他就是故意捏造。"② 我想，恩格斯对杜林的这些严厉批评，是值得那些"确认物化劳动创造价值才能使我们坚信马克思的劳动价值论"③ 的作者们警觉的。当然，作者们有此种观点，不见得像杜林那样别有用心，而且可能出发点还是好的。但我们认为潜下心来，多读些马克思的著作，对求知欲旺盛的青年学者们是会有益的。愿与诸君共勉。本文的理解有不确之处，尚祈同志们批评指正。

此文载于：经济评论，2002（1）。

---

① 蒋学模. 现代市场经济条件下，如何坚持和发展劳动价值学说［J］. 经济学动态，1996（1）.

② 马克思恩格斯选集：第3卷［M］. 北京：人民出版社，1972：243—252.

③ 王莉霞. 确认物化劳动创造价值才能使我们坚信马克思的劳动价值论［J］. 经济评论，2001（1）.

《〈剩余价值理论〉概说》评介

　　张赞洞、李善明两教授撰写的《〈剩余价值理论〉概说》共三册，分别由四川人民出版社出版（以下简称《概说》），《概说》简明扼要、通俗易懂，精辟地揭示了原著的内容和实质，有不少新意，是研究马克思经济学说的宝贵资料。

　　本文仅就此书的主要特点，做些概括评介。

一、通俗扼要，述评与阐释兼顾

　　《剩余价值理论》这部巨著内容丰富，涉及面十分广阔。其中引用文献和涉及人物甚多，考察对象时间跨度长，且因是手稿性质，在出版时未经马克思精心推敲，因而学术界公认是一部阅读难度较大的著作。据统计，全书三册，正文 24 章，附录 3 篇，184 节，140 万字，引用著作 271 种，涉及人物 299 位。对这样浩瀚的一部巨著，进行通俗阐述是颇为不易的。

　　《概说》作者以广博的知识、流利的笔触，抓住主要问题，以通俗易懂的形式，展现了这一巨著的中心思想和基本问题。为了使读者便于理解，一些涉及的流派、术语、典故，作者都专门进行了评介。如对重商学派、重农学派、马尔萨斯的"第三者"、萨伊的"销售论"、西尼耳的"最后一小时"、"斯密教条"、"李嘉图体系的两大矛盾"、"普莱斯的幻想"等都在相关部分分别作了说明。对原著中所涉及的某些历史人物，也集中地进行了评介。例如对柴尔德的介绍，有关马克思对于此人所作的评论，不仅涉及手稿第三册本身，而且旁及马克思所有著作（第三册，第 375—376 页）。再如对洛贝尔图斯（第二册，第 2—4 页）、基尔希曼（第 4 页）、威德（4—5 页）、杨格（115—116 页）、威斯特（92 页）、唐森（93 页）、图克（93—94 页）、达尔文（98—99 页）等等。这样就使读者对于原著中涉及的人物及其观点有一个全面系统的理解。对原著中比较复杂的计算或图表，作者也通过简易算式或图表形式，作了必要简化。这是《概说》的一大特点。

二、 概括地阐明了原著的基本结构和主要内容

顾名思义，《剩余价值论》研究的是剩余价值理论。但实际上马克思在写作过程中，并未局限于此，而是考察了 17 世纪中期到 19 世纪中期的西方资产阶级政治经济学史，并兼及李嘉图学派等社会主义流派的经济学说史。对如此庞大的内容，作者在该书的一、二、三册开端写了三篇"绪论"，简明地概括出每一册的基本结构。指出第一册是从重商主义开始，主要考察了古典政治经济学的"真正鼻祖"重农学派、古典政治经济学体系的缔造者亚当·斯密。第二册主要考察了古典政治经济学的完成者大卫·李嘉图。作为插入部分的第八、九章，则是对考察李嘉图经济理论作准备。该册中有关斯密的考察，也是为了从比较中更好地分析李嘉图的理论。第三册分析了古典政治经

济学的瓦解和庸俗政治经济学的产生。第二十一至二十五章是对无产阶级反对派和古典政治经济学晚期代表人物的考察。作者阐明古典政治经济学瓦解时期仍不排斥有所发展，李嘉图的理论如何被无产阶级反对派所利用，作为反对资产阶级的武器。

《概说》对原著基本结构作了有内在联系的概括，为全书勾画出一幅清晰的轮廓，大大便利了读者从整体上理解原著，这是《概说》的第二个特点。

三、 《概说》 从原著为政治经济学史立论， 集中地分析了西方经济学某些理论的历史演变

例如在分析"斯密教条"时，不仅分析批判了它的错误，而且阐述了施托尔希和拉姆赛的有关评论，从而说明这一观点的演变过程和进度情况（第三册，第 215—220 页）。又如在分析拉姆赛实际提出资本有机构成及其运动规律的观点时，还涉及约翰·巴顿的论述，从而说明这一理论的真正发明人（第三册，第 212—214 页）。在这些问题上，《概说》把马克思在《剩余价值理论》手稿中不同地方的论述，乃至在手稿之外的其他著作中的论述，集中在一起进行分析阐释，从而使这些理论的历史连贯性更加突出，内涵更加清晰，同时也显示了原著（手稿）的政治经济学史的性质。这是《概说》的第三个特点。

四、 论证了原著在马克思政治经济学创立过程中的重大作用和历史地位

价值形式问题是政治经济学中一个重大理论问题。《概说》指出，马克思在批判李嘉图混淆"绝对价值"和"相对价值"概念时，已把价值和交换价值明确地区分开来，从而为他完成价值形成理论迈出了重要的一步（第二册，第142—143页）。

又如一般利润率和生产价格问题，《概说》不仅在一个脚注（第二册，第18页）中说明马克思主义使用"生产价格"这一术语的历史状况，而且断言手稿第二册已经彻底地弄清楚了这一问题，完成了对该理论的创立，并引用马克思的一封信来加以佐证（第二册，第48—49页）。再如绝对地租问题，《概说》认为手稿第二册已经创立了这一理论，并在批判洛贝尔图斯时已经加以说明（第二册，第235页）。如此等等，都充分肯定了《剩余价值理论》手稿的历史地位。

五、 阐释了马克思在手稿中的其他理论观点

《概说》明确指出了手稿中哪些观点是马克思的独立创见。例如，关于生产劳动与非生产劳动学说，手稿中的表述，比起马克思在《资本论》及其他的经济著作，都要详细、深刻。可以说，这一学说的创立和完整表述都集中在这一手稿中。因此，在阐述这一问题时，不少地方，往往是离开对斯密及其他学者的评论，而作为专门的问题加以

阐释（参阅《概说》第一册，第 120—126 页）。又如在拉姆赛一章中列出如下标题以说明马克思的有关问题："关于不变资本价值变动对经济的影响问题"（第三册，第 220 页）"关于可变资本价值变动对利润率的影响问题"（第三册，第 226 页）"关于奢侈品生产对利润率的影响问题"（第三册，第 227 页）"马克思论'监督劳动'等问题"（第三册，第 235 页）"马克思扩大再生产与简单再生产的区别"（第三册，第 256 页）。这些阐述是颇有新意义的，这是《概说》的第五个特点。

作者在后记中说：由于"受到体例等多种因素的限制"，有些问题，如关于涉及原著的一些争论，未能涉及；对某些理论也未能展开。但瑕不掩瑜，作为一部阐释原著的《概说》，不应求全责备。总的来说，《概说》的出版，是对马克思主义经济学界的一大贡献，对于推动坚持马克思主义，学习和发展马克思主义将会发挥良好作用。

此文载于：经济学家，1999（1）.

中国私有经济的历史命运

　　十届全国人大二次会议对"八二宪法"进行了第四次修改，第一次明确地把"公民的合法私有财产不受侵犯"载入宪法，这是我国政治生活中的一件大事，受到了国内外舆论的关注。本文试图运用马克思主义的理论对此进行一些探讨。

一、 漫长的 50 年

　　中国传统文化历来崇尚"均"和"公"而鄙视"私"，"不患寡而患不均"这个教条，长期影响着人们的财富观，把"私"看成是万恶之源，也成为人们奉行的戒律。在我国，1956 年的社会主义改造，1960 年代的"三面红旗"、"一大二公"的结果，使"私有财产"这个概念，几乎从中国大地上消失殆尽，极端到连农民的自留地、家庭副业和集市贸易，也要被说成是"资本主义尾巴"被割掉。"文化大革命"时期，更发展到"斗私批修"，狠批"私"字一闪念，力图把"私"批倒批臭，彻底、干净、全部消灭之。不但要从经济、物质领域，而且要在思想深处闹革命，从思想上把"私"连根挖掉。从如此痛恨、鞭笞"私"的社会氛围中，转到将保护私产载入宪法，这是何等巨大的转变！这就无怪乎私产不可侵犯的入宪要经历艰难、漫长的历程。

1954 年 9 月 15 日第一届全国人大通过了新中国的第一部宪法，这部宪法在当时的情况下，是一部好宪法。但在"文化大革命"时代，这部宪法已名存实亡。

1975 年 1 月四届人大一次会议上通过了"七五宪法"，这是特殊时代的政治产物，是一部充斥着极"左"思潮的"怪胎"，是"文革"的政治宣言。这部宪法随着 1976 年"四人帮"的垮台而终结。

1982 年中央发布了"一号文件"，全面肯定了联产承包责任制。同年年底，"八二宪法"公布，私有财产也被以"合法的收入、储蓄、房屋"的内涵写在宪法中，进入保护之列。同时列入"城乡劳动者个体经济，是社会主义公有制的补充"，"国家依照法律保护公民的私有财产的继承权"。这里虽然只明确"保护公民的私有财产的继承权"，但毕竟是在私有财产概念被否定了多年之后，又出现在宪法之中，这无疑是个历史的进步。

1983 年邓小平指出："农村、城市都要允许一部分人先富裕起来……农业搞承包大户我赞成，现在放得还不够。"①

在邓小平改革开放路线的指引下，中国迎来了经济发展的大好形势，私有经济活跃了起来，各地纷纷出现了一些先富起来的带头人。1985 年出现了轰动全国的以个体、私有经济为基础的"温州模式"，温州几十万人从事家庭工业、小商品生产，繁荣了经济，方便了群众，富裕了人民，改变了农业产业结构，扩大了就业面，带动了小城镇的建设和繁荣。

---

① 邓小平. 邓小平文选：第 3 卷 [M]. 北京：人民出版社，1993：23.

随着个体、私有经济对发展国民经济作用的日益显现，1987年秋，中共十三大召开时，私有经济得到了肯定。十三大会议指出，我国的私营经济"不是发展得太多了，而是还很不够"。1988年七届全国人大一次会议通过的宪法修正案规定："国家允许私营经济在法律规定的范围内存在和发展。私营经济是社会主义公有制的补充。国家保护私营经济的合法的权利和利益，对私营经济实行引导、监督和管理。"在宪法的第十条，加上了"土地的使用权可以依照法律的规定转让"，这使农民对土地的支配权有了一定的扩展。

个体经济、私营经济等非公有制经济，在国民经济发展中的作用不断增强。在这种情况下，迎来了1999年第三次修改"八二宪法"。这次宪法修改案的第十一条中把"私营经济是社会主义公有制经济的补充"，改为"在法律规定范围内的个体经济、私营经济等非公有制经济，是社会主义市场经济的重要组成部分"。同时，在第六条加上了"国家在社会主义初级阶段，坚持公有制为主体，多种所有制经济共同发展的基本经济制度，坚持按劳分配为主体、多种分配方式并存的分配制度"。这是必然的，承认包括私营经济在内的多种经济形式并存和发展，理所当然应在分配方式上有所体现，允许包括非劳动收入在内的多种分配方式并存的现实。

2004年3月，十届全国人大二次会议上，根据中央十六大的精神，对"八二宪法"进行了第四次修改。"三个代表"重要思想和保护合法私有财产、人权等载入宪法。这是一部顺应历史潮流，反映人民愿望，符合中国实际的好宪法。

宪法第十一条第二款"国家保护个体经济、私营经济的合法的权利和利益"修改为"国家保护个体经济、私营经济等非公有制经济的合法的权利和利益。国家鼓励、支持和引导非公有制经济的发展"。把宪法第十三条"国家保护公民的合法的收入、储蓄、房屋和其他合法财产的所有权"、"国家依照法律规定保护公民的私有财产的继承权"修改为:"公民的合法的私有财产不受侵犯"、"国家依照法律规定保护公民的私有财产权和继承权"。

从 1954 年新中国第一部宪法到 2004 年的新宪法,刚好是 50 年。在这漫长的 50 年中,中国私营经济经历了曲折的过程,从被改造、限制到消灭,而后又被允许、并存、共同发展,以至于成为社会主义市场经济的重要组成部分,受到国家宪法的明文保护。这种情况的发生,是和我国的政治、经济形势密切相关的,是中国社会特殊历史条件造成的,也和我们思想、理论上的认识不足分不开。我们走过弯路,交过学费,但我们不能总是在摸索中前进,我们需要学会掌握马克思主义所阐明的历史唯物主义基本原理,运用社会发展的规律性来指导前进的方向。

二、 中国私有经济的历史命运

邓小平说:"'文化大革命'十年浩劫,中国吃了苦头。中国吃苦头不只这十年,这以前,从 1957 年下半年开始,我们就犯了'左'的错误。总的来说,就是对外封闭,对内以阶级斗争为纲,忽视发展生产力,制定的政策超越了社会主义的初级阶段。"①

中国社会主义初级阶段的社会,有着许多特点,和马克思主义理

---

① 邓小平. 邓小平文选:第 3 卷 [M]. 北京:人民出版社,1993:269.

论所要求的社会主义有着许多不同之处，但其根本特征是生产力比较落后，因而社会主义初级阶段的根本任务是发展生产力。邓小平反复强调发展生产力的重要意义。他说："马克思主义的基本原则就是要发展生产力。……社会主义的首要任务是发展生产力，逐步提高人民的物质文化水平。从 1958 年到 1978 年这 20 年的经验告诉我们：贫穷不是社会主义，社会主义要消灭贫穷。不发展生产力，不提高人民的生活水平，不能说是符合社会主义要求的。"①

在中国社会主义初级阶段，私营经济在扩大就业，创造财富，发展经济，增强国力，改善人民生活等等方面都具有积极作用，有利于促进社会生产力的发展，促进政治稳定。因此，以公有制为主体，包括私营经济在内的多种所有制共同发展的基本经济制度，是符合马克思主义的历史唯物主义的，也是符合我国实际情况的。

改革开放以来，我国经济迅速发展，年均速度达到 9％左右，而个体、私营经济的年均增长速度达到了 20％以上，成为支撑国民经济快速发展的重要因素。

2002 年末全国个体、私营企业从业人员达到 8152 万人，约占全国城镇就业人员的 33％，1992 年以来，个体、私营企业年均净增 600 万个工作岗位，提供了全社会新增就业岗位的 3/4，据 2002 年底调查，国有企业下岗失业人员中有 65.2％在个体、私营企业中实现了再就业。

个体、私营企业的成长，还促进了第三产业的发展，带动了一批新兴产业和行业的发展，在高新技术产业中占了很大比重。到 2001

① 邓小平. 邓小平文选：第 3 卷 ［M］. 北京：人民出版社，1993：116.

年全国民营科技企业已达 10 万户，企业资产总额超过 24800 亿元，出口创汇 319 亿美元。

非公有制经济的发展，也为公有制经济实施股份制改造、募集股本创造了条件。到 2001 年末，非公有制和混合所有制经济投资占社会投资的比重已达到 38.5％①。

在全国来说，私营经济已成为许多地区经济发展的关键，当前私营企业超过 20 万户的已有江苏、广东、浙江、上海、北京、山东六个省市，其私营企业数占到全国私营企业总数的近六成。上述六省市同时也是国内经济较发达的地区，2002 年国内生产总值占全国比重达到 42.7％。在一些欠发达地区的县域经济中，私营经济上缴的税收占县级财政的比重一般为 50％，而经济较发达地区为浙江省，非公有制经济入库税收却超过了 60％，成为当地财政收人的主要来源。②

当然，私营经济的发展，也不是一帆风顺的。姓"社"姓"资"、要"公"还是要"私"论争，总会干扰着私营经济的顺利成长。很长一段时期，中国私营企业家仍是在忧心忡忡，在前景暗淡的境况下度过的。当时曾经出现了两种现象，要么花天酒地，想方设法把钱耗费掉，要么就是将财产转移到国外。中国外逃资本每年逾百亿，绝大多数来自私营企业主。他们有的花重金购买他国护照，摇身一变，以外资形式返回国内，一去一来，损耗的成本无法估量。③

针对这种私营经济的种种障碍和担心，邓小平说："改革开放迈

---

① 人民日报［N］.2004－04－06.
② 财富时报［N］.2003－12－09.
③ 南方周末［N］.2004－03－18.

不开步子，不敢闯，说来说去就是怕资本主义的东西多了，走了资本主义道路。要害是姓'资'还是姓'社'的问题。"公与私、"社"与"资"其实都不是判断对与错、先进和落后的标准。我们脱离实际搞"一大二公"，搞完全的公有制的社会主义，甚至向共产主义前进，曾经吃了大苦头。所以不是"公"和"社"就一定好，"私"和"资"就一定不好，关键看是否适合生产力的发展，邓小平撇开公与私、"社"与"资"的纠缠，提出著名的三个有利于判断标准即："判断的标准，应该主要看是否有利于发展社会主义社会的生产力，是否有利于增强社会主义国家的综合国力，是否有利于提高人民的生活水平。"他认为"三资"企业受到我国整个政治、经济条件的制约，是社会主义经济的有益补充，"归根到底是有利于社会主义的"。① 江泽民继承和发扬了邓小平理论，提出了"三个代表"的重要思想，即要求我们党要始终成为中国先进社会生产力的发展要求、中国先进文化的前进方向、中国最广大人民的根本利益的忠实代表。"这两个论述的精神是完全一致的，都把促进社会生产力的发展作为第一标准。而私营经济有利于社会生产力的发展，因而在社会主义初级阶段条件下，支持它的发展是客观需要，是符合马克思主义的。"

马克思说："无论哪一个社会形态，在它们所能容纳的全部生产力发挥出来以前，是决不会灭亡的；而新的更高的生产关系，在它存在的物质条件和旧社会的胎胞里成熟以前，是决不会出现的。"② 私有经济能否被废除，不取决于什么人的意志，甚至伟大人物的意志，

---

① 邓小平. 邓小平文选：第 3 卷 [M]. 北京：人民出版社，1993：372－373.

② 马克思恩格斯全集：第 13 卷 [M]. 北京：人民出版社，1972：8－9.

而取决于生产力发展程度。因此，当生产力还不发达，物质条件还不具备实现全部社会主义公有制时，私营经济的存在和发展就是历史的必然，是不可避免的。

当前，私营经济已正式成为宪法的保护、支持、鼓励的对象，成为社会主义市场经济的重要组成部分。公民的合法的私有财产不受侵犯。私营企业家们再也不用对自己的财富提心吊胆，担心害怕了。

当然，私营经济中还有一些企业主素质低下，还会利用各种非法手段攫取暴利。如偷税漏税、制假售假、克扣和恶意拖欠工人工资、忽视对工人的劳动保护尤其是对农民工的劳保以及各种不正当竞争行为等。这都是不能允许的。国家加强对私营经济依法实行监督管理，是非常必要的。

中国私营经济已经有很大发展，在国民经济中占有重要地位，有的私营企业已发展为大公司、集团公司，拥有资本几亿、几十亿，甚至上百亿。这些私人企业属于资本主义性质，它们是为了发财致富，追求利润的最大化，它们的剥削行为是毋庸讳言的。我们是社会主义国家，虽则当前还处社会主义初级阶段，但我们的理想和发展前景是中国实现社会主义、共产主义社会。资本主义的私营经济，不会永恒存在，在将来总是会消失的，社会主义——共产主义必然取代资本主义，这是社会发展的必然规律，是马克思主义者的坚定信念。私营经济现在存在和发展是历史的必然，私营经济在完成其历史使命后的消亡，也是历史的必然。这就是中国私营经济的历史命运。当然，这是一个长期的历史过程。资本主义经济发展了几百年，到现在还看不到它崩溃的迹象，它还有发展的余地。而中国的生产力发展水平和发达的资本主义国家比较，相差甚远，因而完成这个发展过程，更是一个遥远的未来。邓小平说："我们搞社会主义才几十年，还处在初级阶段，巩固和发展社会主义制度，还需要一个很长的历史阶段，需要我们几代人、十几代人，甚至几十代人坚持不懈地努力奋斗。"① 又说："我们要在建设有中国特色的社会主义道路上继续前进。资本主义发展几百年了，我们干社会主义才多长时间！何况我们自己还耽误了20年。如果从建国起，用100年时间把我国建设成中等水平的发达国家，那就很了不起！"②

中国私营经济有着广阔的发展前景，至少还可以发展几百年，私营企业主们大可不必杞人忧天。在改革开放的伟大时代，在全面实现小康社会的建设中，中国私营经济是可以大有作为的。

此文载于：经济全球化与新自由主义思潮.
北京：中国经济出版社，2005.

---

① 邓小平. 邓小平文选：第3卷［M］. 北京：人民出版社，1993：379.
② 邓小平. 邓小平文选：第3卷［M］. 北京：人民出版社，1993：383.

试论人类自身生产是历史发展中的决定因素之一

　　恩格斯关于两种生产是历史发展中决定因素的学说，长期以来不仅受到资产阶级学者的诽谤，而且也被一些马克思主义者所非难。近年来在这个问题的讨论中，很多同志虽已承认其科学性，但又把它限于古代社会，实质上仍是对恩格斯两种生产理论普遍意义的否定。

　　我们认为，两种生产在任何历史时期都是历史发展的决定性因素。我们的观点是：

　　（1）人类自身的生产与物质资料生产是历史发展中的决定性因素并制约社会制度的学说，是马克思主义一元论唯物史观的完整表述，是马克思和恩格斯一贯坚持的基本观点。既非"二元论"，也绝不是什么"错误"。

　　（2）人类自身的生产在历史发展中对社会制度的制约作用，在任何历史时期都是一个决定性因素，变化的只是它的表现形式。

　　（3）必须贯彻两种生产是历史发展中的决定性因素的观点，树立以人为主体的思想。历史上形成的物对人的统治，不过是人的异化而已。马克思就是通过对劳动异化的深入考察，揭露了资本主义的剥削实质，而共产主义的实现，就是使"人以一种全面的方式，也就是说，作为一个完整的人，占有自己的全面本质"。① 下面就是我们对这些观点的阐述。

一、 两种生产是历史发展中的决定性因素，并制约社会制度， 是马克思主义一贯坚持的一元论唯物史观

恩格斯在《家庭、私有制和国家的起源》第一版序言中说："根据唯物主义观点，历史上的决定性因素，归根结蒂是直接生活的生产和再生产。但是，生产本身又有两种。一方面是生活资料即食物、衣服、住房以及为此所必需的工具的生产；另一方面是人类自身的生产，即种的蕃衍。一定历史时代和一定地区内的人们生活于其下的社会制度，受着两种生产的制约：一方面受劳动的发展阶段的制约，另一方面受家庭的发展阶段的制约。"②

这里恩格斯明确地指出了两种生产是历史中的决定性因素，并制约社会制度。这一论点远在 19 世纪 80 年代，就曾受到俄国民粹派分子米海洛夫斯基的攻击，说是"对唯物主义历史观的更正"，另一民粹派分子卡列也夫说恩格斯的观点发生了"本质的变化"。对此，普列汉诺夫在其《论一元论历史观的发展》中，对他们进行了有力的批驳。

日本著名经济学家河上肇博士在其《唯物史观研究》一书中说：

① 马克思恩格斯全集：第 42 卷［M］. 北京：人民出版社，1972：120.
② 马克思恩格斯全集：第 4 卷［M］. 北京：人民出版社，1972：2.

"历史之一元动力，则明明是物质的生产力……人类本身的生产（即人口的繁殖），当然不含在里面，这大概是没有疑义的"。河上肇是亚洲早期的马克思主义传播者，其论著在我国流传甚广。斯大林在《联共（布）党史简明教程）中指出："人口的增长不是而且不可能是决定社会制度性质、决定社会面貌、社会发展的主要力量。"①

苏联学者指责恩格斯的两种生产学说与马克思、恩格斯一贯的说法相矛盾，说是"二元论"。苏联哲学家罗森塔尔和尤金，在他们编的《简明哲学辞典》中，竟说恩格斯"犯了一个错误"。

我们认为，错误的不是恩格斯，而是那些指责和误解恩格斯这一原理的人。

第一，两种生产理论是马克思主义一贯坚持的一元论唯物史观，既非"前后矛盾"，也没有什么"改变"。

早在恩格斯的《家庭、私有制和国家的起源》一书写成前三十八九年，即 1845—1846 年马克思和恩格斯合著的《德意志意识形态》一文中，就把人口增殖视为一开始就纳入历史发展的第三种关系，而与物质生产、再生产并列，并提醒人们"不应把社会活动的这三个方面看做是三个不同的阶段，而只应看做是三个方面，……把它们看做是三个'因素'。从历史的最初时期起，从第一批人出现时，三者就同时存在着，而且就是现在也还在历史上起着作用"。②

在《起源》一书写成后 10 年，即 1894 年他在致符·博尔吉乌斯的信中说："1. 我们视为社会历史的决定性基础的经济关系，是指一

① 联共（布）党史简明教程 [M]. 北京：人民出版社，1975：133.
② 马克思恩格斯选集：第 1 卷 [M]. 北京：人民出版社，1972：33-34.

定社会的人们用以生产生活资料和彼此交换产品（在有分工的条件下）的方式说的……。2. 我们认为，经济条件归根到底制约着历史的发展。种族本身就是一种经济因素。"①

当然，认为恩格斯前后论点矛盾的人，绝非没有注意到上述论著，而是对人类自身的生产在历史中的作用，缺乏正确的理解。他们的错误在哪里呢？

第二，他们的错误在于不承认人类自身的生产与物质资料生产同为社会物质生活的内部结构。

人类自身的生产是否和地理环境一样，不过是物质生活的外部条件？对这个问题的回答，我们只需问一问社会物质生活的主体是什么，人是社会物质生活的主体呢还是一个外部条件？显然人类自身的生产和物质资料的生产是社会物质生活的内部结构，决不仅仅是"没有一定的最低限度的人口，就不可能有任何社会物质生活"；而是，没有人类自身的生产，就根本不存在任何社会物质生活。我们说劳动创造人类本身，那是从一定意义上来说的，是指劳动在从猿到人发展中的作用，如果认为劳动可以创造出人类肉体组织，无须通过生育，岂非笑谈。所以人类自身生产是物质生产的前提，并且物质再生产还要以人口再生产为条件。

马克思主义认为，某一时期在社会中占统治地位的生产关系的性质，最终取决于生产力发展水平，这就是说生产力决定生产关系，即生产力制约社会制度。如果我们从生产力的内部结构来看，生产力的

_____

① 马克思恩格斯选集：第 4 卷［M］. 北京：人民出版社，1972：505－506.

存在又是以人类自身的生产和物质资料的生产为前提的。显然两种生产制约社会制度的说法，与生产力决定生产关系的论点是一致的。

第三，在马、恩著作中，为什么很多地方在谈到历史、社会的决定因素时，又只提物质资料生产，而不提人类自身的生产呢？

这首先是一个方法上的问题。马克思在《政治经济学批判》导言"政治经济学的方法"一节中说："从实在和具体开始，从现实的前提开始，因而，例如在经济学上从作为全部社会生产行为的基础和主体的人口开始，似乎是正确的。但是，更仔细地考察起来，这是错误的。如果我抛开构成人口的阶级，人口就是一个抽象。如果我不知道这些阶级所依据的因素，如雇佣劳动、资本等等，阶级又是一句空话。而这些因素是以交换、分工、价格等等为前提的。比如资本，如果没有雇佣劳动、价值、货币、价格等等，它就什么也不是。因此，我从人口着手，那末这就是一个浑沌的关于整体的表象，经过更切近的规定之后，我就会在分析中达到越来越简单的概念；从表象中的具体达到越来越稀薄的抽象，直到我达到一些最简单的规定。于是行程又得从那里回过头来，直到我最后又回到人口，但是这回人口已不是一个浑沌的关于整体的表象，而是一个具有许多规定和关系的丰富的总体了。"①

这里马克思明确地指出人口是全部社会生产行为的基础和主体，在政治经济学的研究中不从人口开始，是为了不使人口成为一个浑沌的关于整体的表象，是为了通过对各种经济范畴，如阶级、交换、分

---

① 马克思恩格斯选集：第 2 卷［M］. 北京：人民出版社，1972：102 -
103.

工、价格、雇佣劳动、资本、货币等等的具体分析，使人口成为一个具有许多规定和关系的丰富的总体。

马克思主义认为历史的决定性因素是物质资料生产方式，这种说法也是与两种生产学说一致的。因为人们生产自己必需的生活资料的方式，"它在更大程度上是这些个人的一定的活动方式，表现他们生活的一定形式，他们的一定的生活方式"①。马克思、恩格斯认为个人是什么样的，"这取决于他们进行生产的物质条件"。

既然人们生活的生产方式是和物质资料的生产方式一致的，而生活的生产本身就包括着两种生产，一方面是人类自身的生产；一方面是物质资料的生产，所以在马克思主义著作中，把物质资料的生产方式作为历史中的决定性因素，并制约社会制度，也是与两种生产理论一致的。

人类自身的生产为什么是历史中的一个决定因素，并与物质生产共同制约社会制度呢？我们试从人类社会的各个发展形态，历史地加以论证。

二、 人类自身的生产在各个社会制度中的决定性作用的具体表现

1. 在前资本主义社会，人类自身的生产在历史中的决定性作用

马克思和恩格斯指出，家庭就是"每日都在重新生产自己生命的

---

① 马克思恩格斯选集：第 1 卷［M］. 北京：人民出版社，1972：25.

人们开始生产另外一些人，即增殖。这就是夫妻之间的关系、父母和子女之间的关系"①。它是一开始就纳入历史过程的一种经济关系，它与物质资料的生产和再生产构成人类生活的生产。

在原始社会阶段，社会由以血缘关系为基础的原始共同体（原始群、氏族、部落）组成，其前提就是人口的增长。原始人是在一定的血缘关系内，进行采集、狩猎、制作简易工具、逐步使用土地等活动。如果离开了血缘关系，显然就无法解释原始社会公有制是如何形成的。

私有制是怎样产生的呢？马克思主义认为私有制是由分工的发展而产生、形成的。随着生产力的发展，首先在家庭内出现了适应生产需要的分工，进而在社会上出现了三次大分工。由于生产发展了，产品有了剩余，于是社会上一小部分人不再从事物质生产劳动而占有生产资料和别人的劳动剩余生产物；大部分人则必须从事物质生产劳动，养活自身也养活别人，并进行繁殖。私有制因而产生。当时一些部落首领往往靠发动战争，从弱者手中夺取牲畜、土地和人口（奴隶），成为自己的财富。可见物质生产的发展和人口增长都是私有制产生的条件。就是这种变化了的生产本身和人口增长的条件，促使人类社会由原始公社制进入奴隶制。正如马克思所说："要使公社本身照老样子继续下去，公社成员的再生产就必须在原有的客观条件下进行。生产本身、人口增长（这也属于生产），必然要逐渐扬弃这些条件，破坏这些条件，而不是加以再生产等等。这样共同体就同作为其

---

① 马克思恩格斯选集：第 1 卷［M］. 北京：人民出版社，1972：33.

基础的所有制关系一起瓦解了。"①

建立在封建地主土地所有制基础上的封建社会，在物质生产方面，主要依靠自然经济的力量，但是处于依附地位的农民（农奴），和常常沦为农奴地位的独立小生产者，他们的存在和繁殖，也是封建经济发展的决定性因素。

所以前资本主义社会制度的兴衰和更替，都是由两种生产，即物质资料的生产和人类自身的生产所决定的。

2. 人类自身的生产在资本主义生产方式产生、形成和发展中的决定性作用

资本主义生产方式是在商品经济发展的基础上产生和孕育起来的。没有商品经济的发展，就不会从小商品生产者分化出雇佣劳动者并出现最初的资本家。然而小商品生产的发展，在生产工具并无实质性的改变时，没有人口的增长，就是极其有限的。在工场手工业的发展过程中，手工业人口的增长，依然是决定性的。因为尽管工场手工业因分工和协作的发展以及工具的改进，产生了新的生产力，然而增产的可能性是有限的，这时生产的增长，依然要靠雇佣更多的工人。大量雇佣工人的来源，一是城市人口的增长，二是来自农村。但在当时，农业能为工业提供的劳动力，主要靠农业人口的增长。

随着产业革命的发生和发展，机器代替了手工劳动。在生产力的主体和客体之间，即资本有机构成发生了变化。过去产品的增长，主要靠增加劳动者数量；在机器生产条件下，社会产品的增长，主要来自劳动生产率的提高，于是两种生产产生了新的矛盾，因为机器生产

① 马克思恩格斯选集：第 46 卷 I [M]. 北京：人民出版社，1972：184.

相对地减少了对劳动力的需求。但是这种变化并不意味着人口不再是历史中的决定性因素，而只是这一因素作用形式的变化。

马克思指出："过剩的工人人口是积累或资本主义基础上的财富发展的必然产物，但是这种过剩人口反过来又成为资本主义积累的杠杆，甚至成为资本主义生产方式存在的一个条件。"①

为什么相对过剩人口反过来会成为资本积累的杠杆并且是它发展和存在的条件呢？因为在资本主义制度下劳动力也是商品：第一，如果没有相对过剩人口，则劳动力这种商品价格必不低于价值，这样资本的积累只将限于剩余劳动而不侵及必要劳动。第二，资本主义市场商品价格不仅取决于价值，而且取决于市场供求情况，在市场价格水平下降的情况下，如果没有相对过剩人口使资本家得以压低工人工资，那么资本主义生产必将难以维持。第三，在资本主义制度下，无论相对剩余价值的生产或绝对剩余价值的生产，都要以相对过剩人口的生产为前提条件。

最后，资本主义生产总是从危机到高涨，又从高涨到危机这样间歇地发展的，在危机时资本对劳动力需求大大减少，但在高涨时期，却又急需增添大量劳动力。如果没有过剩人口这个"蓄水池"的存在，就不能立即恢复和扩大再生产。正是由于相对过剩人口，资本主义生产不仅得以在危机期间减少破产，又得以在高涨期间，适应市场的需求，迅速扩大生产。

为资本主义制度辩护的形形色色新老马尔萨斯主义者，把资本主义制度下相对过剩人口的产生，归之于劳动者自身的生产和再生产。

---

① 马克思：资本论：第 3 卷 [M]. 北京：人民出版社，1972：692.

历史无情地证明了恰恰是最发达的资本主义国家人口增长的速度最缓慢，然而失业人口却是不断增长的，这些国家尽管国内有大量失业人口，但是资本家却把大量资本投向国外非工业化地区。原因就在于这些地区有更多的过剩人口，资本家得以雇佣更廉价的工人。

总之，相对过剩人口是资本积累的杠杆，是资本主义存在、发展的一个决定性条件。没有资本主义生产，就不会有相对过剩人口的生产，而没有相对过剩人口的生产，就不会有资本主义的存在和发展。二者辩证的统一关系，充分地表明两种生产在资本主义制度中的决定性作用。

3. 人的全面发展在社会主义制度发展中的决定性作用

社会主义制度的建立和发展，同样要取决于两种生产的发展。没有物质生产的发展，固然谈不上实现社会主义，但是忽视劳动者自身的生产，同样不能实现社会主义。

第一，不建立人口增长与物质生产发展的正确比例，就不可能建立和发展社会主义经济。因为社会主义制度要求的不仅是生产总量的增长，而且是按人口平均计算的产品的极大丰富。既然人和生产工具结合起来才构成生产力，显然人口增长与经济发展比例的失调，本身就是意味着人不能成为生产力，或者缺少使用生产工具的人不能形成生产力，这是生产力的内部结构问题。斯大林说人口仅能"促进或者延缓社会发展，但是它不可能是社会发展的主要力量"[①]，这是把人口看成生产力的外部因素导致的错误。

在我国从两种生产的相对关系上来看，比例严重失调。搞不搞计

---

① 联共（布）党史简明教程［M］. 北京：人民出版社，1975：132.

划生育，是关系"四化"成败的问题。由于我们多年来忽视人口问题，不抓计划生育，使人口盲目增长所带来的困难，已经越来越为人们所认识。解决国民经济各物质生产部门比例失调固然是当前我国经济调整的中心问题，但不解决人口生产和物质生产的比例失调则任何调整都是徒劳的。怎能把人口生产的作用，仅仅归结为促进或延缓社会发展呢？

某些生产发达而人口增长缓慢或下降的资本主义国家，在无产阶级革命取得胜利以后，两种生产比例可能与我们不同，甚至相反。但这只是比例形式的不同而已，并不能否定人口仍是决定性的因素之一。不能设想一个人口不断严重下降、劳动力严重缺乏的国家，会有生产力的飞跃发展，可以进入共产主义社会。

第二，在社会主义建设中，人的全面发展不仅是物质生产发展的条件，而且是物质生产发展的动力和社会生产的目的。建设社会主义归根到底要取决于人的素质，即人的身体素质、思想素质和科学文化素质。没有能够运用和创造发展现代科学技术这种素质和身体素质的人，是不可能实现四个现代化的。科威特、伊朗、沙特阿拉伯等国石油收入很多，可以买进现代化技术设备，但缺乏本国的科技人才，就不能彻底摆脱外国资本的控制。日本在第二次世界大战后极度困难的条件下，由于重视培养人才，才迅速实现了现代化。

社会主义制度的优越性之一是能够产生生产者的积极、主动和创造性。然而要把这种精神力量化为物质力量并推动生产的发展，则有赖于劳动者自身的全面发展。不培养、提高劳动者现代科学技术文化素质、社会主义思想素质和身体素质，社会主义制度的优越性又从何体现？

马克思指出在社会主义制度下，"人不是在某一规定性再生产自己，而是生产出它的全面性；不是力求停滞在某种已经变成的东西上，而是处在变易的绝对规律中"①。这就是说社会主义制度就是人的全面发展的制度，人的全面发展不仅是社会主义发展的内部因素，是物质生产发展的条件、动力和动因，而且是社会生产发展的目的。人类自身的生产发展是目的，物质生产的发展是手段，二者辩证的统一，构成社会主义发展的决定性因素。

由此可见，人类自身的生产，作为社会历史发展中的决定性因素之一，它的表现形式尽可以不同，但它的重大作用并不因形式的改变而消失。

三、 深入地研究马克思主义两种生产的学说在理论与实践上的重大意义

明确两种生产是包括社会主义社会在内的历史中的决定性因素，有助于正确理解社会主义的生产目的。

斯大林提出社会主义生产目的是人及其需要，但是在社会主义基本经济规律中，关于生产目的的表述，却不提生产目的的主体人，只提满足需要。

在社会主义基本经济规律关于生产目的的表述中，如果只提满足需要，而不讲需要主体的人，那就无异把生产目的归结为财富。因为

---

① 马克思恩格斯全集：第 46 卷 I ［M］. 北京：人民出版社，1972：486.

财富是满足需要的物质承担者。

关于社会生产目的问题，马克思曾赞扬古代的观点和现代世界相比，就显得崇高得多。因为"根据古代的观点，人，不管是处在怎样狭隘的民族的、宗教的、政治的规定上，毕竟表现为生产的目的。在现代世界，生产表现为人的目的，而财富表现为生产的目的"。接着马克思指出："事实上，如果抛掉狭隘的资产阶级形式，那么，财富岂不正是在普遍交换中造成的个人需要、才能、享用、生产力等等的普遍性吗？财富岂不正是人对自然力——既是通常所谓的自然力，又是人本身的自然力——统治的充分发展吗？财富岂不正是人的创造天赋的绝对发挥吗？"①

由此可见斯大林把社会主义生产归结为人及其需要，是符合马克思主义两种生产是历史、社会发展的决定性因素理论的。而他在社会主义基本经济规律的表述中，关于生产目的却只提满足需要而不言人，则是他否定了人口生产是历史、社会发展中一个决定性因素导致的矛盾。值得深思的一个问题是：为什么在《苏联社会主义经济问题》中，他严厉批判了雅·罗申科为生产而生产的错误观点，提出了社会主义基本经济规律，而在实践中，苏联和我国却长期一再犯这个错误？原因固然是多方面的，但不从两种生产理论来理解社会主义生产目的，则是产生错误的重要原因。因为把生产目的只归结为满足需要，则生产目的仍只是表现为财富，不表现人。而只有明确社会主义生产目的是人，是人的全面发展，才有助于在实践中纠正为生产而生产、为财富而生产的偏向。

---

① 马克思恩格斯全集：第 46 卷 I〔M〕. 北京：人民出版社，1972：486.

深入地研究马克思主义的两种生产理论，才能深刻理解加强人口理论研究，抓紧计划生育和重视人才培养的重大意义；才能明确我们过去不仅有在人口数量上的盲目发展问题，而且还忽视了人的全面发展是社会主义不断发展的动力、动因和目的。因此，以两种生产是历史的决定因素来作为人口研究和计划生育的理论基础，显然是十分必要的。

原文载于：人口研究，1980（4）.

中国人口思想史的对象和方法
——兼及南亮三郎的《人口思想史》

人口问题是从古到今人们注意的一个重要方面。这是因为有生命的个人的存在，是人类历史的第一个前提，是"全部社会生产行为的基础和主体"①。人类社会为生存和发展而进行的种种活动和斗争，都同人口问题息息相关。人们在有关人口问题的探讨和研究中，就形成了各种各样的人口思想、观点和理论。而这种思想、观点和理论，又往往是和人口政策相互渗透，相互促进的。人口政策的制定和推行，要以相应的人口思想为指导。人口政策反映人口思想，同时又推动着人口思想的形成和发展，人口政策的成功和失败，检验着人口思想的正确和失误。因此，中国人口思想史的研究对象，就是中国历史上各种人口思想以及人口政策的产生、发展和演变过程。

人口是一个具有许多规定和关系的丰富的总体。它是自然属性和社会属性的统一体。但"因为人的本质是人的真正的社会关系"②，"是一切社会关系的总和③。"因此，研究人口的社会属性，是人口科学的重要方面。

中国人口思想史是人口科学的一个分支，它要阐明的是中国社会

---

① 马克思恩格斯全集：第 12 卷 [M]. 北京：人民出版社，1972：750.

② 马克思恩格斯全集：第 12 卷 [M]. 北京：人民出版社，1972：750.

③ 马克思恩格斯全集：第 42 卷 [M]. 北京：人民出版社，1972：24.

历史各个发展阶段上人口思想的发展过程和规律性，它要揭示的是历代政治家、思想家们人口思想和人口政策的历史作用和阶级本质，所以，它是社会科学的范畴。依据马克思主义辩证唯物主义和历史唯物主义的原理，社会存在决定社会意识，经济基础决定上层建筑的原理，人口思想属于社会意识形态、社会上层建筑。它是随着社会的发展、变化而发展变化的。不同的社会形态都有与其相适应的人口思想，同一社会形态的不同发展阶段，也有不同的人口思想。

由于各社会形态有其相同之处，必然也会在人口思想上反映出来。例如，生产资料私有制的社会形态，维护剥削阶级利益的人口思想，就占统治地位。同一社会发展阶段，由于人们所处的社会政治、经济地位和阶级意识、认识水平的差异，也会产生不同的人口思想。例如在春秋末期，孔、墨主张增加人口，而老子却主张小国寡民。此外，在同一历史条件下，由于思想家们面临的不同任务，因而在研究人口的目的、解决人口问题的政策等等方面，也存在着差异。例如在中国人口思想史上，在主张增加人口的思想家中，就有不同的目的和侧重：孔子为了不绝祖祀，墨子为了发展生产，商鞅为了增强军力，打赢战争。在以后的各个封建朝代，则多侧重于为了恢复和发展农耕，扩大财赋来源。从增加人口的政策措施上，也是多种多样的：荀子主张修明政治，管子、商鞅主张招来移民。即使在移民问题上，也各有不同，有的为了移民实土，垦荒增税，有的则为了移民戍边，防御外敌，有的则二者兼而有之。这种种情况，在我们研究中国人口思想中，是必须加以分析的。

研究中国人口思想史，不可不了解我们的对象本身的特点

第一，中国历史上的人口思想，多散见在各种古籍之中。人口学成为一门独立的科学，是资本主义时代的产物。在中古之前不存在专门的人口学著作，中国人口思想，都是在浩如烟海的古籍中夹杂着对人口问题的论述反映出来的。这是由于当时科学文化水平较低下，各门科学还不是分得那么细，往往一部古籍中包罗万象，既有哲学的、政治的、经济的、军事的，也有作者人口思想的反映，是"百科全书"式的。了解这个特点，对于分析、研究中国人口思想的内容，收集人口思想的资料，是十分必要的。

第二，我国是人口思想出现最早的国家之一，中国人口思想在历史上产生最早，处于世界各国前列，但往往不被重视，不被承认，这是很不公平的。日本学者南亮三郎在其所著《人口思想史》一书中说："建筑起古代社会高度文明的希腊、罗马的历史，从人口问题的角度来说，也构成了一个极有兴趣的研究对象。""总之，希腊、罗马在人口思想的漫长历史上为我们提供了最早的十分宝贵的一章。"①

我们无意贬低西方古代的思想家们的著述，但如果从世界范围来看，中国古代人口思想才是最早的。

早在公元前 21 世纪到公元前 16 世纪的夏代，在人口构成方面，已经有了"百姓"和"民"两个概念的区分，"百姓"一般指奴隶主，"民"指奴隶。②

由于在古代生产技术水平低下，主要依靠体力劳动，增加人口也就意味着增加劳动力，而增加劳动力是当时推动生产力发展的决定性条件，所以，中国古代殷商时期（约公元前 16 世纪到约公元前 11 世

---

① （日）南亮三郎：《人口思想史》.
② 到了战国以后奴隶社会走向瓦解，这个区别也失去了原来意义，逐渐就泛指黎民百姓，二者没有严格区别了。

纪）就有了"多子孙甲"的记载①，即多子孙为福的思想。在西周有了"令男三十而娶，女二十而嫁".② 即男女到一定年龄必须结婚，结婚不能晚于一定年龄的规定。由于经济上和军事上的需要，人口调查统计的思想和措施，也应运而生：公元前 8 世纪有了周宣王"料民于太原"的史实.③ 即我国最早的大规模的人口调查统计。西方古代称得上人口调查统计的是公元前 337 年的古希腊的雅地加和公元前 293 年的古罗马.④ 比起我国西周时期，晚了几个世纪。即使我国公元前 338 年以前战国时期政治家商鞅建立的人口调查统计制度，也不仅早于古希腊和古罗马，而且在范围和方法上也宏大严密得多。《商君书》记载：当时的"四境之内，丈夫女子皆有名于上，生者著，死者削"⑤。"口之数，壮男，壮女之数，老弱之数，官士之数……"⑥皆在调查统计之刊。这样详尽的人口调查统计，在那么早的历史时期就产生和实施，在古代世界各国是首屈一指的。

我国古代思想家、政治家们，如管仲、孔子、墨子等在提出比较系统的人口思想方面，要比古希腊的柏拉图、亚里士多德早得多。因此，"提供了最早的十分宝贵的一章"的，从世界范围来看，应该是中国人。那种言必称希腊，忽视中国的偏见，是应予纠正的。

第三，在中国人口思想史上，人物众多，是古代世界各国所无法比拟的。南亮三郎在其《人口思想史》中，对西方"每个社会阶段及

---

① 《殷墟书契后编》卷下十四叶一断片.
② 《周礼·地官》.
③ 《周礼·秋官》.
④ （日）南亮三郎：《人口思想史》.
⑤ （日）南亮三郎：《人口思想史》.
⑥ 《商君书·境内、徕民》.

每个阶段具有代表性的各方面的思想家，都毫无遗漏地列举出来了"①，但也不过只有 23 人，近代的居多。中古只有保泰罗，上古只有柏拉图和亚里士多德。中国人口思想史上，可以说是人物林立，其著名者有 30 余人之多。先秦时期有管仲、孔子、老子、墨子、商鞅、孟子、荀子、韩非子；秦汉时期有贾谊、晁错、董仲舒、王吉、贡禹、王符、崔寔、徐干；魏晋南北朝时期有傅云、皇甫谧、李冲、周朗、郭祖深；隋唐时期有傅奕、李峤、刘晏、陆贽、杜佑；宋元时期有李觏、苏轼、叶适；明清时期有邱浚、徐光启、洪亮吉、包世臣；鸦片战争至五四运动时期有汪士铎、薛福成、梁启超、孙中山，廖仲恺等。这还只是举其著者，相信如果进一步发掘，可能还有更多的称得上人口思想家的人物。所以说中国人口思想史上拥有最多的人物，是当之无愧的。

第四，在中国人口思想史上，论题之广也是世所罕见的。外国人口思想家，尤其在古代，主要围绕人口数量进行论述，即使有人口质量方面的内容，也多是从优生学角度论述的。古希腊柏拉图、亚里士多德为了维护奴隶主的城邦国家的稳定，就曾有过类似的观点。我国从古代《管子》中和后来 11 世纪政治改革家王安石，就从多方面谈过人口质量问题。《管子》"侈糜篇"第一次提出了解决人民就业的思想。其他如人口迁移问题、户口管理问题、僧尼独身问题、人口与生产资料要相适应、人口不应盲目发展问题等等，都是我国人口思想家一再触及的论题。

以上特点，说明我国人口思想，是十分丰富的宝库，批判地继承

---

① （日）南亮三郎：《人口思想史》。

前人优秀的遗产，创造和发展我国人口科学，是人口学界的光荣任务。

中国人口思想史的研究方法

辩证唯物主义和历史唯物主义是研究人口思想史的理论基础和方法论。依据这个科学原理，在研究中国人口思想的方法上，必须以如下原则为指导。

第一，必须按社会发展中各个生产方式作为人口思想史分期的根据。马克思说："人们按照自己的物质生产的发展建立相应的社会关系，正是这些人又按照自己的社会关系创造了相应的原理、观念和范畴。"[①] 在人类历史上的五种社会形态上，除了原始社会人类初期因缺乏文献记载，无从查考外，每种社会形态都有适应着人类历史发展特殊阶段的人口思想。虽然人口思想和其他社会意识形态一样，有其相对的独立性，并不一定随社会发展阶段的推移而立即变化。但总的来说，各个不同的社会形态，必有一个占统治地位的人口思想。这种人口思想，必然具有鲜明的时代特征和阶级属性（在阶级社会中）。因此，要分析研究历史上人口思想的特点和实质，判断某种人口思想的历史作用，必须把它放在一定的社会生产方式的范围之内，否则便失去衡量的标准，无从考查其是非优劣、得失利弊。这应该是马克思主义人口理论的基本出发点。

在这个问题上，日本学者南亮三郎的观点是不能同意的。他在《人口思想史》序言中说："在本书中，我把历史发展分为（一）原始及古代社会，（二）前产业社会，（三）现代产业社会，（四）高度产

---

① 马克思恩格斯全集：第 4 卷［M］. 北京：人民出版社，1972：143—144.

业社会四个阶段。在每个阶段里，根据当时人口如何演变，即其出生、死亡、结婚三大因素如何相互交织在一起而发展变化的情况，以不同类型社会阶段的历史学背景，详细阐明了人口思想在它的发生和发展上具有什么样的特点。"① 这种划分主要是从物质生产的自然形式，从人口的数量变化来作为内容，抹杀了社会形态的不同生产关系本质，忽视了人口思想社会特点及其阶级属性，是不可取的。

第二，研究中国人口思想史，应以马克思主义"两种生产"及其相互关系的原理，作为重要内容。"两种生产"及其相互关系是一切社会共有的人口规律。任何社会的人口思想，都不能脱离这个规律。马克思主义告诉我们：生产方式是社会发展和变革的决定力量，生产力和生产关系的矛盾是生产方式变革和发展的根本原因。而生产力和生产关系都和人口密切相连，不可分割。作为劳动力的人口是生产力和生产关系的内在因素，社会物质生产方式不能无视人口的状况。正因如此，因而研究物的生产和人的生产的是否适应，适应的程度，以及如何使之相适应，这种适应不仅包括数量上的适应，而且包括质量上的适应等等，就应是人口思想的重要方面。

第三，阶级分析的方法。在以生产资料私有制为基础的社会里，社会上的人群划分为阶级。统治阶级、剥削阶级与被统治阶级、被剥削阶级之间的矛盾和斗争，具有对抗的性质。反映在人口思想上，就具有鲜明的阶级性。一般说来，在阶级社会里，占统治地位的人口思想，是统治阶级的人口思想，是为统治阶级利益服务的。在研究中国人口思想的历史发展中必须分析它的阶级本质。当然，处于被统治、

---

① （日）南亮三郎：《人口思想史》.

被剥削地位的代表人物的人口思想，也会以各种形式反映出来，这种人口思想虽不占主导地位，但也是不应忽视的。

统治阶级中也有利益不同的集团，各个集团的利益的矛盾和对立，也会在人口思想中反映出来。评价各种人口思想，不能简单地以是否剥削阶级的人口思想作为画线的标准，而应该看它对社会发展的作用来加以判断。

第四，历史分析的方法。人口思想史的研究对象既然是历史上各种人口思想和人口政策产生和发展的演变过程，因而研究这门科学，就必须运用历史的方法。列宁指出："在分析任何一个社会问题时，马克思主义理论的绝对要求，就是要把问题提到一定的历史范围之内。"[①] 用历史分析的方法，才能科学考察人口思想是在怎样的历史条件下产生的，它在社会发展的各个阶段上起着什么作用，是进步的，还是反动的，以及它在理论上有什么贡献和错误。如果离开历史的分析，就会使任何人口思想成为无源之水，无本之木，失去实际的社会基础。

历史地分析人口思想，要求从实际出发，实事求是地评价人口思想，坚持具体问题具体分析，不能超越当时的历史条件。既不能苛求于古人；用今天的认识责难古人，也不能一味美化，人为地拔高前人。例如，在中国历史上主张增加人口的思想，占有很大数量，这对我国当前推行控制人口政策的现实来说，无疑是错误的。但如果把它放在当时的历史条件进行考察，在当时地广人稀，"地大而不垦，人不称土"，生产技术和武器装备都还很落后的条件下，主张增加人口的思

---

① 列宁选集：第 2 卷［M］. 北京：人民出版社，1972：512.

想，却有利于国家富强和社会生产力的发展。用历史唯物主义的观点来看，则是进步的。当然，有的人口思想，纯属为了维护当时的统治阶级的阶级利益。如君子与小人的划分，男尊女卑、重男轻女、劳心者和劳力者的观点，则是严重阻碍社会发展的消极因素。对这种流毒深远的谬论，则应坚决批判。总之，对于前人的人口思想，一定要以马克思主义的历史唯物主义为指导，该肯定的要肯定，该批判的要批判。

研究中国人口思想史的意义，就在于批判地吸取前人的人口思想，为现实服务。察古而知今，察古是为了知今。"今天的中国是历史的中国的一个发展；我们是马克思主义的历史唯物主义者，我们不应当割断历史。从孔夫子到孙中山，我们应当给以总结，承继这一份珍贵的遗产。这对于指导当前的伟大运动，是有重要的帮助的。"①在当今世界上，人口问题已成为人们关注的重大课题，对我国来说，更是关系到社会经济发展全局的战略问题。因此，批判地继承前人的人口思想，建立适应我国需要的人口理论，用以正确地指导人口工作的开展，实在是一项迫切而重大的历史任务。如果只顾研究人口理论本身，忽视人口思想史的建设，就难以了解人口理论的来龙去脉，借鉴人口思想和人口政策在历史上的得失利弊，这既无助于人口科学的发展，也不利于正确的人口政策的制定。

研究中国人口思想史，还可以通过对我国历史上优秀的人口思想家的宝贵遗产的总结和整理，激发我们的民族自豪感和爱国主义热情，为加速我国四化建设，促进我国人口与经济的协调发展而奋斗。

原文载于：人口学刊，1987（1）.

---

① 毛泽东选集：第 2 卷［M］. 北京：人民出版社，1972：499.

李大钊的人口思想

　　李大钊（1889—1927），字守常，曾用笔名孤松、猎夫等，河北省乐亭县大黑坨村人。中国新文化运动的主将，五四爱国运动的领导者和马克思主义在中国的最早传播，、中国共产党的创始人和早期领导人之一。

　　李大钊著述甚多，现已编辑出版《李大钊文集》（上、下册）。其人口思想集中反映在《战争与人口问题》、《战争与人口》等文中。

一

　　李大钊的人口思想，主要在于批判马尔萨斯以战争解决人口问题的人口理论。

　　他首先指出"战争乃饥馑之子"的谬误及其危害。他说："余曩居日本，时闻彼邦政界山斗，奋勖其国人者，辄提二义以相警惕。彼谓地球之面积有限，人口之增庶无穷，吾人欲图生存，非依武力以为对外之发展不可。盖优胜劣败，弱肉强食，天演之义，万无可逃者也。"[①] 他认为，今世列强之发动战争，其目的在于解决人口问题。人口过多，固应求解决之道，但以战争来解决人口问题，无异颠倒本末，趋于自杀。"观于近日交战国之面包问题日益危迫，足知饥馑之

---

　　① 李大钊文集：上册 ［M］. 北京：人民出版社，1984：365.

来逼，全为战争之所赐，Pvadhon 氏（蒲鲁东）'战争乃饥馑之子'之言，今乃适居其反，而以战争解决人口问题之迷梦，可以破矣。"①

那么为什么人们会有这种荒谬的观念？其根盖源于马尔萨斯的人口论。因为马氏的人口论的要旨，就认为地球之面积有限，土地收益又为递减规律所限，食物以算术率增加，人口以几何率增殖，如不节制生育，必陷人口过庶之境，人口过庶，灾祸战争乃不可免。正因马氏人口论学说的影响，才有把人口过庶作为发动侵略战争之借口。

李大钊认为，马氏这种学说是不能成立的。他说："余谓斯说所有助长战争之恶影响者，半由其说本身之不完，半由野心家之利用。"② 他列举了四条理由来驳斥马尔萨斯的学说。一是从各国实际情况看，不唯无人口过庶之忧，且有过减之虑。他以英、美诸邦之统计，作为例证；二是就算人口多了，也会因"人类无限之天能""求无尽之物力"，"使之裕如而得养"；三是即使有土地报酬递减之虑，人类也可发挥其天赋之能与自然力抗敌，他用科学技术之发展，文明进步的具体情况，阐述了战胜自然的成就，说明土地报酬递减规律是完全可以克制的；四是马尔萨斯武断地以人口过庶为确定前提，而又一方面忘却人类反抗自然之本能，一方面暗示战争之难免，这就必然"潜滋"侵略者"贪惰之根性"。正由于马尔萨斯的这种人口论，"野心家乃取以与达尔文之天演论为文饰侵略之材料，奖励战争之口实，以有今日之惨祸"③。

李大钊认为，对于这种为侵略战争制造口实的学说，必须予以揭

① 李大钊文集：上册 ［M］. 北京：人民出版社，1984；365.
② 李大钊文集：上册 ［M］. 北京：人民出版社，1984；365－366.
③ 李大钊文集：上册 ［M］. 北京：人民出版社，1984；367.

露和批判。如果听任这种谬论流毒于世，使它成为互相残杀的依据，则人类就和"禽兽之互相吞噬者"相去无几矣。

李大钊在批驳了饥馑引起战争的谬论后指出战争造成饥馑，这无疑是很有价值的思想。特别是撕破了日本"政界山斗"借口地少人多，为图生存必须对外侵略的面目，揭露了日本帝国主义的反动本质，对于提醒中国人民反抗侵略的警惕性，更具有爱国主义的积极意义。但他对于战争的真正原因和本质，却没有完全正确地分析。他说："余维今日战争之真因，不在人满乏食，乃在贪与惰之根性未除。"什么是贪惰呢？他说："以自享之物为未足，而强夺他人之所有，是谓之贪。不思竭自己之勤奋，求新增之创造，以为自养，徒患自然惠与之不足，是谓之惰。唯贪与惰，实为万恶之源。人间种种罪恶，皆丛伏于此等恶劣之心理。……唯在废除此等根性，是乃解决人口问题之正当途径，消弭战争惨象之根本方策也。"①

李大钊还不能用阶级观点去分析战争和人口问题，而在超阶级的所谓"贪"与"惰"的"恶劣之心理"去寻求根源，这是可以理解的。因为这时他还不是一个成熟的马克思主义者，正处于革命民主主义者向共产主义者的转变过程。我们不能苛求于前人。

二

如果说1917年3月在《战争与人口问题》一文中，李大钊只是就战争问题一般地批判了马尔萨斯的人口论。那么，在1917年4月他写的姊妹篇《战争与人口》这篇长文中就进一步展开自己的观点，对战争与人口问题深入、具体地进行了论证。

---

① 李大钊文集：上册 [M]. 北京：人民出版社，1984：367.

第一，李大钊以渊博的学识、犀利的笔调，纵论古今中外学者的人口经济思想，溯自中国的春秋战国、秦、汉、唐、宋、元、明、清，外国的希腊、罗马。人物则管仲、韩非、亚里士多德、柏拉图。考察了人类历史上生存进化的演变，阐述了"处之而善，其生也荣；处之而财，其亡也必"①的道理，指出："夫天之生物，足以养人而有余，人不知求所以自养之道，唯贪人之养，以为攫取之计，则人之不智不义，非天之不仁也。"② 对于这种不智不义之事，"人口论倡守于前，天演论继兴于后"③。他批评这些"硕彦宿哲"，"徒因一时之感想，远种前世之恶萌"。"足以助战祸之昌炽者。"④ 这些谴责义正辞严，实在是一篇具有强烈战斗性的檄文。其进步意义，应予充分肯定。

第二，李大钊指出马尔萨斯的人口论，远不及管子的地数说。他说：管子的"五子二十五孙之说"虽"与马说相通"，但"管子地数之说，则非马所能见及"。他引用《管子·地数篇》管子与齐桓公的对话："管子对曰：'昔者桀霸有天下而用不足，汤有七十里之薄而用有余。天非独为汤雨菽粟，而地非独为汤出财物也。伊尹善通移轻重、开阖、决塞，通于高下徐疾之策，坐起之费时也。'韩非之策，虽用于秦而霸天下，当时受兵战之祸者匪浅。马氏之说，今虽渐明其误，而一为好战之桀所执，犹足以祸今日之苍生于无穷，皆未足喻管

---

① 李大钊文集：上册［M］. 北京：人民出版社，1984：375.
② 李大钊文集：上册［M］. 北京：人民出版社，1984：379.
③ 李大钊文集：上册［M］. 北京：人民出版社，1984：382.
④ 李大钊文集：上册［M］. 北京：人民出版社，1984：382.

子能者有余、拙者不足之旨也。"① 这里指出的是：国家不在大小，人口不在多少，关键在于是否善于治理，是否发挥聪明才智。菽粟等财富不是从天上掉下来的，只要治理有方，勤劳生产，就会富裕有余。马尔萨斯之流戚戚于地少人多之忧，不懂能者有余、拙者不足之旨，连中国两千多年之前的管子都不如。李大钊对马尔萨斯的借古喻今的批评，人们尚未多听引述，但这无疑是值得注意的思想。

第三，李大钊以自己的方式批评了马尔萨斯的所谓三定律。他首先概括指出马氏的三定律是："（1）食物不给则人口不增；（2）食物充裕则人口繁殖；（3）人口增殖之度越于食物生产之度，则祸患与罪恶，必不可免，以为天然之遏制。"② 然后，逐一予以驳斥。他说，按达蒲得（Doubcday）的说法："人类及他种生物繁殖之度，皆与资养成反比率"，而不是马尔萨斯所说的食物与人口增殖成正比。他用"天地刍狗"之说，批判了人口增殖超过食物生产，祸患必不可免之律。他引用老子的话说："天地不仁，以万物为刍狗。"③ 他把这句话和加雷关于美国人口增加速度并不快的说法相印证，得出结论说："乃知天地间之供人刍狗者，至无穷尽。唯人致物于适。所用莫不赡矣。此天地之不仁于物者。正天地之仁于人也。人乃欲以天地之不仁于物者，而亦施之于同类。"就是说，赖天地之恩赐，人类如能善处，本来应是所用赡足的，然而，由于人类的贪与惰，导致自相残杀的祸患，使"人类虽无供异类吞噬之患，而战乱不幸足以代之"④。并不

① 李大钊文集：上册 ［M］. 北京：人民出版社，1984：383.
② 李大钊文集：上册 ［M］. 北京：人民出版社，1984：385.
③ 李大钊文集：上册 ［M］. 北京：人民出版社，1984：386.
④ 李大钊文集：上册 ［M］. 北京：人民出版社，1984：386.

是人口增加超过食物，才使祸患必不可免的。

李大钊还以发展生产，增加财富来解决人口问题，批判马尔萨斯的"徒塞人口"的观点。他从两方面来阐述：一是增加生产，就可满足人口的需要。他说："物力之弃于两间（即天地之间——引者）者，既无涯厥，苟有缺乏之感，要在不可依人类独秉之智能，谋于物力之开发，而必自抑天赋之情感，谋于人口之制塞也。"[①] 二是人们生活赡足了，人口增殖自然会减少。如果人们都达到"小康之域"，"足以致富而自养"，会追求"其境之益适，则人口之增殖，不节自节，即任其增，亦无过庶之忧"[②]。因此，他认为发展生产，增加财富，是解决人口问题的根本途径。如果不此之务，"徒塞人口至于何度，贫困之苦，终惧无以自免耳[③]"。

李大钊从人口和经济的相互关系探讨解决人口问题的途径，并把发展生产，增加财富放在主导地位，无疑是科学的思想，即使在今天，仍然是有现实意义的。当然，李大钊在当时也还看不到在人口过多的情况下，自觉地节制人口的必要性，这是其不足之处。

三

发挥人类的智慧，发展科学技术，人类前途乐观论，是李大钊人口思想的重要部分。李大钊高瞻远瞩，展望人类的未来，以积极乐观的态度，看待人类的前途。他认为，人口"就会增加无限，地积地力今犹未至穷极之域；纵有穷极之一日，人类之知力与自然之势力，皆

---

① 李大钊文集：上册［M］. 北京：人民出版社，1984：387.
② 李大钊文集：上册［M］. 北京：人民出版社，1984：388.
③ 李大钊文集：上册［M］. 北京：人民出版社，1984：388.

无尽藏，用之不竭，取之无穷，其时当有以自为之所"①。

他进一步推论：地球之于诸天，乃"沧海之一粟耳"，就算"人口之庶，遍于寰区，土地之力，穷于开发"，然而"星云无限"，"诸星之间，将来或有交通，人类于地球之繁殖，苟至于无地自容，斯谋转徙他星，依科学之进步，竟克致此，未可知也"。他用今昔对比，说明这绝非幻想和空谈，是有实现的可能性的。他郑重地说："斯非骀衍九州之空谈，千年以往，有语以今世欧、亚、美、非之广漠者，人皆以荒诞弃之，有甚于今日之闻斯言者。而今则舟车络绎，天涯堂奥矣。"② 如果让古人看到今天的文明，"彼且惊神疑鬼，不信为人间之实境也"③。对于所谓土地报酬递减规律，李大钊说："一旦文明进运，堪以制其势而胜之，一时著为定律者，安见其必存耶？"④

如何才能达到文明进步呢？李大钊认为，要大力发展教育，普及教育，正确运用人们的才智。现在的情况是"教育未能普行，才智误于应用……不唯未能举其全力以战胜自然，反有以自杀其势，致任自然势力之独行，而犹不自悔悟，复龈龈焉虑自然惠与之不丰，文明进运之难恃，岂理也哉"⑤？他指斥反动统治阶级滥用人类智慧和巨额社会财富，去制造杀人武器，准备和发动侵略战争，当然就谈不上战胜自然，为人民谋福利，而只能给人民带来灾难。

四

李大钊的人口思想是反对马尔萨斯的人口论的，这一点是毫无疑

---

① 李大钊文集：上册 ［M］. 北京：人民出版社，1984：395.
② 李大钊文集：上册 ［M］. 北京：人民出版社，1984：397.
③ 李大钊文集：上册 ［M］. 北京：人民出版社，1984：400.
④ 李大钊文集：上册 ［M］. 北京：人民出版社，1984：401.
⑤ 李大钊文集：上册 ［M］. 北京：人民出版社，1984：402.

义的。但他的一段话却引起了不同的理解。李大钊写道："余虽对于马说有所非难，然并不抹煞其说于经济学上之价值，悬其说以为警戒，使人益知奋进，以谋文明之发展。稍存贪惰之心，必来穷乏之患，而以无敢邻于怠荒焉。余虽不敢信其节欲以限制出生之说有显著之效果，但亦绝不否认其说之本旨。"①

这一段话的本意应该是：人口问题乃是贪惰自弃的结果，只要废除此等劣根性，就能解决人口问题。而马氏的人口论，恰恰可以警戒人们勿存贪惰之心，勤奋前进，以求文明之发展。否则按马氏人口论的说法，就将招致穷乏之患。所以，关于"不否认其说之本旨"，无非是说马氏的人口论是警戒贪惰，鼓舞勤奋的，因而是不能否认的，其经济学上的价值也是不能抹煞的。李大钊只是在这种意义上肯定马尔萨斯的。至于马氏放言高论什么"人口无限，土地有穷"，人口贫困是不可避免的"自然规律"等论断，李大钊是不赞成的。因此，不能认为除此而外，李大钊还有什么对马尔萨斯人口论肯定之处。

此文载于：西北人口，1988（2）.

---

① 李大钊文集：下册［M］. 北京：人民出版社，1985：367.

马克思、恩格斯以前的人口思想

在马克思、恩格斯以前，科学的人口理论未曾确立起来。但是，一些先进的思想家，为揭示人口问题的奥秘曾经进行过可贵的探索，他们在一些问题上的观点甚至包含着一定的科学的成分。其中的某些内容对于马克思主义人口理论的产生与形成具有某些渊源作用。本文仅就马克思、恩格斯以前的人口思想作一些粗略的评介。

一、 古代西方的人口思想

西方的人口思想可以追溯到古代希腊。在当时的一些哲学家、政治家的著作中，对人口问题都有不少的论述。尤其在柏拉图和亚里士多德的著作中，关于人口的阶级构成，关于人口数量和人口素质，关于人口和国家安全、社会安定，关于人口和土地数量比例等方面，都有独特见解。所以，他们的这些人口观点便理所当然地成为西方人口思想的出发点。

柏拉图作为奴隶主贵族、唯心主义哲学家，为维护古希腊奴隶主阶级的利益，在他的《理想国》一书中，描绘了使奴隶主城邦国家长治久安的人口方案。他指出人口由三个等级构成，即执政者等级（哲学家）、保卫者等级（武士）和供应营养者等级（农民、手工业者和商人等自由民）构成。奴隶不属于任何等级，只被看作是会说话的工具。为维持统治阶级内部团结，他主张在统治阶级内部实行财产共有，共妻共子，以杜绝私心，避免引起纠纷。他主张国家干预婚姻，由统治者规定结婚年龄和男女配偶的选择，使最优秀的男女为配偶，最劣的男女为配偶，前者越多越好，后者越少越好，以此保证优生，繁衍强健聪慧的后代。优生子女由国家抚养培育，对有缺陷的劣质子女，国家不予抚养，甚至秘密埋葬掉。

在《理想国》和《法律论》中，柏拉图还提出由国家调节人口的思想。他认为，人口数量的多寡取决于这样两个因素，一是一国所拥有的土地数量，二是与邻国的关系。人口过多，土地不足以养其民；人口过少，则不足以抵御邻国的侵略。

亚里士多德是古希腊最著名的哲学家、奴隶主阶级思想家。他作为柏拉图的学生，承袭了其老师的一些人口观点。如他认为，人口少则难以自给自足；人口过多又难以维持秩序。所以城邦人口最适当的限度，是既能自给自足而又不难管理的最大数额。因此人口不能无限增加，"凡以政治修明著称于世的城邦无不对人口有所限制"①。可见，有关适度人口的思想，可以追溯到柏拉图和亚里士多德时代。

虽然亚里士多德的许多人口思想与柏拉图相一致，但是，在某些方面却又有很大区别。例如，亚里士多德反对柏拉图关于奴隶主贵族共有制的思想，主张奴隶主私有制。同时，他也反对柏拉图关于共妻共子的主张。此外，亚里士多德还注意到了人口质量问题。他在《伦理学》中强调了婚姻必须考虑两性生理状态和年龄上的配合的观点，

---

① 亚里士多德. 政治学［M］. 北京：商务印书馆，1985：353.

认为婚龄不宜太小，也不宜太大。他主张婚后一定时间内必须为国家生育优秀后代。建议国家制定不准抚养残疾或畸形儿的规定，对于多子女的夫妇，如果妻子又怀孕，应使其堕胎。这里反映了他的子女数应予限制，城邦国家人口不应过多的思想。这与他的适度人口论有相似之处。

二、 西欧中世纪的人口思想

在中世纪（5世纪至16世纪）的西欧，教会统治着思想文化领域。因此，包括人口思想在内的思想意识领域都带有神学的性质，打着宗教的烙印。早在《圣经·旧约》中，就宣扬过禁欲主义，把传说中的人类始祖亚当和夏娃的情欲和结合看作人类的原罪。同时给人口问题抹上了浓重的宗教色彩，宣扬民族人口的兴衰，生儿育女的多少，均是上帝的旨意。从公元2世纪下半期开始到中世纪初期，由于基督教逐渐演变成剥削阶级的统治工具，需要劳动力为统治者生产财富，因而对男女合法的结合采取了较为宽容的态度，开始重视婚姻和家庭关系。但仍提倡禁欲和贞操，要人们抛去世俗的快乐和幸福，祈求天堂和来世的福祉。虽然承认了婚姻家庭生活的合法性，但独身生活仍是僧侣们必须奉行的戒律。西欧封建社会从5世纪到12世纪人口增长缓慢，是和宗教的禁欲主义分不开的。13世纪后，宗教神学家力图把基督教教义同现实生活中的要求折衷调和起来，这表现在中世纪经院哲学家托马斯·阿奎那的观点中。他一方面维护宗教的禁欲主义，把独身生活作为僧侣必须遵守的戒律；另一方面又以自然权利作为依据，认为两性结合和生儿育女是人类的自然本性，是合乎自然的，应当受到鼓励。为缓和贫富矛盾，他承认富人对极贫人口有救济的义务。

16 世纪初，宗教改革领袖马丁·路德尖锐地抨击了基督教旧教义，反对独身主义。他认为，除身有缺陷者外，结婚是完全正当的。相反，不结婚的独身者却往往会犯罪。上帝对人类无微不至的关心，为人类创造了动植物，只要努力劳动，就会丰衣足食，子女也会得到养育。他主张青年男子 20 岁以前结婚，青年女子 15～18 岁必须结婚。马丁·路德的主张人口增殖的观点，反映了由于西欧战争和瘟疫使人口减少，以及 16 世纪资本主义生产关系产生，需要大量劳动力，增加人口成为客观现实需要的情况。

三、 重商主义的人口思想

西欧重商主义最早出现于 15 世纪，流行于 16 世纪和 17 世纪。重商主义是反映资本积累时期资产阶级利益的学说和政策，它从商业资本家的立场出发，认为金银货币是财富的唯一形态，流通领域是财富的源泉，主张通过对外贸易和国家干预增加本国的金银货币。与此相适应，在人口问题上，重商主义研究了人口与财富的关系。

重商主义的主要代表人物有意大利的乔万尼·鲍泰罗、英国的托马斯·曼和法国的柯尔培尔等人。他们都主张增加人口，认为人口是国力和财富的重要源泉：人口多则国家征收的贡税多；人口多，则国内生产的商品多，用于出口的商品也就多，因而能换回的外国金银货币也多；人口多，则兵源丰富，可以加强军队武力占领殖民地，从殖民地掠夺更多的财富。所以，他们认为，国家应鼓励人口增殖。他们主张提高结婚率，奖励人口出生，还主张不择手段地从其他国家"获得"人口。此外，重商主义者还探讨了人口与生活资料的关系问题。鲍泰罗主张地主要给农民以一定数量的土地和生活资料，以避免一些人因得不到充足的生活资料而减少人口，并反对地主使农民生产更多的奢侈品。重商主义的这些观点，包含了人口增加受生活资料制约的思想。这些思想对后来的西方人口思想家产生过一定的影响。

重商主义主张增加人口的思想，同当时的社会经济条件密切相关。当时社会生产力水平还很低，体力劳动从而人口还是创造物质财富的主要因素，特别是从 14 世纪到 17 世纪上半叶，欧洲战争频繁和自然灾害严重，造成人口大量死亡，使人口明显减少。这种人口减少阻碍了经济的恢复和发展，对商业活动也发生了不利影响。这就使重商主义者深感增加人口的重要性。

四、 资产阶级古典经济学派的人口理论

从 17 世纪中叶起，西欧各国资本主义经济关系就已发展起来，18 世纪中后期首先由英国开始的工业革命，到 19 世纪上半叶已臻于完成。资本主义经济关系的迅速发展，使资本对劳动的需求增加了。古典经济学家为适应资本主义经济发展的需要，探讨了人口与经济的相互关系，提出了相应的人口学说。

（一）威廉·配第的人口理论

配第是英国资产阶级古典政治经济学的创始人。他不仅提出了劳动价值论的思想，在经济学方面有巨大贡献，而且还提出了一些有价值的人口观点。

第一，他探讨了人口与财富的内在联系，提出了"土地为财富之母，而劳动则为财富之父和能动的要素"① 的观点。认为土地和人口都是生产财富的要素，但人的劳动是主动的能动的要素，土地只是必要条件，是被动的要素，是人们劳动作用的对象。既然财富是人的劳动创造的，人口众多就是一国富强的标志。

配第还认为，一国人口的价值在于其人口的社会数量，不在于其人口的自然数量。他说的社会数量是指人口的文化技术水平。他认为人口的文化技术水平是创造社会财富能量大小的关键。

第二，他区分了生产人口和非生产人口。认为凡从事创造财富的生产劳动者是生产人口；不从事创造财富，只消费财富的人口是非生产人口。他主张增加生产人口，减少非生产人口。

第三，配第还是人口统计学的奠基者。他认为，为了使国家能合理地征收赋税和发掘潜在的劳动力，调整人口经济结构，必须了解人口状况和就业状况，了解各个职业和行业的人数在总人口中所占的比例。这些最早的人口统计思想，对后人具有启迪作用。

配第把劳动人口看成社会发展的支柱的思想，是有价值的。但他鼓吹去海外掠夺和贩卖人口，把劳动者当作牲畜一样计算其价格等，都反映着他的剥削阶级的本质。

（二）魁奈的人口理论

魁奈是法国重农学派的创始人，也是资产阶级古典经济学派的主要代表之一。

魁奈从当时法国财政十分困难的现实出发，着重研究了农业生产

---

① 配第经济著作选集［M］．北京：商务印书馆，1981：66．

部门。他的人口思想是其重农主义理论体系的一个组成部分。

第一，他认为人口众多是使国家强大的因素。他论证了人口因素对促进经济发展的重要作用，指出："要使不断在恢复和更新的国家维持下去并加以扩大，这决定于人们的劳动力的使用和人口的增长。"①

他还探讨了人口与军队的关系，认为人口稠密的国家兵源充足，特别是农民比城市居民强健，能成为更好的士兵。他认为军队规模要和国家的财力相适应。过多的军队会影响人口的增加，还会因农业人口减少而破坏农业。

第二，关于人口与财富之间的关系，是其人口思想的核心部分。魁奈认为人口增长取决于财富的增长，人口增长必须以财富增长为条件。但人口本身又是增加财富的"第一个创造性的因素"②，要使人口和财富都增加，必须使居民能得到自由和拥有自己的财富。财富不增加，供养人口所必需的生活资料就会缺乏。实际上，魁奈认为财富的增加先于人口的增加。他明确地说："一国人口是随国民收入的增长而增加的。"③ 魁奈这一思想是同重商主义者所说的只有人口增长才能使财富增加，人口增长在先，财富增加在后的思想截然相反的。

第三，魁奈还提出了人口数量必须和财富数量相适应的思想。他指出：人口虽然能够使财富增多，但人口也不能无限制地增长。他说："如果财富和人口的比例遭到破坏而人口显得较多的话，那么这

---

① 魁奈经济著作选集 [M]. 北京：商务印书馆，1979：103.
② 魁奈经济著作选集 [M]. 北京：人民出版社，1979：97.
③ 魁奈经济著作选集 [M]. 北京：人民出版社，1979：170.

种人口的过多将促使国家愈加贫穷。"①

在西方人口思想史上，魁奈较早地提出了人口增长有超过生活资料增长的倾向。他说："促使财富和人口增长的是财富，然而人口的繁殖经常是超过财富而扩大"②；"人口总是在好的政府和坏的政府之下超过财富。这是因为繁殖和生活资料没有共同的界限，而且繁殖经常有超过生活资料的倾向，人们到处处在赤贫之中"。③ 魁奈的这个观点，对后来的西方人口思想具有深远的影响。

第四，魁奈以重农主义理论为依据，进行了生产性人口和非生产性人口的区分，并在此基础上，把资本主义社会的人口构成划分为三个阶级，即生产阶级、不生产阶级和土地所有者阶级。魁奈关于生产性和非生产性人口的划分，关于人口阶级构成的划分，虽然带着重农主义的片面性，甚至有错误之处，但毕竟是以人们对社会经济生活的作用作为划分的标准，因而仍然是有一定价值的。

（三）亚当·斯密的人口理论

斯密作为英国资产阶级古典政治经济学的主要代表，创立了比较完整的古典政治经济学的理论体系，并在其主要著作中阐述了人口与经济的关系。

第一，斯密继承了配第的思想，提出了人的劳动是财富的源泉。他认为，一国繁荣最明显的标志，就是居民人数的增加和劳动生产力的提高。在斯密的时代，分工是提高劳动生产力的重要因素。由于分工细密，劳动者的技术会提高，从而会节约劳动，提高效率。而分工

---

① 魁奈经济著作选集［M］. 北京：人民出版社，171.
② 魁奈. 中国的专制政治. 1767 年法文版，579.
③ 魁奈. 中国的专制政治，1767 年法文版，635.

的发展，需要一定的人口数量，斯密从如何增加财富的角度，论证了增加人口的意义。

第二，斯密以劳动价值论为依据，区分了生产人口与非生产人口。即从事生产价值和剩余价值的人口为生产人口，否则是非生产人口。他还认为，生产人口还必须与生产资料以及购买生产资料的资本成比例。在分析人口构成方面，斯密还第一次正确地揭示了资本主义社会的人口阶级构成，把人口划分为三个阶级，即工人阶级、资本家阶级和地主阶级，抛弃了重农主义混淆不清的阶级划分。

第三，斯密认为资本对劳动的需求调节着人口生产，劳动报酬的高低，制约着人口的增减。他看到了人口增殖超过资本需求时出现人口相对过剩的可能性，但他还不能从资本积累、资本有机构成提高和资本对劳动需求的相对减少，认识人口相对过剩的必然性。相反，他认为经过自由竞争机制的调节，人口的供给和需求会自动相适应。

第四，关于人口和生活资料的关系以及如何限制人口增长的问题，斯密则做出了错误的回答。他把人类和自然界的动物同样看待，认为"各种动物的增殖，自然和其生活资料成比例。没有一种动物的增殖，能超过这个比例。然而，在文明社会，只有在下等人中间，生活资料不够才能限制人类进一步繁殖。要限制进一步的增殖，除了杀死他们多子女婚姻所生的大部分子女外，没有其他方法"①。这种错误观点对后来的人口学家产生过很大影响，特别是在马尔萨斯的人口观点中。

---

① 斯密. 国民财富的性质和原因的研究：上卷 ［M］. 北京：商务印书馆，1972：73.

此外，斯密还分析了旧中国人口问题，说中国一向是世界上最富的国家，土地肥沃，人民最多而且勤勉，但由于经济落后，下层人民十分贫困，所以，中国人口生育多，但成活率低，人口增长缓慢，"许久以来，它似乎就停滞于静止状态了"①。由此他概括出这样一个结论："贫困似乎还有利于生育。……贫困虽不能阻止生育，但极不利于子女的抚养。"② 追求奢侈享乐的妇女，往往削弱甚至破坏生育能力。贫困产生人口这个思想，具有普遍适用的意义。马克思就曾说过，"不仅出生和死亡的数量，而且家庭人口的绝对量都同工资的水平，即各类工人所支配的生活资料成反比。"③

（四）大卫·李嘉图的人口理论

李嘉图是英国资产阶级古典政治经济学的最优秀的代表和完成者。他继承了斯密关于人口增长受劳动需求制约的思想，同时接受了马尔萨斯的影响，但又不同于马尔萨斯。他的主要人口观点是：

第一，阐述了资本对劳动的需求并调节着人口生产。他首先区分了劳动的自然价格和市场价格④，认为劳动的自然价格取决于劳动者维持其自身与其家庭所需要的食物、必需品和享用品的价格。劳动的市场价格，即劳动的货币价格。他论证说：当劳动的市场价格超过其自然价格时，劳动者的景况是繁荣而幸福的，他们能够得到更多的生

---

① 斯密. 国民财富的性质和原因的研究：上卷［M］. 北京：商务印书馆，1972：65.

② 斯密. 国民财富的性质和原因的研究：上卷［M］. 北京：商务印书馆，1972：72.

③ 马克思恩格斯全集：第23卷［M］. 北京：人民出版社，1972：705.

④ 实际上应为劳动力的价值和价格。李嘉图把劳动力和劳动混为一体，未将此二者区别开来.

活必需品和享用品，从而可以供养健康而人丁兴旺的家庭。但当高额工资刺激人口增加，使劳动者的人数增加时，工资又会降到其自然价格水平，有时的确还会由于反作用而降到这一价格以下。当工资降低使劳动者生活困难，连绝对必需品也无法保证时，人口必然趋于减少。人口减少又会使劳动的供给减少，当劳动的供给减少到无法满足对劳动的需求时，劳动的市场价格必然上升，甚至高于自然价格，于是人口又得以开始增加。李嘉图认为，由于决定劳动需求的是流动资本而不是固定资本，因而对劳动需求的增加率将是递减的。这里，李嘉图把用于雇佣劳动者的工资基金和流动资本混淆起来，因为他没有可变资本的概念。这是一个理论上的缺陷。

第二，李嘉图看到了资本主义的发展，必然发生机器排挤工人，造成大批失业者，形成过剩人口的现象。他说，"用机器来代替人类劳动，对于劳动者阶级往往是极为有害的"，因为机器的使用虽然增加了国家财富，但是，"使人口过剩"[①]。他不仅把机器看成生产商品的手段，而且把它看成生产"过剩人口"的手段，这是其功绩之一。但是他和斯密一样，也没能从资本有机构成提高方面在理论上进行分析。

第三，李嘉图接受了马尔萨斯的影响，也从土地肥力递减规律出发，认为土地生产力和资本积累率赶不上人口增长率，人口增殖造成了对生活资料的压力。他甚至说："每一努力勤劳，除非伴随着人口

---

① 李嘉图. 政治经济学及赋税原理［M］. 北京：商务印书馆，1962：332 —333.

繁殖率的减退，否则便适足以助长灾害，因为生产赶不上人口的繁殖。"① 但他也不同意马尔萨斯关于"人口只是由于先有了食物才增加的"观点，而认为人口增加导致对食物需求的增加，从而促进食物生产的发展，"食物的生产不过是这种需求的结果"②。

对于如何解决人口对生活资料的压力问题，李嘉图也不同于马尔萨斯。马尔萨斯认为应采取两种抑制——即积极抑制与道德抑制——的办法减少人口，只有抑制人口才能解决人口过剩问题。李嘉图则认为，关键在于迅速积累资本，发展生产，只要增加了雇佣资料（他称之为流动资本）就可以减少过剩人口，减轻人口压力。这里，李嘉图从增加资本，发展生产力角度来考虑解决人口过剩的思想，是有一定积极意义的。

（五）西斯蒙第的人口理论

西斯蒙第是法国资产阶级古典政治经济学的完成者、小资产阶级经济学家。他站在小资产阶级立场上，对资本主义社会进行了揭露和批判，这是他的贡献。但他总是企图把现代的生产资料和交换手段重新塞到旧的所有制关系的框子里，这种想法既是反动的，又是空想的。他十分注意人口问题。从他的主要著作《政治经济学新原理》来看，他的人口思想可以概括如下：

第一，集中分析了人口与财富的关系问题。他认为财富的增加要和人口的增长相互协调。只有二者相互一致，收入和资本一同增长，

---

① 李嘉图. 政治经济学及赋税原理［M］. 北京：商务印书馆，1962：82—83.

② 李嘉图. 政治经济学及赋税原理［M］. 北京：商务印书馆，1962：348.

消费和人口一同增长，社会才能协调发展。二者比例关系遭到破坏，社会便会陷入浩劫之中。这里，西斯蒙第实际上谈到了物质资料的生产和人口生产之间存在着一定的比例关系。

西斯蒙第模糊地认识到人口既是生产者，又是消费者。他认为，无论个人的还是公共的财富都是劳动生产的，人们生产财富是为了供人们消费，因此，各个阶层都应该得到温饱，每个人都应通过劳动得到适当的生活待遇。他的这种主张在资本主义社会是不可能实现的，只是一种小资产阶级社会主义的幻想。

第二，深刻地揭露和批判了资本主义机器排挤工人，造成工人失业的苦难情景。他认为这种苦难比野蛮时代更甚，甚至说对失业工人"所造成的损害要比最残酷的战争还严重"[①]。他看到了机器对发展生产力的作用，所以他不反对使用机器，但反对使用机器的资本主义性质，这是他高于同时代经济学家之处。

第三，对马尔萨斯的人口论进行了尖锐深刻的批判。他认为马尔萨斯的理论"陷入了严重的错误"，是"彻头彻尾的谬论"[②]。他驳斥了马尔萨斯认为食物慢于人口增长的论点，指出：从理论上讲，植物是按几何级数增加的，其增加速度要比牲畜大无数倍，而牲畜增加的速度又比人大无数倍。他还指出，人口增殖的可能性同人口的实际增殖不能混为一谈。抽象地提出一个人口可能增殖就臆造出人口按几何级数增长，忽视了人口的实际增殖要受一定社会历史条件、一定社会经济条件的制约，只能是一种谬论。

---

① 西斯蒙第. 政治经济学新原理 [M]. 北京：商务印书馆，1972：458.
② 西斯蒙第. 政治经济学新原理 [M]. 北京：商务印书馆，1972：426.

西斯蒙第主张控制人口增长的论证，也是可取的。他除了提出人口过剩是资本主义制度造成的见解外，还谴责宗教鼓励人口增长，指责宗教没有提倡节育，指责政府盲目鼓励多生育，主张政府应采取措施控制生育，提倡晚婚。这些思想也有合理之处。当然，在如何从根本上解决资本主义社会人口问题方面，西斯蒙第不是向前看，而是向后转，主张回到小私有者阶级那里去，这显然是一种幻想。

五、 空想社会主义者的人口理论

空想社会主义作为一种社会思潮，从 16 世纪到 19 世纪上半叶曾主要在西欧各国流行。它是以和资产阶级思潮相对立的形态出现的，反映了当时还未成熟的无产阶级自发反抗资本主义、要求社会改革的最初愿望。空想社会主义者在揭露资本主义社会各种丑恶现象和说明未来社会设想的过程中，也对资本主义社会的人口问题作了分析，并提出了一些解决人口问题的设想。

（一）莫尔和康帕内拉的人口理论

莫尔和康帕内拉是欧洲早期的空想社会主义者。在他们的著作中已经有对人口问题的论述。这些论述反映在对资本主义制度的抨击和对未来理想社会的描写中。例如，他们揭露了资本原始积累时期人压迫人、人剥削人的残酷景况，尖锐地抨击了贫富对立的社会制度，主张完全废除私有制，建立公有制，人人平等，按需分配消费品；并设想了一整套城市人口户口编制标准、城乡人口调剂办法，主张用移民、轮换来维持社会人口平衡。书中还有关于男女结婚的具体年龄和严格的一夫一妻制的规定，以及注重人口质量如防止有缺陷的婴儿出生等内容。

（二）葛德文、马布利和巴贝夫的人口理论

葛德文是英国小资产阶级思想家、空想社会主义者。他的主要人口思想如下：第一，认为人口总是和生活资料保持在相适应的水平上，这是人类社会的"一条规律"。第二，在资本主义条件下，劳动力的价格调节着人口的生产和再生产。第三，认为设想人口过剩为时过早。即使发生了人口过剩的危险，也会得到解决。人类的道德、善行和正义的观念足以限制人们的情欲，从而使人口生育率不断下降，使生育数量限制在一定限度内。这里实际上表达了对人口的增加实行道德抑制的思想。第四，葛德文比较系统地驳斥了马尔萨斯的人口论，他指出马尔萨斯关于人口在无妨碍时以几何级数增长，生活资料以算术级数增长的断言是错误的；认为实际上生活资料的增长可能快于人口的增长，人类生殖力将会逐渐降低，随着生命的延长两性间的情欲会减弱，人口的增长可能缩减。

马布利是 18 世纪法国卓越的社会学家、空想社会主义者。他站在空想社会主义立场上反对重农主义体系的资本主义性质。他最早分析了原始社会的人口状况，提出了分割财产和建立财产私有权同人口增加有密切联系的观点。他认为，当人口增加、劳动产品除满足自己消费外还有剩余时，人们有了用剩余产品交换其他物品的可能，于是逐渐产生了私有制。这种制度引起贫富分化，所以它是人类一切苦难的根源。他认为，在公有制社会里，人口会逐渐增加，并有足够的物质资料维持幸福的生活。

巴贝夫是法国伟大的空想社会主义者。他试图用阶级和阶级斗争的观点来分析社会，对空想社会主义的理论和实践都作出了杰出贡献。在人口问题上，巴贝夫敏锐地了解到人口的阶级构成及其所反映的对立关系。

（三）圣西门、傅立叶和欧文的人口理论

圣西门是法国伟大的空想社会主义者。他在其著作中抨击了资本主义制度。他认为工人失业、贫困，生活悲惨，是这种不合理的社会制度造成的，必须用他的"实业制度"来取代它。他根据地质地貌的变化指出，总有一天地球会完全干涸，人类将逐渐灭亡，但他对人类的未来还是充满希望，认为人类的黄金时代不是属于过去，而是在将来。

傅立叶是法国伟大的空想社会主义者。他认为，在资本主义制度下，人口过剩是不可避免的。他提出要寻求一个使人口平衡、防止人口无限增长的有效制度。这个制度就是更有效率、分配更公正的"协作制度"。他注意到，人口应当同财富保持平衡，以免因人口增加而抵消财富增加。

傅立叶提出，有四种情况可以抑制生殖力，即"妇女身体强健"、"美食制度"、"爱色的习俗"和"全面的锻炼"。他认为，这些手段结合起来应用，就会降低生殖力，那时人们担心的不再是人口过剩，而是人口不足了。此外，傅立叶曾预言未来社会婴儿死亡率将大大降低，并预言将来地球上的总人口数应为 50 亿，这个数字将能适应生活资料生产和需求之间的正确比例；超过 50 亿，将会有人口过剩之虞。

欧文是英国伟大的空想社会主义者。他认为资本主义私有制是产生过剩人口的根源。他指出，人类的劳动创造了财富，加上科学技术的发展提高了生产力，人们本来可以拥有更多的财富和幸福，但由于社会制度不合理，人口中占绝大多数的劳动阶级处于失业和贫困的境地。

欧文预言"人口过剩的时刻大概永远不会到来"①。他批判马尔萨斯"两个级数"的说法，指出："再没有任何说法比'人口以几何级数的趋势增加，而粮食只能以算术级数的趋势增加'这一说法更荒谬的了。"② 他认为，即使地球上住满了人，那时人们也有办法抑制人口增加。"由于世界居民那时将是高度善良、高度聪慧和高度明理的，所以他们了解在那种情况下应该怎么办要比现在无知的一代高明得多。"③

欧文也看到了在资本主义条件下劳动（力）的价格对人口生产的影响，认为劳动（力）价格下降，就不能保持人口增加。欧文还提出了一些具体设想，指出只有废除土地私有制，实现公有制，才能解决人口过剩的问题，才能为未来理想的人口目标创造适当的基础。

总之，空想社会主义者的人口思想，有一个共同点，即认识到资本主义社会的人口问题的根源在于资本主义制度本身。有的还认识到科学技术的进步有助于解决未来社会面临的人口问题。这些都对后来的人口思想发生了重要的启发作用。但空想社会主义者没有也不可能揭示资本主义人口规律并真正解决人口问题。

*　　*　　*

恩格斯在《反杜林论》"引论"中指出："现代社会主义……就其理论形式来说，它起初表现为 18 世纪法国伟大启蒙学者所提出的各

① 欧文选集：第 2 卷［M］. 北京：商务印书馆，1972：116.
② 欧文选集：第 3 卷［M］. 北京：商务印书馆，1972：252.
③ 欧文选集：第 2 卷［M］. 北京：商务印书馆，1972：115.

种原则的进一步的、似乎更彻底的发展。和任何新的学说一样，它必须首先从已有的思想材料出发，虽然它的根源深藏在经济的事实中。"① 同样，马克思主义的人口理论，也不能脱离先前的思想家们关于人口的思想材料，而是在对这些思想材料批判地继承、发展和加以变革的基础上形成的。

此文载于：马克思主义来源研究论丛. 北京：商务印书馆，1994.

---

① 马克思恩格斯选集：第 3 卷 ［M］. 北京：人民出版社，1972：56.

马尔萨斯人口论批判

一、 为什么要批判马尔萨斯人口论

计划生育控制人口是我们党和国家长期的战略任务。要实现这个艰巨的任务，需要各方面的工作配合，但是排除各种错误的、糊涂的思想观点，树立一个正确的指导思想，无疑是十分重要的。

我国 50 年代，马寅初先生就发表过《新人口论》，主张节制人口，以适应国民经济发展和提高人民生活水平的需要，这本来是远见卓识、符合马克思主义的。但由于当时我们在理论上弄不清马克思主义和马尔萨斯主义的根本区别，错把马寅初的人口理论打成马尔萨斯主义，进行了大规模的批判。在反右派斗争中又把一些主张节制人口的社会学家、人口学家，如费孝通、潘光旦、吴景超打成右派。从此，在很长时间内，人口理论研究成为禁区，以致对毛主席、周总理关于人多也有困难，倡导控制人口，倡导计划生育的主张，也未能正确地贯彻下去。这个后果是严重的。前一个时期有篇文章说，"错批一人，误增 3 亿"，意思是说错误地批判了马寅初，造成多增加了 3 亿人口。这种说法虽然未免有点夸大其词，但我国较长时期人口未能得到控制，增长得那么多，不能说同我们在人口理论方面缺乏研究，指导思想上出现偏差没有关系。我们在人口问题上指导思想出现偏差的理论根源之一，显然就是没有弄清马克思主义人口理论和马尔萨斯人口论之间的区别。在 70 年代初，特别是粉碎"四人帮"之后，党中央拨乱反正，正本清源，大力推行计划生育，控制人口，在人口理论研究上逐步深入开展，我们的计划生育工作也取得了巨大成就，应该说这个问题早该解决了。但事实上远非如此。由于马尔萨斯主义流毒很广，不是一下子所能完全肃清的，它或多或少地仍然是我们计划生育的思想障碍。

在国外，不但有老马尔萨斯主义，还有以马尔萨斯观点为基础的新马尔萨斯主义。

在国内，有的同志，不但认为马尔萨斯的人口论有科学成分、合理因素，而且把我国的计划生育和马尔萨斯主义联系起来，要我们利用马尔萨斯人口论为计划生育服务，硬说不这样就会妨碍现实问题的解决。

在我国的计划生育实际工作者中间，也有疑虑。对于我们现在搞计划生育，是不是马尔萨斯那一套，弄不清楚。对计划生育工作理不直、气不壮，生怕人家说自己是马尔萨斯主义的信奉者。外国一些资产阶级学者，他们看到我国计划生育取得了巨大成就，也胡说我们在按马尔萨斯主义办事，说我们"理论上是马克思主义，策略上是马尔萨斯主义"，"前门走的是马克思主义，后门走的是马尔萨斯主义"，污蔑我们口头上讲的是马克思主义，实际上是马尔萨斯主义。把我国计划生育的成就，算在马尔萨斯头上，归功于马尔萨斯。因此，我们必须进一步弄清马克思主义和马尔萨斯主义的根本区别，彻底批判马尔萨斯人口论的反动本质，以便在马克思主义人口理论指导下，理直气壮地贯彻计划生育的战略方针。这是人口理论工作者责无旁贷的重要任务。

以上我们讲了为什么要批判马尔萨斯人口论。下面我们讲马尔萨斯人口论的基本观点。

二、 马尔萨斯人口论的基本观点

要批判马尔萨斯人口论，首先应该先介绍一下它是什么货色。

马尔萨斯（1766—1834），全名是托马斯·罗伯特·马尔萨斯，出生在伦敦郊外萨立州一个富有的土地贵族家庭。1784 年马尔萨斯进入英国剑桥大学的耶稣学院学哲学和神学，1798 年加入英国教会的僧藉在萨立州奥尔堡当了牧师。就在这一年他匿名发表了《人口原理》即人口论的第一版。180 多年前出现的这本人口论，一出笼便轰动一时，这当然并不是像资产阶级所吹嘘的是什么了不起的科学巨著，而是因为他的人口论适应了当时统治阶级的需要。

1. 马尔萨斯人口论产生的历史背景

马尔萨斯的人口论是在 18 世纪英国社会阶级矛盾尖锐化的时代产生的。英国在 18 世纪下半期，在农村剥夺农民土地的圈地运动正接近完成，同时开始了工业革命，到 18 世纪末期工业革命达到了高潮。工业革命为资本主义生产方式奠定了技术基础，然而机器的资本主义使用，却造成了人数众多的小生产者的破产和工人失业，给劳动人民带来沉重的灾难。当时的无产阶级还意识不到灾难的根源在于资本主义制度，总是把它归咎于机器，他们把满腔愤怒发泄到机器上，捣毁和焚烧机器的事件，不断发生。在农村，阶级斗争也很尖锐，农民以反对圈地法令，拆除圈地栅栏，赶走国家官吏，来反抗反动统治阶级的压榨。与此同时，法国 1789 年爆发了资产阶级革命，法国革命的风暴对英国发生了广泛的影响，大大促进了英国人民的斗争热情。在 18 世纪最后几年间社会改革运动中，出现了威廉·葛德文 1793 年出版的《政治正义论》，1794 年在法国出现了孔多塞的《人类理性发展的历史观察概论》。这两本书都论证了私有制是人类社会贫困和罪恶的根源。指出私有制违反了人类的理性和正义，批判了资本主义制度，主张废除私有制，消灭贫富对立，使人类回到自然的平等状态。葛德文和孔多塞的著作在英国的传播，受到劳动群众的热烈欢迎，威胁了英国反动统治阶级的根本利益，引起英国贵族地主和资产阶级的莫大惊慌。在这种情势下，统治阶级迫切需要一种为他们的反动统治辩护的思想武器，来对抗主张社会改革的进步学说，麻痹劳动人民的斗争意志。马尔萨斯的人口论为适应这种需要在 1798 年出版，当然就使反动统治阶级如获至宝，大加捧场。马尔萨斯对自己的成功，也大感意外，于是又作了一些拼凑，出了人口论的第二版，前后共出了六版，但其基本观点未变。马克思在谈到马尔萨斯人口论及其大出风头的历史条件时指出："这本小册子所以轰动一时，完全是由党派利益引起的。法国革命在不列颠王国找到了热情的维护者：'人口原理'是在 18 世纪逐渐编造出来的，接着在一次巨大的社会危机中被大吹大擂地宣扬为对付孔多塞等人学说的万无一失的解毒剂，英国的寡头政府认为它可以最有效地扑灭一切追求人类进步的热望，因而报以热情的喝采。"[①]

---

① 马克思. 资本论：第 1 卷〔M〕. 北京：人民出版社，1972：676.

2，马尔萨斯人口论的基本观点

马尔萨斯的人口论内容十分复杂，但其基本观点，大体上可以概括为：人口的增长永远会超过生活资料的增长，因而必然要产生失业、贫困、饥饿和灾难，人口增长受到积极抑制和道德抑制，从而与生活资料增长相平衡，这是一个永恒的自然规律，是和社会制度无关的，所以任何社会改革在这个规律面前都是无能为力的。具体一点讲，可以分三方面看：

第一，马尔萨斯从纯生物学前提出发，认为人口增长永远快于生活资料的增长。他说："食物为人类生存所必需，两性间的情欲是必然的。"也就是说食色性也，人类要生存、发展，就得吃饭、穿衣，就得生儿育女，繁衍后代。他以这两点前提为依据，武断地说："人口增殖力，比土地生产人类生活资料力是无限的较为巨大。人口，在无所妨碍时，以几何级数率增加，生活资料只以算术级数率增加。"① 人口是按几何级数增加即按 1、2、4、8、16、32、64、128、256、512……那样的增加率增加；而生活资料则按算术级数增加，即按 1、2、3、4、5、6、7、8、9、10……那样的增加率增加。他说：即使"在最有利于人类劳动的条件之下，大概不能使生活资料增加比算术比率还快"。② 结果人口增长必然永远超过生活资料的增长，而且差距越来越大。这是一个永恒的自然规律。

第二，人口增长受到积极抑制和道德抑制而与生活资料相平衡。与马尔萨斯认为人口增长一定要超过生活资料增长，这种不平衡，必

---

① 马尔萨斯. 人口原理 [M]. 1 版. 北京：商务印书馆，1959：4.
② 马尔萨斯. 人口原理 [M]. 2 版. 北京：商务印书馆，1961：6.

须用积极抑制和道德抑制使人口受到控制，使之趋于平衡。按照他的说法，就是"凡在人类曾经存在或现在存在的一切时代和一切国家里，人口的增长必然为生活资料所限制。在生活资料增长的时候，人口必然要增长，除非由种种强大而又显著的抑制所阻止；这些抑制以及把人口遏制下去使之与生活资料的水平相适应的各种抑制，是道德的节制，罪恶和贫困"①。他认为人口增加之后的抑制叫积极抑制。他说："极度的贫困"、"连串整套的普通疾病和传染病、战争、瘟疫和饥荒"，可以大量消灭人口，这可称为积极抑制。而在人口增加之前采取的预防措施，即"不带来不正当性生活后果的那种对结婚的克制，可恰当地称为道德的节制"。他认为，劳动人民只有节制生育，才能摆脱贫困，无力赡养子女的穷人不要结婚，否则"自然规律"就要加以惩罚。

第三，他认为人类的贫困和罪恶与社会制度无关，人口增长过多、生活资料太少才是真正的原因。他说，葛德文等人认为私有财产制度是万恶之源，是个重大错误，如果把私有制"和自然规律及人类情欲所造成的祸害"相比较，私有制仅仅是微乎其微的"表面上的原因"②。"贫困的主要的和最难消除的原因与政府的形式或财产的不平等分配是没有多大关系或没有任何直接关系的。"③ 所以，他认为进行任何社会改革，都是无济于事的，因为任何新的平等制度都必然被人口增长的洪流所冲垮。马尔萨斯甚至反对救济贫民，认为救济贫民不仅无益而且有害，救济贫民只会鼓励穷人结婚和生育，从而使穷人

---

①　马尔萨斯. 人口原理 [M]. 2版. 北京：商务印书馆，1961：303.
②　马尔萨斯. 人口原理 [M]. 2版. 北京：商务印书馆，1961：317.
③　马尔萨斯. 人口原理 [M]. 1版. 北京：商务印书馆，1961：551.

更多，且会降低其他人的生活境况。在马尔萨斯反对救济贫民的影响下，英国统治阶级于 1834 年废除了 1601 年以来就一直实行的济贫法，颁布了使穷人受尽折磨的新的济贫法。恩格斯在谈到这个问题时说：“马尔萨斯的人口论和由此产生的新济贫法”，是“资产阶级对无产阶级的最公开的宣战”①。

三、 对马尔萨斯人口论的批判

第一，马尔萨斯把动植物和人类等同看待作为自己理论的前提，是不能成立的。他只看到动植物和人类一样，都需要滋养料来维持生命，都需要繁殖后代来延续族类，而没有看到它们之间的根本区别。他说：这无可争辩地是实在的。通过动物界和植物界，大自然用它的最大方和最慷慨的手法广泛地散布了生命的种子；可是它在为抚养它们所必需的空间和滋养料方面却比较吝啬。……这个专横而又无所不在的自然规律，把它们限制在规定的范围之内。植物的族类和动物的族种都僵缩在这个大禁律之下；而人，也不能以任何有理性的努力逃避得了它。这种观点是极端错误的。我们说，这个所谓的繁殖力大于滋养料的所谓“自然规律”，只能适用于没有人类干涉的动植物界，并不适用于人类。动物只能依靠大自然的恩赐，消极被动地适应自然界，人类则不是这样。人类能够制造和使用工具，进行生产劳动，能够积极能动地改造自然，生产出合乎自己需要的东西。马克思和恩格斯在《德意志意识形态》一书中就曾指出：“一当人们自己开始生产

---

① 马克思恩格斯全集：第 2 卷 [M]. 北京：人民出版社，1972：572.

他们所必需的生活资料的时候，他们就开始把自己和动物区别开来。"① 恩格斯还指出："人类社会和动物社会的本质区别在于，动物最多是搜集，而人则能从事生产，仅仅由于这个唯一的然而是基本的区别，就不能把动物社会的规律直接搬到人类社会中来。"② 马尔萨斯只见人口，不见人手，只看人和动物都有消费的一面，不看人类还有生产财富的一面，把人类和动物混为一谈，并以此作为他的整个人口论的前提，是十分荒谬的。

第二，马尔萨斯把社会的、具体的、历史的人口规律，说成是抽象的、永恒的自然规律，把贫困和罪恶以及资本主义的"人口过剩"现象，归咎于他所编造的"世所公认人口增长速度快于生活资料的增长的趋势的压力"，更是无稽之谈。

首先，从人类增殖来说，它虽然也有生理的自然基础，但它和动物不同，它是受社会制度的制约的。人的本质就是人的社会性，人类自身的生产和再生产，不是一种单纯的生物的过程，他们生儿育女繁殖后代，和其他动物不同，既需结成一定的社会关系，如婚姻家庭关系，还要受宗教、民族风俗习惯、道德、法律，特别是经济条件等等的制约。正如列宁指出的那样："人类的增殖条件直接决定于各种不同的社会机体的结构，因此应当分别研究每个社会机体的人口规律，不应不管历史上有各种不同的社会结构形式而去'抽象'地研究人口规律。"③

其次，从人类取得生活资料的方式来看，它也是社会规律，而不

---

① 马克思恩格斯全集：第 1 卷 [M]. 北京：人民出版社，1972：24-25.
② 马克思恩格斯全集：第 34 卷 [M]. 北京：人民出版社，1972：163.
③ 马克思恩格斯全集：第 1 卷 [M]. 北京：人民出版社，1972：430.

是自然规律。人类总是生活在一定的具体的生产方式下，在阶级社会
中人口又是由阶级构成的，分属于不同的阶级。在不同的社会生产方
式，人们能不能获得生活资料，能够得到多少生活资料，用什么方式
获得生活资料，就不仅受一定的社会生产力发展水平所制约，更是直
接受社会生产关系所制约。马尔萨斯撇开具体生产方式，把资本主义
制度下的劳动者失业、贫困现象，看作和资本主义制度无关而仅仅是
人口增长超过生活资料增长这个自然规律的作用，纯属无耻歪曲。无
可辩驳的事实说明，在资本主义条件下，工人失业、贫困，不是什么
生活资料满足不了人口增长的需要，而是资本主义制度造成的。马克
思、恩格斯一百多年前就在《共产党宣言》中说过："资产阶级在它
的不到一百年的阶级统治中所创造的生产力，比过去一切世代创造的
全部生产力还要多，还要大。"一百多年来资本主义生产又有了突飞
猛进的发展，资本主义生产力的高度发展，意味着社会所能提供的生
活资料、生产资料迅速增长，本来可以为人类的发展提供更多的物质
生活资料。但是，由于资本主义的生产关系，生产资料被资产阶级所
掌握，它的目的是为了获取更大利润，而不是为了满足人民需要。资
本家对最大利润的追求，使劳动生产力发展了，资本有机构成提高
了，对劳动力的需求也相对甚至绝对地减少了，于是必然产生相对人
口过剩、失业和贫困。在这种条件下，资本家的仓库里商品堆积如
山，应有尽有，卖不出去时可以任其烂掉，甚至人为地毁坏掉，却有
相当多的穷人生活在贫困线以下，处于饥寒交迫境地。因为在资本主
义制度下，生产资料和生活资料具有资本属性，劳动者和生产资料处
于分离状态，只有能够为资本家带来利润时，资本家才让劳动者和生
产资料相结合，劳动者才能劳动，才能获得工资，从而取得生活资

料。否则，资本家不会让生产资料和工人相结合，也不会免费奉送工人生活资料。马尔萨斯无视这个最普遍、最确凿的事实，硬把工人的失业、贫困说成是生活资料增长慢于人口增长的所谓自然规律的结果，不是赤裸裸的无耻谎言又是什么呢！

第三，马尔萨斯关于"两个级数"的理论完全是捏造出来的。马尔萨斯说人口按几何级数增加是以美国当时人口增长的情况为依据，而在 18 世纪末期大量欧洲人移居美国，以至于美国人口大增。马尔萨斯利用了美国人口 25 年增长一倍的材料，却避开了大量欧洲人移入美国的事实，编造了人口按几何级数增加的谎言，至于说"生活资料是按算术级数增长"这一点，马尔萨斯甚至连任何骗人的论据材料也举不出来，只有乞灵于"假定英伦三岛"的生活资料以算术级数增加。所以"两个级数"的结论是没有任何科学根据的。马克思在谈到这个问题时就曾指出："把历史上极不相同的关系转化为抽象的数学关系，这是纯粹凭空杜撰的，既没有自然规律也没有历史规律作根据。"①

马克思还说："马尔萨斯愚蠢地把一定数量的人同一定数量的生活资料硬联系在一起。李嘉图当即正确地反驳他说，假如一个工人没有工作，现有的谷物数量就同他毫不相干。因而，决定是否把工人列入过剩人口范畴的，是雇佣资料，而不是生存资料。"

实践是检验真理的唯一标准，对人口理论也不例外。让我们拿人口增长和生活资料增长的实际情况来检验一下所谓"两个级数"的理论。按照马尔萨斯人口按几何级数增长的说法，世界人口从 1798 年

---

① 马克思恩格斯全集：第 46 卷Ⅲ［M］. 北京：人民出版社，1972：108.

到 1977 年就应是 550 亿～600 亿人，到现在（1982 年）就应该更多了，可是当前估测世界人口的最高数额到 1980 年 3 月 14 日格林威治时间 19 点 42 分为止，也不过 45 亿人。并且近些年来，整个世界人口已经开始出现增长缓慢的趋势，这种趋势在经济发达国家尤为显著。一些国家如西德、东德、卢森堡、奥地利、捷克、英国、比利时、丹麦、匈牙利、挪威和瑞典，人口增长率为零甚至出现负数。据西德经济研究所估计，到 2000 年，西德的人口将下降为 5580 万人。同 1975 年相比，25 年内共减少 620 万人。照目前趋势发展下去，人口增长率降到零的国家还将有芬兰、保加利亚、希腊、意大利、瑞士和法国。这就是说人口并不是成几何级数增长，甚至不增长而可能是下降的。从这些国家的情况看，更不是像马尔萨斯所说的，"在生活资料增长的时候，人口必然要增长"。

从人口增长和生活资料增长的比例来看，自有人类社会以来，总的来说，生活资料增长总是快于人口增长，否则人类社会早就不能生存了，更谈不上提高生活水平向更高阶段发展了。据前国际联盟资料：1913—1927 年世界（不包括中、苏）粮食增长为 13%，而人口只增长 9%；据联合国资料：1948—1955 年世界农业生产品增长 21%、人口增长 10%。联合国的调查表明，世界人口平均每年增长 15%，而世界食物产量每年平均增长 3%，生活资料比人口增长快一倍。新中国成立后我国人口平均每年递增 2%，粮食平均每年递增 4%，这还是 1976 年以前的情况。70 年代后期，人口增长率大幅度下降，粮食增长率大幅度上升。1979 年我国人口增长率是 1.17%，粮食增长率是 9%，粮食增长超过人口八倍多。从新中国成立后人口增长和粮食增长的绝对数来看，新中国成立初期 1949 年粮食产量

1.1 亿万吨（2200 亿斤），1984 年超过 4 亿吨（8000 多亿斤）增长了近三倍，而人口从新中国成立初期 5.4 亿增加到 1983 年的 10.2 亿人，增加不到一倍。

在这里必须指出，我们批判的是马尔萨斯把生活资料增长慢于人口的增长当作一个自然规律的"两个级数"的谬论，我们并不否认在特定的历史条件下某个时期、某个国家或某个地区会发生生活资料慢于人口增长的现象。从我们四川的情况来看，新中国成立后的 30 年来，总的是粮食增长速度超过人口的增长速度，但在 1966—1975 年这十年当中，由于林彪、"四人帮"的破坏，使人口盲目增长，国民经济处于崩溃的边缘，致使人口在这个时期超过了粮食的增长速度。在这十年中，人口盲目增长了 2360 万多，平均每年净增人口 27.42‰；而粮食仅增产 62.5 亿斤，平均每年增长只有 13.20‰，出现了全省人平口粮水平降低，日子很不好过的情况。但这种情况的发生，既和"两个级数"无关，也不是什么必然的自然规律，不过是特定条件下的反常和例外，是历史长河中一个短暂的插曲，一小段弯路。没有谁会相信我们社会主义制度下隔一段时期就一定会出现一场浩劫是什么必然的自然规律。我们党和国家、我国人民已经总结了历史上的经验教训，绝不允许那种反常的情况再次发生。因而我们出现的一段时期生活资料增长慢于人口增长的现象也就决不是什么自然规律，它是完全可以避免的。

当然，这并不是说粮食只要能超过人口增长就是人口和国民经济发展相适应了，就心满意足不需要控制人口了。如果按照这个标准，那就太低了。在一般情况下，生活资料增长总会超过人口增长，但人们不光是为了吃饱肚子，能够养活自己和后代，还要提高和发展。在我们社会主义制度下，就更如是此。社会主义基本经济规律要求在高度技术基础上使生产不断增长的基础上，来最大限度地满足人民不断增长的物质和文化的需要，这就要使生活资料的增长大大超过人口增长的速度才能实现。据人口学家估算，人口年增长 1%，就需要国民收入年增长 4% 左右，才能维持人口增长后的生活水平不致降低。这是因为增长的 1% 的人口，不仅要吃饭、穿衣、需要增加生活资料来满足，还需要有相应的生产资料投资使他们能够就业，而为创造这些生活资料和生产资料，又需要有相应的投资。如果不满足仅仅维持现有生活水平，而要提高生活水平，那就还要有国民收入的更高的增长，才能有多余的投资用于扩大再生产，使国民收入持续增长。据有些国家的情况看，大约人口增长 1%，国民收入增长 10% 以上就大体可以适应。我们国家人口基数很大，年龄构成又年轻，很难在短期内使人口降得很多。同时国民经济也比较落后，这种情况和我们要在 20 世纪末实现四个现代化的宏伟目标很不适应，因而要按照马克思主义关于"两种生产"的理论和其他理论，一方面要降低人口增长率，一方面要大力发展生产力，一上一下，双管齐下，忽视任何一个方面，要达到我们的宏伟目标，都是不可能的。

四、 马克思、 恩格斯是怎样看待马尔萨斯人口论的

前面我们一般地对马尔萨斯的人口论进行了一些批判。现在我们再针对当前一些同志的疑问和问题，谈一些看法。我们先要讲的是这么个题目，即马克思、恩格斯对马尔萨斯人口论是怎样评价的。为什么要讲这个题目？这是因为有人提出马克思、恩格斯曾经对马尔萨斯

的人口论作过某些肯定和赞许。果真如此，那我们根本否定马尔萨斯的人口论，岂非违背马克思主义？那还了得！因此，对这个问题不能回避，必须作出严肃的回答。

那么马克思、恩格斯是怎样看待马尔萨斯人口论的呢？

1、马克思，恩格斯对马尔萨斯的人口论是深恶痛绝的

马克思、恩格斯和列宁对马尔萨斯人口论深恶痛绝，对它进行过反复的、深刻的揭露和批判。马克思、恩格斯多次指出，马尔萨斯人口论的反动本质表现在它在理论上的反科学性，在政治上的反动性和在思想上的极端卑鄙。马克思、恩格斯指出，马尔萨斯的人口论是为现有社会统治阶级即地主，资产阶级的利益服务的，他把工人贫困和失业的原因说成是由于人口增殖太快、生活资料增长太慢这个所谓自然规律造成的，从而为资本主义的剥削制度进行辩护和开脱罪责，同时也为了对抗进步思想，麻痹劳动人民。他仇视人类，主张用极端残忍的办法（战争、瘟疫、饥荒等等）来消灭"过剩"人口。他还利用这本书反对任何社会改革。马克思说："这部著作的实际目的，是为了英国现政府和土地贵族的利益，'从经济学上'证明法国革命及其英国的支持者追求改革的意图是空想。一句话，这是一本歌功颂德的小册子，它维护现有制度，反对历史的发展；而且它还为反对革命法国的战争辩护。"①

马尔萨斯是资产阶级化了的土地贵族阶级的代言入，他一贯站在最反动的立场。马克思说："只是在工业资产阶级的利益同土地所有

---

① 马克思恩格斯全集：第 26 卷 II ［M］. 北京：人民出版社，1972：125 —126.

权的利益，同贵族的利益一致时，马尔萨斯才拥护资产阶级的利益，即拥护他们反对人民群众，反对无产阶级；但是，凡是土地贵族同工业资产阶级的利益发生分歧并且互相敌对时，马尔萨斯就站在贵族一边，反对资产阶级。"①

至于说马尔萨斯的个人品质和所谓学术思想，马克思指出，马尔萨斯是个思想极端卑鄙、剽窃成性的无耻之徒，他不仅看着统治阶级的眼色"伪造科学"，而且他的"全部人口论都是无耻的剽窃"。②"他这本书最初的版本不过是对笛福、詹姆斯·斯图亚特爵士、唐森、富兰克林、华莱士等人的小学生般肤浅的和牧师般拿腔做调的剽窃，其中没有一个他独自思考出来的命题。"③ 就连马尔萨斯人口论的核心——"两个级数"的谬论，也不是他提出的，"都是直接从他的前人那里剽窃来的，只有两个级数的纯粹武断的运用，才属于他自己"④。马克思说，"马尔萨斯的人口论，这部著作的第一版没有包含一个新的科学词汇。"⑤

马克思、恩格斯否定和鄙视马尔萨斯人口论的态度，不仅表现在大量著作中，还表现在马克思、恩格斯的书信中。1880 年考茨基在《人口增殖对社会进步的影响》一书中，宣扬了所谓"两个级数"的类似观点，受到了恩格斯和马克思的严厉批评，说他是"一个新出笼的马尔萨斯主义者"⑥。考茨基后来改变了原先的马尔萨斯主义观点，

---

① 马克思恩格斯全集：第 26 卷 II ［M］. 北京：人民出版社，1972：122.
② 马克思恩格斯全集：第 23 卷 ［M］. 北京：人民出版社，1972：553.
③ 马克思恩格斯全集：第 23 卷 ［M］. 北京：人民出版社，1972：676.
④ 马克思恩格斯全集：第 31 卷 ［M］. 北京：人民出版社，1972：470。
⑤ 马克思恩格斯全集：第 26 卷 II ［M］. 北京：人民出版社，1972：128.
⑥ 马克思恩格斯全集：第 35 卷 ［M］. 北京：人民出版社，1972：431。

又受到恩格斯的欢迎。1894 年俄国资产阶级经济学家司徒卢威在《俄国经济发展问题评述》一书中，胡说"马克思的人口理论补充了而不是批驳了马尔萨斯的人口论"，引起了恩格斯的极大愤慨。恩格斯指出，马克思在《资本论》第 1 卷第 23 章第 75 小注中马克思对马尔萨斯人口论的批判，"每一个人都是十分清楚的"。《资本论》第 1 卷第 23 章第 75 小注的内容是什么呢？简略地说来，就是：①马克思指出马尔萨斯的人口论，完全是剽窃别人的；②指出马尔萨斯人口论的反动本质，是完全维护反动统治阶级的利益，反对"人类进步的热望"；③指出牧师们到处为人口的增殖作出极不体面的贡献，而同时却又向工人宣传"人口原理"，宣传禁欲的卑鄙行径。可见，马克思、恩格斯对马尔萨斯人口论是一贯反对、完全否定的。事实就是如此，是不容歪曲的。

2. 怎样理解马克思、恩格斯似乎肯定或赞许马尔萨斯的人口论

马克思、恩格斯一贯反对、完全否定马尔萨斯的人口论，本来是毋庸置疑的事实。但是，竟然有人硬说马克思、恩格斯也肯定、赞许过马尔萨斯的人口论。我们也不得不花费一些时间，来澄清这个问题。

马克思、恩格斯对理论研究，在对待前人的思想、学说，一贯是采取实事求是的科学态度，从不埋没和忽视先前的文化遗产。"只要马克思在前人那里看到任何真正的进步和任何正确的新思想，他总是对他们作出善意的评价。"① 马克思、恩格斯在自己的著作中对马尔

---

① 马克思恩格斯全集：第 23 卷 [M]. 北京：人民出版社，1972：581.

萨斯的人口论有着大量的论述。如果马尔萨斯的人口论确有可取之处，当然应该得到肯定和赞许。但是，我们找不到这个意义上的肯定。这里我们用的是"似乎肯定"，就是说表面上看来好像是肯定，而实际上并非如此。如果我们不是从其片言只字上断章取义地理解，而是从其精神实质上来理解，那么，马克思、恩格斯对马尔萨斯人口论的似乎肯定的地方，大体有以下几种情况：

第一，并非对马尔萨斯人口论的什么"肯定"或"赞许"，而是对马尔萨斯的嘲讽。

例1，马克思说："当李嘉图……把工作日的不变量当作他们全部研究的基础时，马尔萨斯却强调工作日的延长，并且在自己小册子的其他地方直接了当地谈到这一点。这对马尔萨斯来说是一种光荣。"① 这是被人认为马克思肯定过马尔萨斯的论据之一。但纵观这段话的全文，我们就会看到：①马尔萨斯"直接了当地"谈的不是什么科学创见，而是已得到证实的"最惹人注目的事实"②，没有什么值得肯定的。②这段前半段，马尔萨斯把"能促使资本增长"的劳动日延长，看作是劳动阶级的"光荣"，这是马尔萨斯对剥削者的无耻献媚和对劳动者的恶毒嘲弄。因而马克思才回报说"这对马尔萨斯来说是一种光荣"，从这一段话的前后文来说，这明明是对马尔萨斯尖锐的讽刺，那里是什么肯定！而在以下一段，马克思又批判了马尔萨斯为"保守利益"效劳，"用永恒的自然规律去解释这种'人口过剩'当然比用资本主义生产纯粹历史的自然规律去解释更便利，更符合马

---

① 马克思恩格斯全集：第 23 卷［M］．北京：人民出版社，1972：578．
② 马克思恩格斯全集：第 23 卷［M］．北京：人民出版社，1972：578．

尔萨斯真正牧师般地崇拜的统治阶级的利益"①。可见，马克思说马尔萨斯"光荣"这段话是对马尔萨斯的讽刺而不是什么赞许！

例2，马克思还说过："同资产阶级政治经济学那些可怜的和谐论者比较起来，马尔萨斯的唯一功绩，就是特别强调不和谐。的确他决没有发现不和谐，但他毕竟以牧师所固有的洋洋得意的厚颜无耻肯定、描绘并宣扬了这种不和谐。"②

这里，马克思又说到"马尔萨斯的唯一功绩"。可是，就是这个"唯一功绩"，难道能从中得出是马克思对马尔萨斯赞扬、肯定的理论吗！像如上类似的例子，虽然也有马克思说过马尔萨斯的"功绩"和"光荣"等似乎肯定的字眼，但如果不是断章取义、掐头去尾而是全面地从其前后文的意思联系起来考虑，那就只能理解为马克思、恩格斯对马尔萨斯的讽刺，决不应理解为对马尔萨斯的肯定。

第二，马克思、恩格斯是把马尔萨斯当作反面教员来肯定的。

恩格斯说过："马尔萨斯的理论却是一个不停地推动我们前进的、绝对必要的转折点。"③ 这看来似乎是肯定。但恩格斯接着说：它"促使我们要用消灭私有制、消灭竞争和利益对立的办法来结束这种人类堕落的现象"④。这意思是很清楚的：是把马尔萨斯反动的人口论，作为反面教员肯定的。说明马尔萨斯的人口论从反面推动了"我们"研究人口问题，批判反动的人口理论，建立无产阶级崭新的人口理论促使无产阶级必须进行社会革命，消灭资本主义私有制，建立社

① 马克思恩格斯全集：第23卷［M］. 北京：人民出版社，1972：578
② 马克思恩格斯全集：第26卷Ⅱ［M］. 北京：人民出版社，1972：128.
③ 马克思恩格斯全集：第1卷［M］. 北京：人民出版社，1972：620.
④ 马克思恩格斯全集：第1卷［M］. 北京：人民出版社，1972：620.

会主义、共产主义社会，才能从根本上铲除在资本主义制度下工人失业、贫困，使人类摆脱苦难、罪恶的现象。马尔萨斯反动的人口论的价值，就是"悬其说以为警戒"，当作批判的靶子，"大有助于马克思的正确人口论的发挥"。

第三，有的同志把恩格斯早期著作中的一些词句，作为马克思、恩格斯曾经肯定过马尔萨斯人口论的根据。如在 1844 年 1 月，恩格斯在《政治经济学批判大纲》中，曾把工资的变动同工人人口数量联系在一起，认为工资高低取决于工人的人口数量多少，并据此来考察资本主义失业和贫困化即"人口过剩"问题时，说马尔萨斯在说明这个问题上有"功绩"，"能够自圆其说"。但是，应该承认，马克思、恩格斯在创立马克思主义时，有个从不成熟到成熟的发展过程。恩格斯在早期著作中，受过马尔萨斯的影响，把工资变动同工人的人口数量联系在一起，但到后来，却完全站在正确的立场上批判了这个观点。马克思明确指出："决定工资的一般变动的，不是工人人口绝对数量的变动，而是工人阶级分为现役军和后备军的比例的变动，是过剩人口相对数量的增减，是过剩人口时而被吸收、时而又被游离的程度。"[①] 并且在《哥达纲领批判》中，也批判了"工资铁则"即把工资高低和工人人口数量联系起来的错误观点。马克思的意见，恩格斯是完全同意的。可见，恩格斯以后已经彻底清除了在早期著作中所认为马尔萨斯"能自圆其说的"那种肯定。在恩格斯晚年，即 1871 年，恩格斯拒绝了李卜克内西重新发表《政治经济学批判大纲》的要求，指出："这篇文章已经完全过时，而且有许多不确切的地方，只会给

---

① 马克思恩格斯全集：第 23 卷 ［M］. 北京：人民出版社，1972：699.

读者造成混乱。"① 因此，连恩格斯本人都认为这本书有许多不确切，我们又怎能违反恩格斯的意见，反而把这种不确切的地方，作为肯定马尔萨斯人口论的根据呢？

五、 马尔萨斯所说的人口生产要适应生活资料生产 能不能作为我们计划生育的理论基础

马尔萨斯在其人口论中，确实谈到过人口生产和生活资料生产的关系问题，说过"必须永远把人口抑低到和生活资料相适应的水平"②。从表面看，马尔萨斯似乎说的是人口生产和物的生产要相适应，好像也完全适用于我们今天计划生育的情况。但是，如果我们稍作分析，就会发现这是一种反动谬论，绝非什么科学理论。

第一，马尔萨斯所说的物的生产，仅仅说的是生活资料，和马克思、恩格斯说的"两种生产"根本不同。马克思、恩格斯说的"两种生产"内容要丰富得多，物的生产，不仅包括生活资料，还包括生产资料。

第二，马克思的"两种生产"要相适应的理论，是包括多种情况，不止是人口要永远抑低到和生活资料相适应，而是从人类直接生活的生产和再生产包括两种生产，这两种生产是相互联系、相互制约的，所以必须相互适应。不是片面地把人口永远要抑低得适应生活

---

① 马克思恩格斯全集：第 33 卷 [M]. 北京：人民出版社，1972：209.
② 马尔萨斯. 人口原理 [M]. 2 版. 北京：商务印书馆，1961：5.

资料。

第三，马克思主义认为，在将来共产主义社会，不仅要"对物的生产进行调整"，"同时也对人的生产进行调整"，可以做到"两种生产"都有计划地发展。这和马尔萨斯仇视人类，要用残酷的手段消灭"过多"的人口，毫无共同之处。

马尔萨斯关于人口和生活资料关系的出发点，不是从人口数量太少，人口再生产的规模和速度过小过慢，由于劳动力不足，而使社会财富的创造受到抑制，不能满足人们的生活需要这个角度来说人口和生活资料的关系；也不是一般地讨论人口增长必须和生活资料增长相适应；而是以生活资料永远慢于人口增长的"两个级数"为基础，因而永远要抑制人口增长得出结论的。既然我们承认"马尔萨斯的理论正好建立在他用华莱士关于人类繁殖的几何级数同幻想的动植物的算术级数相对立上面"'① 是"纯粹凭空杜撰"出来的，那就是说，马尔萨斯这个思想，就带有他自己的特点，即和他的反科学的"两个级数"不可分割地联系在一起的。既然谁都承认（连认为马尔萨斯人口论有合理因素的人也不例外）这"两个级数"的理论是反科学的、没有根据的，那么，怎能在反科学的理论基础上长出科学成分来呢！我们说马尔萨斯的这个观点不能成立，应予否定，并不是要否定一般意义上的人口和生活资料要相适应的观点，而是要否定和"两个级数"连在一起的，有马尔萨斯特点的那个观点。反过来说，如果我们承认马尔萨斯这个观点是科学成分，那就也得肯定他的"两个级数"是科学理论，因为，他这个观点就是从"两个级数"得出的结论。而这显

---

① 马克思恩格斯全集：第26卷Ⅱ [M]．北京：人民出版社，1972：128．

然是极端荒谬的。

其次，人口和生活资料要相适应的观点，也并非马尔萨斯的创见。远在中国古代春秋战国时期。就有不少思想家论述过这个观点。韩非的《五蠹》中说：古者"人民少而财有余故民不争"；"今人有五子不为多，子又有五子，大父未死而有二十五孙；是以人民众而货财寡，事力劳而供养薄，故民争"。与马尔萨斯同时的清朝人洪亮吉也有"食之者众，生之者寡"的类似观点。洪亮吉在其所著《意言》一书中认为当时人口增加过快，生活资料增加过慢，这就使"为农者十倍于前而田不加增，为商贾者十倍于前而货不加增"，以至于造成人口大大超过生活资料，不少人"饥寒颠踣而死"。可见在我国历史上主张人口的增长必须和生活资料生产的增长相适应的观点，是屡见不鲜的。

在西方，古希腊亚里士多德就有这类思想，随着资本主义生产方式的发展，"人口过剩"逐渐成为一个突出的问题，资产阶级学者关于人口和生活资料之间的关系的论述就更多了。詹姆斯·斯图亚特（1712—1780）说："人口的增长，要看食物的生产……"，"禽兽的繁衍和它们的食物成比例，人类的情况也是如此。"唐森（1739—1816）说："因为他们的食料有限，所以他们的人数必须有限制。"华莱士（1697—1777）更认为粮食供给的增加赶不上人口增加的速度。姑且不论这些观点是否正确，但从上述不同角度表述出来的思想，都以自己的方式提出了人口和生活资料之间的关系问题。可见，作为一种观点来说，是古已有之的。马尔萨斯也正是剽窃了前人的这些思想拼凑了自己的人口论的。马克思曾经多次指出这个事实，说他这本书"没有一个他独自思考出来的命题"①。列宁说过："判断历史的功绩，不是根据历史活动家没有提出供现代所要求的东西，而是根据他们比他们的前辈提供了新的东西。"② 既然马尔萨斯的"全部人口论都是无耻的剽窃"，甚至连"两个级数"这种谬论，"都是直接从他们的前人那里剽窃来的"，又怎么能说，他有什么科学的创见，是什么有价值的科学理论呢！不言而喻，对于如此荒谬的所谓理论，又怎能以之作为我们计划生育的理论基础呢！

六、 我国计划生育和马尔萨斯的 "道德抑制" 的根本区别

有人说，马尔萨斯提出的"道德抑制"，也是说的要控制人口，而且是说的人口增长之前的抑制，这和我们的计划生育控制人口是一致的，是实践证明可行和必要的，这个观点应该是我们计划生育的指导思想。如果只从表面上看，从字义上看，二者似乎是一码事。但是分析起来，就会发现这二者在内容上、在实质上根本不是一回事。我们的计划生育和马尔萨斯的所谓"道德抑制"有着根本的区别。

第一，计划生育不等于只是抑制人口。

我们的计划生育，在当前我国人口基数大，增长快，和国民经济发展极不适应的情况下，它的主要内容表现为控制人口增长，这是完

---

① 马克思恩格斯全集：第 23 卷 [M]. 北京：人民出版社，1972：676.
② 列宁全集：第 2 卷 [M]. 北京：人民出版社，1975：150.

全可以理解的。但计划生育并不就等于控制人口，就是永远控制人口。计划生育这个概念的含义，关键在"计划"二字。在一定条件下，计划生育表现为降低人口自然增长率，就像我们现在的情况；在另一种条件下，我们自觉地有计划地促进增加人口，也是计划生育；在还有一种情况下，要求人口不增不减保持稳定，它还是计划生育。据我国人口学界的一些同志计算，假定能够使平均生育率显著下降，并在 1985 年以后全部实现一对夫妇只生一胎，并且一直保持下去，那么到 20 世纪末 21 世纪初，我国人口的自然增长率便可降低到零左右，从 2005 年以后开始下降，到 2080 年可降到 3.7 亿。在这种情况下，我们为了避免发生人口高度"老龄化"所带来的各种问题，在三四十年后，就得调整人口政策，根据那时的具体情况，或者使人口保持不增不减，或者有计划地促进人口自然增长。可见我们的计划生育的含义和马尔萨斯所说的"道德抑制"的含义就是永远抑制人口、减少人口，在概念上是根本不同的。

第二，我们的计划生育和马尔萨斯的"道德抑制"理论立足点不同。

前面说过，马尔萨斯提出的"道德抑制"是以生活资料永远慢于人口增长的"两个级数"为理论基础的，是和"两个级数"不可分割地联系在一起的，既然这个"两个级数"的理论是荒谬的，由此而得出的必须进行"道德抑制"的结论，当然就是毫无根据的。我们的计划生育和马尔萨斯的"道德抑制"没有共同的理论基础，不是为了所谓避免生活资料永远落后于人口增长所带来贫困、饥饿等"自然规律"的惩罚，不是仅仅为了能够吃饱肚子，勉强生存下去。我们的计划生育是以马克思主义关于"两种生产"的历史唯物主义原理，社会主义基本经济规律以及国民经济有计划、按比例发展的规律的原理，作为自己的理论基础的。按照社会主义基本经济规律和有计划、按比例发展国民经济规律的要求，必须进行有计划的生产活动，而"生产本身又有两种"，这两方面是相互依存，相互制约的。因此，我们的计划就不能只管物的生产，不管人的生产，不能见物不见人。如果那样做，使人口盲目发展，必然破坏国民经济计划。而在我们这样一个人口多、底子薄的大国，不但难以实现按人口计算的物质文化水平的提高，反而会给经济发展和人民生活带来极为不利的影响。这正是我们计划生育的理论基础，是计划生育客观必要性的依据。

计划生育的这种必要性和可能性，不是从生活资料永远慢于人口生产的所谓"两个级数"，而是从马克思主义的科学理论中得出的。恩格斯指出："人类数量多到必须为其增长规定一个限度的这种抽象可能性当然是存在的。但是，如果就共产主义社会在将来某个时候不得不像已经对物的生产进行调整那样，同时也对人的生产进行调整，那么正是那个社会，只有那个社会才能毫无困难地作到这点。"[①] 近几年来，我国大幅度地降低了人口自然增长率，从 1970 年以前的千分之三十以上，降低到 1979 的千分之十一点七，单是 1979 年这一年就比 1970 年少生 1000 万人。从 1971 年到 1979 年，累计少生婴儿 5600 万。我省的人口自然增长率，更由 1970 年的千分之三十一点二一，下降到 1979 年的千分之六点七。从 1971 年到 1978 年，八年累计少生 650 万。我们在短短的几年时间，计划生育取得了世界少有的成绩，充分反映了我国社会主义制度的优越性。这是马克思主义人口

---

① 马克思恩格斯全集：第 35 卷 [M]. 北京：人民出版社，1972：145.

理论指导思想的胜利，是我们党和政府依据马克思主义制定和推行正确人口政策的结果，它和马尔萨斯的所谓"道德抑制"，是毫不相干的。

第三，我们的计划生育同马尔萨斯的所谓"道德抑制"内容和阶级本质根本不同。

马尔萨斯的"道德抑制"的内容是什么呢？他在人口论中说："不带来不正当性生活后果的那种对结婚的克制，可恰当地称为道德的节制。"他从宗教教义出发，根本反对避孕和人工流产，反对其他一切节育措施，把道德抑制仅仅只限于对结婚进行克制，不要结婚。无需解释、这是和我们的计划生育毫无共同之点的。

其次，我们计划生育是为了全国人民子孙后代的长远利益和根本利益。马尔萨斯的"道德抑制"却是完全把矛头指向无产阶级和劳动群众的。用他的说法就是只限于"社会下层阶级"，他认为由于生活资料的生产赶不上人口生产的增长，没有能力赡养子女的"社会下层阶级"就不应该结婚。他认为这是代价最小的使人口与生活资料保持平衡的"良方"。否则，就必然产生由于生活资料不足而引起失业、贫困、饥饿和罪恶，受到"自然规律"的惩罚。为什么"道德抑制"只在穷人中实行，而富有的剥削阶级不在此列呢？马尔萨斯编造说："在一个已被占有的世界中出生的人，如果不能从他具有正当要求的双亲那里取得生活资料，以及如果社会并不需要他的劳动，那么他就没有取得最小量食物的权利，事实上他在地球上是多余的，在大自然盛大的宴会上并没有为他设下空的席位，大自然将命令他离开……伟大的女主人……知道她不能供给无限的数目，所以当宴会已经满席时，仁慈地拒绝接纳新的来客。"① 这就是说，盛大的宴席是富有的阶级所特有的，穷人无权享用，所以（穷人）不要结婚、不要生育。马尔萨斯提出"道德抑制"及其整个人口论的目的一样，在于为地主、资产阶级辩护和愚弄劳动群众。他自己招供说：如果他的人口论被劳动人民所接受，"一步一步成为家喻户晓的道理"，那就"十分明显……他们就会以更大的耐心来忍受他们所可能遭到的困苦，就不会由于自己的贫困而对政府和上层社会感到那么不满和愤恨了，在一切场合里也不至于那么容易摆出反抗的姿态或发生骚乱了。""下层阶级的人民……也就不会在缺粮的季节里动辄骚扰滋事，并且由于认识到劳动的价格和养家活口的生活资料问题的解决，多半不决定于革命，他们将永远不易受到煽动性出版物的影响了。"② 如果劳动人民不受他的骗，要起来反抗统治阶级的剥削和压迫，马尔萨斯立即露出凶恶的刽子手面目，叫嚣要用"不停的屠杀"，"建立一种绝对专政制度……把这种斗争制止"③。这是马尔萨斯人口论反动本质的铁证。

综上所述，我们可以看到，我们的计划生育在含义、理论基础、内容和阶级实质上都和马尔萨斯的"道德抑制"有着根本的不同。把二者混淆起来，甚至把"道德抑制"这类货色，派作合理因素，有现实意义，作为我们计划生育学习的样板等等，都是十分错误的。

一百多年来，马尔萨斯及其徒子徒孙，打着人口论的破旗，以节制生育相标榜，招摇撞骗，愚弄劳动人民，流毒所及的确有其蛊惑作用。我们决不能不加分析，误认为我们的计划生育和马尔萨斯的人口

---

① 马尔萨斯. 人口原理 ［M］, 2 版。北京：商务印书馆，1961：5—6.
② 马尔萨斯. 人口原理 ［M］. 2 版。北京：商务印书馆，1961：552.
③ 马尔萨斯. 人口原理 ［M］. 2 版。北京：商务印书馆，1961：481.

论是一回事，认为人口论又灵光了。我们马克思主义并不反对节制生育，节制生育也并不等于马尔萨斯主义。列宁在批判新马尔萨斯主义时说得好：宣传节制生育，"传播有关避孕方法……是一回事。新马尔萨斯主义的社会学说是一回事。觉悟的工人永远要进行最无情的斗争，来反对把这一反动的怯弱的学说加到现代社会最先进的、最有决心去进行伟大改造的阶级身上的企图。"① 我们一定要在理论上、思想上同马尔萨斯的人口论划清界限，理直气壮地宣传和推行计划生育。

七、 结束语

新中国建立以来，我们在人口理论研究方面走过弯路。重要原因之一就是对马尔萨斯人口论的认识上的错误。50 年代后期，虽然有对马尔萨斯人口论的大批判，也收到一定成效，却把马尔萨斯人口论和节制生育等同了起来，将凡是主张控制人口的就当作马尔萨斯主义进行批判。结果，错把马寅初主张控制人口的正确主张，当成马尔萨斯主义批了，以致人口理论研究得不到开展，造成多年人口盲目增长的后果。

在当前，纠正了那种认为人越多越好，反对控制人口的错误观点，但是，马尔萨斯的影响并未肃清。有的人仍然把控制人口看成马尔萨斯的"独家经营"，一讲控制人口，就要到马尔萨斯那里，顶礼膜拜，求取"真经"。于是"科学成分"、"合理内容论"等应运而生

---

① 列宁全集：第 19 卷 [M]. 北京：人民出版社，1975：229.

了。这种观点虽然和50年代在形式上有所不同，但其根源则是一致的。这个一致就是都把控制人口同马尔萨斯的人口论相提并论、等而同之。在这个问题上也有解放思想的必要。不过不是把马尔萨斯反动的人口论解放出来作为我们计划生育的指导思想，而是把反对控制人口的僵化思潮清除出去。要认识到马克思主义从来也不曾主张人越多越好，从来也不认为人口可以无限制地增长下去。我们的计划生育、控制人口是完全以马克思主义人口理论为基础，结合我国具体情况的战略方针，是和马尔萨斯主义毫无共同之点的。过去一说控制人口就被斥为马尔萨斯主义加以批判是错误的，现在一说控制人口就要从马尔萨斯那里找根据也是错误的。

此文为作者在"四川省计划生育主任学习班"上的发言稿，1982年9月。

世界人口

一、 世界人口发展概况

世界人口问题是个十分复杂的问题，它不是几个小时就能讲清楚的，特别是我们手头掌握的资料也很有限，所以只能挂一漏万地谈一点一般的概况。

人类社会的历史，按照马克思主义的划分，经过原始社会、奴隶社会、封建社会、资本主义社会和今天的社会主义——共产主义社会。这五种社会形态，各国一般都先后经过，或将要经历。这是人类历史发展的一般规律。从原始社会到现在，大体是经过200万年了。从有人类以来，从最初的十几万人发展到现在的40多亿，有的说46亿。据某些学者估计。旧石器时代（公元前80万年到公元前1.3万年），人类出生率很低，而死亡率却很高，只能维持简单再生产，甚至由于自然条件给人类带来极大危害，在某些局部地区和个别时期，还出现人口减少的现象，呈现人口时增时减的现象。那时人口寿命也很短，一般人大都只能活二三十岁，超过30岁的人很少。四五十万年前的"北京猿人"平均寿命只有15岁。在原始社会，活到40岁就成了一个部落的长者了。

此后，随着生产力的发展，人类知识、技能的积累，战胜大自然的力量不断增强，人类生存和发展的条件有所改善，人口增长的基数不断增大，人口的增长率和增长速度也不断加快。情况如下：

公元前 4000 年，人口约一二千万，到公元前 1000 年才达到 1 亿左右。到公元开始时人口数达到 2 亿多，直到奴隶社会末期的 4 世纪人口都没有超过 3 亿。总的来看，这个时期人口加倍时间，约需 1500 年。

从公元 5 世纪人口 2 亿多到 15 世纪的 4 亿左右，人口加倍时间大约是 1000 年。

从 17 世纪中叶世界人口 5 亿到 1850 年即 19 世纪中叶的 10 亿，人口加倍时间已缩短到 200 年。

从 1850 年的 10 亿到 1930 年增加到 20 亿，人口加倍时间又缩短到 80 年。

从 1930 年的 20 亿到 1975 年世界人口已达到 40 亿，人口加倍时间缩短到 45 年。

以上是说人口加倍时间越来越短。

下面我们再看一下每增加 10 亿人口所需时间。

时间	世界人口数	每增加 10 亿人所需时间
公元初算起	2~3 亿（估计数）	
1850 年左右	10 亿	1800 年以上
1930 年	20 亿	80~100 年
1960 年	30 亿	30 年
1975 年	40 亿	15 年
预　计		
1987 年	50 亿	12 年
2000 年	60~62 亿	10 年

可见每增加 10 亿人口的时间也是越来越短了

现在世界人口究竟有多少？其说不一，国外一些人口统计组织有的说到 1980 年 3 月已达到 45 亿，有的说，1980 年世界人口为 37.7 亿，有的则说是 44.75 亿。因为预测、估计的数字，不是准确数字，但大体上是 44 亿～45 亿。到 1982 年 7 月份有的说是 46 亿。但从上述数字看，1960 年以后，这 20 年左右是人口发展迅速的年代。

讲到这里，我们要回答两个问题：

第一，这是否就是马尔萨斯人口论所说的人口发展的自然规律呢？恰恰相反，这不是什么自然规律，而是社会规律的作用，是社会经济条件、社会因素作用的表现。因为总的来看世界人口虽然增长很快，但因各国、各地区的情况不同，人口发展也有快有慢。一般说来，经济发达地区人口增长慢，并且越来越慢，经济不发达国家和地区人口增长快。这是因为在这二三十年期间，民族要独立，人民要解放，已成为不可遏止的历史潮流。原先处于殖民地、附属国的经济落后的民族，先后取得了国家独立，摆脱了殖民统治。而他们在长期被帝国主义剥削、掠夺和压迫下，还没有来得及改变贫穷落后的处境，并且帝国主义还用各种形式在经济上继续对他们进行剥削。落后国家和地区经济文化的落后状态，以及旧的习惯传统还在起作用，特别是开展控制人口的问题，只是近期才被重视。这些落后国家在获得独立后，一方面有一定的经济发展，生活有所改善；另一方面，还不能认识到（由于文化水平、节育技术水平的客观条件）这个问题的重要性。由于摆脱了殖民统治，医疗卫生条件有改善等等，人口死亡率在近 30 年下降，出生率又较高，这两个因素结合起来，所以造成人口自然增长率很高。而发达国家由于种种社会原因，死亡率下降，出生率也下降，已经形成少死少生的人口再生产类型。所以他们的人口自然增长率反而下降。亚、非、拉落后地区的国家，人口又占大多数，所以说形成了这一时期人口大发展的情况。如果以 1950 年至 1975 年这 25 年为基数，世界人口平均每年增长率是千分之十九，其中发达国家的增长速度是 11‰，而发展中国家的增长速度是 22‰。比发达国家快 1 倍。由于发展中国家人口的增长速度大大超过发达国家，发展中国家人口在世界总人口中所占比重，已由 1950 年的 60％上升到 1979 年的 73％。所以，世界人口就增长得很快。

从 1965 年到 1976 年如按洲来看，这也反映了发达国家与发展中国家人口发展速。情况如下：

国家和地区	世界总计	亚洲	非洲	拉美	北美	欧洲	大洋洲	苏联
年平均增长率（％）	1.9	2.1	2.7	2.7	1.0	0.6	2.0	1.0

如按发达地区和发展中地区看则是：

国家和地区	人口年增长率　　（％）					
	1950—1955	1955—1960	1960—1965	1965—1970	1970—1975	1979
世界统计	1.69	1.85	1.93	1.87	1.89	1.7
发达地区	1.3	1.29	1.21	0.90	0.86	0.7
发展中地区	1.9	2.13	2.27	2.30	2.31	2.1

第二，这种情况，也是和人口转换规律有密切关系的。

第三，世界人口增长总的来说，是呈下降的趋势，并非像有的人认为的那样，人口增长率越来越高，不可控制，世界末日即将来临。据美国人口调查局统计报告说：

世界人口增长比 10 年前下降。在 60 年代中期人口年增长率曾经达到 2％ 的顶峰，现在即 1980 年降到 1.7％，到 2000 年可望降到 1.5％。

据美国国情普查局在 1980 年 7 月 9 日发表的一份报告说：在过去 10 年中，全世界人口增长幅度有所下降，即从前 5 年（1970—1975 年）平均 1.9％，降到后 5 年（1976—1980 年）的 1.7％。

又据美国统计局预测：1975 年人口自然增长率是 1.8％，到 2000 年将降到 1.7％。这几个数字虽然不同，但今后世界人口的自然增长率总的说来是呈下降趋势则是一致公认的。至于到 2000 年预计能达到多少说法不一，有的说 60 亿左右，有的说 65 亿多，有的说将达到 72 亿，但不少人认为由于控制人口工作在不少国家日益普遍开展，以及随着科学事业发展，避孕药具日益完善，生育率有大幅度下降的可能，因此世界人口也可能到不了 60 亿。

有的说，到 2020 年左右（即从 1979 年到 2020 年）41 年时间人口将增加 1 倍，这是按 1979 年世界人口的自然增长率是 17‰ 等基数推算的。我们说、从 1950 年到 1975 年这二三十年平均年度增长率已从 19‰ 下降到 17‰，增长率虽然仍然是相当高的，但今后世界人口会不会按照这个速度发展呢？根据现在的情况看，不大可能。

我们先从发达国家的情况说：自 60 年代以来，发达国家的出生率一直在下降，自然增长率也一直在下降。有的国家已下降到接近人口简单再生产的水平，有些国家甚至出现负数。因此，尽管多数发达国家如法国、西德、卢森堡等国的政府希望人口增长率维持或略高于目前的水平，但从实际情况来看，发达国家的人口自然增长率将继续呈下降的趋势。

我们再看看发展中国家的情况。

发展中国家的人口占世界人口的绝大多数，这些国家的人口增长情况，对世界人口有举足轻重的影响。据统计，当前大约有80％的发展中国家主张降低人口增长，主张降低人口出生率的国家在1974年大约有42个、在1976年大约有54个，而到1978年则有84个，其中有21个属于发达国家；有63个属于发展中国家，其中22个在亚洲，21个在拉美，20个在非洲，其总人口数约占发展中国家的92％。全世界只有十几个国家不支持控制人口。这一事实说明，通过节制生育以控制人口增长已日益成为绝大多数国家的共同政策。采取赞助支持控制人口政策的国家越来越多，而且已经取得了一定的成效。1965—1975年期间，除非洲外，亚洲和拉丁洲美各国的生育率都有明显下降。亚洲国家下降了17％，拉丁美洲国家下降了12％，下降幅度比人们原先预料的要大。因此，估计今后发展中国家的人口增长率也将继续下降。但在短期内下降幅度还不可能很大。这是因为目前发展中国家人口的年龄构成比较年轻，1979年15岁以下的少年儿童所占的比例大约有35％～40％，而发达国家的这个比例只有25％。由于这些少年儿童今后将逐步进入育龄期，因此，即使生育率有所下降，随着育龄妇女人数的增加，总的出生人数仍然会增加。这即人口年龄结构所起的作用。据统计我国1964年0～14岁的年轻人口，占40.4％，1975年下降到35％，如果按15岁以下算，即增加15岁这个年龄组大约也是40％左右。每年进入婚龄的大约有2000万人，即1000万对夫妇。如果只生一个孩子能完全实现，每年也还要

世界人口

出生 1000 万人口，出生率仍然高达 10‰，但这是很难完全办到的。所以，尽管出生率可以下降，但人口自然增长率在短期还不可能大幅度降下来。再加上可期望寿命延长了，新中国成立前的人口平均寿命 30～40 岁、到 1979 年已达到 68.23 岁，差不多比旧中国提高了 1 倍。我国人口平均寿命也高于世界人口的平均寿命，1977 年世界人口平均寿命为 59 岁。人口寿命的延长，也是使人口自然增长率高的一个因素。出生率不能很快降下来，死亡率却大为降低，如我国 1950 年死亡率为 18‰，1979 年为 6.2‰，相差近 3 倍。所以说，人口有惰性、陈慕华同志说，在人口问题上犯了错误，要 70 年才能纠正，有时 70 年也纠正不过来，只能慢慢下降，不是像生产物质产品那样，说不生产就停工完事，生产一下子就缩减下来了。但从总的趋势看，世界人口自然增长率是会下降的。

至于今后一百年人口发展到什么程度，也是有各种预测。从 1975 年算起，到 2075 年，有低、中、高三种预测。按人口自然增长率大幅度下降，世界人口是 98 亿；按略微下降，人口将增至 121 亿多，按保持稳定则为 154 亿。但这种算法都是以原有的增长率为基础的，随着人口再生产类型由低死亡、高出生向低死亡、低出生过渡和确立。对人口增长速度的估计是过高了。以上就是世界人口发展的一般概况。

这里，我们回过头来再谈谈马尔萨斯的人口论。四川大学人口研究所在《人口研究译文》中，发表了美国蒙大拿大学农业经济学教授克拉姆尔和詹逊合著的《农业经济学》、《世界人口增长与食品供应》一章中，第七个标题是"马尔萨斯人口理论的差误"。他虽然也有错误的观点，说现在人口论出版后 180 年左右，"食品的供应和人口两方面都在以几何级数增加着"，但也不得不承认"不论从技术条件和文明的程度来看，人类的生殖率无疑已有可能有意识地加以控制。虽然在疏忽和旧传统牵制下，在发达国家中，如苏、日、东欧国家、美、加，生育率都在下降，世界人口的估计数字表明，尤其是在过去10年，整个世界的生殖率已经降下来了。""人口的持续增长大都是由于医药技术和食物的改善，人的寿命延长了。这个人口增长的因素在许多国家虽然会继续下去，但这只是一时的变化（即暂时性的因素），而不是一个人口持续增长的原因；当寿命的延长已接近一个生理限度时，这个因素就逐渐消失了。"联合国专家说：根据目前趋势，世界人口增长率降为零的最早年份是 2040 年，届时将为 80 亿，晚的到 2110 年，届时为 105 亿。"世界食品供应实际上超过了人口增长的速度，总的说来，世界上的人今天平均来说，吃得比历史上任何时代都好。"从 50 年代以后，世界食物生产发生了一个飞跃，50 年到 71 年，世界粮食从 6.3 亿吨增到 12 亿吨。世界人均谷物产量，1950 年的 277 千克，增加到 1978 年的 377 千克，增加 100 千克。近百年来世界粮食生产发展趋势，使马尔萨斯关于粮食生产永远赶不上人口增长的观点彻底破产。

当然，这又涉及"人口与经济"的问题。

世界银行有一份报告说"全世界现有的食物可以为每人每天提供 3000 千卡以上的热量和 65 克蛋白质。这大大超过了需要量的最高估计。如果把世界粮食产量的 2％转给需要它的人吃，就可以消灭营养不良。"这段话对于饥饿的人来说，无异于画饼充饥。

二、 世界人口问题

在当今世界上，和人口有关的产生了各种问题，有的是不管哪个国家和地区都存在，或多或少存在的问题，如人口与环境、生态平衡问题，人口与资源问题，人口与经济发展不相适应等等。但由于各个地区各个国家人口增长趋势不同，经济发展水平不同，自然条件，人口密度，特别是社会制度不同，因此也就面临着不同的人口问题。

我主要讲一下发展中国家的人口问题。

发展中国家这个概念，实际上指的经济上比较落后的国家。这些国家，主要是人口增长和经济发展不相适应的问题，这个问题实质上就是人口的生产和物质资料生产不相适应的问题。依据两种生产这一马克思主义人口理论来看，这两种生产在客观上要求相适应。人既是物质资料生产的主体，又是物质资料消费的主体。生产是决定消费的，人口增长了，物质生产不增长，或者增长得和人口增长不相适应，那必然导致人们生活消费水平提高得不快，甚至在某种情况下还要降低生活水平。

发展中国家由于在历史上长期在帝国主义国家的剥削、掠夺下，经济落后的状况未能很快改变，而人口又一般增长得较快。这个矛盾突出地表现在两个方面：一是人均国民收入过低，生活贫困化。据统计，近 20 年来，贫穷国家每增加 1 美元的财富，富裕国家就相应地增加 268 美元，鸿沟在不断加深。为了解决这个问题，联合国在组织搞什么"国际援助"计划、"南北对话"。当然，也有作用，但这不过是杯水车薪，根本无济于事。西方国家承认全世界有 8 亿文盲，有

10 亿因饥饿和营养不良而受苦，有 1 亿儿童在饥饿中挣扎。这些绝大多数在不发达国家。当然发达国家中也并非人人都富有。

1978 年世界上按人口平均国民生产总值在 1000 美元以上的国家有 71 个，其中，科威特最高，人均 1.4 万多美元（主要是石油美元），瑞士 1.2 万美元，美国 9700 美元，西德 9600 美元、法国 8270 美元、日本 7330 美元、芬兰 6800 美元，英国 5030 美元，意大利 3480 美元。

1978 年世界上按人口平均国民生产总值在 250 美元及其以下的国家 32 个，最多是中非和马达加斯加各为 250 美元，最少的是孟加拉和老挝各为 90 美元。

世界 40 个国家 30 年来人口与国民收入增长对比是：1977 年比 1948 年，日本在这 30 年中国民收入增加最多，按人口平均从 99 美元增加到 4522 美元，增长了 44.68 倍；斯里兰卡在这期间增长最少，从 1948 年人均 112 美元增加到 1977 年的 205 美元，按人口平均只增加 0.83 倍，增加不到 1 倍，所以贫富悬殊越来越大。

1981 年 5 月联合国对最不发达国家的标准作出了如下规定：

（1）按人口平均的国民生产总值低于 250 美元。

（2）制造业在国内生产总体中低于 10%。

（3）识字的人数占全国人口总数的比例低于 20%。

此外，如人均国民生产总值在 250～300 美元但符合其他两条标准，也可列入最不发达国家。

按此标准，联合国列为世界上最不发达的 31 个国家是：

阿富汗、不丹、南也门、马尔代夫、尼泊尔、西萨摩亚、孟加拉、老挝、北也门、布隆迪、贝宁、乍得、科摩罗、博茨瓦纳、佛得角、尼日尔、马里、冈比亚、中非共和国、索马里、卢旺达、苏丹、几内亚、埃塞俄比亚、乌干达、莱索托、几内亚比绍、坦桑尼亚、马拉维、上沃尔特、海地。这 31 个国家国民总产值年增长率只有 0.5%，人均寿命 45 岁。

最不发达国家与发达国家 1977 年人均国民总产值比较：

项目	最不发达国家	发达国家	相差倍数
1977 年人均国民总产值（美元）	201	7922	32
每 10 万人口医生数（人）	5.9	159.9	26
中学适龄儿童入学率（%）	12	86	61

上述国家所以如此贫穷落后，其中一个重要原因就是人口增长过快，这些国家都在亚、非、拉地区。从 1965—1976 年这十来年的人口年平均增长率来看，这一时期世界人口总的出生率是 1.9%，亚洲是 2.1%，非洲是 2.7%，拉美是 2.7%，北美洲是 1.0%，欧洲是 0.6%，大洋洲是 2.0%，苏联是 1.0%。所以，要解决这些国家经济发展和人口增长这种不适应状态，除了发展经济之外，还必须控制人口的增长。

再一个问题，就是粮食问题。人口增长过快使粮食消费水平很低，目前发展中国家粮食产量不到世界产量的二分之一，但人口约占世界的四分之三。发达国家人均粮食 1978 年是美国 1248 千克，加拿大 1759 千克，而亚非拉地区的大多数国家在战后粮食不能自给，1973—1974 年这些地区进口粮食 3500 万吨，人均粮食只有 181 千克、中部非洲一些国家人平粮食消费量才只有 100 千克。据估计，亚非地区人口中有五分之一到四分之一的人营养不良，如以每人每天获得 1900 大卡热量为最低标准，发展中国家至少有 4 亿人口达不到这个标准。我国大约 2500 大卡热量。

由于人口生产和经济发展的不相适应，必然随之而来发生就业问题、教育问题、治安问题以及种种社会问题。我们国家虽然是社会主义制度的国家，但新中国成立才 32 年，人口多，底子薄，又加上在人口问题上有过失误，相当长的时间人口盲目发展，因此，类似问题也会在我国存在。总之，人口问题并不会因为社会制度改变，立即就会得到解决，还需要我们努力工作，力争早日解决这个问题。当然，我国人口问题和资本主义的人口问题性质不同，产生的原因不同，不像资本主义那样不能根本解决，我们是能够解决的。当然这种解决也得努力才行。

有没有可能使发展经济和降低人口增长率都搞好？世界上有没有成功的经验呢？有的，这除了我国这几年的成功经验以外，还有新加坡也是搞得比较好的。当然新加坡是个很小的国家，只有 616 平方千米，还没有我们一个专区大，甚至没有我们的一个县大。但人口却是 240 多万人，平均每平方千米 3850 人，比世界平均每平方千米 31 人（1979 年）高出 120 多倍。人口增长原来也特别快，当然不完全是自然增长，还有相当大的比例是迁移来的人口。但 1871—1971 年，新加坡的人口从 9.7 万人，增至 211 万，100 年增长 22 倍，如果不控制人口增长，它的经济也是无法发展起来的。从 1960 年起，新加坡推行计划生育，控制人口增长，取得了成效，从 1960 年到 1980 年 20 年来坚持不懈，近几年人口自然增长率仅达 12‰~14‰，变为人口"低产国"。而另一方面，其本国经济也有了大发展。控制人口有利于经济发展，而经济发展，又有力地支持了控制人口。经过 20 年的努力，新加坡的国民总产值从 1960 年的 21.23 亿新元，增至 1979

年的 110.27 亿新元，平均每人 4000 美元，进入了富裕国家的行列。当然新加坡是个小国，它有 54 个岛屿，地理上处于有利位置，重视人力资源、国民教育和科学技术等，但他们对人口控制的努力，也还是对我们有参考价值的。新加坡控制人口、节制生育有一些办法，比如其中有生二个孩子以下的优先上重点学校，三个孩子以上的，不能上重点学校。

我们再介绍一下印度的情况。因为印度也是人口大国，他们的经验和教训，也值得我们借鉴。

印度 1981 年 2 月动员约 450 万人进行了 10 年一度的人口普查。据印度官方 3 月 18 日公布的初步统计：印度人口已达 6.83 亿。10 年间增长了 24.98%，超过了 1961—1971 年的增长率，比 1947 年独立时的人口 3.36 亿增加了一倍，平均每年净增长近 1400 万人。

印度人口的迅速增长几乎抵消了经济发展的成果。过去 20 年间，印度粮食产量平均每年增长 2.27%，而人口平均每年增长 2.45%。全国有 48.3% 的人生活在贫困线以下。破产的无地农民达到 4000 万人，大批失业者流落街头，全国失业人口估计达 4000 万人。

印度一位政界人士说，印度生活在贫困线以下的人每年要增加 500 万。如果现在的人口增长率不变，到本世纪末每 10 人中将有 8 人生活在贫困线以下。

印度人口增长的趋势还在发展，据印度人口预测专家组分析：印度育龄妇女（15~44 岁）的总数将由 1978 年的 1.35 亿增加到 1983 年的 1.54 亿，1988 年将增至 1.74 亿。就是说育龄妇女的增长将成为人口继续增长的一个因素。

此外，再加上当前采取有效避孕措施的比例不断下降，即安环、服避孕药、使用避孕套等的比例下降，也增加了受孕机会，从而人口将会大幅度增加。

1978 年 10 月，这个专家组估计人口在 1983 年将达 6.97 亿，1988 年增为 7.91 亿，1991 年增至 8.24 亿。但这种估计是以出生率低于 3％为基础的，而目前实际出生率为 3.6％，如不采取必要措施，到本世纪末，印度人口将达到 10 亿。

印度早在 1951 年就提出计划生育，控制人口，是世界上最早重视这项工作的国家之一。第一个五年计划，即 50 年代初期，用于计划生育的经费为 140 万卢比；第四个五年计划，即 70 年代中期，增加到 31.5 亿卢比，即经费增加了 200 多倍。1976 年英甘地国大党政府还颁布了新的计划生育法，对只生一个孩子的公职人员在住房等方面给予优待；对一年中给人做过 50 次以上绝育手术的医务人员颁发奖状和增加薪水。

但是，由于以下种种原因，使印度的计划生育不能顺利推行：

第一，印度是个多民族、多宗教的国家，全国人口 64％是文盲，社会、宗教、文化上的原因妨碍着人口的控制。这次人口普查结果表明，教派、种姓矛盾尖锐的北方印度教地区人口增长最快。这一方面是由于印度教的落后思想和制度，歧视妇女，把妇女当作生儿育女的工具，盛行童婚，北方邦、比哈尔邦、拉贾斯坦邦、中央邦少女结婚年龄平均为 15.2～15.6 岁；另一方面，由宗教、种姓分隔的各个社会集团，为壮大本身的力量，都不希望减少人口。

第二，严重影响人口控制的基本因素是社会经济条件。印度独立以来，国民生产总值增长 2.5 倍，但财富集中到少数人手里。正如印度总统雷迪 1981 年年初在邦长会议上所说，印度"贫富的鸿沟正在扩大"。1975—1976 年度，占人口 5％的收入最多的户拥有全国收入的 22.6％，而收入最少的 5％的户只得到全国收入的 1％。1964 年拥有 2 亿卢布以上财富的工商户为 42 家，1976 年增至 101 家。占印度人口 80％的农村人是最贫穷的，也是人口增长最快的。照理说，贫穷人家少生几个孩子，生活可能好一点，但是许多贫穷的家庭却需要劳动力。有的印度学者说：子女多对农民说来是资产。穷人的孩子很小就帮父母干活。城镇也一样，印度全国有童工 1650 万人，占世界第一位。越穷困越愿生孩子，生的孩子越多，人口越多，维持生活就越不容易，就越贫困。贫困和人口增长互为因果，形成恶性循环。

第三，印度政府措施不当，也影响了计划生育工作。1975—1977 年期间，英甘地政府曾强制人们绝育，做绝育手术 1000 万人中，有些是未婚青年、小孩和老人，还把一些触犯计划生育法的人（如生育多的人）关进监牢，引起了社会上的不满。这些做法甚至成了英甘地在大选中惨败的原因之一。这种粗暴的措施，当然也会影响到以后的节制生育的工作。1977 年上台的人民党几乎放弃了节育计划，怕落得和甘地夫人同样下场，因而使人口增长不到两年就严重到惊人地步。

1981 年人口普查的结果引起印度各界人士的严重关切。印度舆论也呼吁各政党共同协力控制人口增长。英甘地总理已写信给各邦首席部长，要求他们亲自抓计划生育工作。印度 1981 年人口统计与计划生育的讨论会认为，政府应当给人口少的小家庭以鼓励，应当提高婚龄，加强计划生育工作的教育工作，并由印度政府决定在第六个五年计划中拨款 100 亿卢比，推进计划生育工作。英甘地 1981 年 6 月在一次会议上提出目标到 2000 年出生率要由现在的 3.6％，降为

2.1%，死亡率由 1.48 降为 0.9%，即使自然增长率由现在的 3.12%降为 2.7%。

但是印度的计划生育工作形势仍不乐观。比如印度曾多年提倡晚婚，并规定最低婚龄为 18 岁，但童婚、早婚风仍刹不住。这是因为不给未婚女青年提供就业机会，这种立法行不通。因为在那种社会制度下，结婚仍是维持生活的手段。

此文为作者在"四川省计划生育主任学习班"上的发言稿。1982 年 9 月。

后记

　　这本文集是在西南财经大学经济学院、马克思主义经济学研究院院长刘灿教授、李萍教授、刘方健教授，以及经济学院（原四川财经学院经济系）1978级、1982本科和研究生校友大力支持襄助下得以出版的。本文集的责任编辑方英仁编审也为本书的出版付出了辛勤劳动，谨在此一并致以诚挚的感谢。

　　我在教育战线虽已60年了，但只是在改革开放新时代才得以从事教学和科研。重返教学岗位后，得到校内外多位良师益友的指导和提携。他们严谨治学的精神、渊博深厚的学识、诚恳高尚的品格，使我很受教益。我在工作上的点滴成效，是和他们的薰陶、影响分不开的。

　　我的夫人吴紫楠，多年来除出色地完成本职工作外，还负担了操持家务、教养孩子的任务，60年来与我同甘共苦，不离不弃，对我帮助很大，借此机会，谨表示衷心谢意。

　　本文集难免有不足和谬误之处，敬希读者不吝赐教，批评指正。

杨致恒

2012年8月于光华园